Guyane

LA FRANCE SUD-AMÉRICAINE !

Petit bout de France en territoire sud-américain, la Guyane fait depuis toujours l'objet de nombreux fantasmes. D'abord celui d'un enfer vert, couvert à 95 % d'une dense forêt ; celui d'un eldorado gorgé d'or arpenté par des milliers d'orpailleurs depuis 150 ans ; ou encore celui d'un département sous tension au lendemain de la grève généralisée de 2017. Pourtant, sous son climat équatorial, la France équinoxiale (colonisée au XVIIe siècle) se dévoile au gré des sentiers [illegible] s'enfoncent [illegible] abond[illegible] marche[illegible] envahie[illegible] sée du [illegible] nera en [illegible] sous les [illegible] ou pour [illegible] au creux d'une crique sauvage. Amérindiens, Bushinengués, Créoles ou Hmongs, tous apprivoisèrent cette nature sauvage, créant la mosaïque culturelle guyanaise d'aujourd'hui, laissant derrière elle une histoire fascinante, de vestiges précolombiens en témoignages à la mémoire des esclaves, en passant par les récits d'évasion du bagne. La Guyane, c'est aussi une gastronomie exotique, l'ambiance survoltée de son carnaval, les superbes bâtisses coloniales de Cayenne et les lancements de fusées du centre spatial. À 7 000 km de l'Hexagone, le visiteur embarque pour une aventure permanente.

W0238638

SOMMAIRE

Quartier colonial de Cayenne. © HELENEDEVUN - FOTOLIA

Le vieil hôpital sur l'île du Diable. © QUISAIT - ISTOCKPHOTO.COM

6 INSPIRER

Pour vous tenter. Mieux, vous convaincre, avec les plus de la Guyane, des idées de séjour, les festivités à ne pas rater et des infos pratiques à gogo.

35 DÉCOUVRIR

Tout ce que vous avez toujours voulu savoir sur la Guyane sans jamais oser le demander, du carnaval aux secrets de l'Amazonie, en passant par les coulisses d'Ariane bien sûr.

101 CAYENNE ET SES ENVIRONS

C'est à Cayenne que l'on fait d'abord connaissance avec la Guyane. Cité métissée à la fois paisible et animée, elle réunit pas loin de 60 000 personnes.

Le Maroni. © FRED MARIE - SHUTTERSTOCK.COM

Marché au cœur de la ville à Cayenne.

Fleuve traversant la rivière Maroni.

Cottica
AWALA-
YALIMAPO
Galibi
MANA
Moengo
JAVOUHEY
Acarouany
Organabo
ALBINA
ST-LAURENT-
DU-MARONI
IRACOUBO
SAINT-JEAN-DU-MARONI
SINNAMARY
Maroni
Sparouine
Mana
APATOU
Langotabiki
Barrage de
Petit-Saut
Saint-
Elie
Santonia
Citron
Lac WJ.Van
Blommestein
ESPÉRANCE
Koursibo
Mana
Sinnamary
GRAND-SANTI
Mofina
Lawa
Montagnes Kotika
730 m
Loka
PAPAÏCHTON
Arataï
Benzdorp
Wakapou
MARIPASOULA
SAÜL
Montagnes
Bellevue de l'Inini
854 m
Inini
SURINAM
PARC AMAZONIEN
DE GUYANE
Antécume
Pata
Waki
Inipi
Malani
Mont
Itoupé
830 m
Ulemari
Camopi
Wanapi
Tampok
Roche Péon
550 m
Mont
St Marcel
635 m
Alitani
Mt. Mitaraka
690 m
Trois Sauts

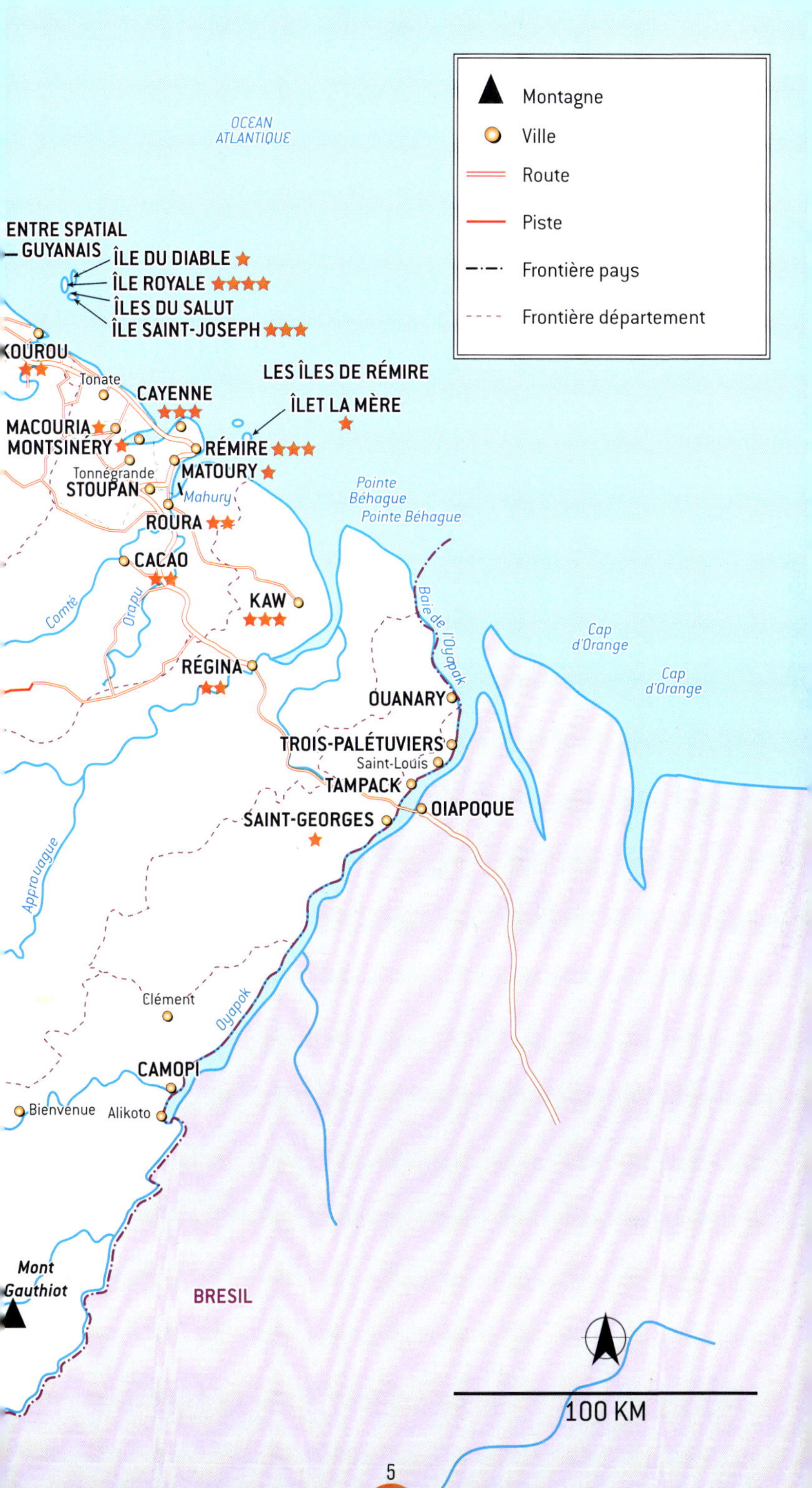
OCEAN ATLANTIQUE
Montagne
Ville
Route
Piste
Frontière pays
Frontière département
ENTRE SPATIAL GUYANAIS
ÎLE DU DIABLE
ÎLE ROYALE
ÎLES DU SALUT
ÎLE SAINT-JOSEPH
KOUROU
Tonate
CAYENNE
LES ÎLES DE RÉMIRE
ÎLET LA MÈRE
MACOURIA
MONTSINÉRY
RÉMIRE
MATOURY
Tonnégrande
STOUPAN
Mahury
Pointe Béhague
Pointe Béhague
ROURA
CACAO
Comté
Orapu
KAW
Baie de l'Oyapok
Cap d'Orange
Cap d'Orange
RÉGINA
OUANARY
TROIS-PALÉTUVIERS
Saint-Louis
TAMPACK
OIAPOQUE
SAINT-GEORGES
Approuague
Clément
Oyapok
CAMOPI
Bienvenue
Alikoto
Mont Gauthiot
BRESIL
100 KM

QUAND Y ALLER

JANVIER

23° / 29°

CARNAVAL DE GUYANE
C'est la plus grande célébration du département guyanais : bal masqué, parades sensationnelles et danse jusqu'à l'épuisement !

LE MOIS KREYOL
Un festival multidisciplinaire et itinérant autour des cultures créoles francophones : musique, danse, littérature et cuisine !

$

FÉVRIER

23° / 29°

$

MARS

23° / 29°

MARATHON DE L'ESPACE
(KOUROU)
Un événement qui ravira les sportifs autant que les mordus d'astrophysique : 42,195 km de course au cœur du Centre Spatial.

$$

JUILLET

23° / 31°

$$$

AOÛT

23° / 32°

$$$

SEPTEMBRE

23° / 33°

$$$

Le climat de la Guyane, avec son taux d'humidité permanent de 80 %, est considérablement tempéré par les alizés. Avec 26 °C toute l'année, c'est bien la variation des pluies qui marque les changements de saisons. A la grande saison des pluies (et celle de la ponte des tortues), succède la saison sèche (août-décembre) puis de la petite saison des pluies (décembre-février). Cette dernière enregistre un pic de fréquentation : c'est le carnaval ! Enfin, vient le « petit été de mars ».

AVRIL

24° / 30°

FÊTE DU RAMBOUTAN
(CACAO)
Attirant chaque année sans cesse plus de visiteurs à Cacao, la grande cueillette du ramboutan se termine par une grande fête.

FESTIVAL LES TRÉTEAUX DU MARONI
(SAINT-LAURENT-DU-MARONI)
L'ancien bagne de la Transportation, un décor original pour ce festival des arts de la scène mêlant théâtre, musique et poésie.

MAI

23° / 29°

JUIN

23° / 31°

OCTOBRE

23° / 33°

LES MAÎTRES DE LA PAGAIE
(KOUROU)

© JM-GUYON - FOTOLIA

Epreuve de force pour les meilleurs rameurs de Guyane : la grande course en pirogue traditionnelle créé une belle émulation !

NOVEMBRE

23° / 32°

RENCONTRES DANSES MÉTISSES
(CAYENNE)
Avec des danseurs contemporains venus des Caraïbes, d'Europe, d'Amérique latine ou encore d'Afrique, le spectacle est assuré.

DÉCEMBRE

23° / 30°

LES BONNES RAISONS D'Y ALLER

© SANDRA DAVEAU

95% DE FORÊT AMAZONIENNE

Avec un territoire quasi entièrement couvert de jungle, ce n'est pas le vert qui manque !

UNE FAUNE ET UNE FLORE INOUÏES

Si les animaux – principaux habitants du pays – sont farouches, les plantes sont partout.

© AMSKAD - FOTOLIA

© SANDRA DAVEAU

UNE MOSAÏQUE CULTURELLE

Venus des 4 coins du monde au cours des siècles, les peuples de Guyane sont multiples.

LA FRANCE SUD-AMÉRICAINE

Bien que située en Amérique du Sud, la Guyane est française. On y parle donc français !

UN CARNAVAL ORIGINAL

Durant parfois deux mois, le carnaval est l'événement phare : joie, rhum et traditions.

DES BOURGADES D'UN AUTRE TEMPS

Cayenne, Saint-Georges, Sinnamary, Saint-Laurent, autant de villes au charme envoûtant.

UNE GASTRONOMIE ÉPICÉE

Des influences variées, avec manioc et viandes boucanées comme base des mets créoles !

LES BONNES RAISONS D'Y ALLER

L'AVENTURE AU BOUT DU CHEMIN

Pirogue dans les rapides, escalade ou VTT en forêt, nuit en hamac : l'aventure est là !

© ERIC VALENNE GEOSTORY - SHUTTERSTOCK.COM

© ANTON_IVANOV - SHUTTERSTOCK.COM

UN PATRIMOINE PÉNITENTIAIRE

Pendant un siècle, la France met ici au bagne ses prisonniers. Une histoire qui marque.

L'OMNIPRÉSENCE DE L'EAU

80 % de taux d'humidité, des fleuves et de la pluie, on est bien hydraté en Guyane.

© JJS-PEPITE - ISTOCKPHOTO.COM

LES 12 MOTS-CLÉS

#ABATTIS

Symbole même de la culture de subsistance traditionnelle, il s'agit d'une parcelle de terre prise sur la forêt, que l'on déboise puis que l'on brûle. Ces cultures sur brûlis, qui surprennent souvent le visiteur, redessinent le paysage. C'est un peu l'équivalent du potager en métropole : chacun plante bananes, dachines, fruits et légumes variés...

#AVENTURE

En terre guyanaise, l'aventure est forcément au rendez-vous tant les possibilités d'expéditions sont nombreuses. Entre la descente du Maroni ou la remontée du fleuve Oyapock, une fiévreuse escapade au Suriname, une nuit en hamac au Brésil ou une virée dans les marais de Kaw, le dépaysement est tel que chaque activité prend des airs d'équipée !

© AMSKAD - SHUTTERSTOCK.COM

#BROKODÉ

Les Bushiningués rendent hommage aux personnes décédées lors de la cérémonie du Brokodé. Trois jours durant, c'est la fête au village. Les habitants des alentours s'invitent : prières, chants, danses traditionnelles et musiques modernes battent le mesure. Environ un an plus tard, lors du Pubaka, de nouvelles animations célèbrent le fin du deuil.

#CARBET

Logement traditionnel des Amérindiens fait d'un toit en feuilles de palmier et tressé avec des fils d'arouman. De nos jours, le carbet tend à être remplacé par la maison en tôle ou en dur. Les Amérindiens gardent tout de même un grand carbet traditionnel, *tapitu'a*, pour les fêtes. Les carbets sont aussi des hébergements touristiques en forêt.

#CARNAVAL

Période de liesse pour toute la population, le carnaval en Guyane se prépare physiquement, financièrement et psychologiquement. Il dure au moins un mois et peut s'étaler sur trois. La fête commence en discothèque dès le mercredi pour certains et se termine… le dimanche. Quelle endurance ! Les grandes parades (Cayenne et Kourou) valent le détour.

#COUAC

Manioc transformé en semoule que vous goûterez certainement lors de séjours plus ou moins prolongés en forêt. Chaque cuisinier guyanais a sa propre recette ! Sans aucun doute, le taboulé que vous mangerez sera à base de *couac* et, rassurez-vous, c'est sain et délicieux. Lorsque le manioc se présente sous forme de galettes, on parle de *cassave*.

#FUSÉE

La Guyane, c'est aussi le Centre spatial guyanais, et donc la possibilité d'assister au décollage d'Ariane 5 (bientôt 6 !), Soyouz ou Vega. Une dizaine de lancements sont programmés par an. Visiter le centre spatial c'est aussi l'occasion de pénétrer dans l'univers technologique et mystérieux de la conquête du ciel... *Houston !... Houston ?*

#HAMAC

D'origine amérindienne, ce couchage d'une ou deux places va de pair avec les nuits passées en carbet (n'oubliez pas la moustiquaire !). En général, une fois la posture idéale trouvée - légèrement de travers pour tendre le tissu -, on y dort très bien. Fait main et dans de multiples coloris, voilà une bonne idée-souvenir à rapporter dans ses bagages.

© MATHESS - ISTOCKPHOTO.COM

#PICOLETTE

Pendant que certains promènent leur chien, d'autres se baladent avec une ou deux petites cages à la main. Les oiseaux, pour leur chant ou pour leur parure, sont très appréciés en Guyane. De nombreux concours sont d'ailleurs organisés, mettant en compétition des picolettes, oiseaux réputés pour la beauté mais aussi pour la variété de leur chant.

#SAUTS

Ces rapides jalonnent les remontées ou descentes des fleuves guyanais. En saison sèche, il faut parfois descendre de la pirogue pour les franchir. Ils sont souvent, lors d'expéditions sur les fleuves, des lieux de halte pour installer un bivouac ou pour une baignade. Sur les criques, qui désignent ici les rivières, on ne trouve pas de sauts.

#TI'PUNCH

Plus qu'une tradition, c'est une institution. Dans la plupart des établissements, on vous apportera carrément la bouteille, le citron vert et le sucre de canne de manière à ce que vous dosiez vous-même votre ti'punch. Mais vigilance ! Ce n'est pas pour autant qu'il faut en abuser… La Belle Cabresse se boit très bien, restez donc sur vos gardes !

© BHOFACK2 - ISTOCKPHOTO.COM

#TOULOULOU

Les touloulous sont les reines du carnaval. Les femmes, déguisées, se rendent méconnaissables : pas un centimètre carré de peau ne transparaît, si bien que rien ne peut rappeler qui se cache sous le déguisement. Pendant toute la durée du carnaval, elles invitent les hommes à danser dans les bals. Enjôleuse, une touloulou ne se dévoile jamais.

© AMSKAD - SHUTTERSTOCK.COM

VOUS ÊTES D'ICI, SI…

- **Vous assistez au lancement presque mensuel d'une fusée** depuis la place des Amandiers à Cayenne ou bien depuis Kourou.
- **Vous vous rendez le dimanche au grand marché de Cacao** pour déguster une délicieuse soupe hmong.
- **Vous ne vous énervez pas alors que tout vous y porte.** La patience et le sourire sont vos meilleurs alliés pour résoudre les conflits.
- **Vous participez au carnaval** et à ses préparatifs dans une ambiance bon enfant.
- **Vous êtes le premier levé et le dernier couché** pendant les derniers jours du carnaval.
- **Vous avez l'art et la manière de vous préparer un ti'punch** bien corsé quand c'est le bon moment. La Belle Cabresse est d'ailleurs une amie proche que vous connaissez personnellement.
- **Vous n'hésitez pas à rajouter une bonne cuillerée de piment** à votre plat de poisson pourtant déjà bien épicé.
- **Vous respectez les limitations de vitesse** alors même que rien ne le justifie sur certains tronçons de route.

MA GUYANE

par Florent Catanzaro, auteur du guide

Interview

Après des études d'ingénieur suivies d'une année sabbatique en Amérique du Sud, Florent décide de laisser plus de place à sa passion pour l'écriture. C'est alors que commence la collaboration avec *le Petit Futé*, en parallèle de ses missions d'ingénierie. L'une d'elles lui a d'ailleurs permis de découvrir la Guyane, cette étonnante superposition d'Amérique latine, d'Afrique et d'Asie, en VF !

DISTANCES

TEMPS DE TRAJET

	AWALA-YALIMAPO	CACAO	CAYENNE	IRACOUBO	KOUROU
AWALA-YALIMAPO		301 KM 4h	245 KM 3h	100 KM 1h15	176 KM 2h15
CACAO	301 KM 4h		72 KM 1h15	202 KM 2h45	117 KM 1h45
CAYENNE	245 KM 3h	72 KM 1h15		147 KM 2h	62 KM 1h
IRACOUBO	100 KM 1h15	202 KM 2h45	147 KM 2h		77 KM 1h
KOUROU	176 KM 2h15	117 KM 1h45	62 KM 1h	77 KM 1h	
MANA	23 KM 30mn	279 KM 3h30	225 KM 2h45	78 KM 1h	169 KM 2h
MARIPASOULA	233 KM	201 KM	237 KM 45mn	224 KM	229 KM
REGINA	345 KM 4h15	70 KM 1h15	115 KM 1h45	245 KM 3h	160 KM 2h15
SAINT-GEORGES	417 KM 5h15	143 KM 2h	188 KM 2h30	318 KM 4h	233 KM 3h15
SAINT-LAURENT DU MARONI	65 KM 1h	315 KM 4h	258 KM 3h15	113 KM 1h30	204 KM 2h30
SAÜL	252 KM	136 KM	175 KM 45mn	207 KM	183 KM
SINNAMARY	131 KM 1h45	171 KM 2h30	115 KM 1h30	32 KM 30mn	61 KM 1h

Le territoire guyanais est à 95 % recouvert d'une dense forêt, ce qui ne facilite pas nécessairement la mobilité dans le département. Le réseau routier, qui s'est essentiellement développé le long du littoral, est néanmoins en assez bon état, rendant les déplacements entre les principales villes de Guyane, y compris quelques villes de l'intérieur comme Saint-Georges et Regina, plutôt aisé en voiture ou en bus. Pour le reste, la pirogue sera votre meilleure alliée ! 2 ou 3 jours de pirogue + voiture permettront de rallier Saül ou Maripasoula par exemple.

MANA	MARIPA SOULA	REGINA	SAINT-GEORGES	SAINT-LAURENT DU MARONI	SAÜL	SINNAMARY
23 KM 🚗 30mn	233 KM	345 KM 🚗 4h15	417 KM 🚗 5h15	65 KM 🚗 1h	252 KM	131 KM 🚗 1h45
279 KM 🚗 3h30	201 KM	70 KM 🚗 1h15	143 KM 🚗 2h	315 KM 🚗 4h	136 KM	171 KM 🚗 2h30
225 KM 🚗 2h45	237 KM ✈ 45mn	115 KM 🚗 1h45	188 KM 🚗 2h30	258 KM 🚗 3h15	175 KM ✈ 45mn	115 KM 🚗 1h30
78 KM 🚗 1h	224 KM	245 KM 🚗 3h	318 KM 🚗 4h	113 KM 🚗 1h30	207 KM	32 KM 🚗 30mn
169 KM 🚗 2h	229 KM	160 KM 🚗 2h15	233 KM 🚗 3h15	204 KM 🚗 2h30	183 KM	61 KM 🚗 1h
	227 KM	323 KM 🚗 4h	395 KM 🚗 4h45	43 KM 🚗 45mn	237 KM	109 KM 🚗 1h15
227 KM		224 KM	249 KM	207 KM ✈ 1h30	92 KM ✈ 30mn	227 KM
323 KM 🚗 4h	224 KM		77 KM 🚗 1h	358 KM 🚗 4h30	141 KM	214 KM 🚗 2h45
395 KM 🚗 4h45	249 KM	77 KM 🚗 1h		431 KM 🚗 5h15	158 KM	287 KM 🚗 3h45
43 KM 🚗 45mn	207 KM ✈ 1h30	358 KM 🚗 4h30	431 KM 🚗 5h15		229 KM	144 KM 🚗 1h45
237 KM	92 KM ✈ 30mn	141 KM	158 KM	229 KM		198 KM
109 KM 🚗 1h15	227 KM	214 KM 🚗 2h45	287 KM 🚗 3h45	144 KM 🚗 1h45	198 KM	

IDÉES DE SÉJOUR

Rien ne sert de se presser en Guyane, mieux vaut prendre le temps de savourer chaque instant dans les différents lieux visités, goûter aux spécialités locales et écouter les bruits de la forêt... Les événements qui ponctuent la vie guyanaise comme le carnaval, la saison des pontes des tortues marines ou encore les tirs de fusées doivent aussi être pris en compte lors de la préparation de son séjour. Même si la Guyane est recouverte à plus de 90 % par la forêt, il reste tout de même 10 % (praticables) à découvrir, et une semaine sur place permet d'avoir un bel aperçu ! Vous pourrez voguer sur les sauts du Maroni ou privilégier le littoral... Si vous disposez de deux semaines, les possibilités sont déjà plus nombreuses, et à vous les différentes facettes de la Guyane : fleuves, îles, marches et escalade en forêt, randonnées sur les sentiers... Voici quelques suggestions de séjours, courts, longs et thématiques.

LA GUYANE EN UNE SEMAINE

Diversité culturelle et nature luxuriante sont au rendez-vous de ce département français du bout du monde. Une semaine pour se faire une idée globale de la richesse de la Guyane passera très vite. Pour gagner du temps, il faut louer une voiture, surtout en saison des pluies, et réserver hôtels et excursions avant le départ.

› Jour 1 - Arrivée à Cayenne

Arrivée à l'aéroport Felix Eboué. Balade sur la **place historique des Palmistes** (p.109), suivi d'un verre sur place. N'hésitez pas à goûter les fameux madras dans l'un des nombreux camions ambulants qui longent la place. Nuit à **Cayenne** ★★★ (p.105).

› Jour 2 - Kourou et les îles du Salut

Au matin, départ pour **Kourou** ★★ (p.172) et les îles du Salut en catamaran. Visite guidée des vestiges du **bagne** (p.158) pendant la journée, baignade. Nuit en hamac dans l'ancien dortoir des bagnards ou en chambre climatisée, avec vue sur la mer.

› Jour 3 - Visite de l'île de Saint-Joseph

Visite de l'**île de Saint-Joseph** ★★★ (p.162) le matin. Départ dans l'après-midi : dégustation des fameuses glaces locales le long du lac de **Kourou** ★★ (p.172) et visite de la ville. Nuit à **Kourou** ★★ (p.172).

› Jour 4 - Centre spatial et caïmans

Visite du **Centre spatial guyanais (CSG)** (p.174). Après-midi : visite du **zoo de Montsinery** (p.168). Fin d'après-midi : départ pour la **réserve naturelle de Kaw** (p.217) – soirée dédiée à l'observation des caïmans dans le marais.

› Jour 5 - Musée aux insectes

Réveil dans le marais. Départ pour le marché de **Cacao** ★★ (p.221), où l'on pourra déguster les spécialités sur place. L'après-midi: visite du **Musée aux insectes** (p.221) puis retour sur **Cayenne** ★★★ (p.105) : balade **place des Amandiers** (p.108).

› Jour 6 - Le centre historique de Cayenne

Visite guidée du centre historique de **Cayenne** ★★★ (p.105) ou **Musée des cultures Guyanaises** (p.111) le matin. Déjeuner sur la Comté en bord de fleuve. Après-midi : sentier de **Rorota** (p.134) / **Montabo** (p.110). Balade sur la plage des **Salines** (p.134) au coucher de soleil pour apprécier la ponte des tortues marines (entre avril et juillet). Nuit à **Rémire** ★★★ (p.132) ou **Cayenne** ★★★ (p.105).

› Jour 7 - Dernière journée avant retour

Le matin, shopping souvenirs avenue du Général-de-Gaulle, achats de fruits et légumes frais au marché, visite du **marché aux poissons** (p.108) et déjeuner sur place : soupes vietnamiennes. Plage ou détente avant le décollage.

Une autre solution consiste à privilégier l'ouest de la Guyane en allant directement vers Saint-Laurent, pour partir quelques jours, découvrir **Javouhey** (p.192), **Mana** ★★ (p.187) et les villages amérindiens d'**Awala-Yalimapo** ★★ (p.191). Sur le fleuve Maroni, qu'il s'agisse de la descente (4 jours) ou de la remontée (5 jours), si votre budget vous le permet (environ 500 €), que le temps sur place est assez favorable, il ne faudra pas hésiter à s'offrir cette excursion de toute beauté !

Elle permet de dormir dans des campements au bord du fleuve, de rencontrer les populations locales et de déguster une cuisine authentique. Si votre guide est sympathique, il vous fera part de nombreuses anecdotes et histoires issues de la tradition des Noirs marrons et, cerise sur le gâteau, vous survolerez une Guyane amazo-

© PHILIPPE GUERSAN - AUTHOR'S IMAGE

Balade dans les arbres.

nienne en Twin Otter, un petit avion d'une quinzaine de places (soit à l'aller, soit au retour). En sept jours, il est également possible de partir en forêt en partant directement pour **Saül** ★★ (p.234) et d'y organiser un circuit.

L'ESSENTIEL DE LA GUYANE EN 15 JOURS

Si vous disposez de dix ou quinze jours, cela permet de profiter un peu plus de la Guyane et des alentours de **Cayenne** ★★★ (p.105), de ses plages et sentiers, d'organiser une visite de **Cacao** ★★ (p.221), un week-end à **Saint-Georges et Oiapoque** ★ (p.230), etc. En saison de ponte des tortues Luth, pas besoin d'aller jusque dans l'ouest du département, les plages de **Montjoly** ★★★ (p.132) permettent également le spectacle à la nuit tombée.

› Jour 1 - Arrivée en Guyane

Arrivée à l'aéroport Félix Éboué. Transfert pour **Cayenne** ★★★ (p.105). Installation à l'hôtel.

› Jour 2 - Visite de Cayenne

Courses et déambulations dans **Cayenne** ★★★ (p.105). La **place des Palmistes** (p.109) est un bon point de départ, le marché un bon point de passage et les multiples glaciers sont toujours l'occasion d'une pause. Pour piquer une tête, il suffit de quelques minutes en voiture pour rejoindre la route des plages.

› Jour 3 - Le centre de la Guyane

Départ en avion pour **Saül** ★★ (p.234). Installation. Nuit à Saül.

› Jour 4 - Dans la forêt primaire

Départ pour une randonnée en immersion totale au cœur de la forêt primaire. Nuits en hamac.

› Jour 5 - En terre vraiment inconnue

Découverte de la faune et de la flore. Nuits en hamac.

› Jour 6 - Retour sur terre mais direction le centre spatial

Retour à Saül. Transfert jusqu'à **Kourou** ★★ (p.172). Faire les provisions en chemin pour les deux jours suivants. Nuit à **Kourou** ★★ (p.172).

› Jour 7 - Visite du tristement célèbre bagne

Départ pour les îles du Salut avec hamac (pas de moustiques sur les îles), nourriture et boissons. Visite du **bagne** (p.158). Nuit à l'auberge.

› Jour 8 - Retour à Kourou

Farniente le matin et retour des îles en fin d'après-midi. Nuit à **Kourou** ★★ (p.172).

› Jour 9 - Visite du Centre spatial guyanais

Visite le matin du **Centre spatial guyanais** (p.174) (environ 3h), puis départ pour déjeuner à **Sinnamary** ★ (p.183), puis visite rapide d'**Iracoubo** ★ (p.186). Arrivée à **Saint-Laurent-du-Maroni** ★★★ (p.196).

› Jour 10 - Saint Laurent du Maroni

Visite de Saint-Laurent ★★★ (p.196) et du camp de la Transportation (p.197). Dîner sur les rives du fleuve.

› Jour 11 - En terre bushinengé

Balade en pirogue en terre bushinengé (cette expédition peut, si besoin, durer plusieurs jours).

› Jour 12 - Visite de Maripasoula

Arrivée à Maripasoula ★ (p.209). Balade dans la plus grande commune française avec une étape chez Dédé pour boire un verre.

› Jour 13 - Retour à Cayenne

Transfert et retour à Cayenne ★★★ (p.105). Ce peut être l'occasion de découvrir la nuit cayennaise et ses nombreux bars.

› Jour 14 - Au marché des senteurs

Marché de Cacao ★★ (p.221) ou visite des communes et des sentiers proches de Cayenne ★★★ (p.105). Sinon, pourquoi ne pas prendre une journée pour visiter le zoo et le tout nouveau Jardin botanique de Guyane qui se trouvent tous les deux sur la commune de Macouria ★ (p.168) ?

› Jour 15 - Dernier jour shopping

Marché de Cayenne ★★★ (p.105) et derniers achats. Départ en avion.

On peut modifier ce séjour si l'on n'est pas marcheur et découvrir la région de Kaw ★★★ (p.216), se rendre à Oiapoque, au Brésil, et profiter du fleuve Oyapock (p.230), par exemple. Il est également possible d'allonger les excursions et de privilégier une région, comme celle de la Mana ★★ (p.187) et d'Awala-Yalimapo ★★ (p.191), non loin de Saint-Laurent. Se rendre au Suriname restera un moyen fabuleux de pénétrer un peu plus à l'intérieur du plateau des Guyanes, et sachez que cette destination épicée ne déçoit pas.

AU CŒUR DE LA FORÊT AMAZONIENNE

La commune de Saül ★★ (p.234) a été fondée par des orpailleurs venus de Sainte-Lucie, attirés au début du XXe siècle par la soif de l'or. Des sentiers tracés permettent des balades en toute sécurité, pour découvrir les vestiges des premiers habitants de la Guyane ou pour s'initier à la découverte d'une luxuriante flore et faune des forêts de l'Amazonie française.

› Jour 1 - Arrivée à Cayenne

A l'arrivée, prise en charge de la voiture de location et route vers votre hôtel. Installation, dîner libre et nuit.

› Jour 2 - Cayenne, Rémire Montjoly

Petit déjeuner, route vers Rémire Montjoly ★★★ (p.132). Départ de la marina de Dégrad des Cannes à Rémire Montjoly, pour une traversée en bateau à moteur d'une demi-heure. Débarquement sur l'îlet la Mère ★ (p.144), appelé aussi l'îlet aux singes.

Lîle Royale (îles du Salut).

© SANDRA DAVEAU

Un paresseux, animal inoffensif malheureusement menacé.

› Jour 3 - De Cayenne à Saül

Matinée et déjeuner libres. Route vers l'aéroport. Vol jusqu'à **Saül** ★★ (p.234) au cœur de la Guyane, installation à l'hôtel.

› Jour 4 - Au pays des orpailleurs

Journée randonnée encadrée par un guide et initiation à l'orpaillage.

› Jour 5 - Faune et flore

La journée sera consacrée à la découverte de la richesse de la faune et de la flore locales. Les nombreux insectes et papillons, dont les fameux morphos, peuvent être observés lors de cette excursion pédestre.

› Jour 6 - Kourou - Iles du Salut

Embarquement en catamaran afin de rejoindre les îles du Salut. Découverte libre de l'**île Royale** ★★★★ (p.157) où étaient autrefois déportés les bagnards. Alfred Dreyfus et Guillaume Seznec en furent les prisonniers les plus célèbres, ainsi qu'Henri Charrière qui décrivit dans son livre *Papillon* son séjour et ses tentatives d'évasion, ce qui a donné le film du même nom. L'après-midi, dépose sur l'**île Saint-Joseph** ★★★ (p.162), détente et baignade. Retour sur **Kourou** ★★ (p.172) en fin de journée.

› Jour 7 - La tête dans les étoiles

Après un bon petit déjeuner très tôt, route et visite de **Kourou** ★★ (p.172). Visite commentée du **Centre Spatial Guyanais** (p.174). Présentation de l'histoire de la conquête spatiale européenne dans la salle Jupiter « tour de contrôle » où les opérationnels mais aussi les clients, VIP et médias se réunissent lors des lancements de la fusée Ariane. La visite se poursuit par l'observation des pas de tirs Ariane IV et V.

› Jour 8 - Fin du voyage

Un petit tour au marché s'impose, surtout si vous y êtes un mercredi ou un samedi. Découverte des nombreux fruits et légumes du pays. Dernier shopping avant le départ.

UNE SEMAINE D'AVENTURE EN GUYANE

Ce voyage vous emmène à la rencontre des trésors naturels et culturels de la Guyane. Vous descendrez le fleuve Maroni à bord d'une pirogue traditionnelle à la rencontre des locaux. Puis direction la forêt primaire pour admirer les animaux sauvages. Visite des villages typiques, puis terminez ce voyage en beauté par la visite du centre spatial et la découverte des îles du Salut.

› Jour 1 - Début du périple

Arrivée à l'aéroport de **Cayenne** ★★★ (p.105), transferts et installation à l'hôtel.

› Jour 2 - Descente du fleuve Maroni en pirogue motorisée

Embarquement pour **Maripasoula** ★ (p.209) (1 heure de vol), survol de la forêt amazonienne. Arrivée sur **Maripasoula** ★ (p.209) et rencontre avec un guide local. Embarquement à bord d'une pirogue pour le début de votre aventure sur **le Maroni** ★★★ (p.193). Cette expédition permettra de remonter le fleuve pendant 4 jours, à la découverte des populations habitant les rives. Nuit en hamac.

IDÉES DE SÉJOUR

› Jour 3 - Poursuite de l'aventure sur le Maroni

Après un petit déjeuner très local, vous naviguerez sur le fleuve Maroni et ferez des arrêts dans des villages typiques bordant les deux rives du fleuve. L'occasion de partager avec les habitants de cette région (Amérindiens, Bushinengués). Nuit en hamac.

› Jour 4 - Après la descente, remontée du fleuve Maroni

La navigation se poursuit par l'autre rive. Arrêts fréquents à la rencontre des locaux qui vivent depuis toujours sur les berges du Maroni. Cette immersion est totale, et les Amérindiens sont particulièrement accueillants, il sera possible d'observer leur vie au quotidien ou partager un repas. Nuit en hamac.

› Jour 5 - Sur le Maroni

Après avoir remonté sur quelques kilomètre le fleuve, arrivée à **Saint-Laurent-du-Maroni** ★★★ (p.196), la capitale locale. Transfert à l'hôtel et visite de la ville.

› Jour 6 - Centre Spatial Guyanais

Visite du **Centre Spatial Guyanais** (p.174) en bus touristique (durée de la visite : 3 heures). Choisi en 1964 parmi 13 autres sites pour sa situation particulière, c'est aujourd'hui le "port spatial de l'Europe". Faisant partie intégrante de l'environnement guyanais, après plus de quarante ans, le C.S.G. constitue une étape importante de la découverte de notre région. Durant votre visite, vous entrerez dans l'univers passionnant de la haute technologie. Sous la conduite de guides expérimentés, vous prendrez place au centre de contrôle pour une présentation suivie d'une visite de deux heures des différentes installations sous réserve de contraintes opérationnelles. À l'issue de la visite, vous découvrirez le **Musée de l'espace** (p.173).

› Jour 7 - Farniente sur l'île du Salut

Après le petit déjeuner, départ au débarcadère de **Kourou** ★★ (p.172) en voiture de location ou transfert privé. Embarquement à bord d'un catamaran (dessert l'île Royale et l'île Saint-Joseph) et navigation jusqu'aux îles du Salut (environ 1h30 de navigation). Situées à 15 km au large de **Kourou** ★★ (p.172), l'**île Royale** ★★★★ (p.157), l'**île Saint-Joseph** ★★★ (p.162) et l'**île du Diable** ★ (p.162), formant l'archipel des îles du Salut, furent un des hauts lieux de la colonie pénitentiaire. Sur l'île Royale subsistent encore de nombreux bâtiments construits par l'Administration pénitentiaire qui témoignent de cet univers carcéral fermé en 1946. L'hôpital constitue un excellent exemple de l'architecture de la fin du XIXe siècle; le quartier des condamnés à mort, l'**église** (p.160), la cure, la maison des fous, le phare, etc. Une partie des bâtiments, en particulier les habitations destinées aux gardiens, ont été restaurés à l'identique et servent de chambres pour ceux qui envisagent un séjour sur l'île. L'ancien mess des gardiens abrite les cuisines et le restaurant où vous pourrez déjeuner avec une belle vue sur l'île du Diable.

› Jour 8 - Avant le vol retour

Matinée libre pour faire les derniers achats et visiter le **marché de Cayenne** (p.108).

NATURE ET ORNITHOLOGIE

La Guyane, c'est un sixième de la France pour environ 300 000 habitants. Cela nous donne une idée de la préservation des lieux. Comme dans la série qui lui est consacrée et qui porte son nom, on entend souvent parler de problème, orpailleurs, trafic, mercure. Mais la réalité de la Guyane c'est avant tout une forêt primaire, qui renferme des trésors de faune et de flore uniques au monde.

› Jour 1 - Départ et arrivée

Départ de Paris, arrivée à **Cayenne** ★★★ (p.105) dans l'après-midi. Départ pour rejoindre le gîte. Briefing, projection d'une présentation courte et imagée sur les oiseaux et la faune de Guyane.

› Jour 2 - Coqs de Roche

Départ de **Roura** ★★ (p.214) pour le sentier des coqs de roche orange. Marche d'environ 20 minutes afin d'arriver sur le site d'observation. Il faudra être patient afin de tenter d'observer les parades spectaculaires des mâles. Remontée vers la piste puis trajet en minibus pour atteindre un autre sentier. Admiration des jolies chutes d'eau, le reste de la journée sera consacré à l'observation d'oiseaux aux différents points de vue de la route de **Kaw** ★★★ (p.216) et au gîte.

Quelques espèces locales à observer : tinamous, sarcoramphe roi, grand urubu, harpie féroce, petite buse, milan à queue fourchue, buse blanche, caracara à gorge rouge, faucon des chauves-souris, carnifex, hocco alector, pénélope marail, agami trompette, perroquets (aras, Toui para, caïque maïpouri, pione à tête bleue et conure versicolore), piaye écureuil et petit piaye, engoulevents, martinets, colibris, jacamar à longue queue, cabézon tacheté, toucans, pics, cotingas et notamment le coq-de-roche orange, tyrans (tityre gris...), cassique vert, tangaras, cardinal flavert, cardinal ardoisé.

› Jour 3 - Marais de Kaw

Départ au lever du jour vers le Degrad des **marais de Kaw** (p.217) (15-20 min). Pirogue

© DREANA - STOCK.ADOBE.COM

Colibri.

sur les marais de Kaw en amont du village le matin. Pique-nique au village de **Kaw** ★★★ (p.216). L'après-midi, pirogue sur les marais vers l'embouchure de la rivière de Kaw et observation de ses ibis rouges.

› Jour 4 - Marais de Kaw

Si le canal de Kaw est ouvert : départ au lever du jour vers le Degrad des marais de Kaw (10 min). Départ en pirogue sur les marais de Kaw puis traversée par le canal roi vers l'embouchure de l'**Approuague** (p.225) pour tenter d'observer le toucan Toco.

Si le canal de Kaw est fermé : départ en minibus au lever du jour vers le Degrad des marais de Kaw (10 min). Exploration plus approfondie des marais et des espèces qui y vivent.

› Jour 5 - Savane-roche Virginie

Départ avant le lever du soleil en minibus pour 30 minutes afin de rejoindre l'entrée du sentier. Marche d'environ 2h30 sur un sentier balisé et observation des animaux du sous-bois. Nous arrivons ensuite sur la savane-roche, formation granitique qui offre une vue imprenable sur la canopée. Observation depuis ce point de vue en matinée puis pique-nique au sommet.

› Jour 6 - Régina / Îles du Saut Mapaou

Balade en forêt dans les environs de **Régina** ★★ (p.222) pour observer les oiseaux du sous-bois puis autour du camp. Pique-nique. Observation de manakins et de thamnophilidés dans une grande friche et/ou balade en pirogue dans les chapelets d'îles du Saut Mapaou et/ou pêche traditionnelle au coumarou dans les rapides. Coucher du soleil sur les rochers dominant le Saut Mapaou. Dîner sur place. Capture de chiroptères au filet japonais.

› Jour 7 - Saut Machicou

Remontée en pirogue vers le saut Machicou (3h à 4h). Cette balade permet d'explorer le fleuve et ses rapides à la recherche de loutres, anacondas, tapirs ou encore Harpies féroces. Pique-nique à mi-chemin sur une dalle rocheuse. Tentative d'observation des rares honorés fasciés et hérons coiffés en pirogue et à pied sur un sentier longeant les rapides.

› Jour 8 - Saut Mapaou

Matinée, observation des oiseaux présents autour du gîte. Départ en pirogue pour une remontée vers les premiers rapides du fleuve. Arrivée à votre carbet et installation. Pique-nique au carbet. Puis visite en pirogue des rapides et des méandres rocheux et tumultueux à la recherche des engoulevents trifides et des hirondelles des torrents.

› Jour 9 - Route de Guatemala / Cayenne

En route sur la piste de Guatemala (30 min) et ses nombreux rapaces pour une dernière balade.

Quelques spécimens à observer : de nombreux ardéidés (aigrettes, héron garde-bœufs, bihoreau violacé, héron strié), buse à queue blanche, buse cendrée, buse à tête blanche, buse à gros bec, buse buson, balbuzard pêcheur, macagua rieur, caracara à tête jaune, faucon pèlerin, jacana noir, nombreuses espèces de limicoles.

En fin de journée transfert et fin du voyages, plein d'images.

SE REPÉRER / SE DÉPLACER

DE L'AÉROPORT AU CENTRE-VILLE

Aucun transport public ne dessert l'aéroport international de Cayenne - Félix Eboué (situé réellement dans la petite ville de Matoury). De là, plusieurs options s'offrent au visiteur, de préférence à prévoir avant l'atterrissage. Si vous vous rendez à l'hôtel, voyez avec ce dernier s'il propose un service de navette depuis et vers l'aéroport. Autrement, il est possible de louer un véhicule directement à l'aéroport ou de recourir aux services d'un taxi (environ 40 euros pour rallier le centre-ville).

TRANSPORTS EN COMMUN

▶ **Bus.** Désormais, deux réseaux de transport desservent Cayenne et ses alentours : le Transport interurbain de la Guyane (TIG) pour les communes hors du territoire de la Communauté d'agglomération du Centre Littoral (CACL), et le transport péri-urbain Agglo'bus pour les communes appartenant à la CACL. Grâce à ces deux réseaux, on pourra gagner à peu près n'importe quel quartier de la ville et des alentours.
Pour ce qui est des liaisons entre les différentes villes de Guyane, c'est du côté des minibus TIG qu'il faudra se pencher : au départ de la gare routière de Cayenne, on peut rejoindre Kourou, Saint-Laurent ou encore Saint-Georges (en prenant soin de réserver à l'avance sur www.ville-cayenne.fr/transports).

▶ **Une autre solution consiste à utiliser les taxis collectifs.** Les horaires de ces derniers sont plutôt aléatoires, puisqu'ils ne partent qu'une fois le minibus rempli. Ils pratiquent des tarifs fixes et on les trouve à l'aéroport et dans les gares routières du département.

VÉLO, TROTTINETTE & CO

Parcourir le centre des villes de Guyane à vélo est un projet parfaitement envisageable. Mais en l'absence de pistes cyclables, il faut rester vigilant : un homme averti en vaut deux. Si vous optez pour ce mode de locomotion, nous vous conseillons vivement d'utiliser un VTT. Moins sensible aux imperfections de certaines routes, il vous permettra d'emprunter les pistes en latérite qui conduisent vers quelques sites paradisiaques. Il y a toutefois hélas trop peu de loueurs de VTT sur place.

AVEC UN CHAUFFEUR

Les taxis ne sont pas nombreux en Guyane et les prix pratiqués sont comparables à ceux en vigueur en métropole. Si vous n'avez pas prévu votre transfert à l'aéroport de Cayenne-Félix-Éboué (voiture personnelle, de location...), il vous reste le taxi. Le trajet jusqu'au centre-ville vous reviendra à 40 euros environ (prix majoré la nuit). En l'absence de bus et de taxis collectifs, vous devrez également prendre un taxi lors de vos sorties nocturnes. Ne cherchez pas à leur téléphoner, c'est sans espoir. Il vaut mieux

Route au milieu de la jungle guyanaise.

se rendre directement à la station de taxis (à Cayenne, place des Palmistes).
Autre possibilité, pour les adeptes du covoiturage, le site www.blada.com offre pas mal d'annonces de covoiturage à travers la région.

EN VOITURE

Il n'y a pas d'autoroute en Guyane, mais toutes les villes et communes du littoral ainsi que quelques villes plus à l'intérieur comme Régina et Saint-Georges sont accessibles par la route. La signalétique est claire, et il est difficile de s'égarer. Pour accéder à certains sites, vous devrez parfois prendre une route en latérite. A l'entrée de Cayenne, en venant de Matoury ou de Kourou, la route à quatre voies sur 2 km est souvent appelée « rocade ». C'est sur celle-ci que les contrôles radar sont les plus fréquents. Attention aussi sur la route entre Cayenne et Kourou.

État des routes. Si de gros progrès ont été accomplis ces dernières années avec la construction de ponts à la place des bacs, la mise en place de ronds-points pour éviter les embouteillages laisse trop souvent à désirer. Par ailleurs, l'accès à de nombreux sites touristiques (cascades de Fourgassié, chutes Voltaire...) passe par des pistes en latérite qui se dégradent facilement en saison des pluies. Renseignez-vous auprès des offices du tourisme ou des syndicats d'initiative sur l'état des voies de circulation avant de les emprunter et vérifiez votre contrat de location (en général vous serez uniquement assuré sur des routes goudronnées).

Stations-service. Comme partout ailleurs, toutes les stations-service sont ouvertes pendant la journée ; à Cayenne, certaines ont également des horaires de nuit (rond-point Mirza avec les trois statuettes). En revanche, pour de longs trajets (Cayenne-Saint-Laurent par exemple), il vaut mieux faire le plein avant votre départ, car après Kourou, c'est... Saint-Laurent (soit 200 km). Sur la route de l'Est, la pompe de Régina a fermé, tout comme celle de Cacao, et la pompe de Saint-Georges n'est pas toujours ravitaillée. Partez avec des réserves d'essence dès que vous vous éloignez des principales villes.

Conduite automobile. La Guyane est un département français : on y applique donc, en théorie, le même code qu'en métropole. Mais attention ! En pratique, les conducteurs sont souvent distraits, les scooters roulent sans lumière, on ignore le port du casque et le slalom à vive allure est une discipline très prisée... En plus, les conducteurs ne se soucient pas des autres et oublient de signaler tout changement de direction. Aussi, restez vigilant ! Cayenne est la seule ville où les embouteillages sont un vrai calvaire, aux heures des sorties des cours et lors des jours de marché. En Guyane, il n'y a pas d'autoroute, donc la vitesse maximale sur les 390 km de routes nationales est, depuis juillet 2018, fixée à 80 km/h.

Location de voitures. Louer une voiture est la solution la plus pratique et quasiment indispensable pour visiter la Guyane. Les plus grands loueurs sont présents avec un parc assez large. La location de votre véhicule peut se faire avant votre départ, avec une mise à disposition à l'aéroport (moyennant un supplément maximal de 20 euros) ; vous pouvez aussi récupérer ce véhicule dans un point de location dans la ville de votre choix. Attention : les assurances pour les voitures de location ne vous couvrent pas en cas de dommage ayant lieu sur des pistes en latérite. Aussi, si vous envisagez de faire de longues distances ou de la piste, n'hésitez pas à en informer l'agence qui vous conseillera sur les différentes options qui vous sont offertes (comme la location de 4x4).

A VOIR / A FAIRE

HORAIRES

Les musées et instituts culturels sont généralement ouverts de 8h30 à 13h, certains ouvrent à nouveau de 16h à 19h. Afin d'être sûr de ne pas se tromper, le mieux reste encore de prévoir vos visites le matin et de passer un coup de fil pour vous assurer des horaires pratiqués ce jour-là.

A RÉSERVER

La grande majorité des activités auxquelles les visiteurs vont être amenés à participer en Guyane ont lieu en milieu naturel et implique souvent des déplacements en pirogue. En conséquence de quoi, il est bien souvent nécessaire de réserver à l'avance toute excursion à laquelle vous souhaiteriez vous joindre : sortie dans les marais de Kaw, remontée des fleuves (vers Maripasoula, le Saut Maripas, etc.), découverte de la canopée, visite des îles... On trouvera tout au long de cet ouvrage des recommandations de guides officiels et autres structures se dédiant à la visite des hauts lieux naturels guyanais. Pour ce qui est des musées et de tout autre établissement en ville, un simple coup de fil pour vérifier que le lieu est ouvert fera l'affaire.
Pour la visite guidée du Centre Spatial Guyanais, la réservation est obligatoire au minimum 48h à l'avance. Et si votre séjour coïncide avec un lancement, les invitations (gratuites) sont limitées aux places disponibles. S'y prendre donc à l'avance et réserver en ligne : cnes-csg.fr - ✆ 05 94 33 44 53 - Mail : csg-accueil@cnes.fr. Attention aux restrictions d'âge.

BUDGET / BONS PLANS

Mieux vaut avoir un esprit d'aventurier pour profiter des bons plans à petit prix en Guyane. En effet, si une nuit en carbet collectif ne vous coûtera qu'une dizaine d'euros, les tarifs peuvent vite grimper pour des hébergements plus confortables que le hamac. Au restaurant, attendez-vous également à payer un peu plus cher qu'en métropole. De manière générale, le prix de la nourriture sera toujours plus élevé au supermarché d'environ 15 %.
Pour les visites, il vous coûtera environ une cinquantaine d'euros pour une sortie en bateau (îles du Salut, îlet la Mère...). La balade en pirogue peut en revanche très vite dépasser la centaine d'euros pour un tour en pirogue avec une nuit dans les marais de Kaw... Mais si le budget vous le permet, le jeu en vaut littéralement la chandelle !

LES ÉVÉNEMENTS

Si quelques festivals ont lieu à Cayenne, Saint-Laurent ou Kourou, c'est principalement autour des festivités du carnaval que s'articule l'essentiel de la vie culturelle guyanaise. Le carnaval de Guyane est en effet le plus long au monde : il débute généralement courant janvier et se termine avec le mercredi de Cendres, qui tombe, selon l'année, entre la mi-février et début-mars. Pendant presque deux mois, défilés, parades et bals rythment le passage des semaines. Signalons également les fêtes patronales, joyeusement célébrées dans les villes et bourgades de Guyane tout au long de l'année.

VISITES GUIDÉES

Les visites guidées auxquelles on participera en Guyane ne se font pas au musée ! C'est plutôt en forêt que vous aurez besoin d'un guide. On trouvera tout au long de cet ouvrage des recommandations de guides officiels et autres structures se dédiant à la visite des hauts lieux naturels guyanais.

FUMEURS

Il est interdit de fumer dans les musées. Pour ce qui est des espaces en plein air, il est de la responsabilité des fumeurs de ne pas déranger les non-fumeurs et de laisser les espaces propres. A noter que, s'il n'est pas interdit de fumer en forêt, les mégots de cigarettes peuvent très facilement déclencher des incendies. Il est donc de la responsabilité de chacun de fumer avec prudence et dans des lieux où les risques d'incendie sont limités.

SE RÉGALER

HORAIRES

Ce sont les horaires métropolitains qui rythment les repas des Guyanais, avec un service généralement assuré de midi à 14h et de 19h à 22h. A noter que la plupart des restaurants sont fermés le dimanche et qu'en période de grandes vacances, les jours de fermeture peuvent quelquefois être modifiés.

BUDGET / BONS PLANS

La vie n'est pas particulièrement bon marché en Guyane, et le monde de la restauration n'échappe pas à cette règle. On trouve toutefois en ville quelques tables servant un plat du jour autour de 10 €. Pour un menu un peu plus élaboré, il faudra plutôt compter 30 à 40 €. Le vrai bon plan de la Guyane, c'est la soupe préparée par les Hmongs et servie sur la plupart des marchés du département : sain, économique et savoureux ! Prévoyez du liquide dans les restaurants au cas où la carte bancaire ne serait pas acceptée.

C'EST TRÈS LOCAL

- **Se rendre au marché de Cayenne** (mercredi, vendredi et samedi), de Saint-Laurent (samedi) ou de Cacao (dimanche) pour découvrir tous les fruits/légumes tropicaux et savourer en famille la fameuse soupe hmong.
- **Commander un madras dans un *food-truck*,** pour le déguster sur le banc d'à côté, à l'ombre des palmiers. Le madras, c'est le plus populaire des plats guyanais.
- **Préparer une salade de couac,** pour vos pique-niques lors des balades en forêt.
- **Ajouter du piment aux plats déjà bien épicés** proposés par nombre de restaurateurs. Les palais sensibles trouveront toutefois toujours leur compte à peu près partout.
- **Pour les nuits en carbet,** si le lieu choisi ne propose pas de repas sur place, sachez qu'en général un petit espace cuisine est prévu pour vous permettre de préparer vos repas. Renseignez-vous auprès de votre hôte et pensez à faire quelques courses en fonction des offres du lieu.

A ÉVITER

Tant qu'à faire, éviter de consommer des produits importés et privilégiez les récoltes locales, vous ferez de substantielles économies et vous laisserez surprendre par des goûts et des textures nouvelles !

ENFANTS

Les *timoun* (enfants en créole) sont les bienvenus dans tous les restaurants de Guyane et des menus enfants sont même parfois proposés.

FUMEURS

S'il est interdit de fumer dans les restaurants (les mêmes règles qu'en métropole s'appliquent ici), la consommation de tabac est en général tolérée en terrasse tant qu'on ne gêne pas les autres. Pour en avoir le cœur net, le plus simple est encore de poser la question au personnel de l'établissement.

Fruits du dragon sur la marché de Cayenne.

FAIRE UNE PAUSE

HORAIRES

Les boulangeries, cafétérias et glaciers sont généralement ouverts toute la journée, jusqu'à 19h environ, voire un peu plus tard pour les glaciers (une bonne glace est toujours une bonne idée avec cette chaleur !). Toutefois, il n'y a ici pas de règle immuable et pour éviter de se déplacer en vain, mieux vaut passer un rapide coup de fil. Les bars ouvrent en général leurs portes vers 18h-19h et ferment autour de minuit-1h du matin, certains en semaine, d'autres le week-end uniquement.

BUDGET / BONS PLANS

Le prix des pauses gourmandes et des consommations alcoolisées est relativement semblable à ce que l'on trouve en métropole, mis à part peut-être les cocktails à base de rhum ou de cachaça. On ne saurait que trop recommander les jus naturels locaux pour se désaltérer, les plus fréquemment à la carte étant fruit de la passion (*maracudja*) et prune de cythère. Des breuvages frais et sucré, de quoi donner un bon coup de fouet à l'organisme !

C'EST TRÈS LOCAL

Se servir un généreux ti'punch à toute heure du jour et de la nuit. Habituellement, le serveur vous apporte directement la bouteille de rhum, le sucre liquide et les citrons verts, de manière à ce que vous dosiez vous-même votre cocktail.

ENFANTS

Les enfants sont acceptés partout où un permis de bar n'est pas en vigueur. Cependant, ils peuvent parfois être acceptés sur la terrasse d'un bar jusqu'en début de soirée.

FUMEURS

S'il est interdit de fumer dans les commerces gourmands, les cafés et les bars, les fumeurs peuvent être tolérés en terrasse de ces mêmes établissements.

(SE) FAIRE PLAISIR

HORAIRES

Les commerces ouvrent habituellement du lundi au samedi de 9h à 18h30 et parfois le dimanche jusqu'en début d'après-midi. Les horaires peuvent varier d'une ville à l'autre et dans les petites municipalités, il peut également y avoir des jours de fermeture, la plupart du temps le dimanche et/ou lundi.

BUDGET / BONS PLANS

En se rendant dans les échoppes de Cayenne, Kourou ou Saint-Laurent, on pourra faire quelques affaires en terme d'achat vestimentaire. Mais dans l'ensemble, les tarifs pratiqués en Guyane sont assez proches de ceux pratiqués en métropole.

SOLDES

Les soldes durent 4 semaines en Guyane, celle d'hiver ont généralement lieu au mois de janvier, celles d'été au mois d'octobre.

C'EST TRÈS LOCAL

Vous trouverez facilement papillons et araignées naturalisés, mais nous vous déconseillons fortement de les acheter, cela encourage le trafic de ces espèces. En revanche, l'artisanat amérindien et noir marron est très apprécié : les ciels de case ou bancs saramaca feront de très beaux souvenirs. Autres idées cadeaux, les produits gastronomiques typiques : purée de piment (aromatisée ou non), épices, confiture de fruits de la région (maracudja, ananas, citron vert-gingembre, chadeck, mombin, mangue, goyave, cerise de Cayenne...), confit de gingembre... et du rhum bien sûr !

LES ATTRAPE-TOURISTES

Comme dans la plupart des pays, de nombreux souvenirs sont hélas fabriqués en Asie. Les boutiques de Cayenne proposent divers objets à l'effigie d'animaux locaux : toucan, perroquet, lézard... Assurez-vous donc d'acheter local et authentique afin d'encourager l'économie locale.

BOUGER & BULLER

BUDGET / BONS PLANS

Vous pourrez, comme les locaux, profiter de la nature guyanaise pour vous initier ou vous perfectionner dans de nombreuses activités sportives. La forêt, humide mais ombragée, est le lieu parfait pour les randonnées. La mer et ses vagues offrent des spots venteux pour la pratique du kitesurf. Avec autant d'espace, la Guyane possède de nombreux ranchs et les promenades équestres sont des plus agréables. Enfin, quelques sauts (rapides) font le bonheur des kayakistes.

C'EST TRÈS LOCAL

Bien qu'il soit difficile de généraliser, il n'est pas rare de voire les Guyanais partir le week-end pour de petites croisières en pirogue sur les cours d'eau et de passer la nuit en carbet, en famille ou entre amis. La balade en voilier compte également parmi les activités loisirs des Guyanais, tout comme la randonnée en forêt. Sur les plages de Rémire-Montjoly, quand les alizées s'invitent, on s'adonne aussi aux joies du kitesurf !

A RÉSERVER

Si vous souhaitez participer à des activités nécessitant une logistique particulière (voyage en pirogue, logement en forêt, etc.) ou même monter votre propre expédition de concert avec des professionnels, il faudra s'y prendre un peu à l'avance... et accepter que les plans changent au dernier moment, la météo pouvant parfois mettre quelques obstacles sur la route des plus braves.

SORTIR

HORAIRES

La Guyane n'est pas réputée pour sa vie nocturne trépidante. On trouve néanmoins quelques bars ou même des restaurants proposant des soirées spéciales autour de telle ou telle danse… Souvent d'inspiration latine. Cayenne compte également quelques boîtes de nuit, ouvertes généralement le vendredi et le samedi de 23h à 5h du matin.

BUDGET / BONS PLANS

Comptez environ 15 € pour entrer dans les boîtes de Cayenne. Ordinairement, à ce prix, une consommation est incluse.

TRANSPORTS NOCTURNES

Il n'est pas forcément évident de trouver un taxi en sortant de boîte à Cayenne. Mieux vaut prévoir le coup à l'avance : soit disposer de son propre véhicule, soit se mettre d'accord avec un taxi pour qu'il vous récupère à une heure dite.

A PARTIR DE QUEL ÂGE

En Guyane comme en métropole, l'âge légal pour consommer de l'alcool est 18 ans. Il faut donc en général être majeur pour entrer en boîte à Cayenne. Certains établissements n'acceptent pas les personnes de moins de 25 ans. N'oubliez pas vos papiers !

C'EST TRÈS LOCAL

Il est conseillé de s'habiller correctement pour sortir danser… au risque de faire tache dans le décor.

FUMEURS

Il est interdit de fumer dans les clubs et salles de spectacles de Guyane. Lorsque l'établissement dispose d'une terrasse, il n'est pas exclu que les fumeurs puissent y consommer du tabac.

SE LOGER

BUDGET / BONS PLANS

▸ **Hôtels.** Bien que la plupart des grandes villes proposent des hôtels allant de 1 à 3 étoiles, on trouve très peu de catégories intermédiaires. Lorsque les villes, communes ou villages ne disposent pas d'hôtels, ce sont les gîtes, meublés et campements touristiques en carbet qui prennent le relais. Ces types de structures présentent souvent des atouts : ambiance traditionnelle, environnement agréable, bon rapport qualité-prix. Le site du Comité du tourisme de la Guyane, www.guyane-amazonie.fr, dresse, entre autres, une liste des hébergements répertoriés sur le territoire en fonction du lieu et de sa catégorie.

▸ **Le label Clévacances** est une marque de qualité nationale pour les locations de vacances. Les établissements labellisés sont sélectionnés selon les critères suivants : l'environnement, l'aménagement intérieur, l'équipement, le confort et l'accueil. Plusieurs établissements sont référencés en Guyane, offrant jusqu'à 5 catégories de confort (de 1 à 5 clés). Il s'agit de chambres et de studios dans et autour de Cayenne, Matoury, Macouria et Kourou.

▸ **Le logement en carbet** est également une très bonne option, hors de Cayenne, car parfaitement adapté à la géographie guyanaise. L'offre en campement touristique est large et va du lodge au carbet simple, et le coût de ce type d'hébergement sec est ce qu'il y a de plus économique dans le département (de 5 € à 15 € par nuit si vous disposez de votre hamac). Nombreux sont les prestataires qui proposent des forfaits (transfert en canot, hébergement, restauration, balades en forêt, activités diverses...). Vous pourrez consulter notre sélection (par région), mais n'hésitez pas sur place à fonctionner au *feeling*. Il est d'ailleurs judicieux de prévoir l'achat d'un hamac et d'une moustiquaire adaptée (sans alvéoles, qu'il faut traiter contre les moustiques) dès votre arrivée, même si certains prestataires les louent ou les prêtent. □

Joli paysage des îles du Salut.

A RÉSERVER

L'offre hôtelière en Guyane est suffisante et répartie sur le littoral. Malheureusement, cette offre voit ses limites dans certaines villes lors de grandes manifestations ou de périodes de grande affluence (fête patronale, pont, etc.). C'est pourquoi il est expressément recommandé de réserver vos chambres avec anticipation pour ces périodes-là. Hors périodes exceptionnelles, il est également recommandé de réserver à l'avance.

C'EST TRÈS LOCAL

Le campement en carbet, en raison de l'environnement géographique de la Guyane, est une manière de faire très locale. Ce type de structures est en effet très adapté à la découverte de la région. Il s'agit généralement de carbets (constructions en bois ouvertes avec un toit en feuilles de palmier reposant sur quatre poteaux), plus ou moins aménagés (table, bancs), où l'ont peut venir installer son hamac et sa moustiquaire. Leur avantage est de proposer un hébergement traditionnel, très fréquemment en bordure de fleuve ou de crique (petit cours d'eau), dans un cadre dépaysant. Il est possible de dormir en carbet partout en Guyane, sauf à Cayenne.

POUR LES GOURMANDS

Les propriétaires des carbets vous proposent en général le petit-déjeuner. Assez simple, il se constitue d'une boisson chaude et du traditionnel pain beurre confiture, agrémenté de quelques fruits locaux (papaye, banane…). A l'hôtel, vous pourrez en plus trouver des viennoiseries et des œufs.

ALLO ?

Pour appeler de l'étranger vers la Guyane, il vous faudra composer le 00 puis le 594, suivi des 9 chiffres de votre correspondant sans le zéro initial. Ce qui donne 00 594 X XX XX XX XX.

En revanche, pour appeler de la France métropolitaine vers la Guyane, ou de la Guyane vers la Guyane, composez directement le numéro du correspondant. Les fixes en Guyane commencent tous par 05 94 suivi de 6 chiffres et les portables par 06 94.

En plus des officines d'opérateurs téléphoniques mobiles classiques, vous trouverez en ville, en cas de pépin avec votre téléphone portable, la boutique Connect Mobil (99 rue du Lieutenant-Becker - ✆ 05 94 29 35 52 - www.connectmobilguyane.com - connectmobil973@orange.fr - Ouvert du lundi au vendredi de 9h15 à 13h30 et de 16h à 19h, le samedi de 9h15 à 16h).

ACCESSIBILITÉ

Même si quelques établissements ont su faciliter l'accès aux voyageurs à mobilité réduite, ce n'est malheureusement pas suffisant. En ville, les trottoirs sont souvent en mauvais état, les transports en commun peu accessibles et se balader en Guyane n'est vraiment pas chose aisée.

SANTÉ

En Guyane il n'y a pas grand-chose à craindre dans les villes sur le plan sanitaire (à part certaines nuisances). En forêt, il est fréquent de se faire piquer par des insectes dont certains transmettent des maladies de peau (leishmaniose, puce-chique…) qui peuvent se révéler après le retour. De plus, les piqûres d'insectes s'aggravent facilement en milieu tropical, et il faudra être attentif aux petits bobos.

Le paludisme (*malaria* en anglais) sévit sur les fleuves dans toute la région amazonienne et quelques cas ont été relevés sur la côte atlantique. En cas de séjour en forêt, la moustiquaire est plus qu'utile, voire indispensable. Il est d'ailleurs vivement recommandé de toujours utiliser une moustiquaire, même lorsqu'on vous affirme qu'il n'y a pas de moustiques. La dengue, une maladie virale transmise par un moustique femelle, est elle aussi présente et la transmission du virus est essentiellement urbaine. Sachez enfin que la rage est répandue partout. Pour ce qui est de l'eau, celle du robinet est potable sur tout le littoral.

Signalons la présence à Cayenne de l'Institut Pasteur de la Guyane (23 avenue Pasteur - ✆ 05 94 29 26 00 - www.pasteur-cayenne.fr - Ouvert en semaine de 7h à 17h et le samedi jusqu'à 12h30). En cas de sérieux problème de santé, vous pouvez vous rendre au Centre Hospitalier Andrée Rosemon (Avenue des Flamboyants, Cayenne ✆ 05 94 39 50 50 - 05 94 39 52 22 www.ch-cayenne.fr).

URGENCES SUR PLACE

Partout en Guyane, le 112 est le numéro d'appel d'urgence. Ce numéro est gratuit, qu'il soit composé sur un téléphone fixe, un portable ou depuis une cabine téléphonique. Autres numéros : 15 (samu), 17 (police), 18 (pompiers).

A Cayenne, le commissariat se trouve 24 avenue du Général-de-Gaulle (✆ 05 94 29 98 00) et la gendarmerie 1296 route de la Madeleine (✆ 05 94 29 28 00 - Ouvert du lundi au vendredi de 7h à 12h et de 15h à 18h).

SÉCURITÉ

L'accueil en Guyane est généralement chaleureux et agréable. Le rhum, le sucre de canne, le citron vert et quelques gourmandises locales arrivent souvent à la table et l'apéro à toute heure ne se refuse pas. Faire connaissance autour d'un ti'punch permet toujours de rencontrer quelqu'un qui connaît quelqu'un pour faire ceci ou cela. Il faut sortir et être un peu curieux pour avoir accès à la Guyane des Guyanais. Il arrive aussi, comme partout, que l'accueil soit moins amical. Dans ce cas, on ne reste pas car il y a toujours un petit paradis un peu plus loin.

La drogue. La Guyane n'est pas une destination dangereuse à proprement parler. Il faut pourtant avoir à l'esprit les quelques mises en garde suivantes, sans prendre peur, afin de passer un séjour des plus agréables. Le fléau actuel de la Guyane urbaine est le crack. Le danger vient alors des consommateurs qui, en plein jour, s'adonnent à toutes sortes d'agressions et vols à l'arraché. Le matin, tôt, à la gare routière de Cayenne, il faut rester vigilant. Quant à la vie nocturne, il est fortement déconseillé de se rendre seul à La Crique (également surnommé Chicago) ou à la pointe Buzaret.

L'autre fléau de la Guyane est en forêt avec l'orpaillage clandestin. Se rendre sur un site d'orpaillage peut, certainement, attirer les plus curieux, mais c'est à déconseiller absolument.

Sur certains fleuves, comme l'Oyapock et le Maroni, si l'on prend la pirogue de fret ou si l'on tente le stop fluvial, il est conseillé de rester aux aguets et de ne pas suivre toutes les invitations. L'orpaillage amène aussi d'autres recommandations. En investissant des sites illégalement, la population peut également être porteuse de paludisme et créer ainsi une nouvelle niche mal définie par les autorités sanitaires. C'est pourquoi, lors de tout séjour en forêt, il est conseillé de dormir sous une moustiquaire traitée.

Contrairement aux idées reçues, il n'y a guère de morts par morsure d'animaux sauvages tels serpents, araignées et autres espèces phobiques. Il y a plus de morts en Métropole à cause des serpents qu'en Guyane ! Il faut, en revanche, faire très attention à la chute des arbres. Les guides connaissent très bien les sites, et il est conseillé de ne pas s'aventurer seul profondément dans la puissante forêt. Les visiteurs confondent souvent la diversité avec la densité en matière de faune par exemple. Il est plus fréquent d'être mis en danger par des chutes de noix de coco que par des attaques animales. Il est important de le rappeler puisque la Guyane souffre à tort d'une réputation de destination à risques ! Dans l'ensemble, la Guyane reste relativement calme et agréable à visiter car il est très rare de se faire agresser par un accro au crack, un orpailleur clandestin… ou par un arbre !

LGBTQ

La communauté homosexuelle est extrêmement discrète en Guyane. Il n'existe pas de bars, de clubs ou d'associations ouvertement homosexuels.

AMBASSADE ET CONSULATS

La Préfecture de Guyane (accueil de 7h30 à 12h30 en semaine au bâtiment Vignon, rue Fiedmond - ✆ 05 94 39 45 00 - www.guyane.pref.gouv.fr) et la Collectivité Territoriale de Guyane (4179 route de Montabo, Carrefour Suzini, Cayenne - ✆ 05 94 30 06 00 - www.ctguyane.fr - Ouvert mardi et jeudi de 7h30 à 13h30 et de 15h30 à 17h, et lundi, mercredi, vendredi de 7h30 à 12430) représentent l'autorité française dans le département. Composée de 31 membres, cette dernière est présidée depuis juillet 2021 par Gabriel Serville. Le préfet de Guyane est depuis décembre 2020 Thierry Quefellec.

La Mairie de Cayenne se situe quant à elle dans un magnifique bâtiment créole du centre-ville, 1 rue de Rémire (✆ 05 94 39 70 70 - www.ville-cayenne.fr - contact@ville-cayenne.fr - Ouvert du lundi au vendredi de 7h à 14h).

On trouve également à Cayenne les consulats des pays voisins : Suriname (Consulat général du Suriname, 3 avenue Léopold Héder, Cayenne - ✆ +594 594 282 160 – cg-sme-

© PHILIPPE GUERSAN - AUTHOR_S IMAGE

Le marché de Cayenne.

cay@wanadoo.fr - Ouvert au public du lundi au vendredi de 9h à 14h) et Brésil. Sachez que dorénavant, pour vous rendre au Suriname, la demande de visa touristique se fait directement sur internet, sous forme de e-visa (https://suriname.vfsevisa.com/suriname). Comptez entre 24 et 72h pour obtenir cet e-visa.

POSTE

En 2022, affranchir une lettre normale (enveloppes format lettre et cartes postales, 20 grammes max) coûte 1,13 € pour la Guyane ou la Métropole, 4,10 € pour l'international (compter 4 à 7 jours ouvrables pour l'Europe). Les bureaux de poste ouvrent habituellement en semaine de 8h à 15h et le samedi de 8h à midi (31 boulevard Nelson Mandela, Cayenne ✆ 36 31 – 3 boulevard du Général de Gaulle, Saint-Laurent-du-Maroni – av. des Frères Kennedy, Kourou).

Côté liquidités, aucun problème pour trouver une banque et un distributeur automatique à Cayenne : la majorité se situe sur la place des Palmistes ou l'avenue du Général-de-Gaulle (ouverture : 7h30-12h30 et 14h30-17h).

MÉDIAS LOCAUX

Les médias guyanais sont composés d'une déclinaison de canaux de diffusions de métropole, soit au contenu localisé ou aux horaires simplement adaptés. Mais on trouve aussi des médias propres à la région.

En télévision, la chaîne *Guyane 1ère* est une chaîne du groupe France Télévisions qui trouve son équivalent dans les Caraïbes et propose un contenu régional. Récemment, la chaîne *ATV* (anciennement ATG) est devenue *ViàATV*, et diffuse principalement des programmes locaux.

De nombreuses radios locales trouvent leur place sur les ondes, certaines micro-localisées autour de communes très isolées.

La presse écrite a quant à elle du plomb dans l'aile puisque le 30 janvier 2020, le tribunal de commerce de Fort-de-France a prononcé la liquidation judiciaire du principal quotidien d'information du département depuis 1976 *France-Guyane*. Citons ici le jeune et très bon magazine *Une Saison en Guyane* (www.une-saison-en-guyane.com) ou encore *Guyamag* (www.caribmag.fr), sans oublier les incontournables sites *Blada* ou *Guyaweb*.

PASSPORT

L'enfer vert... Sous ce terrible surnom, la Guyane a toujours eu la réputation, que les témoignages de bagnards n'ont pas démentie, d'une contrée où la vie n'est pas de tout repos. Puis, on lui colla l'image d'un eldorado arpenté par des milliers d'orpailleurs. Enfin, celle d'un département sous-tension, au lendemain de la grande grève de 2017... D'un extrême à l'autre, rien ne vaudra plus que votre propre avis !

Car si l'on décèle dans ces clichés une indéniable part de vérité, la vie quotidienne guyanaise est bien plus riche, bien plus nuancée et surtout bien plus agréable. On y trouve en effet une population métissée à l'histoire riche d'épisodes glorieux autant que tourmentés (à l'image des picaresques récits d'évasion du bagne), une faune et une flore tout bonnement époustouflante, une gastronomie créole aux épices rares, un carnaval unique au monde ultra-codifié, un immense centre spatial et bien d'autres richesses !

UN SIÈCLE D'HISTOIRE PÉNITENTIAIRE

L'idée d'exiler les « parasites de la France » dans une colonie française naît en 1792. En plus de déportés politiques enfermés dans la forteresse des îles du Salut, quelques centaines de prisonniers ont le funeste privilège d'inaugurer ce traitement non loin de la commune d'Iracoubo. Peu survivront à ces geôles épouvantables. Puis, en 1854, Napoléon III inaugure officiellement en Guyane une toute nouvelle institution : l'administration pénitentiaire. La France a alors retrouvé les moyens techniques nécessaires pour déporter les détenus et, sous la pression populaire, il est jugé urgent de supprimer les bagnes de Brest, Rochefort et Toulon. Jusqu'en 1938, ce sont quelque 90 000 prisonniers qui seront déportés sur cette terre dite maudite. Si certains pensionnaires survivent au bagne et le quittent, la grande majorité d'entre eux ne fera jamais le voyage retour vers la métropole. Ce n'est qu'en 1958 que les derniers forçats sont rapatriés.

Naissance et implantation de l'institution du malheur

Les prémices. Vers la fin de XVIIIe siècle, les premiers bagnards sont envoyés dans les lieux les plus insalubres qui soient de Guyane. Les pertes humaines sont alors énormes, si bien que la déportation continue d'être pratiquée, mais est loin d'être systématique. Ce n'est qu'en mai 1854, sous l'impulsion de Napoléon III, qu'une loi sur la Transportation – c'est à dire le transport de condamnés à des travaux forcés vers des terres souvent peu peuplées et inhospitalières – est votée. Quelques années plus tard, en 1858, les autorités françaises inaugurent officiellement le centre de détention de Saint-Laurent-du-Maroni, le Camp de la Transportation (p.197), marquant par la même le début d'un véritable travail de colonisation de la région. La même année sont installés tous les services de l'administration pénitentiaire (bureaux, hôtels pour le personnel supérieur, maisons des employés subalternes et des gardiens et un hôpital de douze bâtiments). En somme, c'est toute l'administration pénitentiaire qui prend une nouvelle dimension et qui s'organise. Saint-Laurent devient alors un pénitencier agricole et on utilise la force de travail des prisonniers pour pallier le manque de main-d'œuvre locale.

Un vecteur de colonisation. Le projet de coloniser le territoire et de développer l'économie de la Guyane à la manière des Anglais en Australie se concrétise donc enfin. La région de Saint-Laurent devient un exemple, et certaines des concessions guyanaises de culture de la banane et de la canne à sucre en viennent à être exploitées par des condamnés. Plusieurs chantiers forestiers sont ouverts et petit à petit, les colonies pénitentiaires édifiées sur le modèle de Saint-Laurent se multiplient. Les bagnards arrivant de métropole sont débarqués à Saint-

Statue du « Bagnard » de Bertrand Piéchaud, à Saint-Laurent-du-Maroni.

Laurent, puis passent une visite médicale avant d'être répartis dans les différents centres de Guyane (une trentaine en tout). Il existe alors deux types de prisonniers : les « transportés » sont condamnés à des peines de travaux forcés (de 8 ans à la perpétuité) pour des crimes de droit commun, tandis que les « déportés » sont des opposants politiques, à l'image de Dreyfus, enfermé sur l'île du Diable (p.164) pour trahison. Plus tard, à partir de 1885, s'ajoutera la catégorie des « relégués », qui sont généralement des délinquants récidivistes ayant commis des délits mineurs. Il convient de préciser que dès 1852, les premiers bagnards qui posent le pied sur les îles du Salut (p.158) et en Guyane en général sont venus de leur plein gré, préférant purger leur peine sous les tropiques plutôt que dans un pénitencier métropolitain. Les autorités françaises envoient alors des individus par centaines, sans vraiment prévoir les moyens de les accueillir sur place. Très vite, la situation se dégrade. En 1863, suite à plusieurs épouvantables épidémies de fièvre jaune et à une situation sanitaire catastrophique, la déportation vers la Guyane et ses îles est interrompue. Le choix de Napoléon III se porte sur la Nouvelle-Calédonie. Pendant vingt ans, Saint-Laurent-du-Maroni ne recevra plus aucun Européen.

À la fin du XIXe siècle, le ton se durcit en France à l'égard des hors-la-loi. Selon la bourgeoisie, toute puissante à cette époque, le territoire national ne peut plus supporter la présence des criminels, bandits ou même simples délinquants. Le principe de la déportation et des travaux forcés est donc remis au goût du jour et appliqué plus largement, même pour des délits bénins : la « relégation » est votée, et vise ouvertement les délinquants récidivistes. Comme cette règle ne semble pas encore suffisante, on instaure le « doublage », qui consiste à maintenir en Guyane, pour une durée égale à celle de leur détention, les bagnards ayant écopé d'une peine de 8 ans maximum et ayant été libérés afin qu'ils y travaillent, mais cette fois librement, pour leur propre compte. Le principe est terriblement pervers, car très peu d'ex-bagnards peuvent alors trouver un emploi normalement rémunéré, la totalité ou presque de l'économie étant liée au système pénitentiaire. Sans ressources et livrés à eux-mêmes, la plupart des libérés replongent dans l'illégalité et retrouvent leur statut de prisonnier.

Vie quotidienne dans l'univers pénitentiaire

Corruption et inégalité sociale étaient les bases de l'organisation sociale pénitentiaire en Guyane. Pour faire simple, c'est l'argent qui constituait la solution à tous les problèmes, ou presque. Il permettait notamment de recevoir une affectation privilégiée et moins pénible que le travail en forêt. Pour conserver leur pécule durant tout le voyage depuis la métropole, les bagnards utilisaient le célèbre « plan ». Introduit par l'anus, ce petit tube métallique creux servait à cacher les billets à l'intérieur du corps, dans les intestins de leur propriétaire. Si la planque était sûre, elle exigeait une santé de fer, et les décès dus aux infections intestinales n'étaient pas rares. Il faut dire que les maladies n'épargnaient pas les bagnards : la plus répandue et la plus terrible de toutes était sans doute le paludisme. Rare, la quinine n'était administrée que dans les cas les plus graves, donc souvent trop tard. Détenus et gardiens enduraient d'une même façon les effets ravageurs de la fièvre paludéenne. Les plus faibles ou les plus jeunes étaient vite pris à partie par les autres, plus costauds, plus endurcis, et ne pouvaient compter que sur leur courage et leur astuce pour se tirer d'affaire, les gardiens faisant preuve du plus grand laxisme dans leur surveillance. La seule occupation des bagnards était finalement le travail. Là aussi, la nature des traitements était particulièrement inégale. Si certains parvenaient, moyennant finances, à décrocher un poste presque administratif à Cayenne, d'autres, moins chanceux ou moins fortunés, arpentaient les forêts guyanaises pour y couper du bois.

Les châtiments réservés aux plus indisciplinés des prisonniers étaient divers et variés, administrés dans des cadres particulièrement insalubres. Un traitement très raffiné à base de paludisme, de privations et de sévices permettait de mettre rapidement un terme aux aspirations révolutionnaires des plus coriaces. La bastonnade par exemple : le nombre de coups était fixé par décret à Paris. Les fouettards, qui sont aussi bagnards, ne faisaient pas de difficultés pour rendre encore plus terribles les supplices, selon l'humeur des gardiens. Le bagnard Maynard parle ainsi du fouettard Ambarrek : « Quand il frappait les condamnés liés au banc fatal, il se hissait sur la pointe des pieds afin que le fouet tombât de plus haut et se pelotonnant tout à coup comme un fauve, il abaissait le fouet à nœuds et le tirait horizontalement. Cet Arabe était le seul correcteur qui du premier coup arrachait avec son fouet à sept lanières des lambeaux de chair écarlate. Sa figure se contractait, ses yeux étincelaient. Il montrait toutes ses dents. Il était épouvantable ». L'arrivée de Jules Grévy à la présidence de la République mit fin, au début des années 1880, aux châtiments corporels. La guillotine en revanche continua à jouer son funeste rôle dans les camps.

La menace dissuasive du bagne

Au début du siècle passé, la France savait déjà que les ambitions initiales, à savoir user du bagne comme d'un moyen efficace pour développer la Guyane, étaient pure utopie : le bilan économique du travail des bagnards était bien maigre au regard des sacrifices accomplis par ces hommes.

© MARGUS VILBAS - SHUTTERSTOCK.COM

La maison d'Alfred Dreyfus sur l'île du Diable.

Mis à part quelques succès telles l'exploitation agricole de Kourou, ou bien l'industrie de la brique sur l'ensemble du territoire (avec lesquelles quelques maisons de Saint-Laurent-du-Maroni sont construites), ce fut une débâcle. Les îles du Salut restaient malgré tout un symbole très fort pour la justice française. La condamnation au bagne guyanais de certains individus suite à des procès très médiatisés servait d'exemple. La peur de la terre maudite dont on ne revient que très rarement fit, pendant un temps, l'affaire de l'ordre public français. Le bagne guyanais doit en effet notamment sa triste renommée à plusieurs pensionnaires qui ont fait, du temps de leur incarcération ou à la suite de celle-ci, la une des actualités. Il faudra attendre les années 1920-1930, et notamment les dénonciations du journaliste et écrivain Albert Londres, pour que l'idée d'une fermeture du bagne soit évoquée. Ce sera fait en 1938, grâce au député Gaston Monnerville, mais le rapatriement total des bagnards prendra encore quinze ans.

Alfred Dreyfus, dont la dégradation militaire et l'incarcération arbitraire à la suite d'une parodie de procès pour trahison, ont été à l'origine d'une profonde division de la société française. Il est sans doute le pensionnaire le plus célèbre du bagne de Guyane. Capitaine, polytechnicien, juif d'origine alsacienne, l'homme est condamné au bagne à perpétuité en 1894. Il est incarcéré sur l'île du Diable l'année suivante, dans le plus grand secret. Il sera finalement innocenté et libéré en 1906.

Guillaume Seznec est condamné aux travaux forcés à perpétuité en 1924 pour le meurtre du conseiller général du Finistère Pierre Quéméneur. Il commence sa peine au Camp de la Transportation de Saint-Laurent-du-Maroni en 1927, puis est transféré l'année suivante au bagne des îles du Salut. À l'issue de la Seconde Guerre mondiale, il bénéficie d'une remise de peine et rentre en France en 1947. Il meurt en 1954 des suites de ses blessures après un accident de la circulation. Son procès fit l'objet de nombreuses révisions, restées sans changement de verdict jusqu'à aujourd'hui, mais Guillaume Seznec et ses proches n'auront cessé de clamer son innocence. En 2015 est publié le témoignage inédit de l'un des enfants du couple Seznec. Ce dernier aurait vu à l'époque sa mère se défendre des avances de l'élu du Finistère, avant de voir ce dernier étendu sur le sol. Guillaume Seznec aurait peut-être alors couvert son épouse.

Henri Charrière, dit « Papillon », est condamné en 1931 pour le meurtre d'un de ses amis aux travaux forcés à perpétuité. D'après son récit, quarante-trois jours après son arrivée aux îles du Salut, il s'évade. Repris peu de temps après, il tentera plusieurs fois de se faire la belle, dont la dernière, en 1941, sera la bonne puisqu'il n'est jamais repris. Blanchi après la guerre pour son comportement héroïque pendant le conflit, il écrit en 1969 un récit de ses aventures qui devient un ***best-seller*** et est adapté au cinéma. La véracité de ce récit a été vivement critiquée : l'évasion de « Papillon » est sans doute la plus légendaire et la moins fondée des anecdotes de l'époque. Certes, il tenta de se faire la belle, mais seulement lors d'un séjour dans un camp forestier situé près de l'actuel aéroport et certainement pas à partir des îles. Henri Charrière s'appropria vraisemblablement l'évasion entreprise par Fontan et Simone. Pour ce dernier, la tentative se termina dramatiquement puisqu'il mourut aspiré par la vase qui recouvrait le rivage !

LE CENTRE SPATIAL ET LA FUSÉE ARIANE

Situé à Kourou, le centre spatial guyanais est aujourd'hui l'un des lieux les plus importants et stratégiques du monde spatial. Cette base de lancement française et européenne n'est pas uniquement le site du programme de lancement des fusées Ariane, mais aussi celui d'autres fusées comme Vega et Soyouz. Elle est gérée par le Centre national d'Études spatiales (CNES), Arianespace et l'Agence spatiale européenne (ESA). Si Kourou a été choisi pour installer cette base au milieu des années 1960, c'est du fait notamment de sa situation géographique particulière, tout près de l'équateur… Toutefois, cette installation ne s'est pas faite sans douleur. Quoi qu'il en soit, la Guyane est le seul site opérationnel à autoriser la visite des zones de lancement, y compris les pas de tir. Et avec tout ce développement, le CSG propose un circuit de visite intégrant les trois ensembles de lancement. Les curieux devraient trouver de quoi se satisfaire.

Une implantation difficile

Le port spatial de l'Europe est le deuxième site le plus visité en Guyane. Locomotive économique pour les uns, « État dans l'État » pour les autres, en négatif ou en positif, le Centre spatial inspire toujours aujourd'hui des sentiments plutôt ambivalents, de l'enthousiasme au rejet en passant par la méfiance. Les procédures d'expropriation lors de la construction des infrastructures ont souvent frôlé l'intolérable, même si désormais des efforts sont réalisés pour compenser ces erreurs. Les programmes prévus (Ariane 6 en tête) laissent préfigurer que l'aventure spatiale durera encore au moins quinze ou vingt ans. En raison de l'évolution des technologies, de plus en plus d'opérations sont désormais réalisées entièrement sur place. Le poids du CSG sur le territoire ne semble pas en passe de diminuer.

Historique. Revenons un moment sur l'histoire du Centre Spatial Guyanais (CSG). Si la guerre d'Algérie n'avait pas eu lieu, Kourou n'aurait sans doute jamais connu cette aventure. En effet, lorsque les accords d'Évian sont signés en 1962, la France se trouve dans l'obligation de chercher un nouveau site de lancement pour remplacer celui qu'elle vient d'abandonner au milieu du Sahara algérien. Le choix du nouveau lieu d'implantation est une affaire très délicate puisqu'elle engage le pays pour de nombreuses années et implique la réalisation de gigantesques travaux. Les paramètres de sélection sont de plusieurs natures. Le site doit être situé le plus près possible de l'équateur afin de permettre des lancements plus économiques. En effet, c'est à partir de cette position terrestre que le satellite peut rejoindre son orbite définitive en consommant un minimum de carburant, ce qui lui assure une plus longue longévité.

Drapeaux des membres de l'ESA au Centre Spatial Guyanais.

Outre ce problème de latitude, il est aussi indispensable de sélectionner un site qui soit géographiquement stable pour éviter les tremblements de terre et qui ne soit pas une zone de passage des cyclones. La question démographique est également à prendre en compte : en dépit de toutes les précautions que l'on peut prendre, un lancement présente des risques. Il était donc hors de question d'installer un centre de lancement à proximité d'une aire marquée par une forte densité de population ou une concentration d'activités économiques.

Le dernier paramètre, mais non le moindre, est politique. L'expérience algérienne a servi de leçon : la France ne pouvait pas se permettre d'installer un nouveau centre sur un territoire qui risquait d'échapper à son contrôle par suite d'agitations indépendantistes. Tenant compte de chacun de ces impératifs, le général de Gaulle décida finalement, en 1964, que le centre serait installé à Kourou, en Guyane française. Une latitude idéale, un sol très stable, un climat sans cyclone et une faible densité de population : autant d'atouts qui jouèrent en faveur de ce choix. 90 000 hectares furent réquisitionnés sur le sol de la « France américaine », dans des conditions parfois traumatisantes pour les populations créoles ou amérindiennes. En quelques mois, le site Fusée-Sonde, première zone de lancement, allait voir le jour. Mais la construction du centre lui-même ne sera que peu de chose à côté des gigantesques travaux d'aménagement et d'urbanisation à venir. Routes, ponts, immeubles, hôpital et écoles sortent de terre comme des champignons, modifiant profondément la physionomie du petit bourg traditionnel.

Des missions bien définies

Les principales missions du Centre National d'Études Spatiales (CNES) sont : d'assurer l'organisation et la coordination générale des activités opérationnelles de la Communauté Industrielle Spatiale de Guyane (CISG : organisation regroupant l'ensemble des sociétés directement impliquées en Guyane dans le développement, la production et l'exportation des systèmes de transports spatiaux, à savoir le CNES, Arianespace et quatre autres sociétés) ; d'acquérir et traiter les mesures liées aux lancements ; d'assurer la protection des personnes, des biens et de l'environnement lors des opérations à caractère dangereux et pendant les lancements ; de fournir le support logistique nécessaire à la préparation des lanceurs et des charges utiles. Mais ce n'est pas tout ! Le CNES remplit également les fonctions suivantes : définition et mise en œuvre des mesures de sécurité et de protection de toutes les personnes et installations dépendant du centre, ainsi que de celles des lanceurs, charges utiles et matériels associés présents en Guyane ; adaptation du centre aux missions inhérentes aux nouveaux projets français et européens tels que Ariane 6 et Vega-C ; et poursuite et localisation des satellites pour le compte des réseaux du CNES et de l'Agence Spatiale Européenne (ESA, pour European Space Agency : organisation intergouvernementale créée en 1975 pour le développement des capacités spatiales de l'Europe). Le CNES est également propriétaire foncier de l'ensemble du site spatial de Guyane, et il contribue au développement du territoire aux côtés des élus locaux et partenaires publics.

Le CNES offre aux lanceurs et aux satellites tous les moyens techniques et logistiques dont ils ont besoin pour leur préparation et pour leur lancement. Pour ce faire, le CSG met à disposition de ses clients : l'ensemble de préparation des charges utiles pour la préparation de leur satellite depuis l'arrivée en Guyane jusqu'au montage sur le lanceur ; le centre de contrôle Jupiter, qui coordonne quant à lui tous les moyens mis en œuvre pendant le lancement et assure la surveillance en vol ; des stations de réception de télémesure installées en Guyane, complétées, pour les lancements vers l'est, par les stations implantées près de Natal (Brésil), sur l'île d'Ascension (Royaume-Uni), près de Libreville (Gabon) et près de Malindi (Kenya), qui enregistrent les données transmises au cours du vol par radar, permettant de restituer la trajectoire du lanceur et de fournir les informations nécessaires à la sauvegarde et au diagnostic de satellisation ; et enfin, une station météorologique qui fournit en temps réel les données sur la direction et la vitesse des vents (au sol et en altitude) et les risques de foudre (ces deux critères, s'ils ne sont pas optimaux, peuvent conduire à un report du lancement).

De Véronique à Ariane 6, l'épopée spatiale européenne

Les premières expériences spatiales françaises sont menées dans la désert saharien, en Algérie. Suite à l'indépendance du pays, la Guyane est choisie pour l'installation d'une nouvelle base de lancement. C'est le 9 avril 1968 que le CSG inaugure son premier lancement, avec la fusée Véronique et le lancement de neuf fusées du programme Diamant. Puis le programme Europa, censé incarner les débuts de la collaboration européenne dans le domaine spatial, est lancé. Lourd, très peu performant, ce lanceur fut à l'origine d'un échec retentissant pour la communauté européenne de l'espace, avec un premier et unique lancement le 5 novembre 1971. Certains s'accordent même à penser qu'Europa aurait pu sonner le glas de cette épopée, si un autre programme n'avait rapidement vu le jour : Ariane.

C'est le soir de Noël 1979 que, pour la première fois, Ariane prendra le chemin de l'espace. Après Ariane 1, les lanceurs Ariane 2 (1984) et Ariane 3 (1986) assureront plusieurs missions avec plus ou moins de succès.

Centre Spatial Guyanais.
© MATHIEU DELMER

© STEPHANIE ROUSSEAU - SHUTTERSTOCK.COM

Décollage d'Ariane V à Kourou.

Il faudra attendre l'apparition du lanceur Ariane 4, en juin 1988, pour enregistrer des progrès spectaculaires. Cette version du lanceur Ariane présente l'intérêt majeur d'être modulable en fonction de la charge transportée, pouvant mettre sur orbite un ou deux satellites d'un poids total de 4,7 tonnes. En l'espace de 24 ans, sur les 116 lancements d'Ariane 4 pour 183 satellites lancés, on ne compte que deux échecs. Le CSG devient le site de lancement le plus important du monde. Mais la concurrence russe, chinoise et américaine est rude et, afin de répondre à l'évolution des besoins des utilisateurs, mais aussi pour asseoir la suprématie européenne, un nouveau lanceur, Ariane 5, voit le jour au milieu de l'année 1996.

D'aspect plus trapu que son aîné, il est plus puissant et plus économique. La capacité de charge est désormais de plus de 6 tonnes, permettant ainsi le lancement simultané de plusieurs gros satellites. La mise en œuvre du programme Ariane 5 conduit à la construction d'une usine qui fabrique sur place le carburant, appelé propergol, nécessaire à l'alimentation du lanceur. Le 4 juin 1996, le premier lancement d'Ariane 5 est un échec. La troisième tentative, en 1998, sera la bonne, si bien qu'en décembre de l'année suivante, le tout premier vol commercial d'Arianne 5 est assuré. C'est dès lors Arianespace qui prend en charge la production et l'exploitation commerciale du lanceur. Si la tentative de mise en orbite d'une charge de 10 tonnes en 2002 n'aboutit pas, le 9 mars 2008, le lancement réussi, avec l'ATV Jules Verne, établit un nouveau record avec une masse de 20 tonnes satellisées !

Depuis 2011, l'Europe dispose de deux autres lanceurs. Le lanceur léger Vega est conçu pour mettre en orbite polaire des charges utiles allant jusqu'à 1,5 tonne. Son premier lancement a eu lieu le 13 février 2012, et enregistre aujourd'hui un rythme d'un à deux par an. Le moyen Soyouz est quant à lui un lanceur russe ayant une capacité de charge utile de l'ordre de 3,5 tonnes. Ces installations sont implantées dans l'enceinte de la base. Le premier Soyouz a décollé le 20 octobre 2011. En 2018, onze lancements ont été effectués depuis le CSG, dont six Ariane 5, trois Soyouz et deux Vega. Le 2 décembre 2014, un accord très important signé entre les États membres de l'Agence spatiale européenne (ESA) pour lancer la nouvelle fusée européenne Ariane 6. Ce nouveau lanceur, dont le premier tir, initialement prévu en 2022, aura finalement lieu en 2023, sera moins coûteux et doit permettre à l'Europe de rester dans la course spatiale : l'américain SpaceX et le chinois Longue Marche font concurrence. Le centre spatial de Kourou a donc encore de beaux jours devant lui.

Visite du CSG

Que l'on soit passionné ou non par la haute-technologie et/ou par l'espace, la visite guidée du **Centre spatial guyanais (CSG)** (p.174), d'une durée de 4h environ, est à la fois ludique, instructive et gratuite, attirant plus de 22 000 visiteurs par an. La superficie du site étant d'environ 660 km^2, c'est à bord d'un confortable bus et accompagné d'un guide que l'on sillonnera les vastes étendues séparant les diverses zones de lancement des fusées Ariane, Soyouz et Vega. Si l'agenda le permet, le bus pourra même stationner au pied des pas de tirs des lanceurs. Après une escale au centre de lancement d'Ariane 5 où, dans une cabine en surplomb de la salle de contrôle, l'on en apprend davantage sur les éléments qui composent une fusée et sur le déroulement à la seconde près d'un lancement, le circuit se termine dans la fameuse salle Jupiter, centre de contrôle principal du CSG. Les cosmo-curieux pourront compléter la visite par celle du **Musée de l'Espace** (p.173).

LE CARNAVAL DE GUYANE

Importée par les colons européens sur tout le continent sud-américain, la tradition du carnaval s'est perpétuée jusqu'à nos jours, chaque région et pays ayant donné naissance à une version particulière et profondément liée tant à son histoire qu'à son rapport avec la puissance colonisatrice. En Guyane, le carnaval s'est imposé comme l'évènement majeur de la culture créole. De durée variable, il n'en est pas moins le plus long carnaval au monde : les festivités débutent le premier dimanche suivant l'Épiphanie et se répètent tous les dimanches à partir de 16h jusqu'au mercredi des Cendres. Son déroulement aussi bien que les costumes et les rôles joués par chacun lors des parades et des bals s'avèrent extrêmement codifiés. En Guyane comme ailleurs, le carnaval est un moment de frénésie cathartique et de liberté au cours duquel tout est permis : l'échelle sociale est inversée, les codes moraux éclatent, la satire et l'humour sont de mise.

Origines et évolution du carnaval en Guyane

Les origines. Plusieurs hypothèses ont été avancées quant à l'origine du mot carnaval. Celle qui a aujourd'hui le plus tendance à faire consensus veut qu'il soit un emprunt au mot italien *carnevale* ou *carnevalo*, lui-même dérivé de l'expression latine *carnelevare*, composé de *carne* (viande) et *levare* (enlever), que l'on peut donc traduire par « enlever la viande » ou « supprimer la chair ». L'expression désigne en effet cette période à l'occasion de laquelle on s'apprête à interdire la consommation de la viande dans la religion chrétienne. Cette dernière est consommée une dernière fois lors des trois jours gras (dimanche, lundi et mardi) avant le mercredi de Cendres, qui marque le premier jour du Carême. Le Carême s'étend quant à lui sur 40 jours au cours desquels les pratiquants ne s'alimentent que très frugalement. Pour ce qui est de la pratique même du carnaval, tel qu'on le connaît aujourd'hui, elle a eu et continue d'avoir maintes incarnations à travers les régions d'Europe, mais aussi et surtout d'Amérique, où elle a été importée par les colons au cours des siècles. Cette célébration chrétienne, à laquelle ne participaient dans un premier temps que les gens de bonne société, est entrée dans la culture créole. Peu à peu toutefois, les esclaves se l'approprient, si bien que la communauté guyanaise dans son ensemble en vient à adopter la coutume du carnaval au cours du XIXe siècle.

DÉCOUVRIR

© CHRIS TESSIER - FOTOLIA

Carnaval de Guyane.

LE CARNAVAL DE GUYANE

© AMSKAD - SHUTTERSTOCK.COM

Carnaval de Kourou.

Autrefois en Guyane, le carnaval était organisé avec faste par les familles riches et les associations carnavalesques dans les salles de bal ou dans les casinos. La célébration débutait ou par la cérémonie du gâteau ou par le baptême des poupées. Pour ce qui est du premier, la coutume voulait que l'on prépare un gâteau à l'intérieur duquel étaient dissimulées jusqu'à quatre fèves. Celui-ci était ensuite découpé durant le week-end et les parts distribuées aux participants : celui ou celle qui trouvait une fève dans sa part choisissait alors parmi les invités sa reine ou son roi et préparait avec elle ou lui le tirage de la semaine suivante, chacun ayant un rôle bien défini : les rois s'occupaient des boissons et les reines des gâteaux. Les tirages avaient lieu tôt dans la journée et étaient suivis de bals qui se déroulaient de 17h jusqu'à minuit. Le baptême des poupées fonctionnait autrement : des bouquets de fleurs étaient offerts à trois couples formés à l'occasion d'une danse et les danseurs élus étaient en charge d'organiser le bal suivant. Ces bals n'étaient pas publics : seuls y assistaient les invités après versement d'une cotisation. Parallèlement, les bals de famille se déroulaient dans la plus stricte intimité : le grand respect des convenances et des règles de politesse était la norme. Ces bals permettaient aux jeunes garçons et aux jeunes filles de 15 à 20 ans de se rencontrer, et bien souvent, les mères accompagnaient leurs filles.

Vers la fin des années 1950, après une période d'assoupissement relatif, la célébration du carnaval trouve un second souffle. De nombreux Guyanais, impressionnés par les exubérantes célébrations de Rio de Janeiro et par l'élection des reine et roi du carnaval brésilien, vont insuffler une énergie nouvelle au carnaval de Cayenne. Des grands thèmes carnavalesques vont alors prospérer : costumes anciens ou novateurs sont lustrés et vont dès lors s'affronter dans une lutte de prestige comme jamais la Guyane n'en avait jusqu'alors connu. C'est en 1968 qu'aura lieu pour la première fois l'élection d'une Miss Carnaval : Colette Ho Yeng Wa remporte le grand prix avec le thème de l'Indienne. L'année 1970 est un millésime particulier puisqu'elle offrira un richissime éventail de déguisements à la parade de Cayenne. Outre le titre de Miss Carnaval, de nombreux prix y sont décernés : le prix de l'exotisme, celui de l'audace, le prix de la souplesse ou encore celui du comique ! Les soirées se tiennent alors au Guyana Palace, au Balidéo ou au Karfour, et sont de véritables moments de créativité et de fantaisie. De nos jours, le carnaval demeure le point d'orgue de la vie sociale guyanaise et on pourra trouver des renseignements utiles auprès du **Comité carnavalesque et Festival de Kourou** (p.176).

Les règles du jeu carnavalesque

En 1885, pour institutionnaliser cette manifestation populaire, un arrêté municipal (arrêté n° 13 du 22 janvier 1885) définissait les mesures d'ordre à observer pendant les divertissements du carnaval. Ainsi, il est entre autres interdit de paraître masqué avant midi ni de porter un déguisement de nature à troubler l'ordre public. Encadré, le carnaval doit rester un moment de festivités et de respect. En voici les rites et les moments forts.

Les grandes parades. Les parades costumées les plus impressionnantes sont à n'en point douter celles de Kourou et de Cayenne. Elles ont lieu les deux dimanches précédant le Mardi gras (celle de Kourou en premier) et sont de véritables moments de fête et de danse. Le long d'un parcours prédéterminé, des groupes, costumés selon un thème commun et ayant longuement répété leurs chorégraphies, défilent à travers la ville au rythme de *sound-systems* crachant des musiques saturées. Celui d'entre eux qui fait le plus sensation est déclaré vainqueur du carnaval.

Le vidé. Le vidé est l'enchaînement logique de toute grande manifestation en salle et constitue l'apothéose d'une nuit de danse. Il débute ordinairement vers 5h du matin : à ce moment-là, dans les années 1880 et jusqu'en 1950, l'orchestre, après avoir joué dans la nuit, quittait la salle ou le dancing pour parcourir à pied les rues principales de la ville, suivi d'une foule en furie. Aujourd'hui, le vidé du matin ou de l'après-midi garde son caractère traditionnel, à ceci près que la parade s'effectue à bord de camion aménagé pour l'orchestre afin de rassembler les groupes de touloulous qui ont défilé l'après-midi dans les rues.

Nou maye kan menm. Le lundi gras est le jour des mariages burlesques et factices. Le simulacre est complet et nécessite un maire, un curé et une progéniture. Ces couples, qui défilent dans les rues, sont composés d'hommes déguisés en mariées, habillés, maquillés et fardés comme des femmes, tandis que les femmes sont, elles, habillées en hommes ! C'est aussi ce jour-là que l'on célèbre le mariage de Vaval !

Djab'la ka pissé. A l'occasion de ce jour de Mardi gras, Satan est personnifié par ses diables rouges, qui règnent sur la ville. Les touloulous sont alors vêtues de rouge et de noir, parfois affublées d'une corne et d'une queue.

Vaval ka kité nou. Le mercredi de Cendres (lendemain du Mardi gras), les diablesses défilent en pleurant la mort de Vaval, le roi du carnaval. Il est exécuté pour le punir de s'être amusé sans vergogne, pour avoir chanté et dansé dans les rues, pour sa démesure et ses effronteries, pour ses friponneries et pour ses refrains irrévérencieux. Vaval est traditionnellement incinéré Place de Palmiste dans une ambiance de deuil plutôt cacophonique. Mais sa résurrection est déjà prévue pour le début du mois de janvier de l'année suivante.

Les universités du samedi soir. Nana (p.132) et Polina (p.152) à Cayenne, le Grand-Blanc à Macouria, la Matadò à Kourou sont des lieux légendaires de réjouissances carnavalesques. Ces institutions ne fonctionnent que les samedis soir pendant la période du carnaval ainsi que les jours gras et accueillent les bals « paré-masqué ». Le principe est simple : les touloulous choisissent leur cavalier dans la foule d'hommes présents, qui sont à leur entière disposition. Il est de bon ton de rafraîchir la touloulou après deux ou trois danses en lui offrant une boisson. Mais attention : il ne faudra jamais tenter de la démasquer, car son anonymat est son bien le plus précieux. Au fur et à mesure que passent les jours carnavalesques, l'ambiance est de plus en plus chaude. Les bons danseurs, généralement connus, font l'objet de fortes convoitises qui conduisent parfois les touloulous à utiliser la manière forte pour s'imposer face à leurs rivales… Comme tous les lieux légendaires qui se respectent, les universités du samedi soir ont leurs héros : les infatigables musiciens, ils sont l'âme des dancings. Les plus célèbres ont pour nom les Mécènes ou Blue Stars. Au rythme de la mazurka et de la biguine, de la rumba et de la valse, novices et experts se lancent dans des corps à corps de plus en plus endiablés jusqu'au bout de la nuit.

Carnaval de Cayenne.

Les personnages emblématiques

Souvent liés à l'histoire, mais aussi aux légendes de Guyane, les personnages traditionnels du carnaval répondant à des critères extrêmement codifiés. Sans eux, le carnaval n'existe pas. En voici les principaux.

Touloulous. Personnages a priori féminins, mystiques et garants de la tradition carnavalesque. Entièrement masqués, les touloulous rivalisent d'imagination dans leurs toilettes chatoyantes. D'après certains linguistes, le terme de « touloulou » viendrait du nom donné par plaisanterie aux soldats d'infanterie de marine (cantonnés à Cayenne au XIXe siècle) : les trouloulous, devenus en créole « touloulous ». Une règle sacrée veut que les touloulous restent anonymes, muettes ou déguisent leur voix, et que leur règne soit seulement nocturne. Reines d'un soir ou d'une saison, elles sont la figure emblématique du carnaval. Leur beauté, leur charme, leur jeu de séduction, leur mystère font quelquefois d'elles celles par qui le scandale conjugal arrive, lors des bals du samedi soir…

Jé farin. Boulangers coiffés d'un haut bonnet blanc pointu de fée et portant un tablier contenant de la farine, ils saupoudrent volontiers les enfants qui les défient, provoquant ainsi des rires et parfois de la crainte. Ils devancent la bande de touloulous et symbolisent la pureté, le renouveau de la nature, la joie et la gaieté.

Bobis. Issus de l'imagination populaire, ils ont une allure d'ours sauvage. Vêtus d'un sac de riz beige, ils sont souvent accompagnés d'un dresseur, retenus par une corde et quelquefois fouettés s'ils refusent de danser sur le rythme de la musique. Comme les Jé farins, les bobis amusent et effraient les enfants.

Balayeuses. Foulard de madras sur la tête, vêtues de robes bleues, les balayeuses circulent dans la ville un balai traditionnel à la main.

Bef volo bef. Issu du sacrifice du veau gras, le bef volo bef porte un déguisement de bœuf, avec une robe noire et des cornes menaçantes. Il vagabonde dans les rues accompagné de son maître qui le tient en laisse. Son allure grave et impressionnante contrastait nettement autrefois avec les costumes joyeux des Pierrot, Domino, Arlequin, etc.

Coupeuses de canne. Leur tenue, qui caractérise les travailleurs et les coupeuses de canne, un sabre d'abattis dans une main et une canne dans l'autre, rappelle les ancêtres à l'époque de l'esclavage dans les champs de canne. Comme eux jadis au labeur, elles dansent et chantent sur le rythme des tambours.

Anglé bannan. Caricature amusante du costume que portaient les Anglais autrefois à Cayenne (redingote et queue-de-pie). Très élégant, ce personnage burlesque déambule encore dans les rues pendant le carnaval. Il est coiffé du haut-de-forme et porte la queue-de-morue, la redingote ou la lévite.

Nèg'marrons. Représentation symbolique de l'esclave, ils défilent chaque dimanche et constituent le service d'ordre interne des touloulous. Ils sont chargés de faire de la place afin de laisser ces dernières évoluer dans les rues de la ville. En effet, ces Nèg'marrons, simplement vêtus d'un kalimbé (pagne amérindien de couleur rouge), s'enduisent le corps d'un mélange de suie et d'huile et, pour que leur bouche soit colorée, mangent du roucou (poudre d'une graine du même nom). Tenant entre leurs lèvres le fruit d'un palmier aux épines noires, l'aouara, ils courent et dansent dans tous les sens.

Vidangeurs. Ils représentent les personnages de la vie guyanaise apparus au temps du bagne. À cette époque, entre minuit et l'aube, les bagnards « privilégiés » passaient vider les sanitaires des maisons bourgeoises de la ville de Cayenne. Les vidangeurs marchaient alors à côté d'une charrette tirée par un bœuf ou un zébu. Pendant le carnaval, ces vidangeurs sont habillés en bagnards.

Sousouris. Personnages déguisés en chauves-souris. Leur tête triangulaire et leur costume bigarré leur donnent une allure gaie. La chauve-souris était autrefois entièrement vêtue de noir, mais la bourgeoisie guyanaise, dans ses bals et réceptions, raffolait des costumes de satin chatoyants. C'est ainsi que la sousouris a adopté le costume d'Arlequin.

Lanmò. Symbolisant les âmes des morts qui errent sur terre, les lanmòs portent un déguisement représentant la mort, un squelette sur une tenue blanche. Ils enveloppent les spectateurs de leur cape tout en dansant, comme pour les étouffer.

Les grosses têtes. Considérés comme des martiens silencieux qui viennent des espaces intersidéraux, ils sont une illustration de l'intense lutte pour le prestige opposant le carnaval moderne à son rival, le carnaval traditionnel.

Touloulous sales. En groupes improvisés ou en solitaires, ils sont habillés dans un style qui leur est propre et se mêlent au défilé entre les groupes structurés. Leur originalité est très appréciée par la foule.

Djad dan bwet. Elles représentent des hommes déguisés en vieilles femmes laides, sortes de sorcières alliées du diable et messagères de mauvais augure. Elles se promènent avec une petite boîte contenant un secret qui concerne quelqu'un dans la foule des spectateurs, secret qu'elles menacent de révéler.

Zombi baré yo. Personnage de légendes créoles, le zombi est un diable hantant les maisons et les rues. Cet esprit prend l'apparence d'un être humain et perturbe les vivants. Pendant le carnaval, ces zombis, déguisés et en bandes, cernent les carrefours avec une corde autour de laquelle ils font la ronde en sifflant.

GÉOGRAPHIE

L'arrivée en Guyane est un enchantement, une confusion totale, une agréable et étrange sensation de plénitude. Située entre le 2e et le 5e degré de latitude nord, au nord-est de l'Amérique du Sud et à environ 7 100 km de la Métropole, la Guyane couvre presque 90 000 km² – soit environ 1/6e de la surface de la France métropolitaine – et constitue de loin le plus grand département français. Au nord-ouest, le fleuve Maroni définit la frontière naturelle avec le Suriname, et l'Oyapock, au sud-est, celle avec le Brésil. Au sud, la limite, peu précise, est déterminée par les légendaires monts Tumuc-Humac. L'avantage majeur de la Guyane tient à sa position géographique continentale. En effet, contrairement à ce qui se passe aux Antilles ou dans les autres territoires insulaires de l'outre-mer, il n'y a ici jamais de cyclone. Bienvenue en Guyane, royaume de la nature et infime partie de l'Amazonie, le poumon de la Terre !

Trois ensembles géographiques

On peut distinguer trois types d'ensembles géographiques en Guyane.

- **Les Terres hautes** constituent le domaine de la forêt équatoriale, qui couvre 94 % du territoire. Le sol, latéritique, est pauvre et peu propice à l'agriculture. Pour résoudre partiellement ce problème, les exploitants enrichissent la terre en y faisant brûler certains végétaux et utilisent les résidus de la combustion pour cultiver des petites parcelles suivant le système appelé « abattis ».
- **Les Terres basses**, concentrées sur la frange littorale, représentent quant à elles environ 6 % du territoire. Suivant l'altitude, on y rencontre des marécages, des savanes ou des massifs forestiers. L'utilisation du terme montagne est la plupart du temps exagéré, car seules quelques collines se détachent du paysage.
- **La mangrove** est le troisième ensemble géographique guyanais. Le territoire subit les effets d'un puissant courant marin si bien que les fleuves déposent une quantité colossale d'alluvions à leur embouchure. Résultat : l'océan est trouble sur plusieurs kilomètres depuis la côte, spécificité naturelle qui a pour conséquence de freiner le développement de l'activité balnéaire, quand bien même il est parfaitement possible de goûter aux joies de la baignade en Guyane. En effet, même si l'eau n'a rien du « paradis bleu turquoise » que l'on rencontre dans d'autres départements d'outre-mer, on n'y déplore que peu de traces de pollution. Lorsque l'envasement du littoral est plus important, les palétuviers se développent rapidement, donnant naissance à la mangrove qui s'étend parfois sur plusieurs kilomètres de largeur, et qui prend de plus en plus d'ampleur.

La magie des fleuves

Le réseau hydrographique en Guyane est à la fois très riche et très particulier. Zones de loisirs ici, uniques voies de communication ou sites pour aventuriers par là, les fleuves font partie intégrante de la vie quotidienne guyanaise. Cela est surtout vrai pour les populations de l'intérieur qui vivent le long du Maroni ou de l'Oyapock. L'activité touristique liée au fleuve est multiple. Certaines rivières, appelées « criques », sont les lieux de prédilection pour le tourisme de fin de semaine : l'une des activités très prisées consiste à remonter ou descendre un cours d'eau en canot pour passer la nuit dans un endroit isolé. Vous apercevrez souvent le long des rives de petites structures d'hébergement en bois, appelées « carbets ».

Les fleuves – ponctués de nombreux rapides appelés « sauts », particulièrement véloces surtout pendant la saison sèche – étant bien souvent les seuls moyens d'accéder à certaines communes, les canots (sortes de pirogues) sont les embarcations les mieux adaptées pour naviguer sur les fleuves. Les fleuves, rivières et criques qui sillonnent ce territoire amazonien se comptent par dizaines. Du nord-ouest au sud-est, on découvre les cours d'eau suivants :

La forêt tropicale.

© JM-GUYON

Le fleuve Oyapock.

▶ **Le Maroni.** C'est le fleuve roi de la Guyane, qui marque la frontière guyano-surinamienne. À la fois le plus long et le plus habité, il offre sur les 520 km de son cours de superbes paysages et permet de rencontrer les habitants de cette partie du territoire (majoritairement des Bushinengé et des Amérindiens).

▶ **L'Iracoubo.** Moins important que les autres, il n'a pas encore acquis ses lettres de noblesse. C'est pourtant un petit fleuve tranquille serpentant à travers la forêt où l'on peut pêcher des poissons tels que le piranha noir, partir en expédition aux sources et descendre à la pagaie.

▶ **Le Sinnamary.** Son cours offre quelques sites splendides où il fait bon séjourner : au départ de dégrad Petit-Saut (barrage de Petit-Saut), on peut découvrir le saut Takari-Tanté (à 3 heures 30 de canot), le saut Lucifer (à 2 heures 30) et la nouvelle gare Tigre (à 1 heure 30 de canot). L'estuaire du Sinnamary, comme celui de l'Iracoubo, est un lieu privilégié pour observer, à l'aube ou au crépuscule, le vol des ibis rouges.

▶ **L'Approuague.** Tantôt sauvage, tantôt apprivoisé, ce fleuve a ses inconditionnels. Fortement marqué par la ruée vers l'or au siècle dernier, le principal village de l'Approuague est Régina. En aval demeurent les vestiges de l'ancien site de Guisanbourg, perdu au cœur d'une végétation équatoriale, sa sucrerie abandonnée, ses polders et ses anciennes machines à vapeur. Plus en amont, le fleuve recèle quelques-uns des plus beaux sites guyanais tels que saut Athanase, saut Mathias, le saut Grand-Machicou et enfin le Grand-Canori, qui constituent des lieux de séjour privilégiés.

▶ **La Mana.** C'est le plus sauvage des fleuves guyanais, avec 99 sauts ponctuant les 430 km de son tracé. Hélas, aujourd'hui comme autrefois, il est à nouveau considéré comme l'une des principales zones d'orpaillage : colonisé par les chercheurs d'or clandestins, le fleuve est fortement pollué. Au prix d'une véritable expédition, il est possible en le longeant de rejoindre Saül, le cœur de la Guyane, mais pour le moment la zone est incertaine, et il est fortement conseillé de se renseigner auprès des professionnels avant de s'y rendre. Il est également possible de s'y rendre en quad.

▶ **Le Kourou.** Son estuaire constitue le port de la ville spatiale. De par l'activité importante liée directement ou indirectement au domaine spatial, on trouve sur le Kourou de nombreux carbets d'entreprise et carbets privés.

▶ **La rivière de Cayenne.** À quelques kilomètres de l'océan, plusieurs grands cours d'eau se retrouvent pour former un gigantesque estuaire. Large de plus de 2 km, la rivière de Cayenne abrite le port de pêche du Larivot et constitue la limite ouest de l'île de Cayenne. Depuis 1977, un impressionnant ouvrage d'art a remplacé le bac qui permettait autrefois de franchir l'estuaire.

▶ **Le Mahury.** Il constitue la limite est de l'île de Cayenne et abrite le port de commerce de Dégrad-des-Cannes. Pour permettre l'accostage des navires marchands en provenance de la métropole, un étroit chenal est continuellement dragué. L'embouchure est un site d'observation des ibis rouges.

▶ **L'Oyapock.** Formant la frontière avec le Brésil et zone d'échanges culturels et économiques par excellence, ce fleuve est peuplé de *garimpeiros*, des chercheurs d'or brésiliens vivant sur des barges, et de populations amérindiennes, essentiellement des Wayapi et des Émerillon. En amont, le village de Camopi marque la limite d'un territoire d'accès réglementé qui forme une sorte de sanctuaire amérindien.

NATURE

La Guyane est une destination privilégiée pour admirer la richesse des espèces animales et végétales. Au crépuscule, les bruits sourds de la forêt rappelleront sans cesse que les animaux sont les principaux habitants du département. Bien que leur présence sonore soit indéniable, ils demeurent pour la plupart très difficiles à saisir visuellement. Cependant, les chances d'apercevoir les petits singes saïmiris, les ibis, les tortues, les caïmans ou encore les dauphins sont relativement élevées. Les découvertes de nouvelles espèces sont régulières, ce qui en fait un petit paradis pour les entomologistes et autres naturalistes. Même les amateurs se laissent aller à la magie des couleurs, des formes et des tailles de ces insectes, mammifères ou oiseaux et à l'apprentissage des espèces uniques. De l'arbre du voyageur à l'orchidée en passant par les mangroves ou les impressionnants fromagers, tout n'est qu'enchantement visuel et olfactif…

Flore

Flore de la bande côtière. Sur le littoral, la flore s'adapte au mouvement d'avancée et de recul de la côte. On y trouve essentiellement trois grandes catégories de paysage. La mangrove, tout d'abord, est la forme de végétation la plus proche des rivages. L'espèce caractéristique est ici le palétuvier rouge ou blanc. Extrêmement dense, la mangrove gêne souvent l'accès à certaines berges. De multiples espèces d'animaux, et surtout les moustiques, y trouvent des conditions idéales de vie et de développement. Cette zone est donc à la fois difficile d'accès et particulièrement insalubre. Son intérêt touristique est par conséquent limité, même si certains sites sont propices à l'observation d'espèces animales rares, comme les ibis rouges dans la région de Sinnamary. Les marais sub-littoraux se rencontrent essentiellement à l'est de Cayenne, au pied de la montagne de Kaw, notamment dans la Réserve naturelle des marais de Kaw-Roura. La végétation est ici disséminée, composée d'arbustes et de plantes semi-aquatiques. Par endroits, certains arbres parviennent à émerger des marais pour former les pinotières, véritables forêts marécageuses. Ces marais sont eux aussi difficiles d'accès. De plus, ils constituent un environnement naturel très sensible à toute trace de pollution. La région de Kaw fait d'ailleurs discrètement l'objet de nombreux affrontements verbaux entre les protecteurs de l'environnement et les partisans d'un développement touristique plus prononcé. Le site abrite en effet quelques espèces, à la fois spectaculaires et en voie de disparition, telles que le caïman noir.

À l'arrière de la mangrove, on rencontre une plaine côtière ancienne sèche ou ayant un caractère marécageux moins marqué et plus localisé. Cette zone se situe essentiellement le long de la RN 1, entre Cayenne et Iracoubo. C'est le domaine de la savane. Depuis peu, des aires de pique-nique et de repos ont été aménagées le long des routes. Mais elles restent encore très peu nombreuses par rapport à la demande. Une grande partie est soit occupée par les infrastructures du centre spatial, soit utilisée pour des productions agricoles.

Forêt guyanaise. La forêt primaire est de loin la forme de végétation dominante du département. Son omniprésence saisit le visiteur dès son arrivée en avion. L'inventaire entrepris par l'ONF a recensé à ce jour environ 5 500 espèces végétales. Il est extrêmement difficile de distinguer ces espèces entre elles tellement l'environnement est dense et uniforme. Outre les bois précieux, on trouve dans la forêt primaire de nombreuses plantes épiphytes fleuries. Les plus connues sont les orchidées et les aracées (anthuriums et philodendrons). La voûte forestière est relativement peu élevée, compte tenu de la pauvreté minérale du sol. L'intérêt touristique de la forêt primaire est multiple. La découverte, l'aventure et éventuellement la pratique limitée de la pêche exigent une logistique importante et des connaissances précises. La forêt ne pardonne guère les imprudences. Quelques sites, situés au bord des pistes, sont néanmoins accessibles sans assistance. L'exploitation touristique de la forêt guyanaise pose un certain nombre de problèmes à la fois écologiques et pratiques. La mise en place de quelques infrastructures légères d'hébergement, carbet ou lodge, destinées à proposer au visiteur un hébergement original, confortable et proche de la nature, pose le problème de la protection de l'environnement et des populations avoisinantes. L'intérêt de la forêt est de pouvoir y observer quelques espèces animales endémiques particulièrement rares et d'y vivre certaines sensations hors du commun.

Faune

La Guyane héberge des mammifères qui semblent venus tout droit de la Préhistoire sans avoir subi de mutations majeures. C'est le cas notamment des tatous ainsi que des marsupiaux. Si les premiers sont traqués pour leur chair, les seconds sont particulièrement recherchés par les contrebandiers qui répondent ainsi à la demande de certaines réserves zoologiques européennes. Les grands félins comme le puma, l'ocelot et le jaguar sont les espèces les plus menacées en raison de la beauté de leur fourrure. Le spectacle du déplacement lent et gracieux du mouton paresseux (*aï*) est l'un des plus émouvants auxquels on puisse assister en Guyane. Peu sauvages, ces animaux s'apprivoisent apparemment facilement, mais très peu survivent en captivité. De la même façon, l'observation du tamanoir, dit grand fourmilier, car il apprécie les fourmis, est tout à fait unique, mais il faut que le visiteur fasse preuve d'une grande patience et prenne d'infinies précautions pour avoir la chance de l'approcher dans son milieu naturel. C'est probablement cet instinct sauvage qui a permis à l'espèce de ne pas avoir disparu complètement à ce jour.

La Guyane abrite également diverses espèces de gibiers. On peut citer notamment le tapir, qui est le plus gros mammifère terrestre d'Amérique du Sud. Il peut mesurer 2 m de longueur pour une hauteur au garrot de 1,20 m. Son poids atteint parfois 250 kg. La femelle met au monde un seul petit tous les 18 mois. Le cabiaï est quant à lui le plus gros rongeur du globe : ce cochon d'eau (en créole) peut atteindre 1,20 m pour un poids de 60 kg. Lorsqu'il nage, on le distingue de la loutre à son museau carré. Les gibiers sont très appréciés dans la gastronomie guyanaise, surtout le pécari à collier, dit pakira, et le pécari à lèvres blanches, dit cochon bois.

Oiseaux. La Guyane possède une réserve ornithologique de plus de 700 espèces, dont 10 % sont migratrices. Une fois encore, la chasse incontrôlée est responsable de la raréfaction de certaines d'entre elles. L'exemple le plus significatif nous est donné par l'ibis rouge dont la population a été divisée par dix en moins de quinze années. L'observation de l'avifaune guyanaise peut se faire tout à la fois dans la mangrove, dans les marais ou en forêt. Ces derniers sont en effet les lieux privilégiés de reproduction de nombreuses espèces : la buse à tête blanche, le milan des marais, le balbuzard pêcheur, le caracara à tête jaune, le jacamar vert, les trois espèces de martins-pêcheurs, le géocoucou, l'ani, le jacana noir, le petit héron vert, l'anhinga (oiseau-serpent), l'ibis rouge ou vert, le canard musqué… Lors de balades en forêt, vous entendrez souvent le paìpayo, ou oiseau sentinelle, au chant si particulier. En fin de matinée, les rapaces profitent des vents ascendants pour survoler leur territoire : le vautour pape, l'aigle harpie, le milan à queue fourchue et les aras, qui tirent leur nom de leur cri rauque et grinçant, vous feront découvrir leurs couleurs vives. Si vous croisez un oiseau avec une huppe échevelée sur la tête, ressemblant légèrement à un dindon, il s'agit de l'hoatzin huppé, appelé *sassa* en créole. Mais l'incontournable reste tout de même le toucan ou gros-bec, aux cris discordants ; c'est l'oiseau emblématique de la Guyane. Bon nombre d'espèces d'oiseaux sont désormais protégées par une réglementation.

L'ibis rouge (Eudocimus ruber), oiseau présent dans les zones tropicales.

© EVENFH - ISTOCKPHOTO.COM

Caïman.

Reptiles. Leur puissance et leur beauté provoqueront chez certains l'admiration et l'étonnement, chez d'autres la peur ou même la répulsion. Celui qui occupe une place importante dans les croyances guyanaises est l'anaconda. C'est le plus gros serpent du monde, il peut mesurer jusqu'à 9 m et peser 200 kg. Non venimeux, ce serpent constricteur se rencontre dans les marécages et les savanes inondées. Mais n'imaginez pas que vous croiserez des serpents tous les jours et tous les 10 m. Certes, la diversité est considérable (95 espèces), mais la densité est faible. Une rencontre avec des serpents serait une réelle malchance, et l'on recense très peu de cas de morsures. Parmi les espèces venimeuses, les plus connues sont le grage grands carreaux, le grage petits carreaux, le crotale des savanes et le vrai corail. Mais pas d'affolement ! Lors de balades en forêt, il faut simplement être vigilant. La Guyane possède également les grenouilles les plus colorées du monde, les dendrobates. Leurs couleurs informent les prédateurs sur le danger qu'il y aurait à les manger. La substance vénéneuse sécrétée par leur peau est à l'origine de certains médicaments. Parmi les reptiles, citons les magnifiques tortues : la tortue matamata que l'on trouve surtout dans les marais de Kaw, la tortue caretta, visible facilement aux îles du Salut, par exemple, et surtout la tortue luth qui suscite l'enthousiasme du visiteur. Le spectacle de ces monstres marins (pesant de 400 à 700 kg pour 1,80 m de longueur), venant déposer leurs œufs sur les plages après un effort titanesque, force l'admiration et l'émotion. Le lieu de prédilection pour l'observation de la ponte est la plage des Hattes (commune d'Awala-Yalimapo), située au nord-ouest de la Guyane, près de Mana, et également le long des plages de Montjoly. Plus de la moitié de la population mondiale de femelles tortues nidifiant vient pondre sur les plages des Guyanes. De ce fait, de nombreuses personnes viennent observer les tortues marines à la tombée de la nuit, sur l'île de Cayenne et sur la plage d'Awala, site mondialement reconnu. Allumez vos lampes uniquement lors de la ponte et restez derrière la tortue à une distance raisonnable. Depuis plusieurs années, pour protéger les tortues, et surtout pour étudier le comportement de cette espèce, le WWF y a installé un centre d'étude et de protection des tortues marines. La présence de ces scientifiques permet à la fois de satisfaire la curiosité des visiteurs et de protéger la reproduction des tortues dans ce lieu quasi unique au monde. De la même façon, l'observation des crocodiliens dans leur milieu naturel excite la curiosité. Sur les quatre espèces de caïmans présentes en Guyane, c'est le caïman noir qui offre le plus d'intérêt. Cette espèce a presque disparu, et la région des marais de Kaw reste l'un de ses derniers refuges. Il s'agit d'une espèce protégée. Sa chair est très appréciée dans la gastronomie guyanaise. Par conséquent, bien qu'étant protégée, elle fait l'objet d'une traque incessante par les braconniers. Le spectacle le plus intéressant offert par ces crocodiliens a lieu la nuit, lorsqu'on peut discerner la lueur rouge de leurs yeux émergeant à peine de l'eau, signe de leur présence. La plupart des agences réceptives de Cayenne proposent cette excursion, qui est l'une des plus classiques du département.

Poissons. La Guyane comblera de bonheur tous les amateurs de loisirs halieutiques. Que ce soit en mer, dans les rivières ou les estuaires, la faune aquatique est aussi riche que variée. En parcourant la Guyane, vous remarquerez sans doute la présence de nombreux pêcheurs sur les ponts du littoral. En effet, les estuaires, avec leurs eaux saumâtres, abritent une quantité colossale de poissons-limons, particulièrement goûteux. Machoirans, acoupas ou cocos, après avoir fait l'objet d'une préparation particulière, feront le plaisir des gastronomes. L'océan recèle également un nombre important d'espèces dont certaines peuvent être énormes. Dans la zone des îles du Salut, on rencontre par exemple de très gros mérous, tarpons (*palika* en créole) et même des requins qui font de cette région un paradis de la pêche sportive. Plus fréquemment, vous aurez l'occasion de voir directement sur la plage des pêcheurs attraper de magnifiques raies. Enfin, on trouve en Guyane, plus particulièrement dans les marais côtiers, un poisson tout à fait surprenant : l'atipa. Ce poisson à l'allure étrange, recouvert de deux rangées de plaques osseuses de chaque côté du corps, peut atteindre 19 cm et ressemble à un rescapé de la préhistoire. Loin de la côte, le fleuve est le territoire du piraï. Appelé poisson-ciseaux en Guyane, il est plus connu sous le nom de piranha, qui est son appellation brésilienne. Il en existe une dizaine d'espèces, mais tous ont la particularité d'être munis de dents incisives et efficaces. Pouvant atteindre 30 cm, ce poisson est bien moins agressif qu'on ne le prétend et les adeptes de la baignade peuvent être rassurés : il n'y a pas d'accident, sauf lors de leurs manipulations par les pêcheurs. Le prédateur des criques est l'aïmara, qui atteint parfois 1 m pour 25 kg. Grand carnassier, il est apprécié par les gens du fleuve et par les pêcheurs sportifs. Les coumarous, pacous, acoupas de rivière et autres gros siluriformes sont également très recherchés. Beauté de la nature, l'anguille électrique, noire, à la gorge rougeâtre, que vous pourrez apercevoir dans les eaux sableuses de certaines criques, peut mesurer 2 m et, comme son nom l'indique, est capable d'émettre des courants de 500 à 750 volts sous 2 ampères. Restez prudent et éloigné !

Insectes et papillons. Les insectes sont extrêmement nombreux et variés en Guyane. Le plus apprécié des papillons est le morpho bleu. Présent du Mexique à l'Argentine, le genre morpho compte environ 30 espèces, dont neuf sont présentes en Guyane : le bleu barré, noir et bleu (trois espèces), le bleu métallique, entièrement bleu (quatre espèces), et les planeurs, brun orange (deux espèces). D'autres espèces, plus rares, sont particulièrement appréciées des entomologistes qui trouvent en Guyane les moyens de satisfaire leur passion. Dans leurs magnifiques apparats, les longicornes font également leur bonheur. Contre 235 espèces recensées en métropole, la Guyane en annonce près de 1 500. Velue et traînant une réputation peu enviable, la mygale est en fait peu à craindre par l'homme, car son venin ne présente pas de véritable danger. Les fourmis, en revanche, qu'elles soient rouges ou légionnaires, causent fréquemment des désagréments aux visiteurs par leurs morsures. Il est important de s'abriter correctement, notamment lors de l'installation en carbet pour les nuits en forêt.

DÉCOUVRIR

Le morpho bleu.

TOP 10

FAUNE

Pour la plupart bien connues des locaux comme des visiteurs, voici un petit répertoire imagé de dix espèces animales représentant à merveille la diversité de la faune guyanaise. Si certaines espèces nous inspirent à partir à leur rencontre, il faut toujours se rappeler de les observer à distance, tant pour notre propre sécurité que pour la leur.

CABIAÏ (OU CAPYBARA)

Avec ses airs de cochon d'inde géant, c'est le plus gros rongeur du monde et peut atteindre 1,35 m de long pour un poids de 65 kg.

© ECOVENTURES-TRAVEL - ISTOCKPHOTO.COM

TORTUE LUTH

Il s'agit de la plus grande tortue au monde. Adulte, elle peut atteindre les 700 kg et plus de 2 m.

© RAWLINSON_PHOTOGRAPHY - ISTOCKPHOTO.COM

TAPIR (OU MAÏPOURI)

C'est le plus gros mammifère terrestre d'Amérique du Sud, avec un poids pouvant aller jusqu'à 300 kg.

© ANTO TANG - PARAGUAY BIRDING NATURE

FOURMILIER GÉANT

Plus grand mammifère insectivore d'Amérique du Sud, il peut grâce à son museau allongé fouiller termitières et fourmilières.

© FG TRADE - ISTOCKPHOTO.COM

DAUPHIN DE GUYANE

Appelé également *costero* (« côtier »), c'est le plus petit représentant de l'ordre des cétacés.

© ANDESIGN101 - ISTOCKPHOTO.COM

JAGUAR

Avec le tigre, le lion, l'once et le léopard, le jaguar, mammifère carnivore est l'un des cinq « grands félins » du genre Panthera.

© TANE-MAHUTA - ISTOCKPHOTO.COM

PARESSEUX

Ce mammifère arboricole est presque toujours suspendu à l'envers dans les arbres et se déplace avec lenteur.

© JOZEV - ISTOCKPHOTO.COM

LAMANTIN DES CARAÏBES

Faisant partie de l'ordre des Siréniens, ils peuvent peser jusqu'à une tonne pour une taille de 4 m.

© TOMAS KOTOUC - SHUTTERSTOCK.COM

SINGE HURLEUR

Aussi nommé Alouate, sa petite taille (70 cm) n'a d'égal que la puissance de son cri, qu'on entend à 5 km.

© KUCHINTA - ISTOCKPHOTO

ANACONDA

Plus grand serpent du monde, l'anaconda est non venimeux. Pour chasser, il entraîne sa proie sous l'eau et la noie.

© MARK KOSTICH - ISTOCKPHOTO.COM

CLIMAT

L'idéal consiste évidemment à visiter le département durant les mois estivaux : la période courant de fin juillet à fin octobre correspond à la saison sèche, période bénie pour s'aventurer en forêt comme pour profiter du littoral. La petite saison des pluies, qui s'étend grosso modo de Noël au carnaval (février), réserve néanmoins quelques belles journées ensoleillées, tout comme « le petit été de mars ». En définitive, la Guyane, grâce à son climat équatorial chaud et humide (il y fait en permanence entre 26 °C et 30 °C) et à l'absence de risque d'ouragan, se visite toute l'année, exception faite peut-être du mois de juin, le plus pluvieux. Toutefois, les menaces liées au réchauffement climatique mondial pèsent ici comme ailleurs sur l'avenir de la Guyane : augmentation des températures terrestres et maritimes, montée des eaux et aléas pluviométriques pourraient bien avoir de sérieux impacts sur le quotidien du département.

Saisonnalité guyanaise

Deux types de saisons – saison sèche et saison des pluies – rythment le passage de l'année guyanaise en quatre temps.

- **Une forte saison des pluies** court du mois d'avril au mois de juin, période peu recommandée pour visiter le département, car les routes deviennent impraticables (nids de poule, inondations, etc.). Les longues heures de pluie ne permettent ni de sortie en pirogue ni de balade en forêt et, souvent, le mois de juin, le plus pluvieux, est l'occasion des fermetures annuelles des commerces.
- **Vient ensuite la saison sèche** s'étalant de mi-juillet à début novembre, certainement la meilleure époque – il fait chaud (30 °C) et l'humidité ambiante chute – pour se rendre en Guyane, alors parée de ses plus beaux atours : ciel bleu, forêt verte et fleuves gorgés d'eau. Les pistes sont alors praticables, et il est possible de pénétrer l'intérieur des terres en pirogue ou à pied. Toutefois, à la fin de la saison sèche, il arrive que les fleuves, dont le niveau baisse fortement, ne puissent plus être remontés entièrement.
- **Juste après arrive une nouvelle courte saison des pluies**, plus agréable, qui va généralement durer de la mi-novembre à février. Les pluies reviennent alors et le niveau des fleuves remonte, faisant de la Guyane une destination de choix au cœur de l'hiver métropolitain. Il faut alors prévoir de quoi se protéger un peu de la pluie et privilégier le littoral et l'ouest de la Guyane, les pluies y étant moins fréquentes.
- **Le mois de mars, enfin, apporte avec lui le « petit été de mars »,** une brèche appréciable au cœur de la saison humide : avant mars, il pleut un peu, après mars, il pleut beaucoup, même si parfois le climat ne suit pas toujours le calendrier très fidèlement. Il est bon de noter qu'en forêt, même si les températures sont relativement constantes tout au long de l'année, la différence entre celles de la journée et celles de la nuit peut surprendre. Les variations sont de l'ordre de dix degrés, c'est pourquoi il faut bien se couvrir la nuit, lorsque l'on dort en hamac (sac de couchage, couverture).
- **Notons également** que le territoire guyanais est à l'abri du passage de cyclones caribéens. Cela s'explique par la faiblesse de la force de Coriolis au niveau des régions équatoriales, force essentielle à la formation des phénomènes cycloniques. Toutefois, un cyclone au nord de la Guyane peut provoquer d'intenses orages.

L'impact du réchauffement climatique

Le département n'est pas épargné par la pollution atmosphérique causée par le développement du littoral. Mais c'est peut-être l'évolution du climat mondial qui risque de poser le plus difficultés. Bien que les impacts soient difficiles à évaluer, les mesures effectuées ces cinquante dernières sur le territoire sont univoques. Sur la période 1955-2009, on a constaté une augmentation des températures moyennes de l'ordre de +1,36 °C. Également, une étude menée entre 1993 et 2012 au large de la Guyane a fait état d'une montée des eaux à une vitesse moyenne de 3,5 mm/an, une cadence légèrement supérieure au rythme mondial. Enfin, les précipitations sont de plus en plus variables. Partant de là, les météorologues prévoient des épisodes de sécheresse plus longs et des périodes de précipitations bien plus extrêmes pour toute la zone est de l'Amazonie. Parmi les menaces les plus concrètes, signalons des risques de submersion de zones habitées, mais aussi des mouvements de terrain. Le réchauffement des eaux peut également provoquer des changements d'aire de répartition des poissons, impactant le secteur de la pêche, tandis qu'une pluviométrie plus aléatoire peut impacter la qualité des sols et donc de l'agriculture dans son ensemble.

ENVIRONNEMENT

La Guyane est un territoire de contrastes. La dynamique démographique se concentre sur la façade océanique, tandis que la forêt équatoriale – associée à un vaste réseau hydrographique – occupe la majeure partie du territoire. Véritable continuum écologique, la forêt guyanaise couvre près de 96 % de la superficie du département. Certaines activités anthropiques fragilisent cependant les équilibres naturels. L'exploitation aurifère contribue à la déforestation et à la contamination des milieux naturels, l'urbanisation exerce des pressions sur le littoral et ses ressources. La gestion des déchets et l'assainissement demeurent des préoccupations tant environnementales que sanitaires. Le Parc amazonien de Guyane et les six réserves naturelles présentes sur le territoire visent à concilier préservation de la biodiversité, sensibilisation des publics et valorisation des cultures locales. Le milieu associatif est également présent et actif en Guyane, où l'écotourisme se développe.

Parc national et aires protégées

La Guyane abrite une très riche variété d'écosystèmes (savanes, forêts, littoraux) et possède un fort taux d'endémisme. Le territoire compte ainsi près de 480 espèces de poissons d'eau douce et saumâtre dont un tiers sont endémiques. La forêt équatoriale et sa canopée, vaste et continue, permettent le maintien de la dynamique évolutive du vivant. Le milieu marin abrite des espèces rares, telles que le dauphin de Guyane. Afin de préserver ce « hot spot » de biodiversité, des aires protégées ont été mises en place.

- **Parc amazonien de Guyane** : créé en 2007, il vise à concilier protection des écosystèmes de la forêt équatoriale, activités des communautés locales et sensibilisation des publics. Frontalier avec le parc des Montagnes du Tumucumaque au Brésil, il forme une vaste aire protégée qui représente 40 % de la Guyane française, aux confins des fleuves Oyapock et Maroni.
- **Parc naturel régional de la Guyane** : créé en 2001, situé en bordure du littoral, il comprend à la fois une grande variété d'écosystèmes (mangroves, marais, savanes, forêts) et de communautés humaines. Le parc mène à la fois des actions de protection de la biodiversité, d'accueil des publics et de développement économique.
- **Réserve naturelle régionale du Trésor** : située au nord-est du territoire, elle protège les écosystèmes de la montagne de Kaw (forêts, savanes humides). Il est possible de suive le « sentier carbone », instrument pédagogique inauguré en 2005. Long de 1,4 km et ponctué d'informations, il s'attache à mettre en lumière le lien entre forêt et changement climatique.
- **Réserve naturelle nationale de Nouragues** : située au cœur de la forêt équatoriale, elle a la particularité d'abriter une station scientifique du CNRS, qui a produit de nombreuses études scientifiques.

DÉCOUVRIR

Bétail traversant les marais de Kaw.

- **Réserve naturelle nationale de Kaw-Roura** : elle protège des écosystèmes extrêmement riches, tels que zone humide (marais) savanes et forêts de montagne.
- **Réserve naturelle nationale de la Trinité** : située au centre du territoire et difficile d'accès, elle possède une grande diversité de milieux : savanes, forêts de plaine et de montagne, inselberg (petit massif montagneux isolé). Elle fait l'objet d'études scientifiques et d'inventaires floristiques.
- **Réserve naturelle nationale de l'Amana** : sur la façade littorale ouest, elle abrite mangroves et plages, sites de pontes de tortues marines.
- **Réserve naturelle nationale de l'île du Grand Connétable** : elle protège les écosystèmes et la biodiversité terrestre et maritime de ces deux îlots situés au large des côtes guyanaises.
- **Réserve naturelle nationale du Mont Grand Matoury** : réserve située en zone péri-urbaine, elle conserve plus de 2 000 hectares de forêt primaire, et constitue un espace récréatif et pédagogique.

Les principales menaces qui pèsent sur les équilibres naturels sont la surexploitation des ressources, les déforestations illégales, mais aussi les projets d'infrastructures (routières, industrie, urbanisation côtières) qui contribuent à la dégradation et à la fragmentation des milieux naturels.

Quand l'extraction de l'or contamine l'environnement

La Guyane a de l'or dans ses sols. Cette richesse, très convoitée, est aussi à l'origine d'une large pollution. Le territoire fait les frais d'une activité illégale d'orpaillage, exercée le plus souvent par des travailleurs précaires, souvent en provenance du Brésil. On estime à environ 10 000 le nombre de ses « garimpeiros » sur le territoire guyanais. L'activité occasionne de nombreux impacts environnementaux : défrichage sauvage, libération de blocs de sédiments dans les cours d'eau qui perturbent les équilibres écologiques, et déversement de mercure pour « piéger l'or » ce qui a pour conséquence la contamination de l'ensemble de la chaîne alimentaire. L'acidité du sol favorise qui plus est la biodisponibilité des métaux toxiques, c'est-à-dire leur capacité à être assimilés par des plantes et micro-organismes. L'autre question environnementale liée à l'or est son extraction minière. Un projet porté par la compagnie « Montagne d'or » suscite de fortes polémiques, la réaction d'élus, d'associations et des actions en justice. A l'origine, il s'agit d'un projet de mine à ciel ouvert, au sein de la forêt guyanaise. L'exploitation du minerai nécessiterait outre une déforestation, la construction d'une infrastructure routière et d'une centrale au fioul, un *process* d'extraction par cyanurisation, le tout à proximité d'une réserve naturelle et d'un fleuve. En 2019, le tribunal administratif de Cayenne conforte l'association qui a fait recours contre l'arrêté préfectoral qui autorise les travaux d'exploitation du site. A l'été 2019, le gouvernement français annonce sa décision de stopper le projet, malgré son soutien affiché en 2018. En décembre 2020, le tribunal administratif de Cayenne, à la suite du recours de Montagne d'or, « enjoint au gouvernement » la poursuite de la concession. En janvier 2021, le gouvernement dépose un recours en appel contre cette décision. En février 2022, le Conseil constitutionnel rejette la prolongation de la concession minière à la suite d'une saisine du Conseil d'État, et cette décision pourrait bien mettre un coup d'arrêt définitif au projet minier de la Montagne d'or.

La question des déchets et de l'assainissement

Le traitement des eaux usées est encore déficient et pose des problématiques de pollution des milieux et du littoral dans les zones urbanisées. La gestion des déchets est encore largement insuffisante et suscite l'ire de la population. On citera notamment la décharge à ciel ouvert de Maripasoula, sujette à des incendies en 2019, qui provoquèrent des fumées toxiques et la fermeture de lieux publics pour raison sanitaire.

Face au changement climatique

Le changement climatique en Guyane pourrait générer une plus grande fréquence et intensité des événements extrêmes : sécheresses, inondations, glissements de terrain, submersion côtière. Des projets de stratégie bas carbone ont été initiés, fondés sur la biomasse (dont plantations sylvicoles et cultures énergétiques), mais ils se heurtent souvent à un manque de structuration des filières. La Guyane produit également de l'énergie solaire, via la centrale de Stoupan et de l'hydroélectricité. Le milieu associatif est très actif, avec la conduite notamment de programmes de sensibilisation, d'études et de recherches, de plaidoyer, mais aussi des actions de promotion des mobilités durables.

HISTOIRE

Les peuples amérindiens, originaires d'Asie, franchirent le détroit de Béring il y a entre 12 000 et 30 000 ans et leurs descendants arrivèrent sur le plateau des Guyanes entre 6000 et 1500 av. J.-C. À la fin du IIIe siècle, venus de l'ouest et du sud, les Indiens Arawaks et Palikurs s'emparent du littoral au détriment des premiers habitants. Puis, vers la fin du VIIIe siècle, des Indiens Karibs (les peuplades Kali'na et Wayana) occupent à leur tour la région côtière et l'est de l'actuelle Guyane. Ces populations indigènes possèdent une tradition orale et ont laissé peu d'informations sur leurs modes de vie à l'époque précolombienne. Il ne subsiste pas de vestiges ou de traces archéologiques hormis quelques outils et poteries, ainsi que des roches gravées comme celles de Carapa à Kourou ou celles d'Avanavero au Suriname. Jusqu'au XVIe siècle, de nombreuses populations amérindiennes s'installent en Guyane et sur une partie du Brésil.

La découverte et l'exploration par les Européens

1498 Lors de son 3e voyage, Christophe Colomb entreprend l'exploration de l'Amérique du Sud. C'est à cette époque qu'il longe pour la première fois les côtes de la Guyane. En 1499, le capitaine espagnol Vicente Yáñez Pinzón, compagnon de Colomb lors de son 1er voyage, arme 4 caravelles à destination de l'Amérique du Sud. Une tempête l'amène au nord du Brésil et en Guyane, en 1500. Il explore ce territoire en empruntant l'Oyapock et remonte l'Amazone sur 50 kilomètres. La population amérindienne dans ce qui est aujourd'hui la Guyane française est alors estimée à 30 000 individus se répartissant essentiellement sur le littoral. Traités comme des êtres inférieurs par les colons, ces autochtones font rapidement preuve d'une féroce hostilité à leur égard. Plusieurs missions de mise en valeur de la Guyane se soldent par de cuisants échecs.

© WIKIMEDIA COMMONS

Épreuve pour devenir chef d'une tribu amazonienne, probablement des Kali'na.

XVIe SIÈCLE Les Français s'implantent dès 1503 dans la région de la future Cayenne, mais ces occupations restent temporaires et il faudra attendre le siècle suivant pour que ne se mette en place une réelle colonisation.

1604 Daniel de La Touche et l'amiral François de Razilly, à la tête d'une expédition française, découvrent l'actuel état brésilien du Maranhão et y fondent la ville de Saint-Louis, qui sera bientôt prise par les Portugais qui la rebaptiseront São Luis. Les Français poursuivent leur entreprise de colonisation de la région, alors nommée France équinoxiale, plus au nord. En 1626, la colonie guyanaise devient partie de ce projet, puis sera baptisée France équinoxiale.

1643 Les grandes compagnies, comme celles du Cap-Nord ou de la France équinoxiale, doivent revoir leur position et entreprendre des négociations avec le chef indien Cépérou. En 1643, il permet au gouverneur du Cap-Nord, Poncet de Brétigny, de s'installer sur la colline de Cépérou. La ville de Cayenne est ainsi fondée.

1647-1677

Malgré cela, la colonisation de la Guyane est loin d'être une chose acquise. S'ils ont réussi à neutraliser l'hostilité des populations locales, les Européens vont connaître les plus grands déboires avec l'environnement naturel. Par ailleurs, les Anglais s'emparent de la Guyane en 1647 et détruisent Cayenne. Cinq ans plus tard, les premiers esclaves noirs sont débarqués en Guyane. En 1667, grâce au traité de Bréda, les Hollandais deviennent maîtres de la Guyane, qui est bientôt reconquise, en décembre 1676, par l'amiral d'Estrées. La Guyane repasse sous domination française et devient une colonie esclavagiste. Le café, le cacao et d'autres cultures font leur apparition. Les esclaves vivant dans des conditions extrêmes, avec une charge de travail sans limites et des punitions et autres châtiments corporels réguliers, des révoltes plus ou moins organisées ne cessent d'éclater.

1685

Le Code noir, « édit sur la police des esclaves »

Afin d'assurer la prospérité des colonies et pour réduire la fréquence de ces soulèvements, Louis XIV adopte le « Code Noir », établi et promulgué par Colbert en 1685 : 60 articles définissant entre autres le statut d'esclave et les punitions. Ce code civil à l'usage des colons dans les Antilles françaises et en France équinoxiale comporte soixante articles. Le statut – ou plutôt l'absence de statut juridique des esclaves – y est largement détaillé, et donnera lieu à d'autres versions ultérieures. Le fond reste le même : l'utilisation massive des hommes et des femmes pour les plantations de la canne à sucre devait être réglementée pour « le bien de l'ordre public » et ne devait donner lieu à aucune familiarité avec les esclaves. Alors qu'en métropole des voix s'élèvent déjà contre ce système, dans les colonies, tout est permis. Les esclaves doivent être baptisés (article 2). Ils peuvent se marier entre eux, avec l'accord du maître (article 10), qui a sur eux droit de vie ou de mort. Les maîtres doivent les nourrir (article 22), les vêtir (article 25) et s'occuper des esclaves âgés ou malades (article 27). En revanche, les maîtres ont les mains libres pour ce qui est de la répression et font étalage d'un large arsenal de corrections disciplinaires. La « chosification » de l'homme apparaît comme le trait le plus violent du Code noir. Divers châtiments corporels sont codifiés graduellement selon la « faute commise ». On peut enchaîner, battre, mutiler et même tuer un esclave s'il a tenté de fuir, de se rebeller ou de voler. L'article 43 encadre ces actes et veille au contrôle des agissements excessifs des maîtres. Le Code noir ne donne qu'une idée de la situation des esclaves – la réalité était plus dure encore…

1713

Traités d'Utrecht

Ces deux traités mettent fin à la guerre de Succession d'Espagne (le premier, signé le 11 avril entre la France et la Grande-Bretagne, le second, signé le 13 juillet, entre l'Espagne et la Grande-Bretagne) et donnent notamment lieu à une redistribution des possessions territoriales des Royaumes d'Europe occidentale. C'est à ce moment qu'il est décidé que le fleuve Oyapock constituera la frontière entre la Guyane, française, et le Brésil, portugais.

Le fleuve Oyapock au niveau de la frontière avec le Brésil.

L'expédition de Kourou

1763-1765 En 1763, Choiseul organise une vaste opération destinée à peupler et à valoriser la Guyane : c'est l'expédition de Kourou. 15 000 Européens vont alors débarquer à Kourou dans des conditions épouvantables. Très vite, la dysenterie, la fièvre jaune, la syphilis et le paludisme auront raison des espoirs de ces colons, emportant 10 000 d'entre eux dans d'atroces conditions. Les survivants s'installent sur les îles du Diable (rebaptisées ensuite îles du Salut) afin de fuir les maladies et les épidémies du continent. Ceux qui recouvrent finalement la santé retournent en France. C'est de leurs récits que naîtra l'image terrible de la Guyane qui, pendant longtemps, lui portera préjudice. Après cet échec retentissant, le pays va connaître une période trouble, sans réelle autorité. Il faudra attendre Napoléon Ier pour que la situation ne se rétablisse.

1777-1791 Jean Samuel Guisan, ingénieur agricole suisse travaillant depuis 1771 au Suriname voisin (néerlandais), est repéré par Pierre-Victor Malouet (envoyé en Guyane par le ministère français des Colonies) qui lui propose une mission d'aménagement du territoire en Guyane française. Pendant 15 ans, l'ingénieur aménage l'embouchure du fleuve Approuague – via la technique de la poldérisation partielle des berges – et construit le canal de Kaw. Toute cette zone deviendra par la suite une région agricole prospère.

4 FÉVRIER 1794 La Révolution française entraîne la première abolition de l'esclavage dans toutes les colonies. Dès 1795, l'île du Diable servira de lieu de déportation politique durant toute la période révolutionnaire. Sous le Directoire, plus de 300 prisonniers seront ainsi exilés, dont une majorité de prêtres.

20 MAI 1802 Napoléon Bonaparte restaure officiellement l'esclavage afin de rétablir l'économie coloniale.

1809 Au début du XIXe siècle, la France subit les effets de la défaite de Trafalgar (1805). Les Anglais et les Portugais débarquent à Cayenne en 1809 et occupent le territoire pendant huit ans, sans pour autant perturber la vie quotidienne des habitants.

1817-1848 À la suite d'une convention entre le Portugal et la France, la Guyane est officiellement restituée à la France en 1817. Le programme agricole lancé par Guisan est remis en route, et les projets de développement fondés sur l'utilisation d'esclaves dans les plantations se multiplient. Avec 19 000 habitants, dont 13 000 esclaves, la colonie connaît la période la plus prospère de son histoire.

Abolition de l'esclavage

1848 Suite à la Révolution de 1848, qui se déroule à Paris du 22 au 25 février, l'abolition de l'esclavage est décrétée dans tous les territoires français. Cet événement entraîne la ruine des plantations et la libération de leurs 13 000 esclaves. Peu à peu, un souffle de liberté se répand en Guyane. Le principe d'affranchissement implique que tout esclave touchant le sol français est déclaré libre. Cette décision provoque la fuite massive des esclaves placés sous la coupe des propriétaires brésiliens. Ces derniers réagissent très violemment : en mai 1851, ils se rendent à Mapa pour récupérer 200 esclaves en fuite. Cette affaire soulève le délicat problème des limites du territoire français.

27 MAI 1852

Le bagne est officiellement institué

De 1852 à 1938, il accueillera près de 90 000 bagnards et donnera à la colonie une sinistre réputation. Dans un premier temps, les bagnards sont envoyés dans les lieux les plus retirés et les plus insalubres qui soient, notamment sur la montagne d'Argent près de l'Oyapock et de Cacao, et employés à de vastes et très pénibles travaux de mise en valeur des terrains. Mais les pertes enregistrées chez les détenus sont énormes. En mai 1854, une loi donne lieu à la création du camp de la Transportation et quelques années plus tard, en 1858, les autorités fondent le centre de détention de Saint-Laurent-du-Maroni. L'administration pénitentiaire prend une nouvelle dimension et s'organise. Il est alors prévu d'utiliser les prisonniers pour pallier le manque de main-d'œuvre locale.

Entrée du Camp de la Transportation.

1855

Depuis longtemps recherchés (les premières expéditions européennes dans cette région du monde ne tentèrent-elles pas de trouver le fameux eldorado ?), les premiers gisements aurifères sont découverts en Guyane. Très vite, Créoles, Indiens coolies (arrivés en nombre dès 1859 pour pallier le manque de main d'œuvre entraîné par l'abolition de l'esclavage), Africains, et même Amérindiens apprennent à manier barres à mine, pelles et brouettes : c'est le début de la ruée vers l'or. Le terrain forestier dense rend l'exploitation des filons longue et ardue, et surtout difficile à mécaniser.

1894

Alfred Dreyfus est condamné à la déportation en enceinte fortifiée et à la dégradation militaire. Il séjournera pendant quatre ans sur l'île du Diable.

LE BAGNE DE CAYENNE

TERRIBLES ÎLES DU SALUT

En 1763, Choiseul choisit Kourou – où vivaient alors des tribus amérindiennes – pour établir une colonie d'Européens qu'il espérait prospère et puissante. Ce fut très rapidement un échec : des milliers de colons furent décimés par les fièvres. Les survivants se réfugièrent sur les îles du Diable (ainsi nommées en raison du danger qu'elles représentaient pour la navigation) situées à 14 km au nord de Kourou. Après y avoir trouvé le salut, ils donnèrent ce nom au petit archipel. La plus grande des îles fut baptisée Royale en souvenir de Louis XV, la deuxième Saint-Joseph, l'expédition ayant été placée sous son patronage, et la troisième conserva son nom d'origine, île du Diable.

De 1852 à 1946, Kourou et les îles du Salut furent le site d'un des bagnes les plus inhumains. Néanmoins, de tous les établissements pénitentiaires de la Guyane, ceux des îles présentaient au moins l'avantage de se trouver dans une zone où le climat restait supportable : les conditions de détention étaient certes difficiles, mais les détenus arrivant de Saint-Laurent-du-Maroni appréciaient comme une délivrance le fait d'être mutés sur les îles. Chaque île avait son rôle : l'île Royale abritait les services administratifs et accueillait les prisonniers de droit commun, l'île du Diable était le site de déportation des prisonniers politiques dont Dreyfus fut le plus célèbre, alors que sur l'île Saint-Joseph on se chargeait de mater les évadés et les « durs à cuire » par un terrible régime de réclusion. Les plus chanceux, les plus riches ou les plus assagis qui résidaient sur Royale se voyaient offrir des responsabilités et pouvaient se déplacer en semi-liberté. Mais les règles sociales ne faisaient pas la part belle aux plus faibles. Racket, assassinats et règlements de comptes étaient monnaie courante sur les îles. Quelques billets suffisaient à rendre un surveillant sourd et aveugle le temps de régler une petite affaire… Royale fonctionnait alors comme une microsociété avec sa hiérarchie, ses veinards, ses débrouillards et, surtout, ses victimes.

À leur arrivée sur l'île Saint-Joseph en revanche, même les plus durs avaient du vague à l'âme, conscients du traitement qui les attendait. Pas moins de vingt articles régissaient le fonctionnement de la réclusion : isolement, promenade minimale et obligation de silence étaient quelques-uns des traitements que subissaient les bagnards. Sur l'île Saint-Joseph, des ouvertures munies de barreaux aux plafonds des cellules permettaient une surveillance continue, privant les reclus de toute intimité. Suivant le cas, les prisonniers subissaient ce régime entre six mois et cinq ans. Le plus célèbre et le plus incorrigible d'entre eux fut sans doute Roussenq, qui, pendant plus de dix ans, défia ses surveillants avant d'être enfin gracié par Gaston Doumergue, alors président de la République. Mais un tel traitement marque à jamais un homme, et Roussenq se suicida quelque temps après sa libération.

« On ne s'évade pas des îles », clamait avec orgueil tout directeur à l'arrivée de nouveaux détenus, à l'intention notamment de ceux qui s'étaient fait la belle d'un pénitencier du continent. Il est vrai qu'ici les éléments naturels constituent des barrières qui semblent infranchissables : ensemble insulaire entouré d'un océan, très forts courants marins et une houle quasi constante ont suffi à en décourager plus d'un. Mais, pour certains, la liberté n'a pas de prix. En février 1939 par exemple, le dénommé Stephen Adolphe quitte l'île Royale à bord d'une embarcation de fortune faite de planches assemblées à l'aide de draps et de noix de coco servant de flotteurs. Il réussit à atteindre le continent après avoir dérivé toute la nuit. Huit jours durant, Stephen va errer entre savane et forêt avant d'être repris à Kourou. L'évasion du détenu Henri Charrière, dit « Papillon », est sans doute la plus légendaire et la moins fondée de ces anecdotes. S'il s'est bel et bien évadé, ce fut depuis un camp non loin de l'actuel aéroport et certainement pas depuis les îles. C'est le terrible sentiment d'avoir été injustement condamné qui poussait souvent les hommes à s'évader, à l'image de Guillaume Seznec. Par deux fois, il tenta de fuir en déployant des trésors d'imagination. Ainsi, en avril 1931, il prit le large à bord d'un cabinet de toilette en bois dérobé au gestionnaire des îles. La tentative échoua, mais, après vérification, les surveillants réalisèrent que l'idée de Seznec était loin d'être saugrenue et que son embarcation flottait parfaitement même chargée d'un poids considérable !

1859-1935

Alfred Dreyfus

© ISTOCKPHOTO.COM - ILBUSCA.JPG

Incarcéré pour trahison et à l'origine d'une crise politique majeure en France, Dreyfus est sans doute le bagnard le plus célèbre de Guyane. En 1894, ce capitaine polytechnicien juif d'origine alsacienne est condamné au bagne à perpétuité après un simulacre de justice. On lui reproche d'avoir livré des documents secrets à l'ennemi allemand (la France a perdu l'Alsace et une partie de la Lorraine depuis 1871). La société française est alors minée par la montée du nationalisme et de l'antisémitisme : les Français se divisent entre *dreyfusards* et *antidreyfusards*. Débarqué en 1895 sur l'île Royale et incarcéré dans le plus grand secret, Alfred Dreyfus est transféré quelques jours après son arrivée sur l'île du Diable, et des rumeurs de tentatives d'évasion amènent ses gardiens à l'isoler totalement. Pendant ce temps, la famille du capitaine déchu fait tout pour prouver son innocence. C'est finalement, entre autres, la parution le 13 janvier 1898 dans le journal *L'Aurore* du fameux *J'accuse* d'Émile Zola, au lendemain de l'acquittement de Walsin Esterhazy (le véritable traître reconnu par le chef du contre-espionnage), qui entraîne enfin une prise de conscience collective. Un nouveau procès condamne le capitaine à dix ans de réclusion en 1899 avant qu'il ne bénéficie de la grâce présidentielle. Il est enfin définitivement lavé de tout soupçon en 1906 et participe à la Première Guerre mondiale.

1895

Affrontements franco-brésiliens suite à un différend résultant de l'interprétation des traités d'Utrecht (1713), fixant les frontières entre la Guyane et le Brésil. Le verdict tombe finalement et la Guyane perd 26 000 km².

1902

Après l'éruption de la montagne Pelée (Martinique), la Guyane donne refuge à une partie de la population martiniquaise.

1930

L'échec de l'or

L'organisation de l'exploitation de l'or est un échec. Pour tenter de redresser la situation, le gouverneur Ronmy convainc le ministère de couper en deux le territoire de la Guyane : c'est la création du territoire de l'Inini. Mais le projet s'enlise et les orpailleurs, au fond des bois, continuent à assurer l'essentiel des revenus de la colonie. Au moment où s'engage la Seconde Guerre mondiale, l'industrie aurifère a disparu de la Guyane : les machines ne sont plus utilisées et les grandes sociétés, à de rares exceptions près, ont perdu tout intérêt pour la production d'or. Commence l'époque de la bricole, des maraudeurs et le règne des commerçants : la Guyane, malgré l'or ou peut-être à cause de lui, se voit engagée dans la voie du sous-développement industriel.

4 NOVEMBRE 1924

Guillaume Seznec, jugé coupable du meurtre de Pierre Quéméneur, conseiller général du Finistère, est condamné aux travaux forcés et envoyé en Guyane. Suite à la fermeture du bagne, il bénéficie d'une réduction de peine en 1947 et regagne la métropole. En 1954, il est renversé par une camionnette à Paris et meurt des suites de ses blessures.

28 OCTOBRE 1931

Henri Charrière, accusé de meurtre, est condamné aux travaux à perpétuité au bagne de Guyane. Rendu célèbre pour son témoignage romantique sur les conditions de vie au bagne et pour ses évasions, best-seller publié en 1968 sous le titre de *Papillon*, l'homme meurt en 1973 à Madrid.

17 MARS 1943

La Guyane se rallie à la France libre du général de Gaulle.

1884-1944

Félix Éboué

Né à Cayenne d'une famille issue de « nouveaux libres » (l'abolition de l'esclavage ne remonte qu'à une quarantaine d'années avant sa naissance), Félix Éboué part faire ses études secondaires à Bordeaux en 1898 pour obtenir dix ans plus tard sa licence à la faculté de droit. Il devient administrateur colonial de 1933 à sa mort (Martinique, Soudan, Guadeloupe, Tchad, puis gouverneur général de l'Afrique-Équatoriale française). Humaniste et franc-maçon, alors qu'il est gouverneur du Tchad (alors français), dès l'appel du 18 juin 1940 du général de Gaulle, il rejoint les rangs de la résistance et décrète le territoire tchadien comme appartenant à celui de la France libre. Bien qu'ayant peu résidé en Guyane, il en demeure une figure historique majeure (l'aéroport de Cayenne porte d'ailleurs son nom). L'homme repose au Panthéon depuis le 20 mai 1949.

© SANDRA DAVEAU

Monument dédié à Félix Éboué sur la place des Palmistes.

19 MARS 1946

Le statut officiel de département d'outre-mer est octroyé à la Guyane, qui accédera au statut de Région en 1975. Seul le littoral connaît alors une relative activité humaine et économique. Tout reste à faire sur ce territoire encore sauvage marqué par une histoire tragique.

1901-1947

René Jadfard

Après des études au collège de Cayenne, René Jadfard entend l'appel de la forêt guyanaise et décide de découvrir le quotidien des sites d'orpaillage. Comme il le confesse dans son livre *Nuit de cachiri*, il apprend à vivre avec les Saramaca, les Bonis, les Indiens et les Brésiliens. Au lendemain de la guerre de 1914-1918, il s'efforce de parfaire ses études secondaires en métropole, au lycée de Toulouse, puis fréquente l'École des hautes études sociales et l'École des sciences politiques à Paris. Radical-socialiste, militant des droits de l'homme, il mène campagne en 1924 pour le bloc des gauches, puis devient journaliste et parcourt le monde. Mobilisé en septembre 1939, il rejoint la Résistance l'année suivante avant d'être incarcéré par la Gestapo, puis délivré à la Libération. Revenu en Guyane, il y est élu député le 10 novembre 1946. Il meurt dans la nuit du 8 au 9 novembre 1947, près de Sinnamary, dans un accident d'avion.

1949 L'installation du régime communiste à Pékin entraîne l'arrivée de nombreux Chinois en Guyane.

1953 En 1925, le reportage publié par Albert Londres sur le bagne avait déjà mis l'institution en sursis, si bien qu'en 1936, le Front Populaire avait décidé de cesser l'envoi de prisonniers sur le territoire guyanais. Ce n'est qu'en 1953 que les derniers bagnards quittent les camps pénitenciers de Guyane.

La Guyane à l'heure spatiale

1964 Il est décidé que la Guyane deviendra le port spatial de l'Europe : c'est l'installation du centre spatial guyanais (CSG) à Kourou. L'implantation du CSG génère de nombreux emplois et engendre un développement économique considérable pour l'ensemble de la Guyane : on construit des routes, des hôpitaux, des commerces, etc. Le premier lancement réussi de la fusée Ariane a lieu la nuit de Noël 1979.

1975 Lancement du « Plan vert » par le Premier ministre Jacques Chirac, sous le gouvernement de Giscard d'Estaing : un vaste projet de développement agricole pour la Guyane.

1977 À la suite de la guerre qui ravageait la péninsule indochinoise au cours des années 1970, une population hmong, originaire du Laos, s'installe en Guyane et crée deux villages : Cacao puis Javouhey.

© SANDRA DAVEAU

Maison hmong.

Une collectivité territoriale

1982 Les lois de décentralisation font de la Guyane une collectivité territoriale. Elle se dote alors d'un Conseil régional et d'un Conseil général. Une politique de grands chantiers publics est mise en place. Au même moment, les courants migratoires liés aux crises sociales et économiques des pays voisins (Brésil, Suriname et Haïti) s'accentuent. L'impact de cette politique des grands chantiers ne se fait que peu ressentir et le chômage grimpe en flèche. En 1994, suite au contrat de plan État/région, la Guyane bénéficiera d'une aide de 1,5 milliard de francs sur 4 ans, en plus d'une aide de la Communauté européenne de 1 milliard pour la même période.

AVRIL 1987 Arrivée de 9 000 réfugiés surinamais après le coup d'État au Suriname.

16 JUILLET 1989 Awala-Yalimapo, commune créée le 31 décembre 1988, accueille la première conférence des Amérindiens de Guyane. Les 22 associations qui la composent se regroupent en une fédération dont le président est Félix Tiouka. En décembre 1993 se tient le premier congrès de la Fédération des organisations amérindiennes de Guyane (FOAG).

28 MAI 2005 Lors du référendum sur la Constitution européenne, la Guyane et les autres départements d'outre-mer sont appelés aux urnes la veille d'un vote national pour contrer le décalage horaire. Contrairement à l'Hexagone, la Guyane plébiscite ce texte, le « oui » obtenant 60,08 % des voix.

2008 Visite du président Nicolas Sarkozy élu l'année précédente pour aborder différents thèmes tels que l'orpaillage clandestin, l'environnement, la politique spatiale, le service public, la coopération militaire avec le Brésil… Cette visite de vingt-neuf heures se solde par une rencontre avec le président brésilien Lula da Silva à Saint-Georges pour discuter, entre autres, de la situation des otages des FARC en Colombie et du pont sur l'Oyapock.

2008-2009 Un vent de révolte souffle sur la Guyane, comme sur les autres départements d'outre-mer : cherté de la vie, bas salaires, taux de chômage en hausse, les DOM vivent une période difficile et revendiquent des changements auprès des élus locaux et de l'État. À la suite de grèves massives de plus de deux semaines, le gouvernement réagit en créant les « états généraux de l'outre-mer » en 2009 afin de rétablir le dialogue entre la métropole et les DOM.

16 MAI 2012 Christiane Taubira, née en 1952 à Cayenne, est nommée Garde des Sceaux du gouvernement de François Hollande, fraîchement élu président de la République.

27 JUIN 2012 Une embuscade tendue par des orpailleurs clandestins fait 2 morts parmi les militaires français. Cet événement pose le problème de la sécurité : les Guyanais demandent au gouvernement de mettre un terme à l'orpaillage illégal, source d'immigration clandestine et de banditisme aux abords des sites.

26 AVRIL 2013 Début des grèves des stations-service sur l'ensemble du territoire guyanais, les gérants réclamant une revalorisation de leur marge. Après 7 semaines de conflit, une « marge de 1,04 centime » est finalement concédée par l'État.

2 DÉCEMBRE 2014 Un accord est trouvé en Europe pour lancer la nouvelle fusée européenne Ariane 6, dont le premier tir doit avoir lieu en 2022. Le centre spatial de Kourou a donc encore de beaux jours devant lui.

MARS 2017

Crise sociale

La Guyane voit démarrer sa plus grosse crise sociale : la population pointe du doigt le manque de sécurité (dénoncé notamment par le charismatique collectif des 500 Frères), d'infrastructures et de personnel dont souffre le territoire. Le 25 mars le collectif *Pou Lagwiyann Dékolé* déclare la grève générale et établit des barrages sur les principaux axes et lieux de vie du département. Commerces, écoles et aéroport sont fermés, et les fusées ne peuvent pas décoller. Le 28 mars une grande marche rassemble plus de 8 000 personnes dans les rues de Cayenne et 3 000 dans les rues de Saint-Laurent-du-Maroni. Le 31 mars, le ministre de l'Intérieur Matthias Fekl et celui des Outre-mer Ericka Bareigts se rendent en Guyane, et tentent les premières négociations avec le collectif *Pou Lagwiyann Dékolé*. Après un mois de conflit, un projet d'accord est signé mettant fin à la grève le 21 avril. L'accord prévoit notamment la mise en place d'un plan d'urgence immédiat de 1,1 milliard d'euros et un examen prioritaire de la demande de financement supplémentaire de 2,1 milliards d'euros réclamée par le collectif *Pou Lagwiyann Dékolé*. La question de l'évolution du statut de la Guyane vers une plus grande liberté vis-à-vis de la métropole, revendication phare du collectif, reste toutefois ouverte.

2018

Emmanuel Macron soutient le vaste projet aurifère porté par les multinationales russe Nordgold et canadienne Colombus Gold en pleine forêt équatoriale guyanaise, à la frontière du Suriname. Un projet qui pourrait avoir de lourdes conséquences écologiques et auquel s'opposent fermement les organisations amérindiennes.

6 MAI 2019

Pour verdir l'image de son parti, lancé en pleine campagne des Européennes, Emmanuel Macron semble changer son fusil d'épaule en annonçant que ce projet Montagne d'Or « n'est pas compatible avec l'ambition » qu'il s'est fixée en matière de protection de l'environnement. Bien qu'officiellement abandonné, pour certaines voix divergentes, le méga-projet minier n'est pour autant pas encore complètement enterré. Pierre Paris, président de la compagnie Montagne d'Or, affirmait en effet mi-juin 2019 que ne pas exploiter cet or revenait à laisser le champ libre aux filières mafieuses de l'orpaillage.

MAI 2020

Coup de théâtre, à 30 km à l'ouest du chantier avorté de Montagne d'Or, un nouveau gigantesque projet de mine à ciel ouvert nommé « Espérance » est à l'étude.

2020-2021

Partageant une frontière commune avec le Brésil, deuxième pays le plus touché par la pandémie de Covid-19, l'aggravation de la situation sanitaire en Guyane est bien venue de son voisin à partir de mai 2020, puis en mars 2021, malgré la fermeture de ses frontières décidée par les autorités nationales.

2 JUILLET 2021

Gabriel Serville succède à Rodolphe Alexandre à la tête de l'Assemblée de Guyane. Le premier a réussi l'union des gauches pour battre le second avec une nette majorité.

FÉVRIER 2022

Le Conseil constitutionnel rejette la prolongation de la concession minière à la suite d'une saisine du Conseil d'État, et cette décision pourrait bien mettre un coup d'arrêt définitif au projet minier de la Montagne d'Or.

TOP 10

PERSONNAGES HISTORIQUES

Ces dix personnalités ont marqué l'histoire de la Guyane chacune à sa manière. Outre Alfred Dreyfus, le plus célèbre des bagnards de France et l'homme de lettres René Jadfard, les personnes sélectionnées ici ont profondément marqué l'histoire de la Guyane française.

RENÉ JADFARD

Journaliste et romancier natif de Cayenne (1901), il devient député guyanais en 1946 et meurt un an plus tard.

JULES CREVAUX

Médecin militaire passionné par la Guyane. Il rencontre les indigènes Bonis et Galibis avant de mourir en 1883 en Argentine.

© WIKIMEDIA COMMONS

FÉLIX ÉBOUÉ

Homme politique français, grand humaniste et résistant de la première heure, cet administrateur colonial est né à Cayenne en 1884.

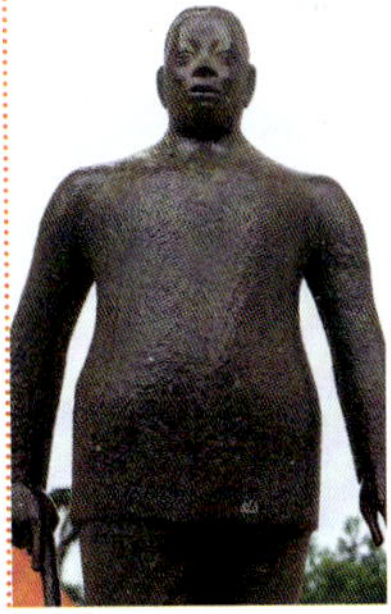

© ANTON_IVANOV - SHUTTERSTOCK.COM

GASTON MONNERVILLE

Député de Guyane de 1932 à 1940, puis président du Conseil de la République de 1947 à 1958 et du Sénat de 1958 à 1968.

© MAXIMILLIAN CABINET - SHUTTERSTOCK.COM

VICTOR HUGUES

Né à Marseille en 1762, il récupéra la Guadeloupe des mains des Anglais en 1794 avant de travailler au rétablissement de l'esclavage.

© WIKIMEDIA COMMONS

ANNE-MARIE JAVOUHEY

Religieuse partie de Brest en 1828 pour la Guyane afin d'y ouvrir un orphelinat. C'est elle qui eut l'idée de faire du rhum en Guyane.

JEAN GALMOT

Journaliste qui apporta la preuve de l'innocence d'Alfred Dreyfus. En 1919 il devient député en Guyane.

LÉOPOLD HÉDER

Né en Guyane en 1918, député de la ville de Cayenne de 1965 à 1978, Héder œuvra pour le développement du département.

HENRI CHARRIÈRE

Surnommé Papillon, cet ancien bagnard s'est rendu célèbre par son autobiographie romancée publiée en 1969.

CHARLES PONCET DE BRÉTIGNY

Explorateur et pirate français, il est le fondateur de la Compagnie de Rouen mais aussi de la colonie de Cayenne, en 1643.

LES ENJEUX ACTUELS

De par son statut unique à bien des égards – seul département français non îlien, situé en Amérique du Sud, station spatiale européenne, presque intégralement couvert de forêt et aux sols riches en or – la Guyane est sujette à des enjeux politiques, économiques, sociaux et écologiques nombreux et ardus. La crise sociale qui a secoué le département au printemps 2017 a permis de pointer du doigt mieux que jamais les diverses problématiques, souvent anciennes, qui touchent le département. Une administration politique pas toujours très consciente des réalités des habitants, un déséquilibre profond entre la métropole et l'outre-mer, des ressources économiques nombreuses, mais pas forcément exploitées de la façon la plus optimale ni la plus juste, et la question de l'or, qui ressurgit depuis quelque temps, avec sa cohorte de problèmes que sont l'orpaillage illégal, la violence et la pollution des fragiles écosystèmes amazoniens.

État des lieux politique

La Guyane est à la fois une région administrative et un département français d'outre-mer (DROM), dont Cayenne est la préfecture. Avec la Guadeloupe et la Martinique, elle constitue un des trois départements français d'Amérique (DFA). Depuis 2015, la Guyane est divisée en 8 cantons (contre 19 avant) représentés par 51 conseillers territoriaux siégeant à la Collectivité Territoriale de Guyane (CTG), nouvelle institution résultant de la fusion des deux anciennes entités qu'étaient le Conseil Général et le Conseil Régional. Au niveau national, deux députés et deux sénateurs représentent le département. La présidence de l'Assemblée unique de Guyane est assurée depuis le 2 juillet 2021 par Gabriel Serville qui succède à Rodolphe Alexandre. Le premier a réussi l'union des gauches pour battre le second avec une nette majorité.

Partis politiques. Traditionnellement, les collectivités locales de la Guyane sont majoritairement à gauche. Cette gauche guyanaise est constituée de divers partis plus ou moins actifs. Principalement loyaliste, sa composante majoritaire en est le Parti Socialiste guyanais (PSG), parti indépendant qui, contrairement à la Fédération de Guyane du Parti Socialiste, n'est pas affilié au PS métropolitain. Le Walwari, lié au Parti Radical de Gauche, a été créé par Christiane Taubira, ancienne Garde des Sceaux. Le parti des Forces Démocratiques de Guyane (FDG), l'AGEG (A Gauche en Guyane) et les Verts complétaient cette gauche plurielle. En 2018, Gabriel Serville a lancé son propre parti Péyi Guyane, en s'inspirant sans s'en cacher du Mouvement en Marche d'Emmanuel Macron. Il demeure néanmoins un parti militant de gauche.

La droite guyanaise est composée de la branche locale des Républicains et de diverses petites forces centristes. Le seul leader de la droite guyanaise, Léon Bertrand, qui a occupé un poste ministériel dans les gouvernements de MM. Villepin et Raffarin, a été mis en examen en 2009 et 2010 pour délit de favoritisme et corruption passive. Il sera finalement incarcéré dans un centre pénitentiaire de Remire-Montjoly en septembre 2018 et condamné à trois ans de prison ferme. Enfin, la troisième tendance politique est l'extrême-gauche indépendantiste, représentée par le MDES (Mouvement de Décolonisation et d'Emancipation Sociale).

Une collectivité territoriale unique. En une quinzaine d'années, la Guyane est passée de l'effervescence politique et institutionnelle à la paraplégie. En 2008 déjà, elle a été concernée comme les autres territoires d'outre-mer par des blocages routiers dénonçant le coût élevé de la vie. Cette situation découle directement de sa situation périphérique, mais les velléités indépendantistes semblent avoir été enterrées en 2010, lorsque les électeurs ont refusé à près de 70 % une autonomie élargie. La mise en place de la collectivité territoriale unique, qui prévoyait la fusion des entités département et région pour décembre 2015 devait être l'occasion d'optimiser le fonctionnement de la gestion du territoire. La Guyane est désormais dotée d'une assemblée dont est issue une commission permanente, et d'un conseil économique, social et environnemental. Pour l'essentiel, les dispositions de droit commun applicables aux Conseils régionaux régissent le fonctionnement de ces institutions. Les enjeux principaux de ces dernières années ont été définis dès 1998 dans le « Pacte de développement pour la Guyane ». Ce document d'orientation porte sur le développement économique et social pour passer d'une économie de transferts de nature exogène et tirée par la commande publique à une économie endogène créatrice de richesses et apte à assurer le bien-être de ses habitants unis dans une communauté de destin.

Des rapports complexes avec la Métropole

Des spécificités locales à prendre en compte. A la question des choix économiques et sociaux, pour certains, l'important serait de changer les rapports qui existent entre la Guyane et la « Métropole coloniale ». Mais la question est complexe, notamment au niveau juridique : que faire demain de ce « droit du travail venu d'ailleurs » dont on revendique syndicalement aujourd'hui l'application ? Faut-il un droit du travail adapté aux réalités guyanaises ? Un droit plus léger que le droit français ? Le lien avec la métropole joue partout sur le développement économique local : les frontières européennes et ses avantages sociaux corollaires isolent la Guyane du reste du continent américain et perturbent les conditions d'émergence d'activités économiques. Quand d'aucuns réclament une politique égalitaire, d'autres soulignent la nécessité d'adapter la politique française à un territoire d'Amérique du Sud. L'espoir d'un jour nouveau s'est pourtant fait ressentir lors des élections présidentielles de 2007. Les Guyanais s'étaient largement mobilisés en faveur de Nicolas Sarkozy, avec un score quasi identique au résultat national. Les tendances restèrent à droite pour les élections régionales de 2010. La Guyane attendait de vrais résultats quant à la sécurité et à l'immigration, les principaux thèmes de la campagne.

Grève contre la vie chère. En novembre 2008, un mouvement de grève mobilise le territoire pendant plus de deux semaines : les Guyanais réclament une baisse de 50 centimes par litre sur le prix du carburant. Des barrages bloquent les routes et empêchent toute circulation des hommes et des marchandises. La baisse est finalement négociée pour une période temporaire, et le blocage cesse. Cependant, ce mouvement « contre la vie chère » s'empare quelques semaines plus tard de la Guadeloupe et de la Martinique, et se durcit. Les négociations avec le gouvernement reprennent et durent cette fois 44 jours. Cette situation de crise a poussé le gouvernement à mettre en place les « états généraux d'outre-mer », afin de rétablir le dialogue et l'écoute, pour une meilleure compréhension mutuelle. Lors des présidentielles de 2012, la Guyane exprime plus encore que l'ensemble des Français son mécontentement face aux promesses dont elle attend encore les effets. Elle donne une large avance à François Hollande au premier tour avec plus de 42 % des voix, et le choisit à 62 % au second tour. Les élections législatives du mois suivant viennent confirmer ce positionnement à gauche.

Un nouveau mouvement social, cette fois-ci sans précédent, démarre le 20 mars 2017 à Kourou et s'étend à tout le territoire. Une grève générale qui dure un mois : les Guyanais protestent contre le manque de sécurité, contre les faiblesses des services de santé et des infrastructures, contre l'orpaillage et l'immigration incontrôlée. Les écoles, les commerces, les aéroports, et les principaux lieux de vie en Guyane sont fermés, les fusées ne décollent pas. Le 28 mars, une grande émeute de près de 11 000 personnes éclate dans les rues de Cayenne et de Saint-Laurent-du-Maroni. Le lendemain, le ministre de l'Intérieur et celui des Outre-mer se rendent en Guyane et tentent les premières négociations. Le 21 avril, l'accord de Guyane est signé par le gouvernement Cazeneuve qui doit débloquer plus d'un milliard d'euros afin de financer les projets. Six mois plus tard, en octobre 2017, la visite du président Macron est accueillie par un rassemblement à Cayenne demandant le respect des accords. Un an après le début du mouvement, au printemps 2018, il apparaissait, selon Annick Girardin, ministre des Outre-mer, que près de 80 % des mesures d'urgence évoquées par l'accord de Guyane avaient été mises en place. Pour autant, les tensions ne sont jamais vraiment retombées à zéro, avec la reprise de nombreuses protestations lors de la crise du Covid-19, notamment face au manque toujours plus criant de soignants en Guyane.

Les fortes inégalités opposant la Guyane à la métropole demeurent malgré tout l'un des sujets sensibles guyanais. Près de la moitié de la population guyanaise a moins de 25 ans et les jeunes sont plus fortement confrontés à la précarité qu'en Métropole. Seuls 12 % des 15-24 ans ont le baccalauréat, 40 % d'entre eux sont au chômage (deux fois plus qu'en métropole) et plus de 25 % des jeunes présentent des difficultés de lecture (contre 4 % en Métropole). Le PIB par habitant en Guyane est par ailleurs deux fois moins élevé qu'en Métropole, et la pauvreté accrue par un coût de la vie supérieur de 12 % à celui de l'Hexagone. Des problèmes d'insécurité plus importants également ont favorisé l'émergence du collectif « 500 Frères », mettant en exergue les problèmes de violence dont souffre la Guyane. La Guyane est en effet le département le plus meurtrier de France. A cela s'ajoutent les problèmes liés à l'orpaillage illégal et à l'immigration incontrôlée, spécifiques à la Guyane, qui, il faut le rappeler, est le seul territoire français d'outre-mer à ne pas être une île. Enfin, le troisième élément problématique est lié au système de santé. Il présente en effet des disparités importantes avec la Métropole : le taux de mortalité serait plus précoce en Guyane que dans l'Hexagone, et le taux de mortalité infantile aussi bien plus élevé. Et l'accès aux soins au quotidien y est aussi bien plus complexe, il y a en outre deux fois plus de médecins généralistes en Métropole qu'en Guyane, et quatre fois plus de spécialistes. Cela s'est avéré d'autant plus problématique pendant la pandémie de Covid-19, même si la Guyane n'a pourtant pas été touchée tout de suite.

Mais partageant une frontière commune avec le Brésil, deuxième pays le plus touché par cette maladie, l'aggravation de la situation sanitaire en Guyane est bien venue de son voisin à partir de mai 2020, puis en mars 2021, malgré la fermeture de ses frontières décidée par les autorités nationales.

Cela a provoqué une remise en cause des compétences des services de l'Etat, tant de la part d'une partie de la population que de la classe politique, de même qu'une certaine stigmatisation de la population d'origine brésilienne. La difficulté de faire accepter la vaccination sur ce territoire a également mis en exergue les contradictions traversant la société guyanaise face à cette pandémie, entre dénonciation d'une protection insuffisante ou au contraire considérée coloniale, et volonté de libéralisation au nom de la culture et de l'identité guyanaises.

Les secteurs économiques traditionnels de la Guyane

L'exploitation forestière d'abord : la forêt guyanaise couvre environ 8 millions d'hectares. L'Amazonie française est bien plus fragile qu'elle n'y paraît en raison de la pauvreté du sol latéritique qui demeurerait quasi vierge si la forêt n'était pas capable de renouveler elle-même l'humus dont elle vit. Si bien que depuis 1965, l'ONF tente de rationaliser l'exploitation forestière en Guyane, à la fois pour rentabiliser cette activité et pour protéger le domaine. Actuellement, l'économie forestière est principalement axée sur l'exploitation, la première transformation (sciages bruts) et la deuxième transformation (ébénisterie, menuiserie…) et représente la troisième filière économique du département. Plusieurs mesures forestières ont notamment été inscrites dans l'accord de Guyane signé après la crise de 2017. A commencer par la mise en place d'une aide pour éponger les surcoûts de la filière bois en Guyane, d'une aide nationale pour soutenir l'investissement dans le domaine forestier ou encore l'obligation d'utiliser le bois dans les constructions publiques.

La pêche. En raison des considérables richesses halieutiques, marines et fluviales de la Guyane, la pêche est un secteur productif qui génère beaucoup des exportations de la Guyane (c'est le premier secteur exportateur hors spatial). L'activité est significative pour l'économie locale comptant près de 500 marins et générant plus de 1 500 emplois indirects. Le secteur rencontre actuellement des difficultés liées en partie à son manque d'organisation et sa flotte vieillissante offrant aux pêcheurs des conditions de travail très précaires.

© DAN TIEGO - SHUTTERSTOCK.COM

Femme hmong vendant des fruits et légumes au marché de Cacao.

L'agriculture était initialement une activité de subsistance pratiquée par les Amérindiens. Les colons français ont tenté à plusieurs reprises de mettre en place une agriculture variée et rentable, mais les particularités du sol et la sensibilité parasitaire du pays ont souvent anéanti ces ambitions. Si l'on veut comprendre la structure de la société agricole de la Guyane, le point d'observation privilégié est sans nul doute le marché aux fruits et légumes de Cayenne. A quelques exceptions près, la majorité des stands est tenue par des Hmong, des Surinamais, et quelques locaux. Aujourd'hui, les communautés Hmong de Cacao et de Javouhey sont les premiers fournisseurs de fruits et légumes des marchés de Guyane.

La riziculture, quant à elle, est une activité très localisée autour du village de Mana où les conditions naturelles de cette plaine alluvionnaire étaient très favorables. Ce sont des ressortissants surinamais qui se sont lancés initialement dans la production à grande échelle au début des années 1980. Soutenue par les pouvoirs publics et rationalisée, la production s'est montrée très rentable et de très bonne qualité.

L'activité minière. Depuis la découverte d'or en Guyane en 1854, l'activité minière est une ressource économique conséquente pour le département. Aujourd'hui, l'or est la première exportation de la Guyane, représentant 45 millions d'euros. Cette brutale hausse de la production a pour origine des facteurs divers : augmentation considérable du cours mondial de ce métal depuis ces dernières années, évolution des techniques de récupération utilisées, professionnalisation et arrivée de nouveaux exploitants… Le panorama de l'activité aurifère est aujourd'hui le suivant : quelques entreprises de taille moyenne, bien structurées en une multitude de micro-entreprises, souvent clandestines et illégales, et des entreprises minières de niveau mondial. On compte officiellement une soixantaine d'entreprises. La Guyane a été ces dernières années le théâtre d'un grand débat concernant la construction d'une des plus vastes mines d'or jamais faites sur le territoire français : la Montagne d'Or. L'impact environnemental de ce méga projet a cependant été décrié par le président Macron en mai 2019, ce qui rendait sa réalisation incertaine. En février 2022, le Conseil constitutionnel rejette également la prolongation de la concession minière, synonyme d'un sérieux coup d'arrêt au projet.

Activité spatiale, administration et tourisme en Guyane

L'activité spatiale. La décision d'implantation du Centre spatial guyanais à Kourou, en 1964, n'avait suscité ni optimisme débordant ni inquiétude. La Guyane accueillit le Centre spatial avec une réelle indifférence. C'est probablement à ce moment-là que le rendez-vous fut manqué entre les autorités du centre et la population. Initialement, la mise en place du CSG s'accompagnait d'un plan de développement économique de la région tout entière. Les grands travaux engendrés par cette installation ont bien évidemment profité aux entreprises locales et particulièrement à celles du secteur du bâtiment. Bien que de nombreux efforts aient été faits pour tenter de rééquilibrer les bénéfices de l'activité spatiale guyanaise – priorité d'embauche aux Guyanais pour certains emplois, participation à des actions culturelles, enveloppe budgétaire importante, soutien à la formation –, le ressentiment de la population envers le centre spatial reste le même. Il faudra encore un peu de temps pour que cela change. Même si le centre spatial a considérablement développé sa politique de communication, on continue de regretter que certains ne connaissent la Guyane que pour la fusée Ariane. Est-ce bien sa faute ? Il faut bien reconnaître que les succès d'Ariane contribuent à la promotion de la Guyane. Mais l'activité économique de la Guyane doit-elle dépendre d'une seule filière ? D'un point de vue économique, si le secteur spatial représentait 30 % du PIB dans les années 1990, il ne représente plus que 15 % aujourd'hui.

L'administration. Si la Guyane souffre d'une réelle pénurie d'artisans et d'entrepreneurs privés, elle compte dans ses rangs un nombre très important de fonctionnaires et d'employés rattachés à des entreprises publiques. Un dicton populaire prétend même que l'on trouve plus de fonctionnaires à Cayenne qu'à Paris ! Les raisons d'une telle situation sont à la fois historiques et politiques. Dans un premier temps, on sait que, traditionnellement, les DOM occupent, dans l'administration, plus de postes que ne l'exigeraient les circonstances. Cette pratique, voulue politiquement, avait pour objectif de limiter le chômage pour calmer le climat social et, par voie de conséquence, étouffer quelque peu les aspirations indépendantistes. En Guyane, pourtant, l'origine historique est au moins aussi importante que la volonté politique. Ici, le travail manuel a pendant longtemps été mal considéré, car associé dans les esprits aux travaux forcés des bagnards. Mais cette pénurie d'artisans, si elle est préjudiciable à la Guyane au quotidien, n'est pourtant pas la conséquence la plus grave de la trop grande importance de l'administration. Le problème essentiel réside dans le manque d'esprit d'entreprise. La création d'entreprise est considérée par les jeunes comme une aventure risquée (investissements lourds, manque d'expérience…), d'où le découragement ou la peur de l'échec. La Guyane veut donc sortir de son isolement et cherche à développer des relations commerciales avec son voisin brésilien. L'enjeu consiste à diversifier une économie dominée par le spatial et les transferts publics.

Le tourisme. S'il existe une volonté politique de faire du secteur du tourisme une des locomotives de l'économie guyanaise, les efforts pour y parvenir sont colossaux, mais les professionnels sont impliqués et volontaires. La méconnaissance du département (contexte géopolitique, populations, richesses…) due à maints facteurs, un réseau de transport aérien très cher et qui dessert peu de destinations sont autant d'éléments qui ont contribué à une fréquentation peu satisfaisante de la clientèle touristique vers la Guyane. Excepté une clientèle d'affaires importante (50 %), 38 % des visiteurs rendent visite à leur famille ou à leurs amis. Toutefois, les agences de voyages locales enregistrent un nombre croissant de demandes de personnes désireuses de visiter la Guyane, sans qu'ils ne possèdent de connaissances sur place. Un tourisme essentiellement tourné vers la nature. Le département possède en effet une flore et une faune aux richesses incomparables, poumon vert de la planète, qui en fait une grande destination de tourisme vert. Reste encore au territoire français d'Amazonie à fournir quelques efforts pour accueillir un nombre croissant de touristes.

La problématique de l'or

L'activité aurifère conduite aujourd'hui se décompose entre une activité d'exploitation de gisements alluvionnaires et une activité de recherche. L'or provient en quasi-totalité d'exploitations alluvionnaires utilisant des techniques gravimétriques. Une douzaine de petites et moyennes entreprises structurées participent à plus de 80 % de la production du département. Les principaux centres d'exploitation sont répartis en sept secteurs géographiques : montagnes françaises et montagne de l'Espérance, Paul-Isnard, Saint-Elie, Boulanger-Changement, Approuague, Yaou-Dorlin, Alikéné. Le secteur employait officiellement 500 employés en 2012, selon la Fédération des orpailleurs miniers de Guyane (FEDOMG), dans un département de presque 300 000 habitants de nos jours, où le chômage touche environ 17 % de la population. Les activités de recherche sont effectuées par des entreprises minières, destinées à caractériser des gisements permettant la poursuite à terme de leur activité d'exploitation. Ainsi, de nombreuses sociétés internationales ont entamé des programmes de recherche d'or primaire importants.

On pourrait par exemple citer la Compagnie minière Montagne d'or – portée par le consortium russo-canadien Nordgold-Columbus Gold – qui a choisi la Guyane en 2016 pour y établir le plus grand projet aurifère jamais proposé en France.

L'orpaillage clandestin. L'un des gros problèmes de la Guyane, tant pour son développement économique, touristique, et écologique, demeure avant tout l'orpaillage clandestin. Depuis les années 2000, ce département, qui est parmi les plus riches du monde en matière de biodiversité, subit de plein fouet une nouvelle ruée vers l'or caractérisée par des pratiques incontrôlées. Aujourd'hui, la quantité d'or officiellement extraite de Guyane oscille entre 1 et 1,5 tonne par an, sur les quelque 2 500 tonnes produites dans le monde entier. Ceci place la Guyane aux alentours du 55e rang mondial en termes de production officielle. Mais ces chiffres masquent l'extraction illégale qui est largement majoritaire en Guyane, puisque l'on estime qu'elle s'élève à environ 10 tonnes par an, soit presque 10 fois la production légale ! Et ce alors que les forces de l'ordre, menant des opérations de destruction des chantiers d'orpaillage illégal, ne parviennent à en saisir que quelques kilos chaque année… La quasi-totalité de la production illégale finit donc par intégrer les filières officielles de transformation et de distribution, grâce à l'absence généralisée de traçabilité dans les filières aurifères et notamment dans les pays frontaliers. L'extraction illégale est presque exclusivement réalisée par des orpailleurs en provenance des Etats du Nord brésilien, appelés *garimpeiros*. Ils seraient entre 10 000 et 15 000 à travailler chaque jour dans l'intérieur guyanais. Les populations particulièrement pauvres qui alimentent la main-d'œuvre de l'orpaillage illégal en Guyane sont bien souvent les premières perdantes, subissant exploitation, endettement et conditions de travail dangereuses. On se doit de ne pas passer sous silence le danger et les risques de l'activité aurifère illégale pour l'environnement et la santé des populations. Le mercure, utilisé pour agglomérer l'or, est la principale cause de pollution des rivières et fleuves. Sans oublier l'apparition du paludisme due à une forte population clandestine en forêt. Les populations les plus touchées sont malheureusement aussi les plus fragiles : il s'agit des Amérindiens Wayana, Teko et Wayampi, habitants du Haut Maroni et de la commune de Camopi.

Depuis le mois de février 2008, suite à une déclaration de Nicolas Sarkozy, les forces de gendarmerie et les forces armées en Guyane ne cessent de travailler dans le but commun de diminuer l'orpaillage clandestin : l'Opération Harpie. Le bilan Harpie 2012 révèle que les *garimpeiros* montent en violence face aux opérations menées pour contrer leurs activités illégales en Guyane. Il constate aussi des saisies en baisse pour l'or et le mercure. Le bilan 2014 fait état d'une baisse du nombre de chantiers illégaux, la chute du cours de l'or et la multiplication des opérations coup de poing n'y étant pas pour rien. En 2017 toutefois, en raison de mouvements sociaux qui secouent la Guyane et du redéploiement des forces militaires pour encadrer les grèves, les chantiers d'orpaillage clandestin se multiplient à nouveau… Et malheureusement, en la ruée vers l'or est toujours plus d'actualité, accentuée par la flambée des cours, sur fond de guerre en Ukraine.

La Montagne d'or. Autre visage de la problématique aurifère guyanaise : la Montagne d'or. Il s'agit d'un projet de gigantesque mine industrielle à ciel ouvert porté par la compagnie minière Montagne d'or, association de la société russe Nordgold et de l'entreprise canadienne Columbus Gold, qui prévoyait une exploitation du site en 2022. Encore loin de se concrétiser, malgré le soutien alors sans appel d'Emmanuel Macron en 2018, le projet minier suscite de vives contestations de la part des associations écologiques, des scientifiques et des populations autochtones installées dans les alentours de Saint-Laurent-du-Maroni. Pour cause, outre les promesses d'embellie économique, certains parlent de véritable catastrophe écologique. Nichée entre deux réserves biologiques intégrales, au cœur de la forêt amazonienne, près de la frontière avec le Suriname, la mine pourrait nécessiter la déforestation de l'équivalent de 32 fois le Stade de France. Par ailleurs, est décriée l'utilisation de 10 tonnes de cyanure et de 18 tonnes d'explosif par jour, produits polluants et hautement toxiques qui favorisent de surcroît les risques d'accident. En janvier 2019, le député guyanais Gabriel Serville, suivi par une soixantaine de députés, a notamment demandé l'interdiction totale d'utiliser du cyanure dans les mines françaises. Un pavé dans la mare relançant le débat sur la Montagne d'or. Ce même mois, le Comité pour l'élimination de la discrimination raciale de l'ONU avait lui aussi pris part au débat, sommant la France d'écouter les plaintes et les revendications des populations autochtones. 70 % des Guyanais s'opposaient au projet, malgré les retombées économiques promises. Puis, le 6 mai 2019, coup de théâtre : alors que le président Macron annonce une série de mesures en faveur de la protection de l'environnement dans le but de verdir l'image de son parti lancé dans la campagne des Européennes, il annonce que ce projet Montagne d'or n'est pas compatible avec ses ambitions écologiques, compromettant ainsi sérieusement sa réalisation. En février 2022, le Conseil constitutionnel rejette finalement la prolongation de la concession minière à la suite d'une saisie du Conseil d'Etat, et cette décision pourrait bien mettre un coup d'arrêt définitif au projet minier de la Montagne d'or.

ARCHITECTURE

Terre lointaine et méconnue, la Guyane intrigue. Pour tenter d'en percer les secrets, il faut s'intéresser à son étonnant patrimoine, miroir de son histoire tourmentée et métissée. Tout commence avec l'habitat originel amérindien pensé en parfaite harmonie avec son environnement ; puis vient le temps de la colonisation qui a durablement transformé le visage de la Guyane, entre fortifications militaires, habitations et développement d'une vibrante architecte créole. En parallèle, les Bushinenge (les esclaves marrons) exprimèrent leur identité dans un habitat unique et richement décoré. Le système carcéral du bagne a, lui aussi, apporté son lot de transformations urbanistiques et architecturales. Un passé complexe que les Guyanais cherchent aujourd'hui à se réapproprier grâce à la réhabilitation de nombreux sites, tout en développant une architecture bioclimatique, pilier d'un avenir durable. Un voyage surprenant et émouvant vous attend !

Habitat amérindien

Les peuples amérindiens ont laissé en Guyane un héritage architectural unique : le carbet, dont le nom signifie « grande case ». Il s'agit d'un abri couvert, mais ne possédant aucun mur ou cloison, assurant ainsi protection et ventilation. La structure originelle est entièrement réalisée en matières végétales : bois pour la charpente, feuilles de palmier tressées pour la couverture. Pour les structures simples, les piliers soutenant l'ensemble servent de point d'attache aux hamacs, les habitants ne dormant jamais à même le sol. Dans ce cas, cuisine et dépendances possèdent leur propre carbet légèrement à l'écart. Pour les structures à étage, dont le plancher est réalisé en troncs de palmier, la cuisine se trouve au rez-de-chaussée et la chambre à l'étage. D'autres carbets accueillent différentes fonctions (salle d'eau, ateliers...). De très beaux exemples sont à voir à **Awala-Yalimapo** ★★ (p.191). Le carbet est aussi un lieu d'accueil. C'est notamment le cas dans les tukusipan ou carbets communautaires des Wayana. Le plus impressionnant est le Tukusipan Taluen (p.107)avec son maluwana ou ciel de case, rondelle de bois couverte de peintures allégoriques, placé au faîte de ce carbet de 7m de haut. Aujourd'hui cet héritage ancestral se perpétue grâce à la construction de nouveaux villages et à l'emploi de carbets comme structures d'accueil d'un tourisme durable.

Héritage colonial

La Guyane a longtemps été objet de convoitises et de tensions... les vestiges du **Fort Cépérou** (p.107) ou l'impressionnante silhouette de brique et de basalte du **Fort Diamant** (p.133) en sont les témoins. En parallèle, les villes coloniales se sont développées selon un urbanisme qui fait la part belle aux larges rues, aux espaces verts et aux places autour desquelles se dressent les grands bâtiments administratifs, mêlant lignes classiques et ingéniosité créole. Cayenne en est un bon exemple avec sa Place des Palmistes, ses jardins publics et sa Mairie. Modestes cases ou demeures plus cossues, les maisons créoles possèdent des caractéristiques communes : un soubassement en brique pour contrer l'humidité, une toiture en saillie pour protéger de la pluie, un plan simple avec des pièces en enfilade ou organisées autour d'un couloir, des ouvertures sous forme de jalousies et persiennes, la présence d'une galerie ouverte entourant toute la maison et des éléments décoratifs en bois (lambrequins, frises...). On les reconnaît également à leurs façades colorées et parfois agrémentées de très beaux balcons en fer forgé. La Maison Bleue à Saint-Laurent-du-Maroni ou la Maison Thémire à Cayenne en sont de beaux exemples, tout comme les maisons en bois de Saül. Les maisons de maître, mêlant elles aussi rigueur classique et richesse créole, surplombaient les habitations, vastes complexes agricoles ou industriels reposant entièrement sur l'esclavage.

Le fort Cépérou.

DÉCOUVRIR

© GRÉGORY ANDRE

Architecture coloniale de Saint-Laurent-du-Maroni.

Les Habitations Loyola (p.133) et Vidal-Mondelice permettent de découvrir tout à la fois les prouesses d'ingénierie développées (forges, moulins, chaufferie, aqueduc...) et la réalité de la vie quotidienne avec les « cases nègres », habitats sommaires destinés aux esclaves, les chapelles – souvent en bois –, les cuisines et hôpitaux. En parallèle s'est développée en Guyane une architecture unique, celle des Bushinenge, les esclaves-marrons. Entre influences africaines, amérindiennes et européennes, ils ont créé un habitat haut en couleur. Les Alukus sont ainsi connus pour leurs maisons de petite taille établies sur un sol surélevé et protégées par une impressionnante toiture en forme de V inversé. Lorsqu'elles sont de plain-pied, ces maisons ne possèdent pas de mur, le toit descendant jusqu'au sol. Construites en bois et palmier, ces maisons possèdent une très riche décoration, en particulier sur le pignon de façade, qui se pare des couleurs du *kopo futu tembé*, décor mêlant des formes géométriques entrelacées peintes et sculptées. De très beaux exemples sont à voir à Apatou ★★ (p.208) et Papaïchton. ★ (p.209)

L'ombre du bagne

Les nombreux « camps » laissés à l'abandon illustrent la difficulté de vivre avec ce passé au double visage, comme en témoigne le développement de Saint-Laurent-du-Maroni, avec d'un côté le « quartier officiel » qu'Albert Londres surnomma le « Petit Paris » et de l'autre le « quartier carcéral ». Les rues du premier sont larges et boisées et disposent d'un ingénieux système de caniveau en brique, tandis que les édifices qui les longent sont protégés par de foisonnants jardins clos. Cases puis pavillons standardisés y avaient été également conçus pour loger les fonctionnaires. Un aspect propre et soigné qui détonne avec l'austérité du second, le Camp de la Transportation, bâti comme une caserne militaire. En parallèle de cette architecture du bagne s'est développée une « architecture des bagnards ». En effet, ces hommes, utilisés comme main-d'œuvre, ont pu laisser leur marque dans de nombreux édifices qu'ils ont contribué à construire. L'église Saint-Joseph d'Iracoubo a ainsi été entièrement décorée par Pierre Huguet, bagnard dont la superbe fresque est considérée comme un chef-d'œuvre de l'art naïf, tandis que la Chapelle de l'île Royale (p.160) doit ses lambris au bagnard Francis Lagrange. Et observez bien les briques des édifices... fabriquées localement par l'administration pénitentiaire (d'où le sceau AP), nombreuses sont celles à avoir été signées par ces prisonniers du bout du monde.

Perspective d'avenir

Depuis les années 2000, la Guyane multiplie les campagnes de réhabilitation de ses sites patrimoniaux : maisons créoles de Cayenne, bagne de l'île du Salut, ancienne léproserie de l'Acarouany. En parallèle, les architectes se tournent de plus en plus vers une architecture bioclimatique luttant contre les structures standardisées de béton. Le grand symbole de ce renouveau est la Maison des Cultures et des Mémoires de la Guyane à Cayenne qui se découpe en deux ensembles : d'un côté l'Hôpital Jean Martial, chef-d'œuvre créole, entièrement réhabilité pour devenir un musée ; et de l'autre, le centre des archives imaginé par l'agence D3 Architectes. Inspiré du carbet amérindien, il se compose d'un monolithe à double peau de béton pour protéger les archives, encerclé des espaces d'accueil (la salle de lecture a ouvert en octobre 2020 !), l'ensemble étant recouvert d'une enveloppe protectrice en lames de bois horizontales. Étonnant !

BEAUX-ARTS

Nichée entre l'Océan Atlantique, les fleuves Maroni et Oyapock, la Guyane est dotée d'une richesse naturelle qu'il convient de préserver. C'est le message que nous transmettent les Amérindiens, détenteurs de la première tradition picturale de Guyane. Ici, différentes cultures coexistent avec bonheur. Le travail du bois arrive en tête des pratiques. Magnifiquement développé par les Noirs Marrons, il orne les objets du quotidien avant de s'ériger en art. Depuis des générations, la sculpture sur bois se transmet dans les familles. Si vous apercevez un totem en forme de pagaie au bord d'une route nationale, arrêtez-vous pour découvrir les sculptures saramacas du jeune Kafé Bétian. D'autres ont choisi de s'établir en Guyane pour poursuivre leur carrière artistique. Sans doute inspirées par la générosité guyanaise, les galeries tenues par des artistes s'attachent à promouvoir des confrères d'un peu partout. A nous d'aller à leur rencontre !

Diversité des origines

Les vestiges amérindiens sont d'une exceptionnelle richesse esthétique. Les céramiques les plus anciennes appartiennent au style koriabo. Ce style, associé à la phase d'immigration karibe du XIIe siècle, se caractérise par des incisions ornementales, des motifs zoomorphes et anthropomorphes d'inspiration fantastique. La période Aristé, comprise entre le XVe et le XVIIe siècle, est marquée par un art funéraire élaboré : décor polychrome et motifs géométriques soulignent les figures ornant les urnes funéraires de cette époque.

De nos jours, sept peuples amérindiens vivent en Guyane, parmi lesquels les Wayanas et les Apalaïs. Enraciné dans leurs cultures, l'art du ciel de case né au XIXe siècle est devenu un emblème de la culture guyanaise. Bien que symbolique, il connaît depuis peu une popularisation à double tranchant. Un mythe est à l'origine de cette tradition picturale. Il nous parle d'un homme parti à la chasse qui se perd en forêt. Attiré par une musique, il s'approche et est invité par un vieil homme à boire du cachiri. Celui-ci l'initie aux motifs du ciel de case, surtout des monstres aquatiques, qu'il ne faut pas trop regarder sous peine d'être dévoré.

Parmi les nombreux monstres aquatiques de la mythologie wayana, le plus connu est le tulupele. Mi-chenille, mi-jaguar, il empêchait l'accès à la rivière jusqu'à ce que les Indiens fassent la paix et s'allient pour combattre la créature. D'autres animaux du bestiaire wayana embellissent le ciel de case aux côtés des guerriers mythiques : le poisson coumarou, le crapaud, la poule, le tamanoir, la tortue ou encore le serpent.

Dotées de pouvoirs magiques, ces œuvres participent à la protection de la communauté. C'est pourquoi les Wayana n'approuvent pas que les non-initiés confectionnent des ciels de case. Préserver cet art reste un enjeu crucial en Guyane.

Art Tembé

Les bushinengé, encore appelés « noirs marrons », descendent des esclaves africains qui ont fui les propriétés coloniales du Suriname entre le milieu du XVIIe et la fin du XVIIIe siècle. L'art noir-marron, ou tembé, prend sa source en Guyane autant qu'au Suriname. Il regroupe la peinture et la sculpture, qui sont l'apanage des hommes ; la couture tembé étant plutôt pratiquée par les femmes. L'art tembé a tout d'abord ornementé les objets du quotidien avant de passer au format des tableaux. Cependant, les motifs de même que leur signification ne changent pas. Dans les mariages traditionnels, les mariés remettent à leurs épouses un tembé constitué d'entrelacs en signe de leur engagement.

Les premières sculptures marronnes remontent au début du XIXe siècle : peignes, pagaies, bancs en bois pour l'essentiel. C'est avant tout un art du relief. Pour cela, l'outil est considéré comme l'élément fondateur du tembé.

© MATHIEU DELMER

Peinture sur une maison à Mana.

DÉCOUVRIR

Les peintures Neg Marron décorent les habitations d'un village boni.

Sans l'instrument, la sculpture sur bois n'existerait pas. L'art marron, loin d'être un art primitif, intègre désormais la technologie en adoptant la tronçonneuse en sculpture ou les moteurs dans ses pirogues. Dès leurs premières manifestations, au XXe siècle, les peintures tembé s'inscrivent dans la lignée de la sculpture sur bois en reprenant le motif de l'entrelacs combiné aux variations géométriques.

L'artiste-peintre guyanais Franky Amete est représentatif de l'art Tembé. Il se décrit comme un pont entre l'art traditionnel et l'art moderne.

De nos jours

Dans les petites galeries d'art guyanaises, on trouve un brassage d'œuvres modernes et traditionnelles. Des artistes guyanais de naissance ou d'adoption confrontent leurs visions du monde dans des lieux ouverts à tous. La maison culturelle Henri et Marcelle Prévot à Cayenne a ainsi mis en lumière l'artiste-peintre Bimo, originaire du Bénin, mais établi en Guyane. Ses peintures, sculptures et personnages habillés racontent des histoires pleines d'émotion sur le thème de la complexité des rapports humains. Bimo fait feu de tout bois, recyclant le matériel qu'il trouve pour composer des œuvres colorées, à dominante jaune, sa couleur fétiche.

La Galerie d'art K'AN dispose en plus de sa salle d'un atelier pour ceux qui souhaitent s'initier aux techniques du dessin, du modelage ou de la peinture. Peintre et sculpteur, Pat K'an sort diplômé de l'école Boulle en 1976. Mais c'est en autodidacte qu'il apprend la sculpture sur bois. Installé en France, il développe une activité d'artiste animalier tout en poursuivant son exploration de la figure humaine. Arrivé en Guyane en 1995, séduit par la variété des essences locales, il renoue avec la sculpture sur bois. Il ouvre un show-room qu'il transforme ensuite en galerie d'art destinée à faire connaître des artistes de Guyane et d'ailleurs. L'artiste contemporain béninois Rafiy Okefolahan a présenté dans ses locaux l'exposition « KARNAVAL » qui regroupe des peintures de couleurs vives. Formé à Dakar, Rafiy se définit comme un plasticien pluridisciplinaire. Son travail est mis en valeur par plusieurs galeries européennes et africaines et séduit les collectionneurs en quête des talents de demain.

Hors les murs

Le tout jeune festival Atip'art est organisé par la ville en collaboration avec l'association Muzé Laru. Il s'agit du premier événement street art de Guyane. A cette occasion, des ateliers créatifs ont lieu dans le quartier Simko à Macouria. Les artistes ont collaboré avec les participants pour confectionner une sculpture cubique exposée dans la ville. C'est pour les jeunes Guyanais une opportunité inespérée de se familiariser avec la peinture et ses techniques aux côtés d'artistes expérimentés. Le street artiste Nicolas Quillot alias Scimo aime leur apprendre décalquer des éléments naturels, à la façon d'un pochoir inversé.

Sous la direction de graffeurs confirmés, les jeunes Guyanais ont embelli le collège Antoine Sylvère Félix à Soula. Ont participé les artistes Azer formé en Guadeloupe et Doudou Style, l'une des rares femmes du milieu. Dans ses célèbres trompe-l'œil, Doudou Style aime glisser des pandas, son animal totem.

Ne manquez pas les expositions Hors les Murs du Musée des cultures guyanaises. Le public a ainsi pu admirer les photographies de Frédéric Piantoni. Ses portraits racontent le destin d'individus venus s'installer en Guyane tandis que ses panoramas valorisent les charmes de cette terre méconnue. Une excellente première approche de la Guyane.

MUSIQUES ET SCÈNES

Guyane, mystérieuse Guyane. Ce gros morceau de France assis à quelque 7 000 kilomètres des côtes hexagonales est un terroir à la richesse souvent insoupçonnée. Carrefour des cultures, croisement des langues et des traditions évoluant de concert, la Guyane est une terre fertile en sons, à l'image de sa terre rouge et de sa forêt poumon du monde. Découvrir la Guyane par sa musique, c'est aller à la rencontre d'une région-monde dont l'Histoire a été façonnée par les nombreux peuples qui la constituent. Du carnaval à l'ambiance survoltée et truffée de musiques d'inspirations créoles au reggae et la salsa, venus des Caraïbes et très joués ici, en passant par l'interminable liste de danses traditionnelles, la musique guyanaise raconte la région comme rien d'autre.

La musique traditionnelle

Reflet de sa société, la tradition musicale guyanaise jouit elle aussi d'une grande pluralité. Un des styles les plus emblématiques de la région est sans conteste le kasékò. Désignant aussi bien les tambours qui le jouent que la danse qui l'accompagne, le kasékò est avant tout un rythme, mené par le ti-bois – percussion où l'on frappe une caisse à l'aide de deux baguettes. Il puise son origine dans les danses traditionnelles des esclaves puis a incorporé avec le temps des éléments européens et amérindiens. Parmi les autres rythmes que l'on croise fréquemment en Guyane, le kamougué est un des plus authentiques et des plus énergiques. Joué au tambour « yongwé », le kamougué évoque dans son mouvement le labeur physique – il accompagnait d'ailleurs autrefois les travaux collectifs. Autre rythme typique de Guyane, le grajé désigne aussi la danse (de salon) qui l'accompagne, très codifiée et s'exécutant en couple. Dans l'ensemble, le grajé est assez lent et gracieux tandis que ses chants sont souvent empreints de nostalgie. Passés ces incontournables, le répertoire traditionnel guyanais demeure encore très fourni et regroupe notamment des danses comme le léròl, variante guyanaise du quadrille créole, le béliya, dont les mouvements s'inspirent du monde agricole, le grajévals, gracieuse et solennelle, parente de la valse, le labasyou, danse de séduction et de célébration de l'amour tout en mouvement circulaire du bassin ou encore le kaladja, combinant les rythmes du grajé et du kasékò.

Pas endogènes à la Guyane, les musiques traditionnelles latines comme la samba, le merengue, le cha-cha-cha ou la salsa sont très présentes du fait de la proximité avec le Brésil, le Venezuela ou Cuba. D'ailleurs, les amateurs de salsa se rendront volontiers dans le quartier de la Crique à Cayenne où l'on trouve bon nombre de bars spécialisés dans le genre. Dans l'ensemble, le répertoire traditionnel guyanais est une vitrine importante pour le large éventail d'instruments typiques de la région. Parmi eux, on entend souvent le kapaujété, une flûte en os, le patété, une flûte traversière nasale, le waitakala, sorte de clarinette en bambou, le titilu, une autre flûte traversière, le pupu une flûte de Pan, le malaka, un hochet, le kaway des sonnailles constituées de graines sèches ou encore le sambula un tambour cylindrique à deux peaux parallèles.

La samba est très présente en Guyane.

© SANDRA DAVEAU

Musiciens de carnaval au dancing Nana.

Des instruments que l'on peut également entendre durant le Carnaval de Guyane, l'événement majeur de la région. La musique y joue un rôle essentiel, orchestrant les grandes parades, les vidés et les bals paré-masqués. Le carnaval est l'occasion d'entendre bon nombre de styles d'essence caribéenne tels que la mazurka, le piké djouk, la valse créole, la quadrille créole, la polka, la biguine, etc. Vu l'importance de l'événement, certains orchestres ou artistes sont devenus des figures marquantes de la région : les Mécènes, Karnivor ou encore les Blue Stars – et son fameux leader Victor Clet, mieux connu en tant que « Québuette ». Un bon plan pour quiconque se trouve à Cayenne en période de carnaval est le Domino. Situé derrière le marché, ce bar a pour habitude d'accueillir les fins de défilés et organise des soirées karaoké, spectacles et concerts.

Les musiques populaires

Un des grands cadeaux que la Guyane a fait à la musique populaire n'est autre qu'Henri Salvador. Né à Cayenne en 1917 de parents guadeloupéens, Henri Salvador s'installe avec eux en métropole en 1924. Il ne tarde pas à découvrir le jazz et à apprendre la musique (guitare, trompette, violon...). Il joue en public à partir de 1933 (en accompagnant notamment Django Reinhardt) et se fait peu à peu connaître et apprécier du public et des professionnels pour ses talents tant musicaux que fantaisistes. Salvador gagne rapidement un très grand succès, notamment au Brésil, puis en France au sortir de la Seconde Guerre mondiale. En plus d'une décennie de carrière, Salvador a cultivé un talent de mélodiste raffiné doublé d'une personnalité de rigolo désinvolte. Henri Salvador s'est éteint à Paris le 13 février 2008 laissant derrière lui l'image d'un des plus grands showmen de la variété française.

En Guyane, le genre le plus populaire est de loin le zouk. Originaire de Guadeloupe et de Martinique, le zouk fait irruption ici au cours des années 1980. Prenant rapidement ses marques sur place, le genre va trouver en Guyane quelques-unes de ses plus grandes stars comme Warren, Fanny J (surnommée la « Reine du Zouk ») ou encore le groupe saint-laurentais Sweet Way. Très populaires également citons Marvin ou encore Chris Combette, aimé pour sa voix suave et son mélange de zouk, reggae et influences brésiliennes.

Également originaire des Caraïbes, le reggae jamaïcain fait partie intégrante de la musique guyanaise depuis sa création. Toutes les générations l'écoutent. Une des voix les plus intenses du reggae guyanais est sûrement celle de Jornick Joe Lick, dont les textes convient à la fois créole, français et anglais. Les têtes d'affiches que les jeunes aiment voir sur scène aujourd'hui se dénomment Lova Jah, Prince Koloni, célèbre pour son mélange de reggae et d'alèkè (musique traditionnelle basée sur les tambours) ou encore Little Guerrier. Par extension, le dancehall jamaïcain est lui aussi très populaire en Guyane où il a fait de nombreux enfants. Les plus célèbres sont sans doute Jahyanai et son acolyte, la chanteuse Bamby, avec qui il collabore souvent. Tous ces artistes se produisent régulièrement aux côtés de pontes du genre (Alpha Blondy, Beenie Man, les I-Threes…) au Cayenne Reggae Festival, grand rendez-vous annuel dédié au genre. Notons également les soirées de la Reggae Dub Fondation se tenant au Jungle Bar de Cayenne, souvent bien programmées ainsi que le Café de La Gare (p.125) et le Club 106 qui accueillent chacun leur lot de zouk, salsa, ragga, kizomba, bachata etc…

LITTÉRATURE

Si le climat de Guyane n'a pas la réputation d'être tendre, son histoire ne l'est pas non plus vraiment. Difficile de dissocier ce département français d'outre-mer de la colonisation, du drame de l'esclavage, de la fièvre des chercheurs d'or ou de l'horreur du bagne de Cayenne racontée par le plus célèbre des journalistes, Albert Londres. Il est donc naturel que ces épisodes soient au centre des préoccupations des écrivains, qu'ils y reviennent à profusion ou qu'ils en tirent un message politique d'émancipation comme le fit Léon-Gontran Damas. Mais la Guyane est aussi poésie, celle d'une langue qui naît et accède à la reconnaissance, n'a-t-elle pas vu publier *Atipa* qui est très officiellement reconnu comme le premier roman en créole ? Une recherche linguistique qui débouche sur une normalisation de l'écrit, et une recherche d'identité qui rime avec quête de soi, décidément la littérature guyanaise n'a rien d'anodin et mérite qu'on s'y intéresse.

Le XIXe siècle, les prémisses

En règle générale chaque pays peut se targuer de faire figurer au palmarès de sa littérature une œuvre fondatrice à laquelle est associé, très logiquement, un écrivain. Pourtant, en Guyane, le XIXe siècle est marqué par deux événements notables, mais distincts : d'une part la naissance d'un futur auteur qui quittera le sol natal très jeune, d'autre part la publication d'un texte, sous pseudonyme, qui révolutionnera la perception mondiale de la langue créole. Thomas Appoline naît en 1812 à Cayenne et meurt à Alger en 1884 sous un autre nom, Ismaÿl Urbain. Dans ce changement d'identité réside sans doute l'une des clefs pour appréhender la personnalité complexe d'un homme dont la mère était une affranchie métisse et dont le père, négociant, n'acceptera que fort tard de lui léguer son prénom en guise de patronyme, un homme qui rejoindra les saint-simoniens avec qui il partira pour l'Orient, puis qui se décidera à embrasser l'Islam à 23 ans. Traducteur et interprète de l'arabe, bénéficiant de l'écoute des puissants quand il s'installe en Algérie en 1845, Urbain est avant tout un essayiste humaniste qui usera de sa plume pour promouvoir ses idées anti-colonialistes, notamment dans *L'Algérie pour les Algériens* en 1861 et dans *L'Algérie française : indigènes et immigrants* neuf ans plus tard. Si la postérité a retenu son engagement à défaut de sa poésie, le roman qui paraît en 1885 est avant tout littéraire, mais pas seulement. Cette œuvre emblématique est également empreinte d'un certain mystère puisque derrière le nom affiché sur sa couverture, Alfred Parépo, officiellement né à Cayenne en 1841 et décédé dans la même ville en 1887, se cacherait, au gré des hypothèses toujours en vigueur aujourd'hui, soit Alfred de Saint-Quentin, ayant par ailleurs publié *Introduction à l'histoire de Cayenne suivie d'un recueil de contes, fables et chansons* en 1872, soit Félix Athénodor Météran, écrivain de la Marine, orpailleur et homme politique. Mais finalement qu'importe, *Atipa* possédait une particularité qui lui valut sa réputation, bien au-delà de l'identité de son auteur, il s'agissait en effet du premier roman écrit en créole, à ce titre il a été promulgué œuvre représentative de l'humanité par l'UNESCO. Certes, *Atipa* ne sera vraiment encensé que cent ans plus tard grâce à Auguste Horth qui le citera dans *Le patois guyanais* qu'il publiera en 1949, néanmoins il est impossible de nier son impact ou de ne pas lui reconnaître une force politique à une époque où l'égalité entre les différentes populations qui habitaient la Guyane était encore une utopie, d'autant plus que ce récit est critique fine et drolatique d'une société en pleine transition post-coloniale. Le XIXe siècle, décidément fécond, assiste enfin à une naissance dont les circonstances ont déjà l'allure d'une légende. Ainsi il se dit que René Maran poussa son premier cri sur le bateau qui menait ses parents de la Guyane à la Martinique, sa naissance sera d'ailleurs enregistrée à Fort-de-France en novembre 1887.

Un premier voyage pour un homme qui en connaîtra mille autres, ce qui le rend particulièrement insaisissable et n'a certainement pas contribué à assurer sa postérité posthume, lui qui fut pourtant le premier Noir à recevoir le Prix Goncourt en 1921 pour *Batouala* dont l'action se déroulait dans un village africain.

Le XXe siècle, la confirmation

En Guyane, le XXe siècle salue le travail de deux hommes qui auront une influence notable, le premier est Constantin Verderosa, né en 1889 à Cayenne d'un père alsacien et d'une mère italienne, qui écrira une dizaine de pièces de théâtre en créole, le second est René Jadfard (1899-1947), touche-à-tout hyperactif, qui sublimera son pays dans *Nuits de cachiri* après s'être essayé au roman policier dans *Drôle d'assassin*.

DÉCOUVRIR

Le bagne a alimenté de nombreux récits, d'Albert Londres à Henri Charrière.

Mais c'est surtout son acolyte en politique qui franchit un nouveau cap en littérature bien que l'histoire l'ait malheureusement un peu oublié, Léon-Gontran Damas (1912-1978) fut en effet, comme le soulignait Aimé Césaire dans son *Hommage posthume*, « un poète de la Négritude, sans doute le premier d'entre eux ».

Sous ce terme est désigné le courant par lequel les peuples noirs revendiqueront leur propre identité culturelle et s'affirmeront face à l'assimilation forcée engendrée par l'esclavage et le colonialisme. Un combat que Léon-Gontran Damas mènera en poète – ses recueils *Pigments* (éditions Présence africaine) et *Black-Label* restent des incontournables, et que poursuivra Bertène Juminer (1927-2003) en romancier avec un titre lapidaire, *Les Bâtards* (1961). Dans ce récit semi-autobiographique, il évoquera sa propre expérience de médecin formé en France pour dénoncer la persistance des rapports de domination entre les colons et les colonisés dans le Paris des années 30.

La question, difficile et politique, restera au cœur de l'œuvre de nombre d'écrivains, à l'instar de Serge Patient (1934-2021), professeur et militant, qui dans Le *Nègre du gouverneur* mettra en scène les déséquilibres de l'ordre colonial, ou du métropolitain André Paradis, né en 1939 près de Paris, qui s'investira pour l'indépendance et s'inspirera de sa terre d'accueil pour écrire le recueil de nouvelles *Marronnages* en 1998 ou encore le roman *Des hommes libres* (2005, éditions Ibis rouge) dans lequel un Parisien se découvre un ancêtre esclave.

C'est l'histoire encore qui éveillera chez Lyne-Marie Stanley l'envie d'écrire. Elle qui vit le jour en 1944 à Cayenne publia à la cinquantaine un premier roman où elle s'attachait à trois générations de femmes issues de la même famille, *La Saison des abattis* devient alors prétexte pour mettre en exergue la délicate question de la couleur de peau avec toutes ses conséquences. Son travail d'auteure, également pour les éditions Ibis rouge, se poursuivra en 2001 avec *Mélodie pour l'orchidée*, évocation de l'effervescence culturelle des années 70, et en 2006 avec *Abel*… qui ressuscite le terrible bagne. Celui qui fut son mari, Élie Stephenson, choisit pour sa part la poésie et le théâtre pour explorer la veine ouverte par *Damas* en continuant de porter la fameuse « torche de résine ». Enfin, la politique s'invite également chez l'une des plus célèbres Guyanaises contemporaines puisque c'est dans ses fonctions officielles que les métropolitains ont tout d'abord découvert Christiane Taubira, mais celle-ci – après avoir publié des essais et un récit autobiographique, *Nuit d'épine* – est désormais romancière comme le confirme *Gran Balan* publié en 2020.

TOP 10

LECTURE

La Guyane reste encore aujourd'hui associée à la terrible histoire de son bagne, mais la colonisation a aussi inspiré à ses écrivains une quête profonde des origines. Terre natale d'un très grand poète, Léon-Gontran Damas, le territoire d'outre-mer se découvre pluriel et envoûtant en littérature.

BATOUALA

Un roman qui se veut une dénonciation des méfaits du colonialisme par un auteur qui, en cette année 1921, appartenait au ministère des Colonies.
René Maran, éditions Albin Michel.

PIGMENTS

© PRÉSENCE AFRICAINE

L'un des seuls recueils encore disponibles d'un poète dont la liberté de ton fait pourtant fi des époques. Terriblement actuel, indispensable.
Léon-Gontran Damas, éditions Présence Africaine.

AU BAGNE

© ÉDITIONS DU ROCHER

Le célèbre journaliste décide en 1923 d'aller enquêter sur le bagne. Ses révélations sont si terribles que la prison fermera ses portes l'année suivante.
Albert Londres, éditions du Rocher.

AVENTURES EN GUYANE

© POINTS

Les carnets miraculeusement retrouvés d'un homme qui a plongé dans la jungle… et qui n'en est jamais ressorti.
Raymond Maufrais, éditions Points.

PACO LES MAINS ROUGES

© DARGAUD

Condamné pour un crime passionnel, un jeune instituteur échappe de peu à la peine de mort mais est envoyé au bagne de Cayenne.
Fabien Vehlmann et Éric Sagot, éditions Dargaud.

LA SÉRIE GUYANAISE

© LE ROUERGUE

De retour dans le département qui l'a vu naître, le capitaine Anato va enquêter sur les affaires en cours, mais aussi sur ses origines.
Colin Niel, éditions Rouergue.

GUYANE : SUR LES CHEMINS DE LA BIODIVERSITÉ

© OMNISCIENCE

Un ouvrage dont les 250 photographies se laissent admirer mais qui éveille aussi à une prise de conscience écologique.
Antoine Baglan, éditions Omniscience.

LA COLONISATION DE LA GUYANE [1626-1696]

© HERMANN

Une anthologie de textes qui retracent une époque, des premières explorations jusqu'à l'installation des missionnaires jésuites.
Gérard Collomb et Martijn van Den Bel, éditions Hermann.

GRAN BALAN

© PLON

Le premier roman d'une femme par ailleurs politique, ou la plongée dans une Guyane intime et aimée.
Christine Taubira, éditions Plon.

MON COURS PARTICULIER DE CUISINE GUYANAISE

© ORPHIE

Des explications simples, précises et pas à pas pour reproduire les recettes traditionnelles à la maison.
Gilles Nourault, éditions Orphie.

POPULATION

En janvier 2019, on estimait la population guyanaise à plus de 295 000 personnes, dont 45 % vivraient dans l'agglomération de Cayenne. Si l'on y ajoute les habitants des deux autres grandes villes du département – Kourou et Saint-Laurent-du-Maroni –, on obtient 75 % de la population guyanaise totale. Ce sont bel et bien les villes du littoral qui ont les faveurs des Guyanais. Mais au fait, qui sont-ils ? Véritable mosaïque ethnique que l'histoire a assemblée, on trouve, entre jungle, fleuves et littoral, à la fois les ethnies autochtones que composent les Amérindiens, mais aussi les Noirs Marrons (descendants d'esclaves enfuis des plantations il y a plus de 250 ans), les Créoles bien sûr, les Métros (Français de la métropole), mais aussi une communauté asiatique variée (Chinois cantonais, Laotiens et Indonésiens) ainsi que des réfugiés politiques, climatiques ou économiques des pays alentour... Tour d'horizon d'un *patchwork* humain.

Amérindiens

Au cœur du groupe constitué par les Amérindiens, on distingue six ethnies différentes : les Wayampi, les Emerillon, les Wayana, les Galibi ou Kali'na, les Arawak et les Palikour. En Guyane, on estime leur nombre actuel à environ 9 000 individus, vivant très majoritairement à l'écart de la société, retirés dans leurs villages respectifs en forêt ou sur le littoral. Il y a peu, les autorités françaises ont créé une zone réglementée qui s'étire au sud d'une ligne reliant Maripasoula (sur le Maroni) à Camopi (sur l'Oyapock), soit un bon tiers du territoire. Cette initiative ne vient pas d'une menace de disparition physique de ces communautés autochtones, mais plutôt d'un désir d'assurer la pérennité de leurs pratiques, bien menacées, elles, par l'inévitable acculturation conséquente à l'installation des Amérindiens dans les grandes villes. La protection de l'environnement faunistique et floristique est également essentielle dans l'équilibre alimentaire de ces ethnies, constamment fragilisé par le danger que représente l'orpaillage. Depuis quelques années, les Amérindiens de Guyane manifestent le désir de voir leurs enfants suivre une scolarité normale, comme les autres enfants guyanais. Malheureusement, la distance qui sépare certains villages des établissements scolaires représente bien souvent un obstacle à la bonne poursuite de ces études, le problème de l'hébergement à proximité du lieu d'enseignement ayant tendance à être récurrent.

Malgré cet isolement, les habitants des zones réservées ou des régions du littoral tiennent une place active dans la vie du pays, et la rencontre avec ces peuples amérindiens est une expérience hautement recommandée. Par ailleurs, leur connaissance de la forêt amazonienne et leur mode de vie totalement intégré à l'environnement font d'eux des guides particulièrement remarquables : dans le cadre de randonnée ou même d'expéditions de chasse en forêt, leur expérience et leurs connaissances s'avèrent extrêmement utiles !

Les Wayana. On pourra par exemple de nos jours visiter des villages Wayana, essentiellement sur le Haut Maroni. Extrêmement sensibles aux maladies européennes les plus bénignes telles que le rhume, ces peuples ont été isolés afin d'assurer leur propre protection. Bien qu'ils aient subi l'influence de la vie occidentale (système éducatif français, tenues vestimentaires, langue), l'identité et le mode de vie des Wayana ont peu changé. S'ils ne portent plus tous les jours le *kalimbé* (pagne de couleur rouge), lors de festivités et autres occasions exceptionnelles, ils se parent de tenues de fête (magnifiques costumes cousus main et couronnes de plumes colorées) et jouent de leurs instruments de musique traditionnels. Le quotidien des Wayana est partagé entre travaux agricoles, chasse, pêche et cueillette, autant d'activités qui permettent de satisfaire la totalité des besoins alimentaires de la communauté. Le manioc, sous forme de cassave (une sorte de galette) ou de couac (semoule), constitue l'ingrédient le plus couramment utilisé dans leur cuisine.

Les Galibi. De tous les peuples amérindiens de Guyane, les Galibi sont probablement ceux qui sont le plus intégrés à la vie sociale guyanaise en raison du fait que, contrairement aux autres communautés amérindiennes, ils vivent très majoritairement sur le littoral, que ce soit à proximité de Mana, à Saint-Laurent-du-Maroni, à Iracoubo ou encore à Kourou et Cayenne. Les Galibi se battent sur le terrain social et politique pour défendre leurs intérêts et leurs traditions. Ils ont ainsi obtenu la création de leur propre commune à l'embouchure du Maroni, Awala-Yalimapo, entièrement gérée par leurs soins. Participant à l'économie de la Guyane, ils s'avèrent assez dynamiques dans les secteurs du tourisme, de l'agriculture et de la pêche. Organisés en communautés, les Galibi reconnaissent l'autorité d'un « capitaine » qui, généralement, joue un rôle d'interlocuteur auprès des institutions. Depuis peu de temps, ces communautés commencent à se tourner vers le tourisme et permettant aux visiteurs de partager, le temps d'une journée ou d'un week-end, leur vie de tous les jours.

Les Palikour. Estimés, comme les Wayana, très vulnérables aux maladies importées d'Europe, les Palikour vivent principalement au sud-est de la Guyane, entre le village de Saint-Georges et l'embouchure du fleuve Oyapock, dans des zones protégées, créées pour eux par arrêté préfectoral. Pratiquant traditionnellement le troc, les Palikour ne connaissent l'usage de la monnaie que depuis peu. Bien que la majorité de leurs enfants soient aujourd'hui scolarisés, ils restent encore nettement en retrait de la civilisation moderne, conservant des coutumes et des mœurs très traditionnelles.

Noirs Marrons ou Bushinengués

Les Noirs Marrons sont ainsi désignés pour des raisons historiques : ce sont les descendants des esclaves africains qui au XVIIIe siècle décidèrent de « marronner », c'est-à-dire de fuir les plantations – principalement hollandaises du Suriname, mais aussi de la Guyane – où ils travaillaient dans des conditions souvent intolérables, afin de regagner leur statut d'hommes libres. L'autre nom de ces hommes et de leurs descendants est « Bushinengué », terme forgé à partir de l'anglais « bush negroes » (littéralement « nègres des bois ») car c'est en s'isolant dans la forêt, terrain qu'ils apprivoisèrent parfaitement, qu'ils sont parvenus à ne pas se faire attraper par l'oppresseur et à s'organiser en communautés. Tout comme les Amérindiens, ils sont considérés en Guyane comme des « hommes du fleuve » ; leur connaissance des cours d'eau et la grande facilité avec laquelle ils naviguent dessus en font en effet d'excellents piroguiers. Les communautés de Noirs Marrons sont également réputées pour leur maîtrise de la sculpture et de la peinture sur bois, l'artisanat Bushinengé se nourrissant largement de racines africaines.

On recense en Guyane trois groupes de Bushinengués : les Bonis ou Akulu (5 000 personnes environ) vivent principalement sur la rive droite du Maroni (Apatou, Papaïchton et Maripasoula), les Ndjukas (entre 6 000 et 10 000 membres) résident eux aussi le long du Maroni ainsi qu'à Grand-Santi, Kourou et la banlieue de Cayenne, tandis que les Saramacas (autour de 8 000 personnes) sont répartis aux quatre coins du territoire (Saint-Laurent-du-Maroni, Kourou, sur les rives du Tampoc et de l'Oyapock). La langue commune utilisée par les Noirs Marrons, indépendamment de leur propre langue, est le *sranan tongo*, venu du Suriname. Toutefois, les populations de l'intérieur utilisent des variantes liées plus étroitement à leur propre culture. Ainsi, les Saramaca recourent au *sranan tongo* pour leurs échanges avec d'autres Bushinengés, mais parlent le *samaca* dès qu'ils sont entre eux.

Comme cela reste le cas pour les Amérindiens, l'économie traditionnelle des Noirs Marrons est axée sur l'agriculture en forêt, la chasse, la pêche et la cueillette. Les hommes abattent et brûlent des parcelles de terres forestières afin de faire de la culture sur brûlis, les abattis. Les femmes cultivent principalement le riz, le manioc et quelques tubercules. Comme les Amérindiens, ils importent un certain nombre de produits manufacturés des villes côtières (vaisselle, vêtements, tissus…), ce qui les rend relativement dépendants de la civilisation occidentale. Depuis 1960, les pôles noirs marrons ont tendance à se déstructurer. Les moyens de communication entre les villes côtières du Suriname et de Guyane se sont toutefois améliorés, facilitant les échanges de marchandises et le tourisme.

DÉCOUVRIR

Piroguier sur la crique Balata et la rivière Kourou.

Dans la forêt amazonienne.

Créoles et Métros

Les Créoles constituent la communauté la plus importante et la plus active de la Guyane (environ 40 % de la population). Les Créoles guyanais sont le fruit d'un vaste brassage entre les ancêtres africains et des groupes divers tels que des Chinois, des Européens ou même des Indiens (d'Inde), appelés plus communément « Coolies ». De plus, la Guyane a accueilli au cours de son histoire un grand nombre d'immigrants créoles en provenance des Antilles françaises (Guadeloupe et Martinique, environ 12 000 personnes aujourd'hui) et anglaises (Sainte-Lucie et Dominique). La langue créole guyanaise (*kréyòl gwiyanè*) ainsi que la musique incarnent l'identité créole, exotisme qui ne laisse pas indifférents les voyageurs. C'est pendant le carnaval que l'esprit créole se manifeste avec le plus de vigueur. Subissant les effets d'une forte immigration, la proportion de créoles a tendance à baisser. Installés généralement sur le littoral (Cayenne, Kourou, Saint-Laurent-du-Maroni et Mana), les Créoles contrôlent malgré tout l'essentiel du pouvoir politique local, et seule une minorité d'entre eux vit dans la forêt équatoriale. Le visiteur sera peut-être frappé de constater l'antagonisme opposant parfois les Guyanais et les Antillais. Pour des raisons politiques et administratives, la Guyane et les Antilles sont regroupées dans une même entité territoriale, alors que les problèmes rencontrés dans chacune de ces zones géographiques n'ont strictement rien en commun. À juste titre, souvent, les Guyanais considèrent que leur département, comparé à ceux des Antilles, fait office de parent pauvre.

Les Français de métropole, appelés communément les « Métros », représentent eux environ 12 % de la population guyanaise. Contrairement aux Antilles, la Guyane ne compte pas de communauté blanche ancienne comme les Békés de Martinique et de Guadeloupe. Les conditions historiques de la venue des Blancs en Guyane diffèrent d'ailleurs radicalement de la situation qu'ont connue les Antilles. Dans les îles, le Blanc était initialement un propriétaire terrien, un maître dirigeant une plantation exploitée par des Créoles souvent réduits en esclavage. En Guyane, les Blancs ont d'abord été associés aux bagnards qui peuplèrent le territoire dès le milieu du XIXe siècle. La communauté des Métros est principalement employée dans l'administration, l'armée et l'industrie spatiale. Il s'agit essentiellement d'une population temporaire qui se renouvelle régulièrement. Par conséquent, cette population ne s'implique que rarement dans la vie sociale locale et cherche, au mieux, à s'intégrer à la communauté créole. Certains pourtant ont succombé au charme de la Guyane à l'occasion d'un court séjour et s'y sont installés définitivement.

Autres communautés

L'environnement géopolitique de la Guyane est propice à des mouvements de population. Le département est en effet un véritable îlot de richesse économique dans cette région du monde, si bien que depuis une dizaine d'années, la population guyanaise augmente de manière quasiment incontrôlable : la Guyane est souvent considérée comme un eldorado, par les populations brésiliennes et surinamaises notamment. L'immigration clandestine est d'ailleurs le cheval de bataille des autorités bien que la présence de ces populations ait de nombreux avantages économiques et culturels. Chaque année, les autorités guyanaises expulsent envi-

ron 15 000 personnes en situation irrégulière.
Parmi les communautés étrangères importantes en Guyane, la plus dynamique est celle que composent les Asiatiques, véritables moteurs dans les domaines du commerce et de l'agriculture. Les Chinois de la région de Canton ont été amenés en Guyane au cours du XIXe siècle pour pallier le déficit de main-d'œuvre consécutif à l'abolition de l'esclavage. Leur situation a évolué au fil des années, et aujourd'hui ils se sont surtout spécialisés dans le petit commerce et organisent leur propre filière d'immigration avec Hong Kong. Les Hmongs de Guyane ont été installés à partir de 1977 par le gouvernement français suite aux propositions d'associations d'aide aux réfugiés et de missionnaires qui avaient évangélisé cette population en Indochine. Originaires du Laos qu'ils avaient fui en 1975 pour se rendre dans les camps de Thaïlande après l'arrivée au pouvoir des communistes, ils furent l'objet de divers projets de réinstallation dans les pays occidentaux. C'est ainsi que les premières familles Hmong arrivèrent en Guyane, dans le village de Cacao, où elles pratiquèrent la riziculture. Aujourd'hui, ils sont majoritairement devenus maraîchers et jouent un rôle déterminant dans l'approvisionnement en fruits et légumes des marchés urbains des grandes et moyennes villes de Guyane. Un deuxième village, Javouhey, à 250 km de Cacao, fut créé en 1979, ainsi qu'un troisième en 1988, Rococoua. On distingue également dans la communauté asiatique présente en Guyane les Javanais, en réalité des Indonésiens émigrés au Suriname (à l'époque de la Guyane hollandaise), qui se sont installés, au terme de leur contrat avec le gouvernement hollandais, dans la région de Sinnamary en Guyane française, autour de 1955-1960. Après quelques essais d'exploitation agricole, ils se sont majoritairement détournés de l'agriculture pour se faire embaucher sur les grands chantiers du Centre Spatial Guyanais (CSG).
Installés depuis très longtemps en Guyane, les immigrés libanais sont totalement intégrés au pays. Leur activité de prédilection est surtout le commerce de textile. Mais la Guyane fait également office de terre d'asile dans cette région agitée de monde. Dans un passé assez récent, les Haïtiens, fuyant le régime totalitaire des Duvalier, puis la misère de leur pays, ont trouvé en Guyane une terre d'accueil francophone. Après le séisme en Haïti de 2010, de nombreux étudiants ont été invités à poursuivre leurs études en Guyane en attendant la reconstruction de leur pays. De façon générale, les Haïtiens vivent de petits travaux de jardinage ou d'entretien des maisons, les difficultés administratives ou financières les obligeant souvent à résider dans des maisons très modestes, souvent en communauté. Autres réfugiés, ceux de la guerre civile qui a secoué le Suriname voisin. Ce conflit a entraîné une arrivée massive de Surinamais, notamment à Saint-Laurent-du-Maroni, en 1986. À cette époque, des camps avaient été mis en place dans cette région en vue de les accueillir et de gérer une situation que l'on considérait alors comme temporaire. Mais le conflit a duré sept ans et quand le calme est revenu en 1993, ils furent peu nombreux à réintégrer leur pays. Le travail sur les sites d'orpaillage a, de son côté, attiré essentiellement des Brésiliens, dont les familles sont intégrées dans la vie guyanaise et dont les enfants sont généralement scolarisés. Enfin, quelques milliers de ressortissants de Sainte-Lucie, de la République dominicaine, du Guyana et d'Indonésie viennent compléter ce formidable *patchwork* de populations.

Marché hmong.

SOCIÉTÉ

Amenés au fil du temps par les différentes vagues d'immigration, des peuples des cinq continents cohabitent en Guyane. Avec les Amérindiens, population autochtone, toutes ces communautés illustrent une Guyane aux mille visages : modes de vie, cuisines, fêtes et traditions se mêlent harmonieusement. Le brassage de toutes ces langues et de toutes ces cultures confère au pays une richesse que saura apprécier à sa juste valeur le visiteur curieux, mais respectueux. Les Guyanais, s'ils s'organisent généralement de manière communautaire, partagent toutefois un même climat, un même rythme de vie plutôt détendu, mais aussi des difficultés similaires : un taux de chômage important, un manque de subventions pour tout ce qui touche au service public (infrastructures et personnel), mais aussi une certaine insécurité causée par l'orpaillage clandestin. Autant de sources de mécontentement qui ont mené à la grève générale du printemps 2017.

Famille et éducation

Quelle que soit l'origine ethnique de laquelle on parle, c'est autour de la famille que s'organise l'essentiel de la vie sociale guyanaise, et bien souvent, la famille est nombreuse ! Les femmes ont tendance à enfanter relativement jeunes et l'institution du mariage demeure socialement centrale. Par ailleurs, nombreuses sont les communautés où les tâches sont sexuées, bien que cet état de fait change peu à peu. Si la structure familiale traditionnelle perdure, elle tend à se moderniser.

Côté éducation, le système scolaire est le même qu'en France métropolitaine, cependant quelques problèmes propres au département surgissent. De nombreux élèves non francophones et de culture orale se heurtent à des difficultés scolaires, les pouvoirs publics prenant peu en compte les spécificités locales. En 2014, les établissements scolaires des premier et second degrés ont accueilli 77 650 élèves et, si les conditions d'accueil et le niveau de qualification se sont améliorés, de nombreux jeunes (9 000 jeunes entre 18 et 24 ans en 2014) continuent de se retrouver hors du système scolaire sans le moindre diplôme. Pour pallier ce mouvement de déscolarisation massive, succédant à l'académie des Antilles et de la Guyane, l'université de Guyane a été créée en 2014. De manière générale, les effectifs de personnels ont fortement augmenté ces dix dernières années, mais cela reste encore insuffisant. L'accord de Guyane signé en 2017 prévoyait la construction de cinq nouveaux lycées et collèges en 5 ans (soit un investissement de 250 millions d'euros) afin de répondre aux besoins de la croissance de la population scolaire.

Un rythme de vie détendu, des conditions difficiles

La Guyane étant à proximité de l'Équateur, le rythme des journées y est constant toute l'année : le soleil se lève et se couche tôt (vers 18h30). Le matin, les enfants commencent dès 7h30 leur journée scolaire et, tant qu'ils ne sont pas au collège, les après-midi sont libres et souvent consacrés aux sports ou à la détente. Les embouteillages – de plus en plus nombreux aux alentours de Cayenne – se font et se défont en fonction des horaires d'école et de marché. Pratiquée sur l'ensemble du territoire, la sieste est une activité sacrée en Guyane : de 14h à 16h, le temps passe calmement, en hamac ou devant le petit écran. Puis la vie reprend son cours : on profite alors de la proximité de la plage ou d'une crique pour marcher, courir, nager ou pêcher. En semaine, la vie est relativement calme en soirée, contrairement au week-end ! De manière générale en Guyane, on apprend très vite à vivre doucement. Ne vous offusquez pas si votre rendez-vous a du retard, il existe pour de bon ce fameux quart d'heure guyanais !

Ce rythme de vie plutôt détendu ne doit toutefois pas occulter les difficultés quotidiennes auxquelles les Guyanais font face. En Guyane la vie est chère, principalement à cause du prix du carburant et des denrées alimentaires largement importées de métropole. Les prix affichés en grandes surfaces sont très élevés et ceux des épiceries, généralement tenues par des Chinois, diffèrent de peu. On privilégiera donc les produits locaux et ceux du marché pour les obtenir à bon prix. Côté emploi, 19 % de la population en Guyane est au chômage et touche particulièrement les moins de 25 ans, qui représentent presque la moitié de la population. Notons également que de par son appartenance à la France, la Guyane est une porte d'entrée dans l'Union européenne pour les pays alentour, attirant une population aux conditions de vie plus difficiles encore. Par ailleurs l'insécurité et le manque d'infrastructures ont mené les Guyanais à la grève générale en mars et avril 2017.

RELIGIONS

Le christianisme, introduit par Européens, est à n'en point douter la religion la plus prégnante dans le département : même le plus éloigné des villages a son église et le calendrier chrétien rythme le quotidien des Guyanais. Si le protestantisme est représenté, c'est plutôt, comme dans le reste de l'Amérique latine, la religion catholique qui a les faveurs de la majorité, et des Créoles en particulier. Ce catholicisme a toutefois été « créolisé », intégrant des croyances africaines et autochtones. Il est intéressant de noter qu'en Guyane la loi de 1905 établissant la séparation de l'Église et de l'État ne s'applique pas ! Parallèlement, le territoire étant peuplé par les ressortissants d'environ 80 pays, les pratiques et croyances sont inévitablement multiples : en plus de l'animisme des Bushinengués et des Amérindiens, les Hmong, Libanais et autres communautés ont également importé leurs propres représentations du monde.

Un christianisme spécifique

Le christianisme a été introduit en Guyane par les premiers Européens. Les nombreuses églises, même dans les plus petits villages au cœur de la jungle, témoignent de sa diffusion et de sa présence. Le rendez-vous dominical ainsi que la célébration de toutes les principales fêtes du calendrier chrétien sont des moments essentiels dans le déroulement de l'année en Guyane. La messe du dimanche en particulier est un moment clé de la pratique religieuse : hommes, femmes et enfants s'apprêtent grandement pour la cérémonie hebdomadaire, s'adonnant collectivement et avec ferveur à l'office pendant parfois plusieurs heures, à grand renfort de chants liturgiques. Si au cours des dernières années une certaine progression du protestantisme, mais aussi des adventistes, des évangélistes, des baptistes ou des pentecôtistes a été constatée, indéniablement, la religion catholique reste très largement majoritaire dans le département. Aujourd'hui, contrairement au Suriname voisin, les musulmans et hindouistes sont très peu représentés en Guyane.

Un catholicisme créolisé. La communauté créole, groupe majoritaire (environ 40 % de la population) et aussi le plus pratiquant du département, a intégré les préceptes catholiques et les a développés de manière très spécifique. Ce catholicisme est en effet aujourd'hui le produit, comme dans la plupart des pays latino-américains, d'un mélange unique entre les croyances chrétiennes venues d'Europe, celles animistes apportées par les esclaves noirs déportés d'Afrique et celles déjà présentes sur le continent américain, portées par les nombreuses ethnies amérindiennes depuis des temps immémoriaux.

© SOPHIE DAUWE

Monument en hommage à Anne-Marie Javouhey, opposante à l'esclavage.

© DANIEL GAUTHIER - ISTOCKPHOTO.COM

Intérieur de la chapelle de l'île Royale.

Cette rencontre de peuples hétérogènes a favorisé l'émergence d'une religion opérant une fusion entre le christianisme et l'animisme, un syncrétisme somme toute moins franchement affirmé que le *candomblé* brésilien ou la *santería* cubaine. L'histoire coloniale guyanaise fait état de quelques épisodes déterminants dans l'imposition du catholicisme comme religion majoritaire, à commencer par la fondation de la colonie religieuse pilotée par la sœur Anne-Marie Javouhey au début de XIXe siècle, du côté de Mana, dans le nord du département. S'appuyant sur sa légitimité religieuse, la sainte femme a largement développé cette région du territoire et œuvré à l'émancipation des peuples opprimés.

Une laïcité particulière. Autre fait singulier qu'il semble important de noter ici, la Guyane est soumise à un régime particulier en termes de laïcité. La fameuse loi de 1905 établissant la stricte séparation entre l'Église et l'État, entre le pouvoir religieux et le pouvoir politique, n'est pas appliquée. L'histoire remonte à 1911, lorsque la métropole française décida d'étendre l'application de cette loi aux Antilles et à la Réunion, un segment de la classe politique guyanaise s'oppose en bloc à toute modification légale sur ce point. Si bien que jusqu'à nos jours, la Guyane demeure, même après être devenu département, sous le régime de l'ordonnance royale du 27 août 1828. Seul le culte catholique est reconnu en Guyane, et les ministres du Culte sont directement rémunérés par le Conseil départemental, soit un évêque et une trentaine de prêtres. Alors que fin avril 2014 ce même Conseil décide de geler les salaires du clergé catholique, il s'est vu contraint par le tribunal administratif guyanais le 2 juin 2017 de faire marche arrière, la rémunération des hommes d'Église ayant été déclarée conforme à la Constitution par le Conseil Constitutionnel.

Persistance de nombreuses représentations du monde

Au-delà de cet étroit rapprochement entre christianisme et animisme, de ce catholicisme créolisé, et malgré l'effort de colonisation et d'influence, de nombreuses croyances perdurent au sein des diverses communautés qui composent la Guyane. Il faut dire que plus de 80 pays sont représentés sur l'ensemble du territoire. La population, essentiellement groupée dans quelques communes du littoral ou installées le long des fleuves et des estuaires, est effet multiple : si les Créoles guyanais, catholiques, représentent 40 % du total, les Noirs Marrons, les six ethnies amérindiennes et les Hmongs du Laos sont également nombreux. À ceux-là s'ajoute un *patchwork* d'autres populations représentant à elles toutes 40 % de la population de Guyane : Chinois, Libanais, Haïtiens, Brésiliens, Surinamais et Javanais en tête. Ces diverses communautés perpétuent leurs propres croyances, continuent de faire vivre leurs représentations particulières du monde. La Guyane, à l'image de ses peuples, est une mosaïque de représentations. Et de fait, il est important de signaler que toutes ces croyances, ces pratiques et ces rites traditionnels jouent un rôle éminemment structurant également dans le quotidien des Guyanais. Chaque communauté offre un grand crédit aux esprits, à la magie, aux sorciers et autres chamans. Ces derniers sont de fait très respectés et souvent consultés : avant de prendre une décision importante, pour échapper au mauvais œil, pour se soigner de maladies, prendre rendez-vous avec le chaman du quartier est presque un passage obligé.

Chez les Amérindiens, le chaman est le gardien des traditions et peut être considéré, d'une certaine manière, comme le chef spirituel. On ne parle pas de religion, mais de système de représentation symbolique du monde. Ce qui se traduit, par exemple, par la pratique de nombreux rites ou la reconnaissance des esprits, plus ou moins malins, dans toutes les formes du vivant. Chaque communauté amérindienne a donc ses propres caractéristiques dans ses représentations comme dans ses pratiques.

Par leur histoire spécifique, les Bushinengé ont construit une culture originale, provenant des traditions africaines et sur lesquelles se sont ajoutées des traditions amérindiennes au fil des siècles. Chez eux, c'est le Grand Man qui occupe la fonction de chef politique et religieux. Les Bushinengé accordent un rôle prépondérant au culte des ancêtres et à la présence des esprits chez les vivants. Dans la pratique, cela se traduit par la consultation des oracles et la transe. Dans les faits et les représentations, les communautés des Noirs Marrons ont chacune leurs spécificités.

QUE RAPPORTER ?

Qu'il s'agisse de mobilier ou d'objets du quotidien, de simples bibelots décoratifs ou d'articles rituels, on trouvera à coup sûr en Guyane le cadeau qui fait mouche. Précaution toutefois : de nombreux souvenirs sont hélas fabriqués en Asie, privilégiez donc les boutiques plus authentiques ou l'achat direct aux communautés. L'artisanat amérindien et noir marron est très apprécié (notamment les ciels de case ou bancs saramaca), tout comme les tissus (vêtements, foulards, linge de cuisine, sacs...). Autre grande richesse guyanaise, aussi métissée que sa population : la musique. La quantité et la variété de la production musicale sont ici ébouriffantes, n'hésitez donc pas à emporter avec vous les CD qui vous plaisent. Naturellement, les produits gastronomiques typiques sont à mentionner : purée de piment, épices, confiture de fruits de la région (maracuja, mombin, goyave, cerise de Cayenne...), confit de gingembre... et du rhum bien sûr !

Art et artisanat

L'artisanat en Guyane est très différent en fonction des communes et des ethnies. Vous aurez le choix entre l'artisanat noir marron, avec ses sculptures en bois et ses broderies, et l'artisanat amérindien, surtout connu pour ses colliers en graines, sa vannerie et ses ciels de case. L'artisanat hmong est quant à lui apprécié pour ses broderies et *patchworks* bigarrés (rendez-vous à Cacao) tandis que l'artisanat créole se concentre sur le travail du bois et de l'or.

Artisanat noir marron. Dans les petites galeries d'art guyanaises, on trouve autant d'œuvres modernes que traditionnelles. Du côté traditionnel, les Noirs Marrons ont particulièrement développé le travail du bois. Ne connaissant pas la métallurgie et ayant majoritairement abandonné le tissage et la poterie, ils utilisent un certain nombre d'outils (sabre, herminette, rabot) empruntés aux techniques européennes. Les objets sont ornés de motifs gravés ou peints appartenant à un véritable système graphique symbolique. L'association des différents motifs présents sur l'objet constitue un message. La plupart des objets sculptés, destinés à des femmes (peignes, pagaies, portes de maison...), véhiculent des déclarations d'amour. L'art des Boni et des Djuka est proche, les figurines symboliques ayant des structures pratiquement similaires. Les œuvres des Saramaca présentent un graphisme différent, dont l'interprétation nécessite la connaissance précise de leur culture. Citons ici quelques-uns des objets, qu'ils soient à vocation domestique, décorative ou encore rituelle, que l'on pourra emporter dans sa valise en matière de souvenir. Côté mobilier, deux éléments sont à signaler : la porte de maison traditionnelle (*do*) est soit sculptée (Saramaca), soit peinte (Djuka, Paramaca et Boni), la maison représentant un don matrimonial et la porte symbolisant la déclaration d'amour du constructeur à son épouse ; et le banc (*bangi*), concept fondamental du mobilier des Noirs Marrons : le banc ou tabouret permet par son faible encombrement d'être transporté à l'intérieur comme à l'extérieur de la maison. Les objets rituels qui retiendront l'attention sont tout d'abord le tambour, il est généralement sculpté et le fond est recouvert de peaux tendues, il assure la médiation entre les hommes et le monde supra-naturel ; le deuxième est la maraca (*tchaka*), constituée d'une calebasse creuse emmanchée et contenant des graines, elle possède rituellement la même fonction que le tambour. Enfin, parmi les objets décoratifs majeurs, citons la pagaie sculptée (*tembé pada*), souvent de petite taille, en acajou rouge ou blanc. Elle a perdu sa fonction initiale pour devenir un simple objet décoratif, tout comme la bouteille ou amphore sculptée (*tembé bata*), en acajou rouge elle aussi, inspirée des amphores que les Hollandais rapportaient de leurs voyages. Quelques animaux sculptés feront office de très bons souvenirs également, tels que la Chouette (*hoguifo*) ou le Tatou (*kapasi*). Les objets miniatures (*pike tembe*) sont quant à eux traditionnellement réalisés par les enfants. Les sculptures font partie de l'initiation des plus jeunes et représentent tantôt un petit banc, une petite pirogue ou une petite pagaie.

Artisanat amérindien. Issu d'un savoir-faire séculaire, l'artisanat amérindien est à la fois ornemental et destiné à la vie de tous les jours. Pendant les fêtes, les Indiens portent de lourds colliers de perles de verre d'une seule couleur, croisés sur la poitrine, enroulés autour des bras, des poignets et des chevilles. En temps normal, les colliers sont plus fantaisistes, de couleurs variées, et agrémentés d'un pendentif représentant un animal ou une étoile. Autrefois, ces colliers et bracelets étaient composés de graines, de dents de singe, de pécari ou de félin. Aujourd'hui, les perles proviennent d'Europe.

Introduite par les premiers voyageurs, cette verroterie servait alors de monnaie d'échange. En tissant les perles, les Indiens réalisent des ceintures (*panti*), des bracelets, des tabliers (*weju*). Les motifs décoratifs qui les ornent sont analogues à ceux qui décorent les vanneries. Il faut dire qu'une grande partie de l'activité des Amérindiens consiste à fabriquer les ustensiles indispensables à la vie quotidienne de la famille. Quelques-uns de ces objets peuvent faire office de jolis cadeaux. L'éventail *wayana* (*anapami*) est par exemple un article indispensable aux femmes qui l'utilisent pour activer le feu et pour diverses activités liées à la cuisine. Cette vannerie plate et rectangulaire est décorée de motifs traditionnels. Les paniers (*pïlasi*), de forme cylindrique à base carrée, servent à ranger toutes sortes d'objets de ménage, tandis que le tapis (*opoto*) est une vannerie souple tressée en feuille de *comou*. Tout comme les noirs-marrons, les Amérindiens produisent une vaste gamme d'objets jadis utiles, aujourd'hui devenus plutôt décoratifs : arcs et flèches (aux innombrables déclinaisons), pagaies, tabourets, plats à coton, flûtes, sonnailles, tambour et bien évidemment le fameux ciel de case. Le ciel de case (*maluana*), placé juste sous la toiture, au centre du carbet circulaire de réunion, il est destiné à éloigner les insectes et autres animaux indésirables ainsi que les esprits. Découpé dans les contreforts des grands fromagers, des animaux mythiques sont ensuite tracés à la pointe du canif sur la surface de bois, puis peints.

Art contemporain. Côté peinture moderne, John Lie A Fo est un artiste de renom. Né en 1945, ce peintre surinamais d'origine asiatique a émigré en Guyane après ses études, où il réside désormais. L'artiste arrive à retranscrire dans ses œuvres le lien fort qu'ont les peuples amérindiens et noirs marrons avec la nature. Inspiré par Picasso et le cubisme, il utilise souvent les couleurs vives et primaires qu'il mélange avec des couleurs tertiaires. L'univers dans lequel il nous plonge est à la fois enchanteur et mystique, où la nature et la culture occupent une place centrale. Comme son confrère Marcel Pinas, il lui arrive de signer ses œuvres par des sigles Afaka, ode à la culture bushinengué. C'est en Europe qu'il vend la plupart de ses œuvres, incluant des objets peints en bois ainsi que de la poterie.

Musique

On ne saurait parler d'une unique musique en Guyane, carrefour des cultures, croisement des langues et des traditions évoluant de concert. Fertile en sons, à l'image de sa terre rouge et de sa forêt poumon du monde, le pays a de nombreuses facettes. On trouvera assez aisément des compilations de toutes sortes de musique dans les commerces de Cayenne. La musique de carnaval (celles des grands orchestres) a pour principaux représentants Victor Clet, Orlane, les Mécènes et les Blue Stars. Côté musiques traditionnelles, les rythmes créoles typiques sont le *kasé-kô* et le *kamougué*, tandis que sur les rives du Maroni, on mélange

DÉCOUVRIR

Au centre-ville historique de Cayenne.

© PHILIPPE GUERSAN - AUTHOR'S IMAGE

Vente de punch à Cayenne.

un parler *sranan tongo* sur des sonorités plus modernes (rap et techno) : l'*aléké*, l'*awasa*, ou le *kawina* sont issus de ce mélange. Concernant la musique contemporaine, biguine, mazurka, zouk, calypso, soca, soukous et steel band sont autant de sons familiers en Guyane. Il faut dire que la proximité culturelle avec les Antilles françaises et les programmes télévisés communs diffusés par Guyane Première favorisent les échanges. Pour le zouk, citons Fanny J, Warren et Marvin, artistes guyanais très appréciés. Chris Combette mélange quant à lui zouk et influence brésilienne, mais aussi reggae, qui fait partie intégrante de l'identité musicale guyanaise depuis sa création. Ses albums *Plein Sud*, *Salambô*, ou *La Danse de Flore* sont connus de toutes les générations. Une des voix les plus intenses du reggae guyanais contemporain est sûrement celle du chanteur Jornick Joe Lick, chantant à la fois en créole, en français et en anglais. Citons encore Jahyanaï King, artiste dancehall guyanais et son acolyte, la chanteuse Bamby. Jahyanaï King a signé chez Sony/ATV Music Publishing en 2018 et a aussi été le premier artiste guyanais à remporter un YouTube Award cette même année.

Panier gourmand

La Guyane est réputée pour sa cuisine savoureuse et épicée. Les latitudes tropicales permettent en effet la culture de produits que l'on trouvera difficilement en métropole, tout du moins pas à si bon prix. À commencer par les épices et les condiments, notamment les réputés petits pots de piment ou de confiture de la marque Toco. On en trouvera assez facilement dans les grandes surfaces en vente à l'unité, mais aussi sur les étals des marchés de Cayenne ou de Saint-Laurent-du-Maroni où les marchands proposent généralement des offres intéressantes sous forme de paniers cadeaux (Pâte de piment à la prune de Cythère, à la papaye verte ou la mangue, piment cacahuète et moutarde diablesse, confitures banane et miel de Guyane, banane et rhum agricole guyanais ou encore aux cerises de Cayenne, gelée d'ananas ou de fruit de la passion, etc.). Également à considérer, les épices en poudre telles que curcuma, curry, gingembre, poivre de Cayenne, mais aussi le miel et le chocolat de Guyane. Sans oublier, pour les nostalgiques, le *couac* (semoule de manioc cuisinée aux quatre coins du territoire), vendu en sachet. Tous ces ingrédients constituent les bases de toute recette de cuisine guyanaise qui se respecte, vous en aurez besoin pour vos préparations une fois rentré !

Côté liquide, toutes les confitures que l'on trouve sur les marchés se déclinent en sirop. Citons ici le sirop d'hibiscus, de mombin, de vanille ou encore de gingembre. Bien évidemment, on ne saura parler de panier gourmand sans y ajouter les macérations de rhum en punch (planteur, bois-bandé, gingembre, passion), mais aussi le rhum blanc ou vieux, dont les principales étiquettes sont La Belle Cabresse, Toucan et La Cayennaise. Signalons aussi la collection de bières locales de la marque Jeune Gueule qui se décline en quatre types de brassage. On terminera de remplir sa valise avec quelques mélanges de plantes à prendre en infusion, que ce soit du thé (Té Péyi), de l'atoumou, de la mélisse, du moringa, des feuilles de combava ou de corossol.

SPORTS ET LOISIRS

En Guyane, on aime le sport ! Et, en bon voisin du Brésil, le football est particulièrement populaire. La Guyane a d'ailleurs donné quelques grands noms du football tricolore, comme Florent Malouda, Jean-Claude Darcheville ou encore Bernard Lama. Et les Guyanais n'hésitent pas à transpirer et profitent de la fraîcheur du petit matin pour faire du jogging, à moins qu'ils n'optent pour des balades en vélo dimanche après-midi. Côté activités, vous pourrez, comme les locaux, profiter de la nature guyanaise pour vous initier ou vous perfectionner dans de nombreuses disciplines. La forêt, humide mais ombragée, est le lieu parfait pour les randonnées. Alors que la mer et ses vagues offrent des spots venteux pour la pratique du kitesurf. Avec autant d'espace, la Guyane possède aussi de nombreux ranchs et les promenades équestres sont des plus agréables. Enfin, quelques rapides (les fameux sauts) font le bonheur des kayakistes.

Un paradis de la randonnée

Cette collectivité territoriale est parmi les plus riches du monde en matière de biodiversité, tant animale que végétale. Avec la plus grande partie de son territoire recouvert de forêt, un parc national, un parc régional et plusieurs réserves naturelles, la Guyane est, on s'en douterait, le paradis des randonneurs. Quel que soit votre niveau, vous trouverez des sentiers balisés, praticables avec ou sans guide, dans des zones très variées du territoire. Le Conseil général a par exemple identifié plusieurs sentiers pour débutants, ouverts et aménagés par l'Office national des forêts (ONF), dans divers endroits de Guyane comme les îles du Salut, les chutes Voltaire près d'Apatou ou les sentiers de Saül. Pour les marcheurs plus expérimentés, de nombreuses possibilités sont offertes par les professionnels du tourisme, au départ des villes et villages, sur quelques heures ou plusieurs jours. Les hébergements écotouristiques permettent par ailleurs des haltes entre les différentes étapes de votre randonnée.

Le sentier du Molokoi. Ce sentier de randonnée pédestre est le plus long sentier balisé de Guyane. Géré par l'ONF, il trace un itinéraire à travers la forêt tropicale, depuis le bourg de Cacao jusqu'à la RN2. Randonnée phare de Guyane, elle offre une totale immersion dans le patrimoine naturel de la région, au cœur d'une nature foisonnante et exubérante. Vous découvrirez aussi, au fil de votre parcours, de magnifiques petites criques.
L'accès au sentier est libre, mais la randonnée, classée comme sportive, reste relativement difficile. Même si elle ne comptabilise que 18 km, elle représente dix bonnes heures de marche. Il est donc recommandé de la faire en deux jours. Un espace de bivouac est d'ailleurs proposé à mi-parcours.

Les îles du Salut. Situées à environ 14 km au large de la ville spatiale de Kourou, les îles du Salut – île Royale, île du Diable et île de Saint-Joseph – sont une étape touristique incontournable. Rendues célèbres par la pré-

Randonnée en forêt.

sence du bagne et les récits de Papillon ou l'exil de Dreyfus, ces îles sont un magnifique lieu de balade, où l'eau est nettement plus claire que sur le littoral, et les cocotiers présents par milliers.

A cheval aussi, de belles balades ! Les espaces naturels du département s'offrent aussi aux cavaliers en herbe ou confirmés. Les ranchs proposant des balades équestres et autres cours d'équitation ne sont pas rares en Guyane, bien que la pratique reste peu répandue. Des excursions de deux jours avec nuit dans un carbet en bord de crique ou dans la forêt sont aussi possibles.

Sur l'eau, de belles possibilités

Que ce soit sur l'océan ou à l'intérieur des terres, sur les fleuves et les rivières, on pourra pratiquer de nombreux sports nautiques lors d'un séjour en Guyane.

Kitesurf et surf. Les férus de kitesurf sont de plus en plus nombreux à se donner rendez-vous sur les plages guyanaises, bien que la pratique de ce sport reste encore marginale. La Guyane réunit en effet les parfaites conditions pour pratiquer le kite, à savoir du vent qui souffle régulièrement, des vagues (bien que plutôt modestes), et de l'espace, puisque les plages du littoral restent peu fréquentées. Entre décembre et juin, les sorties se font en revanche plus rares. L'association et école de kitesurf Guya'Kite School (www.guyakite.club) propose des cours d'initiation et de perfectionnement animés par des moniteurs diplômés d'Etat. La pratique du surf est quant à elle plus confidentielle, alors que le paddle permettra de découvrir les côtes guyanaises ou de remonter les fleuves et les rivières.

Canoë-kayak et pirogue. Drainée par les fleuves et les cours d'eau, la nature guyanaise offre un terrain de jeu propice à la pratique du canoë-kayak ou de la pirogue, une activité immanquable pour s'approcher au plus près de la flore et de la faune amazoniennes. Les sauts ou rapides sont a contrario l'occasion de s'octroyer quelques belles sensations de glisse en kayak. D'innombrables rapides jalonnent en effet les remontées ou les descentes des fleuves guyanais. Et ils sont aussi souvent un lieu idéal pour la baignade.
La plupart des agences, mais aussi certains carbets, proposent des excursions libres ou guidées en kayak, le long des cours d'eau, des fleuves ou sur les eaux calmes des marais de Kaw. Alors que l'embarcation glisse doucement sur la surface des eaux, vos yeux et vos oreilles, en alerte, surprennent la diversité d'une faune encore riche, à la fois tellement protégée et si menacée… Enfin, le jet-ski en rivière est également une activité très appréciée par les locaux comme par les touristes de passage.

Canoë-kayak au départ de la crique Balata.

Pêche. La pêche est largement pratiquée sur tout le territoire guyanais. Pêche sportive lors de sorties en mer avec des professionnels, ou simple pêche de loisir lors d'une étape sur les marais de Kaw, les options sont multiples et raviront les passionnés comme les néophytes. Vivaneaux, croupias, machoirans, palikas, piranhas… la faune aquatique étant plutôt riche, il est difficile de revenir bredouille d'une partie de pêche. Cette activité est très appréciée au large des îles du Salut, un spot bien connu des adeptes de pêche au gros du monde entier. De nombreux records y ont été réalisés. Amusante et ne nécessitant pas de matériel coûteux, la pêche peut aussi prendre des allures de concours entre les membres de la famille. Elle se pratique seul ou avec des prestataires. Bon prétexte à l'immersion en forêt, mais également pour offrir à toute la famille l'occasion d'un pique-nique près d'une crique ou à la plage. On pourra notamment se rapprocher de l'agence Atmosphère d'Amazonie (p.176) pour organiser de belles sorties pêche.

Des loisirs traditionnels

Dominos et jeux de cartes. Les dominos, la belote et le tarot règnent en maîtres en Guyane : il n'y a pas un week-end sans concours et, sur toutes les terrasses, on tape le carton ou on joue aux dominos. Les parties de dominos frappés donnent lieu à des confrontations mémorables avec force vociférations, gesticulations, passion et jeux de mots. Un folklore parlé et joué immanquable !

Combats de coqs. En Guyane, ils ont pendant longtemps fait partie des traditions. Les pitts à coq (gallodromes) sont des lieux de paris, d'excitation, de cris… Cette pratique a tout de même tendance à disparaître aujourd'hui.

GASTRONOMIE

La Guyane est un kaléidoscope d'ethnies, et les cuisines qu'on y trouve en sont le reflet. Au gré des migrations, ce petit bout de France en Amérique du Sud s'est enrichi du savoir-faire et des ingrédients venus aussi bien d'Europe, que d'Asie ou des Antilles. Les cuisines chinoise, indonésienne ou encore laotienne ont trouvé un fort écho en Guyane et les restaurants asiatiques sont d'ailleurs particulièrement communs. Toutefois la cuisine créole est celle qui attire avant tous les gourmets venant dans la région. La diversité de fruits, de légumes, d'épices, de poissons et de viande – d'élevage et ou de brousse – est impressionnante. Sans oublier les cuisines bushinengue et amérindienne, qui mettent le gibier et les poissons de la forêt amazonienne en valeur depuis des millénaires. La gastronomie guyanaise possède également des desserts variés et un rhum qui rentre dans la composition de nombreux cocktails aux accents antillais et brésiliens.

Terroirs et produits caractéristiques

La cuisine créole guyanaise n'est pas sans rappeler les saveurs que l'on retrouve également en Guadeloupe et en Martinique. Les épices et notamment la pâte de piment, en font une cuisine savoureuse et relevée. Les viandes et les poissons sont boucanés, c'est-à-dire fumés à chaud après avoir été marinés selon une technique particulière. A cela s'ajoute une grande variété de fruits et de légumes plus ou moins communs ainsi que des viandes longuement mijotées.

La cuisine bushinengué décrit l'ensemble des pratiques culinaires venant des descendants d'esclaves africains amenés au Surinam par les Néerlandais. Vivant de la pêche et de la chasse au cœur de la forêt, ils utilisèrent une abondance de viande de brousse, comme de la viande d'iguane, de singe, de caïman, de pécari ou encore de capybara, le plus gros rongeur du monde, dont la taille avoisine celle d'un petit mouton.

La cuisine amérindienne fait également la part belle aux viandes de brousse et aux poissons de rivière, sans oublier le manioc, une plante originaire du Bassin amazonien. On y ajoute divers fruits sauvages, des vers palmistes ou des escargots de rivière.

Grâce à son climat équatorial chaud et humide toute l'année la Guyane offre une immense variété de fruits et légumes. Citons en plus du manioc déjà évoqué, l'igname, le haricot-kilomètre (qui dépasse les 90 cm de long), le giraumon (une sorte de courge), le chou chinois, l'épinard de Guyane ou encore la christophine. Côté épice bien sûr on retrouve les basiques comme la cannelle, le curcuma (appelé « safran » en Guyane), la marjolaine, le poivre, la muscade, le bois d'Inde (ou piment de la Jamaïque), le piment de Cayenne et bien sûr le roucou, une plante amazonienne dont les graines délicatement relevées fournissent un pigment rouge utilisé depuis des millénaires.

Fruits tropicaux sur feuille de bananier et bambou.

© PHILIPPE GUERSAN - AUTHOR'S IMAGE

La morue et le boudin noir, des plats exotiques traditionnels.

Les fruits sont tout aussi variés. Commençons par les agrumes (dont le chadeck, un énorme pamplemousse), les ananas, les bananes, le bélimbi (très acide, préparé comme un cornichon), la cerise acérola, connue pour son extrême richesse en vitamine C, mais aussi la goyave, la mangue, le fruit de la passion, la papaye, le tamarin, le fruit du dragon et également plusieurs fruits de palmiers comme le parépou et l'awara, aux grosses baies orangées. Sans oublier la fameuse baie d'açaï ou wassaï, le fruit violet d'un palmier, connue pour ses propriétés anti-oxydantes.

Bœuf, cabri, porc, volaille, mouton sont les viandes les plus consommées en Guyane, même si on n'oubliera pas le gibier varié venant de la jungle, dont il est toujours important de se renseigner sur la rareté, certaines espèces chassées étant malheureusement menacées. Entre les côtes, les rivières et les nombreux estuaires et autres mangroves, la Guyane ravira les amoureux de poissons et de fruits de mer : mérou, mulet, requin, thazard, vivaneau, mais aussi crabe de mangroves et huîtres des palétuviers. Sans oublier les atipas, des poissons-chats aux épaisses écailles noires.

On recense en Guyane environ 180 restaurants. Il s'agit pour la plupart de petites entreprises familiales, offrant des menus certes classiques, mais aussi des plats qui méritent le déplacement. Etonnamment on trouve ici au moins autant de restaurants asiatiques que créoles. En plus des travailleurs venant des quatre coins de l'Asie, on s'attardera sur la présence indonésienne dans la région. En effet le Surinam, voisin, fut jusqu'en 1954 une colonie néerlandaise, tout comme l'Indonésie, ce qui explique pourquoi la cuisine indonésienne est si commune dans cette partie de l'Amérique du Sud. Parmi les plats indonésiens, évoquons le bami (nouilles sautées au poulet et à la sauce soja), le nasi goreng (riz frit avec poulet, légumes et œuf au plat) et les lumpia (équivalent indonésien des nems). Paradoxalement, les restaurants indonésiens ne sont pas forcément communs, mais on trouve sur les marchés de nombreux stands vendant ces plats succulents.

Les classiques de la cuisine guyanaise

Les entrées se présentent généralement sous la forme du fameux boudin créole, de la marinade de crevettes (des beignets de crevettes épicés), du crabe farci, de la salade de couac (sorte de taboulé à base de farine de manioc) et de la calaouangue ou kalawang, une salade de mangue épicée. Les petits beignets de morue, d'origine antillaise (acras), tiennent également une bonne place.

Le blaff est sans doute l'une des préparations de poisson les plus appréciées. Cuit dans un bouillon très relevé d'oignons, de bois d'Inde, de céleri, de piment et autres épices, le poisson libère toute sa saveur pour le plus grand plaisir du gourmet. Le blaff se déguste à toute heure mais surtout le matin, en guise de chimbé cho (en-cas) ou de petit déjeuner.

Autre classique, le colombo guyanais est un ragoût de viande et de légumes (pommes de terre, haricots verts) au curry. Le boucané est préparé aussi bien avec du poisson que du poulet, du porc ou du gibier (pécari, singe, etc.) dit « vyann-bwa ». Le pepperpot est un plat de viande – bœuf, poulet, agneau – mijoté avec de la cannelle et du piment, souvent servi pour les grands événements. Typiquement guyanais, le bouillon d'awara est un ragoût cuisiné lors des fêtes de Pâques qui nécessite plus d'un jour de préparation. Il se compose de viande, de volaille et de fruits de mer cuits dans une sauce à base de pâte du fruit d'awara, une espèce de palmier.

Enfin le calalou guyanais contient de la viande boucanée, des crustacés (crabes, crevettes), des feuilles d'épinards et du calous ou gombos. Ce dernier est un légume ressemblant à un piment vert, mais dont le goût est plus proche d'une courgette, apprécié pour son jus visqueux qui permet d'épaissir les sauces. La pimentade de bœuf est un ragoût mêlant bœuf, tomate, piment, oignons, etc. spécialité de Sinnamary,

Plus insolite, la pimentade d'atipas est préparée avec ces étonnants poissons-chats, servie dans une sauce au lait de coco. Le macadam est un mélange de morue émiettée et cuite dans une sauce à la tomate, aux oignons, au piment, colorée au roucou et servi avec du riz. Les poissons grillés sont souvent servis avec de la sauce maracuja, une sauce crémeuse et acidulée à la pulpe de fruit de la passion. Le dongoué de crevettes mêle crevettes, lait de coco, oignons et épices, le tout étant garni de dongués (appelées dombré dans les Antilles) des petites boulettes de farine que l'on fait cuire dans la sauce directement.

La street food est évidemment commune et on retrouve quelques immanquables comme le sandwich Madras (pain rond, steak, œuf, mayonnaise, ketchup, piment ou le Bagnard (pain rond, poulet, épaule, œuf, fromage, salade, oignons, mayonnaise, ketchup, piment. Sinon savourez un pain-sardine (pâte feuilletée, sardine pimentée) ou un pâté-viande (pâte feuilletée, viande pimentée). Sans oublier la cochine – inspirée du *coxinha* brésilien –, une sorte de croquette en forme de cône à base de purée de pommes de terre et fourrée de poulet, de steak ou de jambon-fromage.

Desserts et boissons

Les gourmandises locales sont nombreuses. On retiendra pour la digestion les sorbets aux multiples parfums (mangue, abricot-pays, corossol, etc.) qui s'accordent avec la grande variété de fruits gorgés de soleil de la Guyane. Sinon pour les plus gourmands on retrouve l'immanquable blanc-manger coco (un entremet crémeux), le dizé milé (un chausson frit fourré d'une crème pâtissière ou d'une glace impériale, une sorte de crème dessert parfumée à la cannelle, au zeste de citron ou à l'amande amère) ou encore le gâteau cramanioc (un pudding moelleux au manioc râpé).

Plus surprenant, le dokonon est une sorte est une boulette de patate douce ou de semoule de maïs – agrémentée de noix de coco ou aux raisins secs – enveloppé dans une feuille de bananier et ensuite cuit dans de l'eau bouillante, venant d'Afrique. La sispa (fine galette au manioc) trouve son originaire chez les populations amérindiennes. Sinon le matété comou est une crème de billes de tapioca (manioc) parfumée au jus de fruits de comou, une espèce de palmier. Les kontès sont des petits sablés que l'on peut picorer avec du madou (boisson à base de fruits macérés avec des épices et du zeste de citron vert, très désaltérant). Tentez aussi le sirop d'oseille, une infusion glacée à l'hibiscus rouge très populaire en Afrique, en Amérique latine et au Moyen-Orient.

La production de rhum guyanais provient de la région de Saint-Laurent-du-Maroni. Les amateurs apprécieront son goût parfumé qui s'accompagne d'un degré d'alcool très élevé. La Cayennaise ou plus encore le Cœur de Chauffe approchent allègrement les 55°, ce qui devrait inciter à la prudence, d'autant qu'il est rare de ne pas se laisser tenter par un deuxième verre. Le ti-punch est le cocktail guyanais par excellence servi en guise d'apéritif. Sucre roux (ou sirop de canne à sucre), citron vert et l'indispensable rhum sont les ingrédients de base de drink plutôt corsé. Les plus courageux le boivent nature, les autres le parfument et l'adoucissent avec un sirop au maracuja (fruit de la passion). A ne pas confondre avec le punch planteur mélange de rhum et de jus de fruits d'origine réunionnaise qui a fait toutefois son chemin jusqu'en Guyane. Les ingrédients sont très variés : punch coco, punch comou (aux fruits de palmier), punch chocolat, punch cacahuètes, punch maracuja et bien d'autres.

Les influences du Brésil – tout proche – ont apporté dans la région la cachaça (équivalent brésilien du rhum blanc) et la caïpirinha (cachaça, sucre de canne, citron vert et glace pilée). On retrouve aussi la cachiri, une bière de manioc d'origine amérindienne qui était produite par les Wayanas, traditionnellement en mâchant la pulpe de manioc avant de la laisser fermentée. On produit également en Guyane de la bière d'ananas. On retrouve également des bières plus classiques dans la région, à base d'orge et de houblon, comme la Parbo, originaire du Surinam. Sinon la marque Jeune Gueule est purement guyanaise et sa brasserie est située à Matoury, au sud de Cayenne.

Rhums.

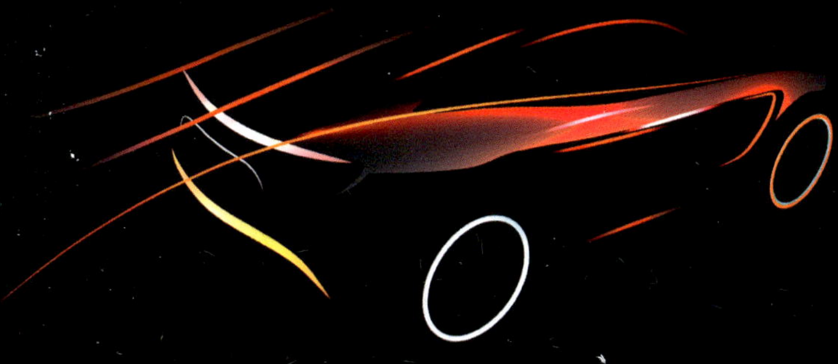

ars
Agence Régionale de Santé
Guyane
conseils sanitaires
pour un séjour réussi

AGENDA

Si les activités auxquelles on peut s'adonner en Guyane sont essentiellement liées à l'exploration de sa nature sauvage et à la découverte de son patrimoine historique, le département n'en accueille pas moins quelques événements culturels issus des diverses ethnies qui le composent. Bien évidemment, le véritable point d'orgue de toute la vie sociale guyanaise est le grand carnaval pour lequel on se prépare tout au long de l'année, mais les dates d'autres manifestations sont également à prendre en note dans son agenda. La fête du Ramboutan (un fruit local très apprécié par le peuple hmong) draine par exemple une affluence de pas loin de 10 000 personnes chaque année, qui célèbrent gaiement la grande cueillette ! Côté arts de la scène, citons le très bon Festival des Tréteaux de Saint-Laurent-du-Maroni ou encore les Rencontres Danses Métissées, ce dernier étant un festival de danse contemporaine attirant des artistes du monde entier.

CARNAVAL DE GUYANE

Du premier samedi après l'Épiphanie jusqu'au mercredi des Cendres. En 2020, il s'est tenu du 11 janvier au 26 février.

Le Carnaval est l'événement majeur de Guyane : tous les ans, entre janvier et mars avec des défilés tous les dimanches, il plonge les villes de Cayenne, Kourou et Saint-Laurent-du-Maroni dans une longue fête, autant en journée qu'en soirée. Les festivités peuvent parfois durer jusqu'à deux mois ! Ne comptez pas trop sur les administrations pendant cette période : la ville bat au rythme des tambours et défilés, et les employés sont en général en congé ou en service réduit. L'apogée de la fête a lieu lors des bals masqués : les touloulous sont alors les reines !

MARATHON DE L'ESPACE

KOUROU

Au mois de mars.

Créé en 1991, à l'occasion du 42e lancement de la fusée Arianne à Kourou, le marathon de l'espace célèbre en mars 2021 sa 30e édition. Au programme : un marathon (soit 42 km et 195 m), auquel il est possible de participer en individuel ou en équipe, consistant en un aller-retour entre la Pointe des Roches et le poste de garde Orchidée (lieu même de lancement de la fusée Arianne) en suivant la Route de l'Espace au sein du Centre Spatial Guyanais. Une manière ô combien sportive de découvrir les installations spatiales ! Trois, deux, un... Feu !

LE MOIS KREYOL

www.lemoiskreyol.fr

En janvier dans les principales villes du département.

Créé à l'initiative de la compagnie Difé Kako, ce festival a pour mission de réunir artistes et associations culturelles liés à la créolité sous toutes ses formes : traditions festives, musiques, danses, cuisines et littératures, qu'ils viennent des Caraïbes, d'Afrique ou d'outre-mer. La quatrième édition de l'événement s'est tenue en France métropolitaine, à la Réunion, mais aussi au Canada et Trinité-et-Tobago en octobre/novembre 2020 pour arriver en Guadeloupe et en Guyane en janvier 2021 : ateliers, rencontres, spectacles et expositions. Une affaire à suivre !

FÊTE DU RAMBOUTAN

CACAO

Généralement début avril.

C'est dans le village de Cacao qu'a lieu chaque année au mois d'avril (vérifiez les dates exactes) la grande fête du ramboutan. La peuple hmong, grand amateur et cultivateur de ce fruit tropical que l'on nomme également « litchi chevelu » invite les habitants de Guyane a venir participer à la grande cueillette du ramboutan dans une ambiance festive et bon enfant. Pour l'occasion se tient un marché où chacun revend ses ramboutans à prix symbolique. Danses et chants, parures folkloriques, la fête bat son plein et attire chaque année plus de participants !

SALON DU TOURISME ET DES LOISIRS

RN2 rond-point du PROGT - **MATOURY**
✆ 05 94 29 65 00
www.guyane-amazonie.fr
Généralement mi-avril.

Si vous êtes en Guyane à ce moment, n'hésitez pas à vous rendre au salon du tourisme ! Vous trouverez réunis au Palais Régional Omnisports Georges Théolade les principaux acteurs du tourisme, et, par conséquent, de nombreuses idées de balades, d'excursions et de visites s'ouvrent à vous. Nombreux sont les Guyanais qui s'y retrouvent car plusieurs jeux ouverts à tous permettent de remporter des prix (excursions, billets d'avion...). Notons également que l'on trouve des stands de restauration typique sur place. Le salon a fêté son 20e anniversaire en 2018.

RENCONTRES DANSES MÉTISSES

CAYENNE ✆ 05 94 28 25 93
www.toukadanses-cdc-guyane.com
Fin novembre, début décembre.

Pendant ce festival international de danse contemporaine se déroulant dans plusieurs villes de Guyane (Cayenne, Rémire-Montjoly, Matoury, Saint-Laurent-du-Maroni, Kourou, Macouria) sont proposés des stages de danse, une résidence de création, des spectacles gratuits en plein air ainsi que des représentations de compagnies internationales à tout petits prix. Des compagnies professionnelles internationales viennent de France, Martinique, Guadeloupe, Brésil, Cuba, Kenya et d'autres pays encore. Les talents locaux de Guyane sont aussi mis en avant.

FESTIVAL LES TRÉTEAUX DU MARONI

Camp de la Transportation
SAINT-LAURENT-DU-MARONI
www.lestreteauxdumaroni.fr
Courant avril.

Chaque soir, plusieurs spectacles sont proposés : soirée intégrale ou soirée en suspension, avec parcours et spectacles dans le camp de la Transportation. Le rendez-vous incontournable des amateurs de spectacles en tous genres. Les Tréteaux du Maroni réunissent des comédiens, des slameurs, des conteurs et autres artistes. Le camp de la Transportation devient, le temps d'une semaine, le théâtre de nombreuses festivités à ne manquer sous aucun prétexte. N'hésitez pas à consulter leur site Internet pour connaître l'agenda des spectacles.

JEUX KALI'NA D'AWALA YALIMAPO

AWALA-YALIMAPO
✆ 05 94 37 15 09
En décembre.

Depuis 2006 se tiennent chaque fin d'année des Olympiades bien particulières : les Jeux Kali'na. Initialement organisés afin de rassembler les peuples amérindiens de Guyane, ils ont fini par devenir l'un des principaux événements sportifs du plateau des Guyanes. En 2018, des équipes de Martinique et même du Canada sont venues participer à la 14e édition des Jeux, rassemblant plus de 400 participants. Au nombre des épreuves, citons l'escalade d'un cocotier, tir à l'arc et mise à l'eau d'une pirogue. Contactez l'OT d'Awala Yalimapo.

LES MAÎTRES DE LA PAGAIE

Lac Bois Chaudat à Kourou
KOUROU
Un week-end, fin-octobre ou début-novembre.

Au large de Kourou, Les Maîtres de la pagaie est une course frénétique en pirogue traditionnelle qui réunit chaque année, généralement fin octobre ou début novembre, plusieurs milliers de spectateurs pendant deux jours. Plusieurs animations et courses ont lieu au niveau du lac Bois Chaudat de Kourou. Sur l'eau, à bord de pirogues traditionnelles de 12 mètres de long, les pagayeurs se donnent corps et âme dans la course pendant que sur terre les stands d'artisanat local, et activités animent le site. Un spectacle à ne pas manquer !

CAYENNE ET SES ENVIRONS

Cayenne et ses deux communes voisines, Rémire-Montjoly et Matoury, réunissent plus de 100 000 habitants, soit un tiers de la population guyanaise. C'est donc logiquement ici que se concentre une grande partie du pouvoir institutionnel, politique et économique du département. Parmi les immanquables de la région, le vieux Cayenne est en haut de la liste, avec son emblématique Place de Palmistes bordée de ses vieilles demeures créoles grinçantes et chamarrées. Non loin de là, restaurants, boutiques et musées émaillent le centre-ville, au cœur duquel le marché exhale ces effluves épicés fortifiant l'appétit. Hors de la cité, en quête des tortues luths venues pondre sur la plage au coucher de soleil, on ira flâner face à l'océan à Montjoly, ou le chevaucher en kitesurf même, tandis que les randonneurs iront arpenter pendant quelques heures les sentiers forestiers de Rémire et de Matoury. Revigorant.

Cayenne
Océan Atlantique
PLACE AUGUSTE HORTH - LES AMANDIER
Rue des Amandiers
Rue Justin Catayée
Rue Victor Schoelcher
CAFÉ D
Rue Fiedmont
Rue Guisan
EDYS - LES PLAISIRS DU GOURMET
Avenue Léopold Heder
MUSÉE DES CULTURES GUYANAISES
Rue du XIV Juillet
PARIS CAYENNE
HÔTEL DE PRÉFECTURE DE LA GUYANE
Avenue de Thies
All. Jose Sylvestre
Av. Léon Damas
Rue François Arago
NATH CAFE
CASA LATINA
Rue Lallouette
SUSHI BAR
CHRYSALIDE
ECLIPS PREST LOCAT
PLACE DES PALMISTES
GLACES KINDOU
Rue Lieutenant Goinet
PLACE LÉOPOLD-HÉDER (ANCIENNE PLACE DE GRENOBLE)
HAVAS VOYAGES
CATHÉDRALE SAINT-SAUVEUR DE CAYENNE
Avenue du Généra
FONTAINE DE MONTRAVEL
Pl. Léopold Heder
Rue Maissin
ELDO TERRASSE
CINEMA ELDORADO
KALIPSO
HÔTEL AMAZONIA CAYENNE
FOOD TRUCKS DES PALMISTES
MUSÉE DÉPARTEMENTAL ALEXANDRE-FRANCONIE
Rue Justin Catayée
Rue Louis Blanc
STATUE DE VICTOR SCHOELCHER
HÔTEL DES PALMISTES
BAR DES PALMISTES
Rue Christophe Colomb
Rue François-Arago
CAYENNE CAFÉ
FORT CÉPÉROU
COMPAGNIE ZOUKOUYANYAN
Rue Lt. Becker
Rue Malouet
OFFICE DE TOURISME
CENTRAL HÔTEL
Rue Cpt. Bernard
CHEZ SAUVEU
Rue Portal
Rue Molé
Rue du Dr. Ste. Rose
Rue du Vieux Port
23 ARAGO
HÔTEL KER ALBERTE - LE K RESTAURANT
MARCHÉ DE CAYENNE
Rue du Lieutenant Brasse
MARCHÉ AUX POISSONS
GUYALIRE
Rue Mentel
Rue du 11 Novembre 1918
Avenue de la Liberté
TAVERNE
Rue des Pecheurs
KAZ MIMI
Rue René Jadfard
Rue Paul Amusant
Rue René Barthélémi
Rue du Dr. Arthur Henri
Av. Ron Jon
Rue Ernest Prévôt
GRILLADOS
Rue Phillippe Saccharin
Rue Henri Quintrie
Rue Serge Brown
100 M
Rue Eugène Gober

POINTE BUZARÉ
Rue Carlos Finlay
Avenue Louis Pasteur
LIBRAIRIE LA LEGENDE DU COLIBRI
Rue Samuel Lubin
Rue du Docteur Gabriel Devèze
GENTILHOMMIÈRES
PETIT RESTO
Avenue Voltaire
PARTAGAS
Avenue André Aron
Rue Rouget d. l'Isle
Av. Nelson Mandela
TI KRAMPOUEZH
Rue Vermont Polycarpe
Avenue des General Bangale
SAKURA
MAISON DE L'ARTISANAT
TRADITIONNEL DE GUYANE
MAEVA
Avenue d'Estrées
ES D'AMAZONIE - LA CAS'A BULLES
BELLE ÉTOILE – PRESTIGE LOCATIONS
PETITE MAISON
Rue Rouget de l'Isle
Cimetière de
Cayenne
JARDIN BOTANIQUE DE CAYENNE
stophe Colomb
GUYAPECHE -
GUYACHASSE
Boulevard Jouvelin
ACL LOCATION DE VOITURES
Becker
MAISON NATALE
DE FÉLIX ÉBOUÉ
ur Rolland Barrat
MEKONG
Boulevard de la République
Avenue St.-Joseph
Avenue de l'Abolition de l'Esclavage
iberté
Av. Paul Rullier
Av. Théodule Lafontaine
Rue Grage
adfard
Route de la Madeleine
Imp. les Begonias
Rue des Sapotilles
Rue Awara Dende
Rue Constant Chlore
Ron Jon
Rue Barbadine
Rue Ariba
Rue des Mangues
Rue René Maran
ean Jaurès
Rue Eugène Tecle
Rue Léon Bassières
Rue des Balisiers
Rue Henri Ursleur
Rue des Moucayas
Impasse Alex Parsade
Rue de Mana
Rue Auguste Boudinot
an Galmot
Cité Lafaurie
Rue de Matoury
Rue de Macouria
KEUR DE WAX

PAGES

105

● ● CAYENNE ET SES ENVIRONS

105

CAYENNE ★★★

Chef-lieu du département, Cayenne est le premier site guyanais que les Européens découvrirent au début du XVIe siècle. C'est aujourd'hui une cité lascive dont le centre est garni de maisons créoles superbes et aux murs décatis, de super adresses de restaurants et boutiques, sans oublier de très instructifs musées. Cayenne est le cœur de la Guyane, d'où tout part et où tout revient.

132

RÉMIRE-MONTJOLY ★★★

Cette localité, installée à l'embouche du fleuve Mahury, est née de la fusion en 1969 des communes de Rémire et de Montjoly. Essentiellement résidentielle, elle est bordée de jolies plages où il fait bon flâner en appréciant le chapelet de demeures anciennes qui les borde.

144

ÎLET LA MÈRE ★

Émergeant au large de Rémire-Montjoly, l'Îlet La Mère se rallie en une petite demi-heure de bateau à moteur. On pourra en faire le tour en une balade d'environ 1h30, grâce aux sentiers réaménagés, mais aussi faire trempette. Bienvenue sur le territoire des singes saïmiris !

146

MATOURY ★

Jadis lieu de culture de la canne, du coton ou encore du café, les terres couvertes par la commune de Matoury, première localité guyanaise avec laquelle on fait connaissance en quittant l'aéroport, sont fertiles. C'est d'ailleurs essentiellement pour emprunter le sentier botanique de la Mirande que l'on s'y rendra.

CAYENNE ★★★

Préfecture de la Guyane de 23,6 km², Cayenne compte près de 58 000 habitants, ce qui fait d'elle la ville la plus peuplée du département... Même si cela reste bien en-dessous des standards de métropole ! Et pourtant, cette ville véritablement pluriethnique vous dévoile ses nombreux charmes en mêlant à ses parfums exotiques des rythmes de musique chaloupée. De son cœur battant qu'est la Place des Palmistes (goutez ici aux fameux madras), on en visitera les musées ethnologiques et le pittoresque marché, on poussera la porte de quelques restaurants créoles, puis on ira flâner du côté du port ou bien de la place des Amandiers, face à l'océan.

Argent

Les petits budgets n'auront guère de choix d'hébergements en ville. Votre meilleure option ? Munissez vous d'un hamac (et d'une moustiquaire) et dormez dans les carbets hors de la ville. Si vous disposez d'un véhicule (quasiment indispensable), les communes à proximité de Cayenne proposent des hébergement au bon rapport qualité-prix (quelques références sur www.clevacances.com), avec en prime un calme que vous ne retrouverez pas forcément dans la capitale.
Côté assiette, Cayenne offre le meilleur choix de restaurants de Guyane, pour tous les goûts et toutes les bourses (prévoyez du liquide au cas où la carte bleue ne serait pas acceptée). Impossible de citer tous les petits restaurants et camions ambulants que l'on trouve ici ou là, au centre-ville ou dans les alentours, proposant les plats typiques : bamis, nasis, brochettes à la sauce saté, sandwichs, hamburgers…

Histoire

Selon la légende, le chef des Indiens Galibi, le roi Cépérou, avait un fils prénommé Cayenne qui, éperdument épris d'une princesse nommée Belém, eut recours aux services du sorcier Montabo dans l'espoir de charmer sa belle. Ainsi Cayenne, en selle sur un taureau, parvint à braver les eaux tumultueuses d'une rivière et put rejoindre Belém pour l'épouser. Le roi Cépérou décida alors que le village au pied de la colline sur laquelle il vivait serait baptisé Cayenne en hommage à son fils.
La ville de Cayenne a, en fait, été fondée en 1638 par des marchands de Rouen, qui érigèrent alors sur la colline de Cépérou un petit fort en bois : le fort Cépérou. En 1643, la Compagnie du Cap du Nord, sous la direction de Poncet de Brétigny, s'installa à Cayenne. Commencèrent alors les persécutions contre les Indiens. Paranoïaque au plus haut degré, Poncet de Brétigny ordonna le massacre des Amérindiens, premiers habitants de la ville. Lui-même fut bientôt assassiné lors d'une embuscade, puis, dit-on, boucané et mangé par les indigènes… En 1690, Vauban dessina des plans pour la fortification de Cayenne, puis, au cours du XVIIIe siècle, la cité devint un centre d'expériences astronomiques. À cette époque également, le naturaliste La Condamine dressa la première carte exacte de l'Amazone. Le 10 août 1848, l'abolition de l'esclavage est engagé en Guyane, marquant une nouvelle étape dans le développement de la ville : la plupart des esclaves affranchis décideront de s'y installer. D'autres choisiront la vie en autarcie en prenant possession d'un lopin de terre en forêt.
C'est en 1854 que l'époque de gloire de Cayenne débute, avec la découverte de l'or en Guyane. Le pays s'enrichit et la ville s'embellit de superbes maisons créoles ornées de balcons en ferronnerie. Par la suite, le gouvernement de Tardy de Montravel et de Loubère ordonnera des travaux d'urbanisation qui donneront à Cayenne le visage qu'on lui connaît aujourd'hui, tandis que la Seconde Guerre mondiale permettra au pays de sortir de son isolement. En effet, les Américains construisent en 1943 l'aéroport de Cayenne.
Aujourd'hui, Cayenne offre le visage d'une grande ville. Elle reprend doucement ses couleurs d'antan et les cases créoles aux couleurs chatoyantes du centre la ville se repeuplent.

Quartiers

Il est assez facile de se repérer dans Cayenne, le centre-ville étant relativement petit. En voiture, vous trouverez rapidement les axes majeurs : l'avenue du Général-de-Gaulle qui relie le cimetière à la place des Palmistes, coupant en deux le centre de la ville ; l'avenue de la Liberté et la chaussée Laussat, de l'autre côté du canal du même nom, marquent la frontière avec le quartier de la Crique, réputé sensible. C'est ici que vous trouverez le marché couvert. Les autres quartiers de Cayenne, en dehors du centre, sont pour la plupart des quartiers résidentiels ou des zones industrielles où s'implantent grandes surfaces et concessionnaires de voitures, sans grand intérêt touristique. Le quartier de l'université en revanche (quartier Hibiscus), entièrement réaménagé, offre des espaces agréables où se sont installés quelques nouveaux cafés et restaurants.

CATHÉDRALE SAINT-SAUVEUR DE CAYENNE ★

Rue François-Arago
✆ 05 94 31 03 05

C'est le cœur spirituel de la très catholique Cayenne. En 1823, le préfet apostolique et l'administrateur de la Guyane décident de doter la ville d'une nouvelle église pour remplacer celle de Saint-Nicolas, vétuste et exiguë. En 1933, la plus vaste église de Guyane devient cathédrale. Elle était autrefois entourée de magnifiques palmistes qui devaient lui conférer une certaine allure. Elle a été restaurée dans les années 1990, puis déclarée monument historique.

FORT CÉPÉROU ★★

www.ville-cayenne.fr

Facilement accessible à pied, le fort offre un beau point de vue sur la ville.

En 1643, le Français Poncet de Brétigny acheta aux Indiens Galibi le rocher qui domine l'île de Cayenne et la nomma la colline Cépérou, du nom d'un chef indien galibi. L'homme fit fortifier le rocher et édifier un village qui devint plus tard le chef-lieu de la colonie. Puis, le français fut tué par les Indiens et le nom de Cépérou tomba dans l'oubli. Le fort continua lui d'être un élément unificateur de la vie des Cayennais, du fait de sa sirène retentissante qui ponctuait les heures et qui en 1888, lors de l'incendie de la ville, hurla pendant dix jours.

MAISON DE L'ARTISANAT TRADITIONNEL DE GUYANE

11 rue Pichevin

✆ 05 94 38 21 43

www.gadepam.com

Ouvert du mardi au vendredi de 9h à 16h et le samedi de 9h à 13h. Entrée gratuite.

Depuis 2012, cet établissement – véritable petit musée des cultures guyanaises – expose et vend des articles issus de l'artisanat local. Vous y trouverez des bijoux, ciel de case, ou encore de la poterie. Des vidéos et des documents sont mis à la disposition du public, exposant les différents processus de fabrication des objets. Il devient un véritable lieu de rencontre et de partage du savoir-faire les samedis grâce aux différents ateliers proposés (gravures, sculpture, etc.).

JARDIN BOTANIQUE DE CAYENNE

Boulevard de la République

✆ 05 94 31 12 37

7h-19h, sam-dim dès 11h. Visites guidées pendant les vacances (renseignement auprès de l'office de tourisme). Gratuit.

Le jardin botanique de Cayenne est un agréable espace vert situé à la périphérie de Cayenne, qui constitue, malgré le fait qu'il manque parfois d'un peu d'entretien, un très bel espace de détente. Créé en 1879 par le Conseil général pour remplacer, à une plus petite échelle, le Jardin royal des Plantes créé lui en 1820 par l'administration coloniale, ce jardin deviendra la pépinière de Baduel, laquelle sera ensuite abandonnée en raison de rendements insuffisants de cette exploitation de onze hectares.

S'étirant désormais sur trois hectares, le Jardin botanique de Cayenne, plus vaste espace vert aménagé de la ville, est de nos jours dédié à la promenade et la détente. Des plantes aux formes et couleurs qui semblent infinies en bordent les innombrables sentiers et chemins tandis que des totems pédagogiques installés ici et là tout au long du parcours vous renseignent sur leurs origines. Que l'on soit résident guyanais ou voyageur de passage, on sera à coup sûr émerveillé par la variété d'espèces végétales qui existent sur le territoire, à commencer par les quatre-vingt-dix-neuf espèces différentes de la seule famille des palmiers ! Si la totalité de ces espèces n'est pas représentée au sein du jardin botanique, on aura tout de même la possibilité d'en apprécier un bel échantillon. Notons également que le lieu sert ponctuellement de décor à l'organisation d'évènements officiels et autres festivals liés à la culture. Une étape qui ravira les amateurs de nature !

MAISON NATALE DE FÉLIX ÉBOUÉ ★★

102 rue Christophe Colomb

✆ 05 94 29 59 13

Ouvert lundi de 10h30 à 13h ; mercredi, jeudi, vendredi de 9h à 13h. Fermé le mardi, samedi et dimanche. 3 €.

Descendant d'esclaves, homme politique et humaniste guyanais, Félix Eboué est gouverneur colonial au Tchad depuis juillet 1938 lorsqu'il rallie la France Libre suite à l'Appel du général de Gaulle du 18 juin 1940. Il sera bientôt suivi par les autres pays de l'Afrique équatoriale française, s'illustrant avec patriotisme en héros de la Libération. Il fut le « premier résistant de la France d'Outre-mer », mais aussi, le premier homme noir à accéder à un rang aussi élevé lorsqu'il est nommé gouverneur en Guadeloupe en 1936.

En 1883, le père de Félix Eboué fait l'acquisition d'un terrain situé au n° 37 de la rue Richelieu. Il fait édifier une demeure coloniale à étage à l'angle de la rue qui porte aujourd'hui le nom de son fils. Comme dans la plupart des maisons créoles de l'époque, la cuisine était située à l'extérieur, dans la cour. Acquise par le Conseil général de Guyane en 1989, la maison natale de Félix Eboué a depuis été transformée en musée. Ce dernier présente l'histoire du résistant et son parcours politique, de son affectation en Oubangui-Chari à son poste de gouverneur au Tchad, en passant par ses années de gouvernance intérimaire en Guadeloupe. Des panneaux explicatifs et des objets d'époque invitent à se projeter dans la vie de « ce grand Français africain » – comme le qualifiera le général de Gaulle à sa mort – premier homme noir inhumé au Panthéon le 20 mai 1949, en même temps que Victor Schœlcher, auteur du décret de l'abolition de l'esclavage.

MARCHÉ AUX POISSONS ★

Rue du Vieux-Port

Ouvert du mardi au samedi de 6h30 à 13h.

Ce marché aux poissons situé dans le vieux port de Cayenne abrite dans son enceinte une zone de vente en gros et une zone de vente au détail composée de douze loges bien équipées. Un grand choix de tous les poissons de Guyane provenant de la mer comme du fleuve : vivaneau, atipas, acoupas, machoirans, sans oublier les fameuses crevettes. C'est l'occasion de découvrir des espèces jusque-là inconnues. On y trouve aussi une centrale de fabrication de glace. N'oubliez pas de tester les boudins aux crevettes, vendus près de l'entrée principale... divins !

MARCHÉ DE CAYENNE ★★

Place du Coq

www.ville-cayenne.fr/marches-2/

Ouvert mercredi, vendredi et samedi jusqu'à environ 15h. Soupe chinoise à partir de 6 €. Jus frais locaux.

Le premier marché de la ville a été appelé « l'Avancée ». Il était situé à la Grande-Savane (actuellement la place des Palmistes), à proximité d'un poste de soldats que l'on appelait « poste avancé ». A cette époque, les habitants de la savane se trouvaient en dehors des limites de l'agglomération et, se rendant au marché, ils se rendaient en fait à l'avancée.

Parallèlement, dès le début du XVIIIe siècle, les plans de la ville de Cayenne nomment « Place du Port » l'emplacement de l'actuel marché, mais ce n'est qu'en 1842 qu'elle prend effectivement le nom de Place du Marché. En 1888, un marché couvert est ici édifié, flanqué de jardins publics. 1907 marque l'année de la suppression de ces jardins au profit de la construction de nouvelles halles de marché, à ossature métallique cette fois-ci. L'inauguration a lieu en 1910, faisant de l'actuel marché une institution plus de centenaire !

Trois fois par semaine, le rendez-vous est immanquable pour tous les producteurs qui se retrouvent au marché de Cayenne. Les étals s'emplissent alors de toutes les saveurs, senteurs et couleurs du pays, et de la sous-région : Suriname, Brésil, Haïti... et Laos, grâce aux cultures agricoles de Hmongs de Guyane. C'est l'occasion de découvrir la plupart des produits locaux : ignames, bananes, sorossi, maripa, parépou, wassaï et poulet boucané, boudin, jus de mangue ou de corossol et aussi la soupe chinoise aux crevettes ou au poulet, ou des spécialités brésiliennes. Un marché couvert et ouvert, où il faut se rendre absolument.

PARC NATUREL RÉGIONAL DE LA GUYANE ★★

31 rue François Arago

Le siège est à Cayenne. Ouvert du lundi au vendredi de 9h à midi. Le lundi, mardi et jeudi également de 15h à 17h.

Ce parc s'étend sur les communes de Mana, Awala-Yalimapo, Regina-Kaw et Roura. S'il a pour objectif la mise en valeur du patrimoine naturel, culturel et ethnologique de ces régions, il n'est pas pour autant soumis à de véritables réglementations, mais il s'est toutefois vu imposer des objectifs avec obligation de résultat sur une période bien déterminée. En deux mots, le parc naturel régional de Guyane (PNRG) cherche à développer un territoire rural de qualité, habité et mis en valeur.

PLACE AUGUSTE HORTH - LES AMANDIERS ★

Place des Amandiers

Accès libre. Point de vue. Bars et restaurants.

Cette place est située derrière l'ancienne prison, face à l'océan. Bien que nommée Auguste Horth (un instituteur qui fut également le premier adjoint du maire de Cayenne Roland Barrat), on l'appelle plus volontiers « place des Amandiers ». Avec son kiosque et ses joueurs de boules en soirée, elle offre un charme reposant qui attire les noctambules et les amoureux. On y vient, les soirs de tir, observer le vol d'Ariane pendant plusieurs minutes, grâce à l'installation d'un écran géant.

HÔPITAL JEAN-MARTIAL ★

2 avenue Léopold-Héder

En rénovation, pour la création de la Maison des Cultures et des Mémoires de la Guyane.

Au bout de la place, en bord de mer, il était malheureusement dans un triste état. En 1789, sur ce même emplacement, fut construit en bois le premier hôpital militaire. Son édification en dur, entreprise à partir de 1824, s'est étalée sur douze ans. En 1946, le bâtiment fut baptisé Jean-Martial, en hommage à un médecin colonel cayennais mort un an plus tôt à Djibouti en combattant le typhus. Déclaré monument historique en 1992, de gros travaux sont actuellement en cours car il doit devenir la Maison des Cultures et des Mémoires de la Guyane.

PLACE DES PALMISTES ★★

En arrivant à Cayenne, vous serez charmé par cette place qui constitue le centre de la ville. Elle portait autrefois le nom de Grande Savane, comme la place de Fort-de-France en Martinique, avant qu'elle ne soit aménagée. À cette époque, elle était couverte d'un superbe jardin anglais qui fut sacrifié pour pouvoir organiser la fête annuelle de la ville. En 1822, le gouverneur Laussat décida de son aménagement en ordonnant qu'on y plante des arbres. Aujourd'hui, elle est ornée de majestueux palmiers royaux, dont certains sont centenaires. La place des Palmistes reste un haut lieu de rassemblements populaires, très animé durant le carnaval, et le soir où se mélangent touristes et locaux pour déguster de délicieux mets concoctés par les *foodtrucks*. En 1999, cette place est classée monument historique.

- **Statue de Félix Eboué.** En son centre, depuis 1957, se dresse la statue de Félix Éboué, bienfaiteur de la Guyane et gouverneur de l'Afrique équatoriale française en 1940. Humaniste convaincu, respectueux de la différence des peuples qu'il administrait, il fut un artisan efficace de la décolonisation de l'Afrique.
- **Maison Thémire-Melkior ou Bar des Palmistes.** Côté sud de la place, au 12 avenue du Général-de-Gaulle, on peut voir cette belle habitation créole du XIXe siècle, très bien restaurée en 2012. Sa silhouette jaune aux toits et balcons gris abrite aujourd'hui un hôtel confortable et un bar avec terrasse.
- **L'école maternelle Joséphine Horth**, construite dans les années 1910, vaut elle-aussi le coup d'œil.

MUSÉE DÉPARTEMENTAL ALEXANDRE-FRANCONIE ★

1 avenue du Général de Gaulle
✆ 05 94 29 59 13
Ouvert lundi, jeudi, vendredi matin et après-midi, jeudi et samedi le matin. Tarif : 3 €.

Une très belle maison créole bleue de 1842 qui accueille la bibliothèque municipale et un musée présentant des collections relatives à la faune de la Guyane, son histoire, ses peuples et leur artisanat. Sans oublier le chapelet de peintures réalisées par un ancien bagnard, Francis Lagrange. Cet édifice patrimonial, dont l'état est critique, a été sélectionné par la *Mission Patrimoine 2021* (piloté par le ministère de la Culture et la FDJ) pour être restauré de fond en comble.

PLACE LÉOPOLD-HÉDER (ANCIENNE PLACE DE GRENOBLE) ★★

Jouxtant la place des Palmistes, l'ancienne Place de Grenoble constitue le centre historique de Cayenne et abrite de superbes édifices coloniaux (on trouve en son centre la jolie Fontaine de Montravel). Niché dans l'ancien couvent de jésuites, on observera ici l'hôtel de la préfecture et sa belle colonnade adjointe à la façade de l'édifice sous l'impulsion du gouverneur Chanel en 1925. La Place Léopold-Héder est classée Monument historique depuis le 9 mars 1999.

Monument dédié à Félix Éboué sur la place des Palmistes.

FONTAINE DE MONTRAVEL

Place Léopold-Héder

Installée au centre de la place Léopold-Héder, la fontaine date de la première adduction d'eau amenée depuis les montagnes du Rorota, à Rémire. Les travaux ont été réalisés par des bagnards à la fin du XIXe siècle. Edifiée en 1867, la fontaine fut dédiée au gouverneur Tardy de Montravel, qui avait réussi à résoudre le problème de l'approvisionnement en eau de la ville : dès sa nomination, le 16 février 1959, au poste de gouverneur de Guyane, il s'employa en effet à améliorer la salubrité du Bagne sur l'ensemble du territoire.

PORT ET QUARTIER DE LA CRIQUE ★

Rue du Port

Sur les quais du port, quelques tapouilles – embarcations démunies de quille, idéales pour le cabotage – ont été ornées par leurs propriétaires de peintures d'inspiration naïve. Au-delà de la crique Laussat, vous pénétrez dans une zone « en voie de réhabilitation » : quelques restos brésiliens, créoles ou chinois, et à la nuit tombée, des dames proposant leurs charmes tandis que l'air se charge de senteurs prohibées. Il est déconseillé de se rendre à « Chicago » sans être accompagné.

HÔTEL DE PRÉFECTURE DE LA GUYANE ★

Place Léopold Héder

✆ 05 94 39 45 00

Ouvert du lundi au vendredi de 7h30 à 12h30.

Préfecture de la Guyane depuis 1947, cet établissement en forme de U était à l'origine un couvent de jésuites dont la mission était la desserte des paroisses, la catéchèse des esclaves et surtout la conversion des Amérindiens. Contruit entre 1749 et 1752, l'interdiction des Jésuites en France à partir de 1762 dans les colonies obligea ces derniers à abandonner le site. Sous le mandat de Victor Hugues, l'immeuble devint l'hôtel des Gouverneurs et abrita par la suite la préfecture.

SENTIER DE MONTABO ★

Route de Montabo

Au début de la route de Montabo, prendre le chemin derrière l'IRD. Parking. Accès libre.

Le sentier de Montabo est un sentier d'un peu moins de 4 km (3,8 km exactement) serpentant à travers la jungle, avec de multiples montées et descentes, et dominant l'océan tout du long ! Il offre une occasion de faire du sport et de se promener en profitant à la fois du superbe paysage, de la faune et de la flore prospérant juste à côté de Cayenne, sans pour autant s'éloigner de la ville. Compter environ 1 heure et demie aller-retour pour les moins sportifs. Un sentier agréable et sans difficulté particulière délivrant de beaux panoramas.

POINTE BUZARÉ ★★

À droite de l'avenue Pasteur.

Accès libre. Point de vue.

Auparavant, la Pointe Buzaré était recouverte par la mangrove, mais celle-ci a disparu, notamment à cause de l'abattage systématique par les riverains des palétuviers, ces arbres tropicaux qui prospèrent le long des rivages marins. Le lieu offre désormais un cadre relaxant : un promontoire rocheux face à l'océan, protégé par des palmiers, ainsi qu'une plage de sable. Et la zone marécageuse qui subsiste constitue un site remarquable pour l'observation ornithologique. Un endroit où l'on peut admirer des beaux couchers de soleil. Visite tardive nocturne déconseillée.

STATUE DE VICTOR SCHOELCHER

Rue Louis-Blanc

En allant au marché, vous traverserez ce rond-point où trône une statue inaugurée en 1897 représentant Victor Schœlcher – grand abolitionniste –, montrant la voie de la liberté à un esclave. Avec sa figure grave et sereine, l'artiste a souhaité personnifier la France accomplissant noblement un grand acte de justice. À la suite de la mort de l'Américain Georges Floyd (25 mai 2020), la statue, liée à l'histoire coloniale, a été renversée par des anonymes en juillet 2020.

COLLECTIVITÉ TERRITORIALE DE GUYANE

4179 route de Montabo
✆ 05 94 30 06 00
www.ctguyane.fr
Ouvert mardi et jeudi de 7h30 à 13h30 et de 15h30 à 17h. Le lundi, mercredi et vendredi de 7h30 à 14h30.

La Collectivité Territoriale de Guyane, anciennement appelée Conseil Régional de la Guyane, est composée d'une trentaine de membres (31 exactement) et présidée, depuis les élections régionales du 2 juillet 2021, par Gabriel Serville (majorité présidentielle). Fin 2015 se met en place l'installation de la Collectivité unique, approuvée en 2012 par la Collectivité régionale. Son objectif est l'amélioration de l'efficacité de l'ensemble des politiques publiques territoriales.

OFFICE DE TOURISME DE CAYENNE

12 rue Louis Blanc
✆ 05 94 39 68 83
www.ville-cayenne.fr
Ouvert au public du lundi au vendredi de 8h30 à 12h30 et de 14h à 17h, et le samedi de 9h à 13h.

L'office de tourisme est plutôt bien achalandé en brochures de toutes sortes et cartes de la ville. Le personnel, très compétent et volontaire, est à votre écoute et saura vous renseigner sur les événements à venir à Cayenne et ses environs, mais aussi dans tout le reste de la Guyane. On y propose notamment un circuit « découverte des maisons créoles » de Cayenne. Une étape on ne peut plus recommandée lors d'un passage dans le centre-ville de Cayenne, à côté de la place des Palmistes.

MUSÉE DES CULTURES GUYANAISES ★★

54-78 rue Madame Payé ✆ 05 94 31 41 72
www.amazonian-museum-network.org
Ouvert lundi, mardi, jeudi et vendredi 8h-13h et 15h-17h45, mercredi 8h-13h, samedi 8h-11h45. 2 €.

Logé dans une demeure édifiée en 1870 par une famille d'orpailleurs, le musée des Cultures guyanaises a pour objectif de valoriser le patrimoine guyanais. Il propose une documentation complète sur la Guyane et une belle collection d'objets témoignant d'une riche histoire et de la présence de nombreux groupes ethniques. Enrichies par des gravures et des publications diverses, les expos temporaires permettent de se familiariser avec la région. Grande salle de documentation à l'étage.

TAKARI AMAZONIE

Centre commercial Family Plaza
✆ 05 94 28 70 00
www.takari-amazonie.com
Ouvert du lundi au samedi de 9h30 à 19h.

Takari est une agence réceptive spécialiste de la Guyane proposant toutes sortes d'excursions et circuits d'un à plusieurs jours sur les fleuves ou en forêt. Quelques activités phares : balade en pirogue sur le fleuve le Maroni (circuit de 2h, demi-journée ou journée), la sortie « Ibis Rouge et Morpho sur le Sinnamary » (pirogue, observation des ibis, mais aussi de la faune et la flore), Crique Gabriel (pirogue, découverte de la crique et observation de l'environnement) ou encore les Marais de Kaw en pirogue (observation des oiseaux, des caïmans et des singes).

ASSOCIATION KWATA

16 avenue Pasteur
✆ 05 94 25 43 31
www.kwata.net

Expositions temporaires. Nombreuses idées cadeaux : ouvrages, jeux éducatifs, livrets de coloriages...

Cette association œuvre depuis 1994 pour l'étude et la conservation de la faune guyanaise, en menant des programmes sur des espèces emblématiques menacées. Elle est spécialement présente dans la protection des tortues et de leur lieu de ponte : une équipe d'animateurs encadre les pontes et conseille les promeneurs (n'hésitez pas à leur parler, ce sont de véritables passionnés des tortues !). Elle gère également le site naturel des Salines sur la plage de Montjoly et mène des actions d'éducation à l'environnement sur tout le territoire guyanais.

GEPOG

15 avenue Pasteur
✆ 05 94 29 46 96
www.gepog.org

Accueil du public du lundi au mercredi de 9h à 13h.

Passionnés d'ornithologie, le Groupe d'études et de protection des oiseaux en Guyane organise régulièrement des sorties d'observation pour le grand public, et les adhérents seront certainement capables de vous orienter ou de vous donner des explications sur tel ou tel oiseau. Suivez les actualités et le planning des activités sur leur site Internet. Parmi les quelques conseils du GEPOG : prévoyez toujours un délai nécessaire pour rentrer avant la nuit noire et munissez-vous d'une lampe électrique. Enfin, si vous n'êtes pas habitué à la région, soyez accompagné !

KOATI LE PETIT TRAIN

Place des Palmistes
✆ 06 94 38 47 45
koatilepetittrain.com

Départs de la place des Palmistes (rendez-vous 10 minutes avant le départ). Tarif adulte : 8,50 € ; enfant : 5,50 €.

Le petit train Koati, qui tire son nom d'un mammifère proche du raton laveur, propose une découverte pour les petits et grands des principales places historiques et culturelles de la ville de Cayenne, à travers un circuit touristique. La durée de la balade est de une heure en petit train. Une manière ludique et originale de découvrir Cayenne, en famille ou entre amis. Pensez à réserver par téléphone ! Vous pouvez également privatiser le petit train pour des anniversaires, mariages ou encore pour un événement de votre entreprise.

ACL LOCATION DE VOITURES

44 boulevard Nelson Mandela
✆ 05 94 30 47 56
www.acl-guyane.com/fr

Ouvert en semaine de 8h à 18h, le samedi uniquement le matin. A partir de 55 € la journée (21 ans minimum).

Depuis plus de 30 ans, ACL s'est imposée comme un loueur de confiance. Le personnel est facilement joignable et toujours prêt à trouver la meilleure solution pour vous aider. Vous pouvez par exemple leur demander de récupérer une voiture à l'aéroport : quelqu'un vous attendra au comptoir ACL de l'aéroport à l'arrivée de votre vol, et avec le sourire ! Les véhicules sont fiables et neufs, allant de la voiture de tourisme aux minibus ou autres utilitaires. En plus, les tarifs sont très intéressants, faisant d'ACL l'un des loueurs les plus plébiscités !

Quartier colonial de Cayenne.

AIR CARAÏBES

Aéroport International Félix Éboué
✆ 0 820 835 835
www.aircaraibes.com
Ouvert en semaine de 8h à 18h, le samedi uniquement le matin.

Air Caraïbes, compagnie aérienne française régulière spécialiste des Caraïbes et de la Guyane, propose des vols hebdomadaires entre Paris Orly 4 et Cayenne. La compagnie relie également la province et la Belgique à la Guyane au départ d'Orly grâce à Train + Air. Air Caraïbes propose 3 classes de services à bord de ses vols transatlantiques : Soleil (Economique), Caraïbes, (Premium Economy), Madras (Affaires). Son programme de fidélité Préférence permet de cumuler des miles et de bénéficier d'avantages. Consultez le site Internet pour les promotions en cours.

EUROPCAR

RN1 ZA Terca ✆ 05 94 35 18 27
www.europcar-guyane.com/fr
Ouvert du lundi au vendredi de 7h30 à 17h30. Le samedi de 8h30 à 12h.

La bien connue agence Europcar est installée en Guyane, et possède plusieurs agences. Son gros point fort est d'être présent dès votre arrivée à l'aéroport de Cayenne (ce qui n'est pas le cas de tous les loueurs), avec des horaires d'ouverture adaptées aux vols. Vous y (re)trouverez la qualité de service Europcar, avec un large choix de véhicules récents. Vous ferez des économies en réservant et payant sur le site Internet plutôt qu'à l'agence. Véhicules de tourisme, utilitaires, minibus, 4x4, sans permis , hybrides et électriques…

AIR FRANCE

Rue du bois de fer
✆ 09 69 39 36 54
www.airfrance.gf
Ouvert lundi, mardi, mercredi et vendredi de 8h30 à 16h30, le jeudi de 8h30 à 13h.

Tout comme Air Caraïbes, Air France propose plusieurs vols aller-retour Paris-Cayenne par semaine, et même des correspondances vers les grandes villes de la métropole (Bordeaux, Lyon, Toulouse, Marseille, etc.). Le temps de vol entre Paris et Cayenne est d'environ 8h30. Afin d'obtenir des tarifs avantageux, il est recommandé de réserver son billet avec anticipation. Autre astuce, vous pouvez vous inscrire à la newsletter de la compagnie : c'est dans cette dernière qu'elle signale les offres promotionnelles en cours. Gardez l'œil ouvert !

AIR GUYANE

Aéroport international Félix Éboué
✆ 05 94 29 36 30
www.airguyane.com
Pour les vols internes (Saül, Maripasoula…).

Basée à l'aéroport international Félix-Éboué, la compagnie aérienne régionale Air Guyane existe depuis 2002 et appartient à la CAIRE (Compagnie aérienne inter-régionale express), compagnie qui a pour filiale une autre compagnie aérienne régionale : Air Antilles. Air Guyane assure des vols intérieurs entre les villes de Cayenne, Maripasoula, Saül, Saint-Laurent-du-Maroni et Grand Santi. Si les liaisons avec Paramaribo (capitale du Suriname) ont cessé, il demeure possible, grâce à un partenariat avec Air France, de rallier Guadeloupe et Martinique.

AGGLO'BUS

Ticket unitaire à 1,50 € dans le bus (1,30 € en agence), carnet 10 tickets à 9,75 €.

Le transport péri-urbain Agglo'bus dessert les communes appartenant à la CACL (communauté d'agglomération du Centre Littoral). La Place du Marché correspond à la gare routière. Ce dernier possède 6 lignes à Cayenne :

- **Ligne 1** : Cayenne (Place du Marché) – Cité Zéphir.
- **Ligne 2** : Cayenne (Place du Marché) – Lycée Melkior/Novotel.
- **Ligne 3** : Cayenne (Place du Marché) – Mont Lucas.
- **Ligne 4** : Annexe Mairie (Boulevard Jubelin) – Lycée Balata.
- **Ligne 5** : Cayenne (Place du Marché) – Cimetière de Cabassou.
- **Ligne 6** : Cité Mirza – Mairie de Remire-Montjoly.

HOTEL DES AMANDIERS €

Place Auguste-Horth dite des Amandiers
© 05 94 28 97 28
www.hoteldesamandiers.com

Chambre double à partir de 90 €, suites à 110 €. Petit déjeuner à 10 €. Wifi.

C'est le seul hôtel du centre situé face à la mer, qui plus est bien au calme, car donnant sur la jolie et populaire place des Amandiers. Le lieu a changé de propriétaire en 2015 pour subir une rénovation totale. Résultat : 21 chambres au confort optimal, toutes dotées d'une literie exceptionnelle et équipées du nécessaire (mini bar, bureau, coffre-fort), une déco à la fois moderne et sobre et un service efficace. Certaines chambres disposent même d'un balcon avec vue sur l'océan. Pour les autres, la terrasse du restaurant, à même la place, est très agréable.

CENTRAL HÔTEL €€

19 Rue Molé © 05 94 25 65 65
www.centralhotel-cayenne.fr

Chambre simple à partir de 78 €, double à 92 €, petit déjeuner 12 €. Parking et Wifi gratuits.

En plein centre-ville, à quelques pas seulement de la place des Palmistes et du marché, le bien nommé Central Hôtel – inauguré en 1990 – propose une cinquantaine de chambres climatisées et récemment rénovées, spacieuses et bien tenues. Toutes disposent d'un mini bar, d'une TV satellite, d'un coffre-fort et d'un balcon pour les chambres côté rue. Le petit déjeuner continental est copieux et très bon. A noter que, pour les hommes d'affaires, deux salles de réunions pour 30 et 10 personnes équipées d'un video-projecteur en location et de tableaux sont à disposition.

HÔTEL AMAZONIA CAYENNE €€

26-28 avenue du Général de Gaulle
✆ 05 94 28 83 00 - www.hotel-amazonia.com
Chambre à partir de 120 €,. Petit déjeuner : 12 €. Wi-fi et Parking gratuit.

Situé dans le centre-ville, cet établissement, totalement rénové en 2022, de la chaîne Best Western offre 124 chambres climatisées, propres, confortables et bien aménagées (mini bars, TV, sèche-cheveux). Pour qui cherche l'autonomie, les studios F2 possèdent même une kitchenette. Si la piscine est réservée aux clients, le restaurant L'Outre Mer est quant à lui ouvert au public, proposant une très bonne cuisine française agrémentée de parfums créoles. Petit déjeuner en buffet. Offres spéciales sur le site internet de l'hôtel.

OYASAMAÏD €

2313 route de la Madeleine - Chemin Castor
✆ 05 94 31 56 84
Chambre double autour de 70 €. Petit déjeuner : 5 €. Possibilité de demi-pension et pension complète.

Monique et Oyana vous accueillent tout sourire dans un endroit superbement agencé et au calme à l'ambiance des plus agréable. La volonté affichée de vos hôtes : que vous vous sentiez comme à la maison ! La décoration est originale (notamment les magnifiques fresques peintes dans la cour), tandis que les chambres sont parfaitement équipées : climatisation, réfrigérateur, micro-ondes, cafetière et télévision. Pour le repos et la lecture, direction la belle terrasse de 70 m², avec piscine ! Un rapport qualité-prix exceptionnel pour Cayenne.

HÔTEL DES PALMISTES €€

12 avenue du Général de Gaulle
✆ 05 94 30 00 50
www.palmistes.com
Chambre confort à partir de 125 €, chambre de luxe dès 140 € et suite à partir de 150 €. Petit déjeuner à 9 €.

Dans une traditionnelle bâtisse créole construite en 1890 et classée monument historique, le mythique bar des Palmistes propose 9 chambres et suites, qui allient avec goût tradition et modernisme. Toutes les chambres, avec leur beau parquet de bois sombre, donnent sur la place des Palmistes, avec un petit balcon permettant de profiter des premières lueurs du soleil. Le service est de qualité, avec blanchisserie et room service. Un endroit idéal et central pour les séjours d'affaires ou de tourisme. Offres promotionnelles le week-end. Réception 24h/24.

Le centre-ville historique de Cayenne.

KALIPSO €€

42 avenue du Général de Gaulle
✆ 06 94 21 59 95
www.kalipso.gf
Chambre double à 95 €, suite duplex à 150 €. Petit déjeuner à 8 €. Tarifs préférentiels selon les périodes. Wifi.

Kalipso est une résidence hôtelière qui propose des chambres de standing à des prix attractifs. L'entrée s'effectue par une discrète porte d'immeuble sécurisée. Toutes décorées dans un style différent, mais dont l'élégance est le point commun, les chambres sont spacieuses et équipées de tout le confort. Véritables appartements haut de gamme pour des séjours d'affaires ou de tourisme, l'établissement propose également de magnifiques duplex. La situation du Kalipso, en plein cœur de Cayenne renforce l'attrait de cette résidence hôtelière haut de gamme.

LE GUYANE HOTEL €

160 route du Camp du Tigre
✆ 05 94 38 28 28 - www.le-guyane-hotel.com
Chambre standard 82 €, exécutive 92 €, et familiale 100 € [3 personnes]. Petit déjeuner 11 €. Wifi. Parking gratuit.

Un bel établissement ouvert en 2016, qui propose une soixantaine de chambres confortables et bien équipées, de trois standings différents [standard, exécutive et Privilège], toutes équipées de climatisation, mini bar, téléviseur, coffre-fort, douche à l'italienne et balcon. Trois chambres sont même aménagées pour les personnes à mobilité réduite. La piscine est à la disposition des clients de l'hôtel de 10h à 18h30, et le petit déjeuner en buffet est copieux. Un très bon rapport qualité-prix, pour un moment de quiétude dans une atmosphère authentique et naturelle.

GRAND HÔTEL MONTABO €€€

Route de Montabo
✆ 05 94 30 38 88
www.grand-hotel-montabo.fr
Chambre standard à partir de 220 € [240 € avec balcon], chambre supérieure dès 260 €, suite à partir de 364 €.

Le Grand Hôtel Montabo a pris la place de l'ancien Novotel. Doté de 100 chambres et 2 suites, cet établissement offre en plus un bar et un restaurant réputés pour leur délicieux repas franco-créoles. Les chambres sont superbes et équipées de tout le confort [grand téléviseur, réfrigérateur, climatisation, wifi et coffre-fort]. Le buffet du petit-déjeuner a la réputation d'être l'un des meilleurs de Cayenne ! Signalons aussi la grande et rafraîchissante piscine et la plage de Montabo à deux pas [lieu de ponte des tortues marines]. Promotions sur le site web.

HÔTEL KER ALBERTE - LE K RESTAURANT €€€

4 rue du Docteur-Sainte-Rose
✆ 05 94 25 75 70
www.hotelkeralberte.com
Chambre double de 190 € à 260 €, selon le standing. Petit déjeuner à 19 €.

Située au cœur de Cayenne, cette belle villa créole de 1912 est un hôtel de charme conjuguant modernisme et authenticité. La partie contemporaine, construite dans le fond du jardin tropical, abrite de 15 chambres de standing variés. Une jolie piscine au milieu du jardin permet de se rafraîchir et une salle de conférence peut aussi être réservée pour les réceptions. L'établissement possède également un excellent restaurant et lounge-bar, Le K, ainsi qu'un snack pour les petites faims.

HÔTEL MERCURE CAYENNE ROYAL AMAZONIA €€€

45 rue de l'Ara Bleu ✆ 05 94 39 15 15
www.mercurecayenneroyalamazonia.fr
Chambre double à partir de 190 € selon le standing. Chambres accessibles aux personnes à mobilité réduite.

Situé à 5 minutes en voiture du centre-ville et de la plage, le Mercure offre une parenthèse loin du quotidien. 134 chambres modernes, spacieuses et des attentions à votre disposition pour un séjour réussi : espace bien-être avec un institut esthétique, salle de fitness et deux piscines, mais aussi un bar *lounge*, un délicieux petit-déjeuner buffet et deux restaurants, le Royal Sushi et la Brasserie Royale. L'hôtel propose un service de location de voitures et des salles de séminaires.

LE 23 ARAGO €

23 rue François-Arago
✆ 05 94 31 51 07
www.le23arago.com
Du studio (80 €/nuit - 400 €/semaine) au T3 (120 €/nuit - 560 €/semaine). 3 nuits minimum. Location au mois possible.

Répertorié par le label Clé Vacances, le 23 Arago propose en plein cœur de Cayenne, à deux pas de la cathédrale et disposés autour d'une cour fleurie, des appartements meublés allant du studio au T3 tout confort. La plupart possèdent un balcon ou une terrasse (à préciser lors de votre réservation) et tous abritent une cuisine équipée, un coin repas et dispose d'une connexion wifi. Des lave-linge et sèche-linge à disposition. Une adresse centrale et idéale pour circuler dans le centre-ville à pied. Parfaitement adapté pour un séjour en toute autonomie.

LA BELLE ÉTOILE - PRESTIGE LOCATIONS €€

74 rue Lieutenant Goinet ✆ 05 94 25 70 85
www.belleetoileguyane.com
Suite à partir de 150 €, chambre à partir de 130 €. Petit déjeuner et parking en option. Transfert aéroport possible.

Spécialisée dans le meublé de tourisme en Guyane, la société Prestige Location offre le choix du charme et du confort. Découvrez l'authenticité d'une maison créole centenaire parfaitement restaurée et le modernisme de suites et chambres parfaitement équipées. Ce meublé de tourisme de catégorie 4 étoiles, au cœur de Cayenne, est idéal pour des séjours de moyenne et longue durées, permettant de jouir d'une autonomie parfaite. Idéal pour les familles et groupes.

ECLIPSE - PRESTIGE LOCATIONS €€

47 rue Lieutenant Goinet ✆ 05 94 25 70 85
www.eclipseguyane.com
Suite à partir de 119 €, chambre à partir de 99 €. Petit déjeuner 9,50 €. Parking 7 €/jour. Transfert aéroport 45 €.

Eclipse est un « meublé de tourisme » 4 étoiles. Très bien entretenu, il est composé de suites modernes parfaitement équipées, avec cuisine, wifi, télévision par satellite, coffre-fort et de chambres grand confort dans une villa créole traditionnelle complètement restaurée. C'est une invitation à l'évasion en plein cœur de Cayenne. La formule « meublé de tourisme » permet plus d'intimité et d'indépendance que l'hôtel classique et à moindre prix dans ce cas précis.

LES GENTILHOMMIÈRES €

4 rue du Docteur Gippet
✆ 06 94 43 11 28
À partir de 60 € la nuit, de 350 € la semaine (frais de ménage 30 €). Tarifs dégressifs dès 15 jours de location.

Tenues par Mme Castor depuis de nombreuses années, les Gentilhommières portent assez bien leur nom : un lieu au calme, propre et intime lové en centre-ville de Cayenne. Les portes d'entrée donnent sur une jolie cour en rez-de-chaussée, où l'on y trouve : un studio d'une capacité de 2 personnes (lit double) muni d'une salle d'eau avec toilettes et d'un coin cuisine ; un petit appartement pouvant accueillir jusqu'à 4 personnes et disposant d'une chambre (lit double et lit superposé), d'une salle à manger avec coin cuisine et d'une salle d'eau avec toilettes.

RESIDENCE KARA €€

10 Route de Montabo
✆ 06 94 20 33 64
www.residencekara.com
Location pour 2 personnes à partir de 100 €. Possibilité de louer au mois. Wifi, climatisation, parking sécurisé.

Située à un peu plus de 3 kilomètres du centre-ville de Cayenne, la résidence Kara se trouve dans un quartier calme et résidentiel, à quelques pas de la plage de Montabo avec parking privé sécurisé. On y trouve trois appartements neufs de type T2 et de bon standing (avec salle de bains et cuisine équipée, climatisation) tous les trois au style épuré et fonctionnel, parfait compromis entre la ville et la plage. Pour un séjour en toute autonomie dans la capitale guyanaise. A signaler : deux nouveaux appartements sur la route des Plages à Rémire Montjoly.

FOOD TRUCKS DES PALMISTES €

Place des Palmistes
A partir de 18h30. Wifi gratuit sur la place.

La fièvre des *food trucks* n'a pas échappé à la Guyane ! A la nuit tombée, de nombreux camions s'alignent le long de la place des Palmistes pour proposer des plats à emporter en tous genres : bamis, nassis, brochettes à la sauce saté, sandwichs, hamburgers, madras… à un prix modique ! L'idée, c'est d'ensuite déguster tout cela sur place, ou bien du côté de la place des Amandiers au milieu des joueurs de boules, à moins que l'on opte pour une place face à la mer du côté du Vieux Port.

© DELMER

© DELMER

© VILLAS CREOLES

VILLAS CREOLES €€

1994 route de Montabo, 3 impasse Cornelie ✆ 06 94 41 16 05

2 villas avec piscine : de 1 à 8 personnes et de 1 à 10 personnes. A partir de 100 € et jusqu'à 350 € par jour.

Attention les yeux, voilà deux magnifiques villas créoles ! Entièrement rénovées, ces villas à étage se situent à quelques minutes du centre-ville et des plages, elles vous offriront une décoration des plus soignées. Le design est moderne, mais a su conserver un certain charme. L'espace vert, sans être démesuré, est très bien entretenu. On appréciera surtout la belle piscine... Et comme toujours : un espace carbet, pour profiter de l'extérieur ! A noter que le tarif évolue en fonction du nombre de personnes ayant réservé et du nombre de chambres désirées.

© VILLAS CREOLES

© DELMER

AU PETIT BATEAU CAYENNE €

1158 route de Montabo ✆ 05 94 30 17 38
www.facebook.com/Pizzeriapetitbateau
Ouvert tous les soirs de 18h à 23h. Petit format autour de 10-12 €. A emporter. Livraison possible.

Au Petit Bateau est une adresse appréciée des locaux, servant des pizzas généreuses et à pâte épaisse. A la carte, en plus des grandes recettes classiques italiennes, on aura la possibilité d'essayer quelques variantes locales tout à fait réussies, à l'image de la « Créole » au poulet boucané, ou bien la « Guyanaise » aux crevettes de Guyane. On aime aussi les pizzas de la mer telles que la « Pêcheur » garnie de moules et de crevettes. Une option rapide et économique, que vous trouverez à Cayenne mais aussi à Remire, Matoury, Kourou et Saint Laurent.

BAR DES PALMISTES €

12 avenue du Général De Gaulle
✆ 05 94 30 00 50
www.palmistes.com/restaurant
Ouvert tous les jours de 11h à 23h (cuisine ouverte jusqu'à 21h30). Autour de 20 €. Musique live en fin de semaine.

C'est le restaurant de l'hôtel éponyme. Véritable institution de Cayenne, il s'agit d'une vaste brasserie logée dans une bâtisse créole de 1830 et dont la jolie terrasse donne sur la place de Palmistes. A l'arrière de la grande salle de service ouverte aux quatre vents, on devine une agréable cour, vaste elle aussi. Au menu : salades, viandes et poissons grillés, moules marinières frites... Mais c'est surtout pour les pizzas du chef que l'on vient ici, à arroser de sauce piquante maison. Crêpe et coupes glacées clôturent le repas. Cosmopolite et historique.

CHEZ SAUVEUR €

67 rue Justin-Catayée
✆ 05 94 30 13 94
Cuisine créole. Du lundi au samedi de 10h à 14h et de 16h30 à 21h. Compter 10-15 €. Sur place ou à emporter.

Faisant un coin de rue du centre-ville, sa façade verte fluo et ses volets bleus sont immanquables. Il s'agit d'une adresse incontournable à Cayenne pour tous ceux qui veulent goûter la cuisine locale à petit prix – en même temps qu'à une atmosphère cayennaise des plus authentiques. Vous y trouverez, en vrac, des cornets d'acras de crevettes ou de morue, poisson frit, pimentade, blaff, haricots rouges et lentilles, brandade de morue… De vrais petits plats faits maison. Aux heures de pointe, prévoyez un peu d'attente, c'est la rançon du succès !

LE GRILLADOS €

10 rue Henry-Quintrie
✆ 05 94 30 96 01
Ouvert du lundi au samedi de 11h à 15h30 et de 20h à 22h (fermé le lundi soir). Plats du jour autour de 15 €.

Le Grillados est un petit restaurant typique aux airs de cantine, installé depuis toujours dans le quartier de La Crique, quasi uniquement fréquenté par des habitués. La cuisine créole y est à la fois excellente, copieuse et à tout petit prix : colombo de porc, jamais-goûté grillé et pimentade comptent parmi les spécialités du lieu. On y trouve également des jus de fruits frais (acérola et prune de Cythère notamment) et des glaces maison (cacahuète, coco…), selon les arrivages et l'inspiration. A essayer pour un bon repas local et typique.

KAZ MIMI €

40 Avenue de la Liberté
✆ 05 94 38 59 45
www.facebook.com/KazMimiCayenne
Ouvert du mardi au samedi de 11h à 16h, et du jeudi au samedi de 19h à 22h. Plats autour de 20 €.

Un incontournable pour déguster une excellente cuisine antillaise et haïtienne faite maison. Le restaurant a déménagé il y a peu dans une splendide demeure coloniale rénovée avec terrasse, située avenue de la Liberté. Vous y trouverez mets locaux comme les fricassées de cochon bois, du tatou, du cabri et gambas au lait de coco. N'hésitez pas à commander la spécialité, la fritaille haïtienne (en prévoyant un certain temps de préparation) ou encore l'excellent blaff d'acoupa. Des saveurs pimentées dans un joli cadre. Plats à emporter également.

AU MEKONG €

46 rue du Docteur-Barrat
✆ 05 94 31 85 02
Ouvert du lundi au samedi de midi à 14h et de 19h à 22h. Compter environ 20 € pour un repas.

Située un peu à l'écart de l'agitation du centre-ville, cette table a bonne réputation parmi les habitants de Cayenne. On y sert depuis de nombreuses années des petits plats réalisés dans le plus grand respect de la tradition vietnamienne, que ce soit la soupe tonkinoise (Phở) ou le bol de nouilles Bò bún généreusement agrémenté d'aromates, en passant par une gamme variée de raviolis vapeurs, rouleaux de printemps et autres petites douceurs venues de l'Extrême-Orient. De la cuisine saine, différente et pas chère, à déguster sur place ou à emporter.

© TROPIC ALIZE

LA MAISON PÉRUVIENNE - CAYENNE €€

3 rue de l'université ✆ 05 94 38 45 97
www.maison-peruvienne.com

Ouvert du mardi au samedi. Restaurant de 12h à 14h30 et 18h à 23h. Bar 12h-23h en continu. Plats à partir de 20 €.

1996, dans les rues de Lima au Pérou, Mariana régale les passants avec sa cuisine authentique et généreuse. Aventurière, elle s'installe en 2003 à Kourou et transforme sa propre maison en restaurant, puis ouvre également à Cayenne en 2019. Mariana a le sourire facile et aime à présent vous recevoir dans ce décor exotique, en intérieur ou en terrasse. Bien installé, vous voyagerez à travers des plats emblématiques et haut en couleur, tels que le Ceviche, Lomo saltado ou Aji de gallina…

© DELMER

LE MORPHO €

Centre commercial Hyper U

✆ 05 94 25 36 30

Ouvert tous les jours de 9h à 16h, sauf le dimanche. Environ 20 € pour un plat.

Installé dans un centre commercial, le Morpho est un des lieux les plus fréquentés de la zone et ses habitués y trouvent toujours un service rapide et souriant. Côté assiette, on a affaire à de la cuisine française oui, mais élaborée à partir de produits locaux et – tant que faire se peut – de saison. A côté de plats traditionnels simples et bien exécutés, le chef propose quelques suggestions assez originales et plus locales. Pour un repas copieux et à bon tarif, on peut dire que le Morpho est une belle surprise, tout en simplicité et bonne humeur.

AU RESTO DU COIN €

1 route de Montabo

✆ 05 94 39 13 69

Ouvert tous les jours de midi à 22h30, sauf le dimanche. A partir de 20 €.

Cette table située sur la route de Montabo a des allures de café de plage, avec sa déco à la fois simple et soignée et son atmosphère aussi chaleureuse qu'intimiste (surtout le soir). Côté assiette, les chefs se creusent la tête pour offrir un plat différent chaque jour : petit salé aux lentilles, tartare/frites, curry de volaille, hachis parmentier... On l'aura compris, c'est la cuisine française qui est ici à l'honneur ! Mais pas que : quelques plats locaux et créoles sont aussi à la carte. Bon rapport qualité/prix et service rapide.

LE PETIT RESTO €

10 rue Docteur Gabriel Devèze

✆ 06 94 93 90 90

Tous les jours 11h-15h, sauf dimanche. Soirs et week-ends sur réservation. Plats autour de 12 €. Service à emporter.

Un petit resto qui porte bien son nom ! On s'y attable dans une salle moderne aux murs orange et blanc. L'adresse, bien connue des locaux, régale ses convives de spécialités créoles, de la fricassée de cochon en passant par les boulettes de palika ou le couac servi en accompagnement. Bon à savoir : le menu est renouvelé quotidiennement. On aura ainsi par exemple une terrine de hareng en entrée, bavette grillée ou acoupa aux citrons verts en plat principal, accompagné de riz, lentilles et bananes frites, avant de terminer avec une glace mo Péyi !

TI KRAMPOUEZH €

17 bis boulevard Nelson Madiba Mandela

✆ 05 94 28 42 63

ti-krampouezh.e-monsite.com

Ouvert du mardi au samedi de midi à 14h et de 19h à 22h. Galette salée à partir de 5 €.

Ouverte depuis 2010, cette petite crêperie, digne représentante de la Bretagne, a fait ses preuves. Nostalgiques de la galette et de la crêpe seront ici comblés, à ceci près que la carte est audacieuse : en plus de proposer les recettes les plus traditionnelles, elle ose les saveurs locales et épicées. Par exemple la galette créole, à base de poulet boucané, ou encore la galette océane, qui conjugue à merveille crevettes avec émincé de champignons et fondue de poireaux. Possibilité de suivre l'évolution de la carte sur la page Facebook du restaurant.

LES PYRAMIDES €

9 rue Christophe-Colomb

✆ 05 94 37 95 79

Ouvert du mardi au samedi de 12h à 14h30 et de 19h à 22h, le dimanche de 12h à 15h. Environ 25 €.

Un accueil chaleureux et une cuisine généreuse. Ce restaurant propose un large choix de spécialités orientales servis à la carte qui vous transporteront en plein Moyen-Orient. Vous y retrouverez des salades chaudes et froides, des plats comme le couscous, des tajines, grillades et soupes, ainsi que quelques plats libanais. Mais également des douceurs sucrées comme le baklawa et un véritable thé à la menthe servi à la fin du repas. De plus, le restaurant dispose d'un rayon épicerie fine orientale avec notamment des huiles, arachides ou autres produits de qualité.

LE WOOD €

1 Rue de l'Université – Résidence Awaras – Local 1 Bat A

✆ 05 94 39 99 50

www.lewoodcayenne.com

Ouvert du mardi au samedi de 12h à 15h et de 18h à 22h30. Plat du jour 20 €.

Le Wood est le tout nouveau bar-restaurant de l'éco-quartier hibiscus à Cayenne, niché en plein cœur du quartier universitaire. Son concept : un véritable espace écoresponsable fait à partir de bois pour une clientèle en quête de zéro déchet et du « manger local ». Au menu, de savoureux plats sains et faits maison, préparés à partir de produits locaux dans une cuisine ouverte. Le Wood est un vrai espace de rencontres dans un cadre ouvert et chaleureux et accueille certains soirs des artistes locaux pour le plus grand plaisir de sa clientèle.

© PARIS CAYENNE

© PARIS CAYENNE

© PARIS CAYENNE

PARIS CAYENNE €€€

59 rue Lallouette ✆ 05 94 31 76 17
www.pariscayenne.fr

Ouvert du mardi au vendredi de 12h à 14h et de 19h à 22h, et le samedi soir. Plats à partir de 25 €.

Un établissement qui a acquis ses lettres de noblesse en 40 ans d'existence. La carte originale avec une touche d'exotisme, un accueil parfait, un cadre subtil (expo d'artistes locaux aux murs, éclairage feutré et ambiance musicale mesurée), autant d'éléments qui en ont fait la référence à Cayenne : ravioles d'acoupa parfumées au gingembre, bosse de zébu aux fruits rouges, risotto de gambas safrané et sa tuile de parmesan grillé... Belle carte des vins et de rhums. Repas d'affaires le midi, atmosphère plus *lounge* le soir. Labélisée « Maître Restaurateur » en 2018.

© PARIS CAYENNE

© DELMER

HÔTEL KER ALBERTE - LE K RESTAURANT €€

4 rue du Docteur-Sainte-Rose
✆ 05 94 25 75 70
www.hotelkeralberte.com

En semaine de midi à 14h30 et de 18h à 23h, le samedi uniquement en soirée. Menu midi à partir de 19 €. 40 € le soir.

Le K Restaurant (la table de l'hôtel Ker Alberte) propose à présent carte qui fleure bon l'Italie : salade de la mer, gratin d'aubergine, poulpe grillé et sa crème de patate douce, lasagnes au four, risotto maison, crevettes de Guyane grillées, filet de bœuf aux champignons... Le tout dans un cadre très agréable, au bord de la piscine. En dessert on pourra craquer pour le tiramisu ou encore la panna cotta pour clore en beauté cette halte gourmande.

LA PETITE MAISON €€

23 rue Félix-Éboué
✆ 05 94 38 58 39
www.restaurantlapetitemaison.com

Lundi, mardi, jeudi et vendredi de 12h à 14h et de 19h à 22h, mercredi et samedi uniquement le soir. Plat 20 €.

Depuis 2007, le restaurant la Petite Maison, installé dans une demeure créole rénovée aux couleurs chatoyantes et pleines de charme propose une cuisine inventive et fraîche ! Poulet boucané en escalope ou poisson à la tahitienne en entrée, Saint-Jacques sauce vanille ou magret de canard à l'oseille pays en plat, et charlotte au cupuaçu en dessert, voici quelques suggestions de la carte, concise et originale. Sans être très copieux, les plats sont soignés. Cadre splendide (l'étage, aéré, compte un espace avec une table pour deux), service rapide et souriant.

RESTAURANT LE BOEUF AU JARDIN €€

31 lot Heliconias ✆ 05 94 46 26 97
www.leboeufaujardin.com

Ouvert du mardi au samedi midi et soir. Menu express à 25 €. Plats autour de 20 €. Maitre restaurateur.

Le chef cuisinier Didier Boyer vous accueille dans ce très bon établissement ! Ici, la carte change tous les mois, selon l'humeur du chef et les suggestions du marché, pour vous faire découvrir de nouveaux plats ou mettre en valeur la façon originale de les préparer ! Les viandes sont travaillées, comme le ris de veau braisé au four sauce vigneronne, et la carte donne aussi la part belle à la pêche locale. Pour couronner le tout, le cadre entouré de verdure est très agréable.

SAKURA €€

18 bis rue Rouget-de-L'Isle
✆ 05 94 37 98 83

Ouvert du lundi au samedi de midi à 14h30 et de 19h à 22h. Environ 35 € par personne.

Cadre très sympathique et intimiste, avec ambiance « à la japonaise » réussie pour le Sakura, immanquable avec son enseigne lumineuse rose, en plein cœur de Cayenne. En salle climatisée ou en terrasse, vous pourrez déguster tous les grands incontournables de la cuisine nipponne, des makis avocat-saumon aux classiques sushis et sashimis, à accompagner du très bon et rafraîchissant thé glacé fait maison. Terre créole oblige, vous pourrez également goûter à quelques adaptations à la sauce locale plutôt bien senties. Une adresse exotique.

SUSHI BAR €€

38 rue Lallouette
✆ 05 94 30 53 58
www.sushi-bar-guyane.com

Ouvert du lundi au samedi de 12h à 15h et de 19h à 22h30. Compter environ 30 € par personne.

Dans une salle (climatisée) à l'ambiance feutrée – éclairage tamisé et décoration néo-asiatique – ou en terrasse intérieure (ventilée), la sympathique équipe de service s'occupe de vous apporter une bonne cuisine japonaise : sushis, sashimis, makis et autres *rolls* de poissons et légumes, sans oublier une petite sélection de brochettes, tous les grands classiques sont au rendez-vous. Le chef s'amuse toutefois à revisiter les recettes consacrées en y ajoutant des ingrédients locaux... les habitués des tables nipponnes doivent s'attendre à quelques surprises !

LA TAVERNE €€

26, rue Molé
✆ 05 94 29 04 66

Ouvert du lundi au samedi de midi à 14h30 et de 19h à 22h30. Plats autour de 20 €.

La taverne porte bien son nom : cadre rustique à l'ambiance chaleureuse du Sud-Ouest, accueil à la bonne franquette, et généreuses portions de viandes : grillades variées (entrecôte, brochette, jarret de porc, etc.), magrets de canard et andouillettes... on ripaille gaiement ! A côté de quelques assiettes un peu plus « light » type salade landaise, signalons un large choix de poissons locaux, cuits au grill : loubine, croupia, acoupa, crevettes au piment. Cuisine française donc, proposée en plats copieux à souhait et accueil des plus sympathiques.

LE PARTAGAS €€€

50 avenue Voltaire
✆ 05 94 30 51 36
www.facebook.com/lepartagas

Du lundi au vendredi midi et soir, et le samedi soir. Menu midi à 30 €.

Installé au bout de l'avenue Voltaire, le Partagas est une bonne adresse pour qui souhaite goûter à une cuisine traditionnelle française mâtinée de saveurs exotiques. Les formules-midi sont une bonne occasion de tester les talents du chef sans se ruiner : salade de lardons et feta ou mousseline de saumon en entrée, filet de volaille et sa crème champignon-cognac ou acoupa braisé et son beurre blanc au basilic en plat principal... On ne saurait que recommander la crème brûlée pralinée en dessert ! Présentation des plats et service soignés, belle carte des vins.

1922 AUTHENTIQUE BAR

39 avenue Louis Pasteur
✆ 06 94 27 91 27
www.facebook.com/1922authentiquebar

Bar à cocktails ouvert du mardi au samedi de 18h à 2h. Événements, concerts et ventes privées occasionnellement.

Ce petit bar, aux portes du centre-ville, dévoile un décor feutré et intimiste. Dans une ambiance lounge, la clientèle, plutôt habituée des lieux, pourra déguster un vaste choix de cocktails, du plus basique au plus surprenant. Ne pas hésiter à tester le « Décalé chinois » (champagne, liqueur de gingembre et litchi), ou encore le spécial rhum au bois bandé confectionnés avec soin par une équipe de professionnels du cocktail. Avec le Café de la gare, le 1992 constitue l'une des deux options sympas pour découvrir Cayenne *by night* en semaine.

BOULANGERIE VICTOR MARTIN

2346 route de Baduel ✆ 09 76 50 97 78
www.facebook.com/boulangerievm

Ouvert tous les jours de 6h à 19h, sauf le dimanche. Petit déjeuner à partir de 4,50 €, menu sandwich à partir de 8 €.

Une excellente boulangerie de tradition française proposant les classiques (baguettes, pain au chocolat et croissant), mais aussi une gamme de pains assez variée comme le pain sportif (complet, aux fruits secs) ou le petit pain aux lardons, un régal ! D'autres viennoiseries sont en vitrine, ainsi que d'alléchantes pâtisseries (les choux à la crème citron sont à tomber !), de copieuses tartines, de solides sandwiches ainsi que des salades. Service rapide et sympathique.

LE CAFÉ DE LA GARE

42 avenue Léopold Héder
✆ 05 94 28 53 20
www.facebook.com/CDGcayenne

Ouvert tous les jours de 19h à 1h (plus tard le week-end). Restauration sur place.

Lieu parfait pour faire des rencontres en tout genre, en écoutant des styles de musique très variés. Les concerts/cabarets du week-end sont très appréciés et vous pourrez aussi assister à des ateliers/conférences sur des sujets d'actualité en début de soirée. Soirées thématiques en semaine avec kizomba le mardi, bachata le mercredi, salsa le jeudi, karaoké ou soirée à thème, le vendredi et concert le samedi. Pour être au parfum des événements se tenant lors de votre passage à Cayenne, une seule direction : la page Facebook du café.

CAYENNE CAFÉ

65 rue Justin Catayée
✆ 06 94 44 84 07
www.facebook.com/cayennecafe

Ouvert tous les jours de 19h à 1h, sauf le dimanche. Karaoké le lundi et piano-bar le jeudi.

Un bar *lounge* à l'atmosphère feutrée dans lequel il fait bon déguster un cocktail dans le coin salon ou sur la terrasse. Le choix est large : entre autres, une vingtaine de cocktails différents avec ou sans alcool, une vingtaine de sortes de rhum et tout autant de bières (quelques belles étiquettes belges notamment), une quarantaine de whiskies ainsi qu'une large sélection de champagnes. Lors des soirées karaoké, le bar est plein à craquer et l'ambiance se fait électrique. Les autres soirs, l'atmosphère se veut plus sereine et intime.

COCOSODA

Plage de Zéphir
✆ 06 94 45 35 04
www.facebook.com/cocosodabar

Horaires et jours d'ouverture variables mais généralement ouvert en fin de semaine de 17h à 1h.

Un incontournable lors de votre passage, où aller boire un verre les pieds dans le sable, dans une ambiance détendue. Niveau musique il y a de tout, mais surtout de l'électro et les tubes du moment. De nombreux fauteuils en matériaux de récupération y sont installés autour d'un camion peinturluré de couleurs chaudes, conférant au lieu ce je-ne-sais-quoi de bohème. Un bar très apprécié des métros (métropolitains, généralement de passage en Guyane) vivant à Cayenne. N'hésitez pas à consulter la page Facebook du Cocosoda pour vous tenir au fait des évènements.

EDYS - LES PLAISIRS DU GOURMET

15 avenue Léopold-Helder

Ouvert du lundi au vendredi de 6h45 à 20h, le samedi et le dimanche de 8h à 11h et de 16h à 20h.

La spécialité de l'établissement, ce sont les glaces au yaourt 100 % faites maison, que vous pourrez customiser à souhait avec des coulis locaux (lozey, maracudja, mangue, pino, gingembre, goyave, corossol, et bien d'autres saveurs tropicales encore.), fruits ou gâteaux. Mais vous y trouverez également des crêpes, des gaufres, du bon pain, des viennoiseries et quelques pâtisseries *péyi* ! Un endroit idéal pour une pause café ou pour prendre un goûter frais.

LE MAEVA

33 avenue d'Estrées

✆ 05 94 31 20 03

www.facebook.com/lemaeva.cayenne

Ouvert du lundi au samedi de 6h à 19h.

Le Maeva est un incontournable pour les petits déjeuners dont il existe plusieurs formules. Cette pâtisserie, snack et salon de thé à la fois a fait sa réputation grâce à la qualité de ses gâteaux et viennoiseries. Les tartelettes (celles à l'oignon sont incroyables) et les chouquettes, entre autres, y sont très prisées. Vous pourrez également déjeuner léger le midi avec un large choix de salades et de sandwichs sur place ou à emporter. Si vous souhaitez vous attabler, ne faites pas la queue le long des vitrines mais allez directement dans la salle du restaurant.

ELDO TERRASSE - SALADE BAR GLACIER

21 Place des palmistes

✆ 05 94 29 33 98

www.facebook.com/eldoterrasse

Ouvert en semaine midi et soir. Samedi et dimanche de 17h à 23h.

Une petite vitrine de glaces succulentes, artisanales et aux parfums locaux vous attend au premier étage du cinéma, qui est aussi un snack-bar (proposant salades, burgers, pains gourmands, crêpes sucrées et salées ainsi que des gaufres). On profitera de la terrasse à l'étage pour s'offrir un moment de détente tout en appréciant le panorama sur la place des Palmistes. Les soirs de week-end, les jeunes Cayennais aiment s'y retrouver pour boire un verre.

NATH CAFE

33 rue Justin Catayée

✆ 05 94 31 76 16

ww.facebook.com/Nathcafe

Ouvert tous les jours de 7h à 19h. Wi-Fi.

Ce salon de thé confortable et convivial offre une pause très agréable et gourmande au visiteur. Cafés du monde, boissons variées et originales (thés, chocolats, smoothies, jus locaux), pâtisseries de qualité, sandwichs frais et quiches maison, de quoi se faire plaisir dans un cadre cosy et moderne. A tester absolument au Nath Café : les *bubble teas* lactées ou fruitées, à personnaliser avec des perles de tapioca, des bonbons à la gelée ou encore des perles de jus. Foncez, c'est la spécialité du lieu, à consommer chaude ou froide !

GLACES KINDOU

47 rue Lallouette

✆ 06 94 21 18 48

glaces-kindou.business.site

Ouvert du mardi au samedi de 11h à 13h30 et de 16h30 à 20h, le dimanche de 8h à 14h. A partir de 3 €. 1/2 litre 6 €.

C'est à deux pas de la cathédrale, en plein cœur de Cayenne, que l'on débusque l'excellent glacier Kindou, parfait pour une halte gourmande. On aura le choix entre de nombreuses propositions de saveurs locales et de saison (en avril par exemple, la glace d'awara est en vitrine) ! On ne saurait par ailleurs que trop recommander l'incroyable glace cacahuète, ainsi que, pour les gourmands, une comtesse, délicieuse friandise créole, le tout à déguster en terrasse ou dans la jolie cour. A noter que le dimanche, les glaces se vendent au demi-litre (ou litre) uniquement.

ATOL GUYANE

1168 Route de Montabo

✆ 05 94 31 55 35

www.opticiens-atol.com

Ouvert du lundi au vendredi de 9h à 13h et de 15h à 18h. Le samedi de 9h à 13h. Fermé le dimanche.

Yanick et son équipe mettent leur expertise à votre service et vous délivrent une qualité de services et de conseils exceptionnels. Ils sont à l'écoute de vos besoins visuels et vous apportent une solution personnalisée. L'enseigne propose un large choix de lunettes, de la monture de luxe aux lunettes en entrée de gamme. Un examen de vue est réalisé sur place si nécessaire et montage possible en 1h en fonction de la correction.

ALOHABEACH SURF SHOP

2955 route de Baduel

✆ 05 94 39 07 43

Ouvert le lundi de 15h30 à 18h30, du mardi au samedi de 9h30 à 12h30 et de 15h30 à 18h30.

AlohaBeach a déménagé et bénéficie désormais d'un espace plus grand qu'auparavant. Cette boutique-surfshop est spécialisée dans les sports de glisse : surf, bodyboard, kitesurf, paddleboard, roller, skateboard... On y trouve donc le matériel nécessaire à la pratique de tous ces sports de glisse (planches, combinaisons, etc.), mais aussi toutes les meilleures marques de vêtements liées au monde de la glisse. Les représentants internationaux du *surfwear* sont au rendez-vous : Volcom, Oxbow, Quicksilver et Roxy, Oakley, DC shoes… Une référence à Cayenne !

AU CŒUR DU BOIS

43, avenue du Général-de-Gaulle

✆ 05 94 28 75 00

Ouvert du lundi au samedi de 9h à 12h30 et de 16h à 19h.

Cette coquette boutique lovée dans une cour intérieure expose le bois dans toute sa splendeur et sous toutes ses formes : tables de salon, lampes, caves à cigares, rangements pour CD, services de table, bijoux et boîtes à bijoux… Des créations très originales exclusivement en bois de Guyane. Pour les voyageurs qui disposent d'une part du budget et d'autre part de temps, il est possible de commander la fabrication de meubles en bois précieux sur mesure. Le devis est gratuit et les délais de réalisation de l'ordre d'une trentaine de jours.

CASA LATINA

64 rue Lallouette

✆ 05 94 38 77 61

www.facebook.com/TipicosAndinos

Ouvert le lundi de 16h à 19h et du mardi au samedi de 9h à 12h30 et de 16h à 19h.

Belle boutique d'artisanat sud-américain, et particulièrement des Andes. Des articles en laine d'alpaga comme les ponchos, pulls, gilets, vestes, écharpes, bonnets, chaussettes et prêt-à-porter en coton pour hommes, femmes et enfants. De nombreuses idées cadeaux également, en provenance de la cordillère andine, que ce soit du Pérou, d'Équateur et de Colombie, bijoux précolombiens, maroquinerie, poterie, hamacs, de magnifiques miroirs et une superbe collection d'objets de décoration variés issus du savoir-faire des peuples de ces montagnes pas si lointaines.

EQUATEUR

65, rue Lallouette

✆ 05 94 30 24 51

equateur973.com

Ouvert du lundi au vendredi de 9h30 à 13h et de 16h à 19h, samedi de 9h30 à 13h et de 17h à 19h.

Des vêtements, des bustiers et des dentelles, des paréos peints à la main, des sacs à main, des T-shirts souvenirs magnifiques et des objets en bois exclusifs (stylos et porte-plumes notamment) à des prix raisonnables. Signalons la très belle gamme de bijoux exotiques que l'on trouve sur les étalages de la boutique Equateur : feuilles et fleurs baignées dans l'or, cornes de zébus ouvragées et serties de pierres semi-précieuses, accessoires amérindiens... Accueil des plus chaleureux dans une très belle maison créole du centre-ville.

LA CHRYSALIDE

Rue Lallouette

✆ 05 94 30 20 08

Ouvert du lundi au samedi de 9h à 13h et de 16h à 19h30.

Boutique spécialisée dans l'artisanat ethnique, collier, bois sculpté, poteries, peintures « Tembé », les superbes « ciel de Kaz » et dans les objets de décoration fabriqués en Guyane. Vous trouverez également un choix de papillons et d'insectes mis sous cadre par un excellent entomologiste. Un travail de professionnel dans une très jolie boutique. A noter également un grand rayon épicerie fine avec des produits labellisés « bio » et « commerce équitable », et une grande variété de thés d'exception... Un moment de détente et de découverte très appréciable.

GUYALIRE

10 avenue de la Liberté

✆ 05 94 27 15 63

Librairie en ligne.

Première librairie des DOM-TOM et donc de Guyane intégralement virtuelle, Guyalire offre un grand choix d'ouvrages aux particuliers, entreprises, collectivités, bibliothèques... Notons qu'il est possible de passer commande de livres publiés chez quasiment tous les éditeurs. La librairie Guyalire s'est également donné pour objectif la promotion de la littérature guyanaise et ultramarine en général, notamment à travers la diffusion des ouvrages édités par Ibis Rouge et Orphie. Vous y trouverez également des coffrets et box cadeaux.

LETTRES D'AMAZONIE - LA CAS'A BULLES

51 rue du Lieutenant-Goinet
✆ 05 94 28 26 05 - www.kazabul.com
Ouvert du lundi au vendredi de 9h à 13h et de 15h à 19h.

La seule véritable librairie de Cayenne, installée dans une jolie maison créole, fait en sorte d'avoir en stock tous les livres sur le département. Un grand choix de littérature générale (cuisine, philosophie, voyages), bandes dessinées et de mangas. L'équipe organise régulièrement des séances de dédicaces et participe avec l'association Carbet des bulles, à l'organisation chaque année d'un festival de la bande dessinée réunissant toutes les pointures internationales.

KEUR DE WAX

2 400 route de la Madeleine
✆ 05 94 35 27 25
keurdewax.pagesperso-orange.fr
Ouvert du lundi au samedi de 9h30 à 18h.

Keur de Wax est une boutique des plus originales. On y débusque les créations de l'inspirée Marie Diallo : à partir de tissus en wax aux motifs gais et colorés venus d'Afrique, elle réalise des modèles aux coupes européennes traditionnelles. Le résultat est un véritable enchantement, parfaite combinaison de la forme et du fond. Elle peut également vous confectionner des vêtements sur mesure, à condition d'avoir un peu de temps. Ambiance afro ici : masques, tabourets et objets en bois sont également en vente. Certes, c'est un peu cher, mais unique !

LIBRAIRIE LA LEGENDE DU COLIBRI

84 rue Victor Schoelcher
✆ 05 94 39 23 77
www.kazabul.com
Ouvert du mardi au vendredi 9h-13h et 15h-19h, le samedi 9h-13h et 16h-19h.

La Légende du Colibri est une toute nouvelle librairie spécialisée, hébergée dans une superbe maison créole récemment restaurée, en plein centre-ville de Cayenne. C'est ici que l'on trouve le plus grand choix en bandes dessinées, mangas et comics des Antilles et de la Guyane. Également sur les étagères, un large choix d'ouvrages plus généraux. Une belle occasion de découvrir le paisible bord de mer, à 50 mètres de la sculpture les « Chaînes brisées ».

GUYANE OCCASIONS

ZI Collery 1

✆ 05 94 35 04 07

www.guyaneoccasions.com

Des experts pour vous aider à trouver le véhicule de vos rêves. Avec des agences de Cayenne à Saint Laurent en passant par Kourou, depuis plus de 10 ans l'équipe de Guyane Occasions se donne pour mission de vous accompagner dans la recherche du véhicule d'occasion qui vous correspond. La marque, le prix, le modèle, les équipements sont d'autant de questions que l'on se pose lorsqu'on cherche un véhicule. Leurs experts vous aideront à choisir celui qu'il vous faut, de la petite citadine au solide SUV, de la berline à la voiture familiale.

MARCHÉ DES PRODUCTEURS DE CAYENNE

D18

Tous les samedis de 5h à 15h en face du Super U.

C'est sur le parking du centre commercial du Super U, sur la départementale numéro 8, que le marché des producteurs de Cayenne se tient tous les samedis matin. Producteurs, éleveurs, agriculteurs et restaurateurs y installent leur stand et proposent les récoltes de la semaine. Vous y trouverez des fruits et légumes frais ainsi que divers produits, parfois différents de ceux que l'on trouve sur le marché de Cayenne. Le tout dans une sympathique ambiance populaire.

CENTRE AQUATIQUE DE CAYENNE

1051-1077 Route de Baduel

✆ 05 94 25 28 11

Horaires différents selon les périodes de l'année, consultez le site internet. Tarif adulte : 4 €.

Récemment rénovée, cette structure dispose dorénavant d'un bassin olympique de 50 mètres divisé en une dizaine de couloirs, d'un bassin d'apprentissage et d'échauffement de 400 m², d'un sauna, d'une salle de musculation et d'une tribune de 500 places. Activités proposées (aquagym, cours de natation, etc.). Bonnet et maillot de bain obligatoires (pas de short pour les hommes). Un lieu propre et accueillant qui ravira les nageurs de passage en ville.

FITNESS PARK

574 Avenue Justin

✆ 06 94 31 76 32

Ouvert tous les jours de 6h à 23h.

Avec plus de 200 clubs de gymnastique et fitness à travers la France métropolitaine et les DOM-TOM, Fitness Park fait des émules dans le monde du sport, et Cayenne n'est pas épargnée ! Équipé d'espaces variés et de tout le matériel dernière génération, géré par des coachs formés, le Fitness Park est le temple des silhouettes élancées et des muscles bien dessinés. Il est par ailleurs possible de participer à des cours collectifs du type cross-training ou encore cardio-training. Amateurs de sueur et de dépassement de soi, vous avez frappé à la bonne porte.

FITNESS PLAZA - ESPACE KATOURY

Espace katoury, rocade de zéphir

✆ +594 594 25 11 10

Accès illimités 7J/7 de 6h30 à 22h du lundi au vendredi ; de 6h30 à 20h, le samedi ; de 8h à 17h le dimanche.

Le concept Fitness Plaza se constitue de deux établissements à Cayenne et Matoury. Vous y trouverez d'excellents équipements sportifs, un choix XXL de cours, des coachs formés et compétents et des promotions régulières. Un bilan-conseil est offert à votre arrivée. L'accès est illimité 7j/7 et sans engagement. Plusieurs espaces sont accessibles : musculation, cardio et sauna. Des cours collectifs coachés sont régulièrement proposés ainsi que des coachings personnalisés.

GUYAPECHE - GUYACHASSE

8 rue Rouget-de-Lisle

✆ 05 94 31 82 50

www.teamguyapeche.fr

Ouvert du mardi au samedi de 9h à 12h30 et de 15h30 à 18h30.

Vous trouverez ici tout le matériel pour partir en carbet, à la pêche, à la chasse, et également des coupes et des trophées. Excellent accueil et conseils. C'est aussi un surplus militaire où l'on dégotte tout le matériel adéquat, quoiqu'un brin passé de mode, pour partir à l'assaut des forêts et des cours d'eau du département. Vous y trouverez également tout le matériel de tennis. Guyapêche est le sponsor principal de la Team Guyapêche, une association qui propose des sorties pêche, découverte de la forêt et des activités nature.

SKATEPARK RÉGIONAL DE ZÉPHIR

Route de Montabo

Ouvert tous les jours.

Inauguré en avril 2015, le skatepark régional de Zéphir, situé à Montabo, fait le bonheur des mordus de la roulette ! L'endroit est ludique, avec plusieurs modules pour *rider* et une grande rampe. En plus de cela, cet espace fermé offre la possibilité aux familles de venir s'y balader avec leurs tout petits, autant que de profiter de l'espace boisé et bien aménagé qui surplombe le grand bol. Attention aux embouteillages aux alentours du parc à l'heure de pointe.

CINEMA ELDORADO

21 place des Palmistes

✆ 05 94 29 33 98

eldoradoguyane.jimdo.com

Ouvert mercredi, jeudi et vendredi. Entrée 7 €, enfants de moins de 12 ans 5 €. Ciné - philo 6 €.

Jadis haut lieu de lieu de l'expression artistique cayennaise, le cinéma de la place des Palmistes est un petit complexe monté sur trois étages et abritant deux salles d'une capacité de 300 places et un espace dédié au spectacle vivant et aux expositions. Sa programmation de qualité, résolument tournée vers le cinéma d'auteur et les films du monde, est une aubaine pour les cinéphiles. Consultez le programme avant de vous y rendre, des pièces de théâtre s'y tiennent souvent. Astuce : lorsque le cinéma est ouvert, le glacier du premier étage l'est aussi !

LA COMPAGNIE ZOUKOUYANYAN

32 bis rue du Lieutenant-Becker

✆ 06 94 28 42 36

zoukouyanyan.com

Adhésion 30 € pour une durée d'un an (réductions sur les stages et les activités).

Cette association dynamique œuvre pour la promotion du conte et du spectacle vivant, depuis plus de 10 ans. Zoukouyanyan organise aussi sur demande des randonnées contées, des veillées spectacles, des stages et des ateliers. Enfin, au mois de mai, l'association organise depuis quelques années le festival Koute Pou Tande auquel des conteurs du monde entier sont invités. Afin de saisir un peu mieux la culture guyanaise et créole, nous recommandons de visiter le site internet de l'asso !

POLYMECA VILLAGE

650 route de Baduel

✆ 05 94 28 70 10

Lundi de 10h à 12h30 et de 15h30 à 18h30, du mardi au vendredi de 9h à 12h30 et de 15h30 à 18h30, samedi de 9h à 12h30.

Cet établissement est un concessionnaire spécialisé qui offre depuis plus de 30 ans le plus large choix en Guyane de motos, scooters, quads et de vélos. Un showroom pour les accessoires et un atelier de réparation toutes marques est aussi proposé sur place. Vous pourrez également y trouver des véhicules électriques. Polymeca Village est un représentant officiel Yamaha (qui propose le nouveau Tmax depuis avril 2022), et l'établissement propose aussi les marques Royal Enfield, Kymco, Orcal, Keeway, Fantic, Mash, Moto Moroni et Bridgestone pour les pneus.

© VILLAS CREOLES

© POLYMECA

EPCC - LES TROIS FLEUVES

Route de Montabo
✆ 05 94 28 94 00
www.troisfleuves.fr

Rendez-vous sur le site internet ou la page Facebook pour en suivre les actualités culturelles.

L'établissement public de coopération culturelle (EPCC) les Trois Fleuves est une structure récente qui vise à mettre en lumière et en perspective les richesses culturelles de la Guyane, dans le domaine du spectacle vivant et des arts plastiques, tout en proposant une programmation riche et variée en provenance du monde entier. Tous les mois, de nombreux spectacles et expositions sont organisés. En vous rendant sur le site internet de l'EPCC, vous serez d'une part en mesure de connaître les prochains spectacles donnés en ville, mais aussi d'acheter un ticket.

MOONLIGHT

464 chemin Grant
✆ 05 94 39 10 00

Ouvert vendredi et samedi de 23h à 6h. Tenue correcte exigée. 16 € l'entrée, conso incluse. Réservé aux plus de 25 ans.

Joli cadre pour cette discothèque qui propose de manière générale une musique variée. Des soirées spéciales sont organisées, des cours de danse sont régulièrement donnés (salsa et bachata notamment) et des DJ populaires sont fréquemment programmés. Toutes les générations y trouvent leur compte (attention, l'entrée est réservée aux plus de 25 ans !) en fonction du jour choisi. Un sympathique bar extérieur-patio permet de prendre l'air avec un bon cocktail et des sessions DJ sont également organisées occasionnellement en extérieur.

LE SOLEIL LEVANT - CHEZ NANA

Route la Madeleine
✆ 06 94 38 05 05

Ouvert le samedi de 22h à 5h. Le vendredi et samedi soir en période de carnaval.

Véritable lieu légendaire des bals paré-masqué de Cayenne (cette institution existe depuis 1956), situé en centre-ville, Le Soleil Levant (l'établissement est également nommé Chez Nana) est avant tout connu des amateurs de bals pendant le carnaval : c'est ici que les touloulous se rendent les week-ends en période carnavalesque pour danser jusqu'au petit matin. Également surnommé « l'université du Soleil Levant », c'est LE temple du carnaval de Guyane !

RÉMIRE-MONTJOLY ★★★

Située à 8 km de Cayenne à l'embouchure du fleuve Mahury, cette commune résidentielle est bordée de longues plages étroites. Elle est délimitée par la mer à l'est, le canal de la crique Fouillée au sud-ouest et la montagne Tigre au nord-ouest. La commune est issue d'une fusion datant de 1969 entre les communes de Rémire et de Montjoly. Elle compte aujourd'hui plus de 25 000 habitants, les Rémire-Montjolyens. Le long de la route des Plages, à la faveur d'une agréable balade, on découvre de splendides demeures, vestiges de l'histoire guyanaise. Marché agricole le jeudi (6h-14h) et marché aux puces le 2e samedi du mois (8h-15h), rue du Vieux Chemin.

CENTRE D'EXPOSITION D'ARTS ET DE CULTURES PAGARET

Impasse de Lattre de Tassigny
✆ 05 94 28 25 10

Ouvert en semaine de 8h à 12h45 et 15h à 17h45, fermé les lundis et les vendredis après-midi. Entrée gratuite.

Cette salle d'expositions temporaires destinée aux artistes guyanais propose de nombreuses manifestations en rapport avec l'histoire et la culture des populations de Rémire-Montjoly, mais aussi des environs directs, Cayenne inclus. Elle occupe les murs de la première école de Rémire-Montjoly construite en 1908 dans le but d'accueillir les sinistrés de l'éruption de la montagne Pelée qui fit déferler des nuées ardentes sur l'île de la Martinique en 1902.

COLLINE MONTRAVEL ★

Avenue Montravel

Site historique. Accès libre.

Le gouverneur Tardy de Montravel voulait installer ici même la nouvelle résidence du gouverneur. Sa mort mit fin au projet et la colline garda son nom. Aujourd'hui, des aires de pique-nique et une aire de jeux pour enfants ont été aménagées. Pour explorer les alentours, vous aurez le choix entre l'allée des Mombins et le sentier des pêcheurs (d'où l'on voit les îlets Le Père, La Mère et L'Enfant-Perdu). La plage des fromagers, ombragée, permet de se baigner à marée haute et très prisée les week-ends. On peut apercevoir des polissoirs amérindiens dans les rochers.

FORT DIAMANT ★

Route des Plages

Accès libre.

En venant de Rémire-Montjoly, continuez pendant quelques kilomètres sur la route des Plages. Sur votre gauche, vous apercevrez le fort Diamant, un édifice militaire construit au XVIIIe siècle et qui avait pour fonction de servir à la surveillance de l'entrée de l'estuaire du Mahury. En fait, la présence de ce fort n'a en rien empêché les invasions hollandaise, anglaise et portugaise. L'intérêt du site réside surtout dans le panorama, qui s'étend jusqu'aux marais de Kaw où la forêt de palétuviers est aujourd'hui attaquée par la mer.

HABITATION LOYOLA

Route de Rémire, PK8,5 ✆ 05 94 35 47 73

habitationloyola.org

Accès libre toute l'année. Possibilité de visite guidée (envoyer un e-mail ou contacter l'office de tourisme).

Fondée en 1668, l'habitation Loyola fut l'une des exploitations agricoles coloniales européennes les plus importantes de son temps. Son fonctionnement fut celui d'une société multiethnique où cohabitaient les pères Jésuites, administrateurs du site, les travailleurs européens, un grand nombre d'esclaves venus d'Afrique et une poignée d'autochtones. Couvrant près de 1 000 hectares à son apogée, l'habitation Loyola est parvenue à s'imposer comme l'un des principaux centres de production de cacao, de café et de sucre, mais aussi, dans une moindre mesure, de poterie et de forge en Guyane. En 1740, les Jésuites y introduisent même la culture de l'indigo.

Bientôt appauvrie par la baisse des prix du cacao et du café, mais aussi par un ralentissement de la production de ses sols, l'habitation se tourne vers la production de mélasse et la distillation de tafia, avant d'abandonner pour de bon l'activité sucrière, comme l'indigo, et de se reconvertir dans la production cotonnière. En 1763, le roi Louis XV ordonne l'expulsion des Jésuites du Royaume de France. Déclarée en faillite, la Compagnie de Jésus quitte l'habitation qui sera par la suite réquisitionnée par l'armée française et qui jouera son rôle dans le cadre de l'expédition de Kourou.

Lors de la visite, vous emprunterez un sentier formant une boucle de 4,6 km, qui vous permettra d'accéder aux vestiges de l'habitation : la maison des maîtres, la chapelle, la sucrerie ou encore le moulin à vent. Les murs éventrés ou peu élevés sont autant de témoins d'une prospérité disparue.

HABITATION VIDAL - SENTIER VIDAL-MONDÉLICE ★★

Stade Edmard Lama

✆ 06 94 38 25 52

Itinéraire de promenade de 3,5 km. Accès libre.

Habitation Vidal : après environ 45 minutes sur un sentier aménagé en parcours de santé, au cœur d'une forêt luxuriante, on aboutit à une clairière où subsistent des vestiges de la plus grande exploitation agricole que connut la Guyane du XIXe siècle : l'habitation Vidal, jadis nommée Mondélice. Devant le spectacle de ces instruments et machines rouillés et couverts de végétation, il est difficile d'imaginer que le site était occupé par une exploitation extrêmement rentable. Au milieu pourtant, un large moulin à mules aux murs de pierre et quelques machines à vapeur d'origine anglaise témoignent du dynamisme économique d'autrefois.

Si la plantation accueillait plusieurs types de cultures, c'est la canne à sucre qui fit essentiellement la fortune de son propriétaire, Vidal de Lingendes. Asséché, le marais environnant offrait un espace gigantesque pour cultiver la canne qui, transformée sur place, fournissait sirop, rhum et mélasse. Si elle paraissait invulnérable, l'exploitation périclita pourtant très rapidement, subissant successivement les effets de la chute du cours du sucre et de l'abolition de l'esclavage. Isolé et sans surveillance, le chantier se trouve sans protection face aux pilleurs. Les fouilles, qui se poursuivent de nos jours, dévoilent progressivement les secrets de cette époque encore mal connue.

Lors de la visite, faisant face au sentier, vous découvrirez sur votre droite un autre chemin beaucoup plus étroit qui s'engouffre dans un tunnel végétal. N'hésitez pas à l'emprunter pour ensuite revenir sur vos pas. D'apparence sauvage, ce petit sentier est en fait balisé par des marques sur les arbres et rejoint l'itinéraire principal après avoir serpenté au milieu de la forêt. Vos pas vous feront remonter le temps, de l'apogée à la décadence de la sucrerie, dans ce lieu qui a considérablement marqué l'histoire de la Guyane et de ses familles.

Un parcours d'orientation a été mis en place en juin 2015 sur ce sentier. Pour profiter au maximum de ces balades, un panneau d'information et 70 plaquettes signalétiques sont mis à la disposition du public. Le parcours d'orientation se décline en trois circuits : le circuit facile de 1,5 km (45 minutes), le circuit difficile de 3 km (une heure et demie), et le circuit très difficile de 7,5 km (trois à quatre heures). La proximité des marais rend le site très apprécié des moustiques, surtout par temps pluvieux. Il est recommandé de se munir d'un spray répulsif avant d'entamer cette balade.

PLAGES DE RÉMIRE-MONTJOLY ★

La commune est bordée sur plusieurs kilomètres de superbes plages façonnées par l'érosion. La forêt offre à la plage un arrière-plan splendide et mystique. A marée basse, l'océan paisible invite à une baignade sans grand risque. A marée haute, il gratifie les surfeurs de vagues régulières et quelquefois impressionnantes. Le week-end, les plages sont très fréquentées sans être surpeuplées. Attention, ici il n'y a pas de sauveteur et le courant peut être très dangereux !

SENTIER DU ROROTA ★★

Chemin du Rorota

En marchant d'un pas modéré, comptez environ 1h le circuit (en boucle) de 3,4 km.

Un magnifique parcours circulaire longe la crête du plateau du Rorota et surplombe la côte en offrant quelques splendides points de vue (parfois cachés). Pour peu que l'on soit silencieux et attentif aux bruits, il n'est pas rare de rencontrer quelques singes saïmiris qui sautent par-dessus le sentier... Mais on y va surtout pour les paresseux, généralement situés aux cimes des arbres que vous trouverez juste après la première montée, en arrivant sur la boucle. Au sommet, on atteint le lac du Rorota qui sert de réserve d'eau douce à la ville de Cayenne.

ROCHES GRAVÉES ★

Route des Plages

arag973.fr

Visite guidée le dimanche à 8h30 (durée : 4h) via l'association ARAG. Réservation sur le site internet. Adultes 7 €.

Tout au long de la route des Plages, mais visible surtout sur la gauche avant le carrefour de Dégrad-des-Cannes, il s'agit de l'un des 17 sites de roches gravées répertoriés en Guyane. Rien de spectaculaire, mais plutôt du mystère : les Indiens Arawak ont usé des rochers comme des polissoirs, mais y ont aussi gravé des symboles inexpliqués. Il y a de fortes chances pour que la végétation les ait recouverts lors de votre visite : s'ils sont quelquefois nettoyés, la nature récupère rapidement son territoire, et tant mieux, ils sont ainsi préservés du vandalisme.

RÉSIDENCE SILOE €

Route de Montjoly

✆ 05 94 38 22 07

Chambre à partir de 50 €, chambre familiale à 30 € par couchage (3 nuits au minimum).

La résidence met à votre disposition des chambres meublées (la chambre familiale est équipée d'un lit superposé), dans un joli cadre relaxant avec piscine et terrasse. Les toilettes et douches sont privatives, mais se trouvent dans un couloir à l'extérieur des chambres. La cuisine et plusieurs frigos sont à votre disposition, tout comme la connexion wifi, et l'on peut aussi compter sur un personnel chaleureux et attentionné. Le confort et le calme de cette résidence dépendront en grande partie de votre chambre et des « colocataires » avec qui vous séjournerez.

SALINES DE MONTJOLY ★

Avenue Saint-Dominique

✆ 05 94 25 43 31

www.kwata.net

Accès libre. Pour plus de renseignements contacter l'association Kwata.

Le long de la plage de Montjoly, se trouve le sentier des Salines, balisé par des panneaux illustrés qui informent sur la flore de la plage. Le sentier traverse la végétation dunaire tout en longeant des marais côtiers, et mène à mi-chemin à l'observatoire abrité d'où il est possible de contempler de nombreux oiseaux et parfois des caïmans. Puis, le sentier continue et s'enfonce dans la mangrove, milieu généralement difficile d'accès, que l'on traverse grâce à une passerelle courant entre les palétuviers. Une très agréable balade semi-ombragée de 2,5 km.

L'ESKALE €€

20 chemin Germain

✆ 05 94 25 66 66

www.leskaleguyane.com

A partir de 100 € la nuit. Tarifs dégressifs en fonction de la durée du séjour. Parking privé et navette aéroport.

L'Eskale propose un ensemble d'une quinzaine d'appartements neufs de type T2 en duplex tout équipés dans un style moderne et fonctionnel, un peu en retrait du centre-ville de Rémire-Montjoly. Climatisation et deux écrans plats dernière génération dans chaque logement, piscine extérieure pour se rafraîchir et environnement calme invitant à la relaxation. Le petit déjeuner est servi entre 7h et 10h du matin, à la demande (en faire la commande la veille). L'Eskale dispose également d'un service de navette gratuit pour l'aéroport.

HELI-COJYP

Carrière Prévot
RN3
✆ 05 94 25 24 41

Ouvert en semaine sur rendez-vous. Tour de 15 min à 90 €/pers, 30 min à 168 €, 60 min à 320 €. Sur réservation.

Heli-cojyp vous propose un baptême de l'air époustouflant à travers divers paysages de la Guyane. Avec le vol de 15 minutes, on découvre les principaux points d'intérêt de Cayenne et ses environs ; en 30 minutes, on survole les marais de Kaw et la faune de la montagne Gabriel. Les sympathiques pilotes prendront soin de vous, que vous veniez en famille, entre amis, ou en solo. Tout type de transport aérien est assuré par Heli-Cojyp. N'oubliez pas votre appareil photo ou vos jumelles ! Les Ibis rouge sont souvent sur le chemin...

THE ORIGINALS CITY - HÔTEL BELOVA €€

1074 route de Rémire
✆ 05 94 35 41 00
www.theoriginalshotels.com

Chambre standard à partir de 80 €. Piscine, climatisation, parking, télévision. Restaurant ouvert tous les jours.

Agréable complexe d'un peu plus d'une trentaine de bungalows rénovés et nichés en pleine nature, où l'on vous réserve un bel accueil. Au restaurant de l'hôtel, La Marinière, on se régale de préparations créoles et de spécialités de la mer et à l'extérieur, on profite de la grande piscine pour faire quelques longueurs sous le soleil. Les trois salles de réunion permettent d'accueillir jusqu'à 80 personnes. Calme et confort non loin de la capitale guyanaise.

ANAMA APPART'HÔTEL €

1 rue du Grand-Moulin
✆ 06 94 38 03 21

Studio et T1. Chambres à partir de 79 € la nuit, tarif dégressif en fonction de la durée. Réservation par téléphone.

Anama Appart'Hôtel est un établissement récent offrant tous les avantages d'un hôtel et d'un appartement : logements d'une trentaine de mètres carrés, meublés, climatisés et tout équipés. Chacune des unités, à la décoration moderne et sobre à la fois, dispose d'une bonne connexion wifi, d'une télévision dotée des chaînes câblées et d'une literie des plus confortables. Ajoutez à cela un parking et toutes sortes de services à la carte, vous obtenez une adresse idéale pour les séjours à moyen ou long terme. Personnel chaleureux.

LODGES BALOUROU €

6836 route des plages
✆ 06 94 21 88 72

Chambre double à 80 €, T2 double à 91 €, T3 à 145 €. Petit déjeuner : 10 €. Lit supplémentaire : 22 €. Wifi et parking.

L'hôtel Lodges Balourou propose des maisons créoles individuelles à la location, toutes jouissant d'une vue époustouflante sur la mer. On a affaire ici au principe de location de bungalows avec les services hôteliers en plus. Chaque T2 et T3, à la décoration sobre et élégante, comprend une à deux chambres, un salon, une cuisine tout équipée, une terrasse et dispose de la climatisation et d'une TV. L'accès à la mer est facile et le front de mer a été aménagé par l'établissement. Une adresse pleine de charme, qui vous réserve un accueil chaleureux.

RÉSIDENCE CIEL DE CASE €

2730, route de Rémire ✆ 06 94 41 18 88
www.meubledetourisme-guyane.com

1 à 4 nuits : 112 €/jour, 5 à 29 nuits : 108 €/jour. Personne supplémentaire : 12 €/jour. Petit déjeuner en option.

Les Résidences Ciel de Case vous proposent 5 appartements meublés et spacieux alliant style moderne et ambiance guyanaise « comme à la maison ». Confortable, calme, propre et facile d'accès, chaque appartement est composé d'une cuisine équipée, d'une chambre à coucher pour deux, d'une salle d'eau, d'un salon avec lit d'appoint et d'une terrasse, le tout climatisé. Parking privatif. TV, Canal Satellite, chaîne hi-fi, wifi haut débit. La deuxième résidence Ciel de Case (av. Just Auguste) propose 4 appartements luxueux et des prestations haut de gamme (1 à 3 pers.).

PIZZ'AMAZONE €

517 A route de Suzini
✆ 05 94 39 12 50

Du mardi au samedi midi et soir, le dimanche soir. Pizzas de 7 à 14 €.

Pizz'Amazone est une bonne adresse pour des pizzas à emporter : l'Italie vous ouvre ses portes, loin de l'esprit fast-food, avec une équipe dynamique et motivée, travaillant avec rigueur et passion. Il faut dire que le maître-pizzaiolo a fait ses armes chez Pinin Mongelli, triple champion du monde dans le domaine, à l'école de pizzaiolo de Tournefeuille, à Toulouse. Le résultat ? Des pizzas fraîches et savoureuses, avec une mention spéciale pour la Primavera, au jambon cru et à la roquette. Quelques tables pour se restaurer sur place.

50'S - FIFTIES DINER BAR €

2750 route de Montjoly
✆ 05 94 35 05 09

Ouvert mardi soir, mercredi-vendredi de 11h jusqu'à minuit, samedi et dimanche à partir de 7h30.

Avec d'un côté sa salle typée *American diner* de l'après-guerre et sa grande terrasse de l'autre, le Fifties Diner Bar propose deux ambiances totalement différentes. Que ce soit sur de longues tablées ou autour d'un mange-debout, ce restaurant sans chichi joue la carte de la convivialité. Sa carte s'y prête à merveille entre tapas à partager, hot-dog à picorer et burgers à dévorer, ainsi qu'une belle sélection de fajitas et de bagels, sans oublier la carte des salades, pour les appétits un peu plus légers. Un lieu authentique et chaleureux.

© KORNER

© KORNER

© KORNER

LE KORNER €

Centre commercial Montjoly 2
✆ 05 94 31 92 30
www.lekorner973.com

Ouvert du lundi au jeudi de 11h30 à 16h, du vendredi au samedi de 11h30 à 1h. Buffet 20 €, cocktail à partir de 6 €.

Situé à la jonction de Cayenne et de Montjoly, au sein du centre commercial Montjoly, le restaurant Le Korner vous accueille en extérieur ou en intérieur dans un cadre agréable. Les tables extérieures peuvent accueillir 8 personnes pour des repas conviviaux. Son buffet d'entrées et plats à volonté vous fera découvrir les saveurs aussi bien guyanaises que brésiliennes. Le soir, tous les vendredis et samedis, l'ambiance se musicalise avec un concert, salsa, latino, jazz, pop, rock... Un établissement à part et très original, qui vaut le détour.

© KORNER

© KORNER

BRO'S BURGER €

491 route de Montjoly RD1
✆ 06 94 31 91 61
Ouvert du lundi au samedi de 12h à 22h non stop. Menu burger autour de 15 €. Sur place ou à emporter.

Avec le Fifties, le Bros' Burger se dispute le titre de meilleur burger de Cayenne et des environs ! Ici, dans une ambiance fast-food simple et décontractée, vous pourrez composer vous-même votre propre burger ! Commencez par choisir le steak (avec une très bonne option végétarienne), et rajoutez à la carte tous les ingrédients que vous voulez (légumes, sauces...). En accompagnement, vous pourrez profiter des très bonnes frites maison de patate douce. Enfin, on vous conseille de garder un peu de place pour les très bons milkshakes !

GREEN IS BETTER €

2261 route de Montjoly
✆ 05 94 31 18 96
www.greenisbetter.fr
Ouvert du lundi au samedi de 11h à 19h30. Menus autour de 15 €. Sur place et à emporter.

Ouvert depuis moins d'un an, Green is better a importé en Guyane le concept du bar à salades ! Choisissez donc votre base, salade quinoa ou pâtes, et ajoutez-y les ingrédients que vous souhaitez pour compléter votre repas... Un peu à la manière d'un Subway, sauf que l'on reste ici sur des produits sains en remplaçant le pain par de la salade ! L'accueil est très sympa, et vous pouvez choisir de rester sur place pour déguster votre repas, ou bien l'emporter. Face au succès, l'établissement compte bientôt élargir ses horaires pour proposer des petits déjeuners.

L'AUBERGE DES PLAGES €

2095 route des Plages
✆ 05 94 38 36 50
Ouvert tous les jours midi et soir. A partir de 25 €. Pierrades de poisson et de viande recommandées.

Situé sur la route des Plages, ce restaurant jouit d'une vue sur la mer, bien qu'un peu en retrait à cause de l'enrochement. Une ambiance détendue avec une douce simplicité y règne ici, dans un style cafétéria. Au retour d'une balade sur le sentier du Rorota, c'est par exemple l'endroit idéal pour se restaurer (la ventilation naturelle des lieux vous fera le plus grand bien !) Au menu : des grillades, viandes, poissons, buffet de hors-d'œuvre et desserts. Pour les amateurs, le concept de plancha sur une pierre chaude est à tester !

LA MONTJOLYIENNE €

2240, Route de Remire
✆ 05 94 29 13 93
Lundi 7h-14h30, mardi à vendredi 7h-14h30 et 19h-22h30, samedi 19h-22h30.

La Montjolyienne séduira les amateurs de bonne nourriture créole, mais aussi les mangeurs à l'appétit solide : ici, on paie son repas au kilo, à savoir 16,50 euros/kg pour les plats froids et 20,50 euros/kg pour les plats chauds. Le buffet, préparé tous les jours, propose toute une gamme de spécialités guyanaises : brochette de crevettes, pimentade de poissons, poulet boucané, fricassée de porc, mais aussi grillades le week-end et *fish & chips* le soir. Service à emporter possible et accueil aussi chaleureux qu'efficace. Une bonne adresse !

PHO 88 €

15 route de Montjoly
✆ 05 94 27 53 89
Ouvert tous les jours midi et soir, sauf le dimanche. Soupe « Pho » autour de 10 €.

Pho 88 est établissement assez récent situé en face du bar Chez Alexandre, proposant dans un cadre typique asiatique – sobre et sans sans fioritures – des soupes *pho*, le plat national vietnamien ! On trouve également à la carte de ce « bar à soupe » les classiques *bo bun* et *basi*, ainsi que toute une gamme de plats du jour variés (le menu est plutôt court, mais tout est bon et frais). Les assiettes sont parfumées et généreuses, l'accueil sympathique et le service plutôt dynamique. Un bon plan pour se régaler à petit prix et sainement !

PIZZA MONTJOLY €

23 rue Régine Horth
✆ 05 94 38 10 59
www.pizza-montjoly.com
Ouvert du mardi au samedi midi et soir. Pizzas de 9 à 15 €. Accessible aux personnes à mobilité réduite.

Pizza Montjoly est l'un des restaurants les plus anciens de Guyane. Bien qu'il propose une cuisine traditionnelle créole de qualité à base du poisson, des crevettes et des viandes grillées en sauce, ce sont – comme son nom sans équivoque l'indique – ses pizzas qui attirent les clients ! On y trouve en effet un vaste choix de pizzas à emporter ou à déguster sur place, certaines jouant la carte guyanaise (poulet boucané ou poisson acoupa, par exemple). La déco est simple mais on s'y sent bien, surtout grâce au service et à l'ambiance qui sont agréables.

© LA VILLA

© LA VILLA

LA VILLA €€€

19 rue Régine Horth ✆ 05 94 38 33 69
www.alavilla.com

Fermeture annuelle : mi-juillet mi-août. Ouvert du mardi au samedi midi et soir. Menus midi 25 €, le soir 48 €.

Ouvert depuis 1998, La Villa est un restaurant que l'on ne présente plus : très prisé pour sa cuisine sophistiquée, l'établissement est d'ailleurs labellisé Maître Restaurateur depuis 2010. Vous pourrez apprécier votre repas en terrasse ou en salle climatisée dans un décor aux couleurs chaleureuses. Pour surprendre vos papilles, la carte est élaborée exclusivement de produits locaux préparés avec brio et change très régulièrement. Les gourmands gastronomes venus se délecter de saveurs françaises seront aux anges ! Réservation conseillée.

© LA VILLA

RESTAURANT TANG €

Route de Remire RD2

✆ 05 94 31 45 32

Ouvert 7j/7, midi et soir. Plats autour de 12 €. Sur place ou à emporter.

Dans une décoration cosy et avec son grand aquarium central très coloré, le restaurant Tang vous accueille afin de vous proposer des spécialités asiatiques. Vous trouverez les fameuses soupes saïgonnaises (se rapprochant de celles du marché), les plats typiques dignes d'un restaurant asiatique, et quelques spécialités de la maison plus élaborées. On pense surtout aux calamars poivre et sel, ou aux poissons cuisinés selon les sauces de votre choix (essayez l'acoupa gingembre ciboulette !). En accompagnement, il y a également de nombreuses options végétariennes.

OASIS PLAGE €€

9 avenue Saint Dominique

✆ 05 94 38 00 80

Du mardi au samedi, midi et soir, et le dimanche midi. A partir de 25 € à la carte. Réservation conseillée.

Ce petit restaurant au cadre rustique, installé le long de la plage de Rémire-Montjoly, propose une délicieuse cuisine créole. Il s'est imposé, au fil des ans, comme l'une des tables incontournables du coin. Goûtez donc les crevettes oasis ou un plat à la sauce diable maison, dont la recette reste secrètement conservée, ce sont des valeurs sûres. Ne manquez pas non plus le délicieux calalou (à base de crabe et de siguine) du vendredi et du dimanche midi. Mais restez patient, le service peut être long... En période de carnaval, l'Oasis se transforme en dancing.

SHOJO SUSHI BAR €€

184 route des plages

✆ 05 94 38 10 61

Ouvert du mardi au samedi midi et soir. A partir de 20 €. Service à emporter.

Ne vous fiez pas à la façade un brin impersonnelle du Shojo Sushi Bar, elle cache en réalité un restaurant japonais à la décoration nipponne très réussie, l'atmosphère feutrée et détendue du lieu mettant les clients aussitôt à leur aise. Ce n'est sans doute pas sans raison que les locaux l'ont tacitement élu en favori. Les produits sont frais et déclinés selon toutes les grandes recettes classiques de la cuisine japonaise, bien réalisées et servies somme toute assez rapidement, avec délicatesse et discrétion. Possibilité de commander à emporter.

LA BELLE AMÉDÉE €€€

5900 route des Plages

✆ 05 94 29 25 74

www.labelleamedee.com

Du mardi au vendredi midi et soir, et le samedi soir. Plats autour de 40 €.

Face au fort Diamant, dans un écrin de verdure protégé par le conservatoire du littoral, La Belle Amédée (demandez la légende) est une grande et belle demeure faisant face à la mer et proposant de sacrées découvertes culinaires. Les ingrédients de premier choix permettent d'élaborer des plats d'une grande finesse, allant du ceviche de saumon coco et wasabi aux crevettes péyi rôties et taboulé de boulghour, de la noisette d'agneau du Quercy au magret de canard laqué. L'une des meilleures tables de Guyane. Avec en plus, une belle sélection de vins et whiskys.

NATH CAFÉ, THÉ & CO.

491 route Montjoly

✆ 05 94 38 95 11

Salon de thé. Ouvert tous les jours de 7h à 19h.

Fort de son succès dans le centre-ville de Cayenne, le Nath Café a ouvert assez récemment une seconde antenne à Rémire-Montjoly. On y retrouve la même ambiance chaleureuse du salon de thé de la capitale, où l'on croque de bonnes petites pâtisseries passionnément préparées et autres mets salés en buvant un café, un thé, un jus local ou un smoothie. Une adresse parfaite pour une halte réparatrice rapide, pause tout indiquée pour lire son journal, consulter ses mails... marquer un temps d'arrêt dans la journée, tout simplement.

AU SAVOUREUX GÂTEAU

3 rue Jules Minidoque

✆ 05 94 38 02 10

Ouvert du mardi au samedi de 6h à 19h30, le dimanche jusqu'à 12h30.

Au Savoureux Gâteau est une boulangerie-pâtisserie qui a bonne réputation parmi les habitants de Rémire-Montjoly. On y concocte notamment des gâteaux personnalisés et de délicieuses glaces aux saveurs locales, le tout livré à domicile si l'on en fait la demande. Boulangerie oblige, on y trouve aussi de bons petits pains et des jus de la région. Les gourmands seront comblés par les pâtisseries à base de fruits locaux. Un vrai régal. Idéal pour les petites fringales. La boulangerie est tellement connue qu'elle a presque donné son nom au quartier environnant.

THE COFFEE SHOP & CO

2316 route de Remire
✆ 05 94 40 10 39
Cafétéria. Ouvert du mardi au samedi de 7h30 à 18h30.

The Coffee Shop & Co constitue une parfaite halte plaisir, à ne surtout pas manquer pour les amateurs de bon café : vous voici chez une véritable professionnelle en la matière ! La créatrice de ce coffee shop gourmand est en quelque sorte une « sommelière du café » et une adepte du *Latte Art* (art de dessiner des motifs avec du lait sur le café). On y trouve également des pâtisseries aux inspirations américaines (cheesecake à la mangue !), glaces artisanales, smoothies, yaourts glacés et bubble tea complètent l'offre gustative.

CENTRE COMMERCIAL MONTJOLY 2

Route de Montjoly
✆ 05 94 38 54 30
Ouvert tous les jours de 8h à 20h (le dimanche jusqu'à 12h30).

Le Centre Commercial de Montjoly 2 est une vaste galerie marchande se développant autour d'un supermarché (en l'occurrence Carrefour contact), où l'on débusquera notamment quelques enseignes de prêt-à-porter, des boutiques de téléphonie, un opticien... Fait peu courant pour un centre commercial, apprenez que de nombreuses manifestations culturelles ont lieu soit la journée soit le soir sur le vaste parking du lieu. Un espace très fréquenté par les locaux.

LETTRES D'AMAZONIE - LA CAS'A BULLES

510 rue Gaston Monnerville
✆ 05 94 39 23 77
www.kazabul.com
Ouvert du lundi au samedi de 9h à 13h et de 15h à 19h. Boutique en ligne.

La seule véritable librairie de Montjoly a en stock tous les livres sur le département. Un grand choix de littérature générale et... de Petit Futé ! Les accros de bande dessinée et de manga y trouveront toujours leur bonheur. L'équipe organise fréquemment des séances de dédicaces et participe avec l'association Carbet des bulles, à l'organisation chaque année d'un festival de bande dessinée réunissant toutes les pointures internationales. Achats de livres et eBook sur le site Internet.

VERT'TIGE

9 rue de l'artisanat
✆ 05 94 25 19 89
www.verttigeguyane.com
Du mardi au samedi de 9h à 12h30 et de 14h30 à 18h.

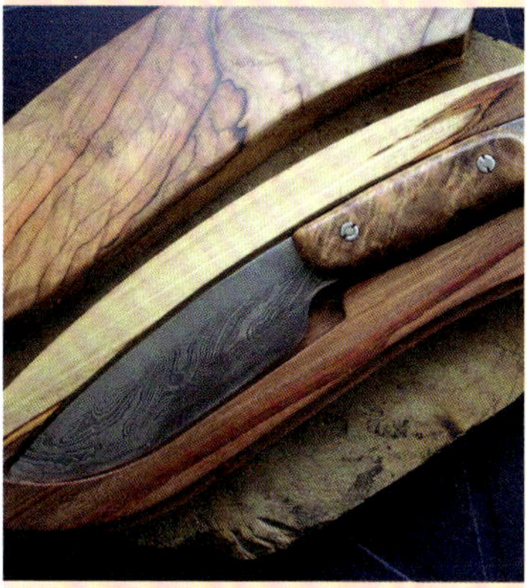

© VERT TIGE

Cette boutique spécialisée dans la coutellerie en bois de Guyane (amourette, patawa, bois serpent, boco, wacapou...) a reçu le prestigieux label EPV 2017 pour ses créations. Une fabrication artisanale avec une marque déposée : le couteau de Guyane. Nombreuses créations originales : Le Ti Tou, Le Moustic, le Ti Guyane et Le fameux Sabre de Guyane, dont les marques et modèles sont déposés. Des produits de qualité avec lame en Inox ou en acier, et les plus belles essences. Sur commande, ils réalisent des créations très particulières et des sculptures sur manche...

MACHDEAL STORE

1301 route de Rémire
✆ 05 94 37 72 51
machdeal.com
Ouvert du lundi au samedi de 9h à 13h et de 16h à 19h.

Installé le long de la route de Rémire-Montjoly, Machdeal Store est une enseigne spécialisée dans la vente d'équipements de cuisine, loisirs, jardins et de plage : on y trouve aussi bien des barbecues américains et des ustensiles de cuisine de qualité, que des articles de plage tels que les fameuses tongs brésiliennes *Havaianas* (c'est l'un des revendeurs officiels de la marque en Guyane), mais aussi une belle collection de maillots de bain. En somme, tout le matériel nécessaire pour passer d'agréables après-midi sous le soleil guyanais.

MARINE ET LOISIRS

6 Rue des entreprises
✆ 05 94 35 97 97
Ouvert du lundi au vendredi 8h30 à 15h30.

Magasin dédié aux loisirs nautiques. Vous y trouverez, sur 600 m² de *showroom*, des bateaux de plaisance, des remorques, les scooters des mers Yamaha, des moteurs hors-bord, des canoës et des kayaks, des bouées tractées, des *kneeboards*, des *wakeboards*. Une sortie en carbet prévue ? Vous trouverez hamacs, sacs étanches, lit de camp, glacière, les lampes, chaussures, vaisselles pour un week-end *outdoor* réussi. Marine & Loisirs, c'est aussi un étage réservé à l'accastillage et au matériel de sécurité pour vous assurer des balades en toute sérénité...

CLUB NAUTIQUE LA PIROGUE

PK 14 Route des Plages
✆ 05 94 30 15 24
cnpirogue.wordpress.com
Licence annuelle FFV 26 € (jeune) et 52 € (adulte). Inscription pour 3 mois à 60 € (jeune) et 90 € (adulte).

Le Club Nautique de la Pirogue est le plus ancien club nautique de Guyane. Installé sur le plan d'eau de la Pointe Mahury, le lieu s'avère parfait pour s'initier à la voile sportive. L'apprentissage et les baptêmes se font sur Optimist, Laser et dériveurs (pour petits et grands), mais il est également possible de participer à des cours de perfectionnement à la navigation et à la régate. Des randonnées en direction des îlets alentour sont par ailleurs organisées fréquemment. N'hésitez pas à consulter le planning sur leur site Internet.

ASPAG

2543 route des Plages
✆ 05 94 30 74 24
www.aspag.fr
Lundi 14h-17h, mercredi-jeudi 12h-14h et vendredi 9h-12h. Consulter le planning en ligne pour les sorties.

L'ASPAG est une association de sports nautiques qui organise très régulièrement des sorties de découverte de la nature comme des balades en canoë, en kayak ou en pirogue. Des activités sportives et ludiques en toute sécurité, avec une équipe très sympathique. On aura le choix entre des sorties en crique, entouré de végétation, des sorties en mer, un peu plus sportives, ou encore des excursions descente et freestyle en eau vive, pour les kayakistes plus expérimentés. Vous retrouverez le calendrier des sorties organisées sur son site Internet.

STAND UP PADDLE

7 rue des fleurs coco
✆ 06 94 98 94 44
Ouvert du mardi au dimanche de 9h à 13h et de 14h à 18h30. Location 50 €/jour ou 10 €/h. Groupes possibles sur demande.

Ce petit paradis vert est une destination phare pour les sorties en paddle. De l'est à l'ouest, vous avez l'embarras du choix pour partager un excellent moment en famille ou entre amis. C'est également l'occasion de découvrir ce trésor naturel d'un nouvel œil, avec des paysages et un écosystème inédit. Grâce à Stand Up Paddle, vous pourrez louer vos paddles et transporter avec vous tout le matériel nécessaire à la pratique de ce sport. Des excursions avec des guides diplômés invitent l'être humain dans des zones jusqu'ici préservées.

BREAK CLUB - BOWLING

Route de Rémire
✆ 05 94 25 00 45
Fermé le lundi et le dimanche après-midi. Bowling ouvert de 16h à 1h.

Le Break Club est un complexe de sports et loisirs abritant toutes les installations nécessaires à la détente ou pour se refaire une petite santé : poney pour les petits, terrains et matériel de squash et tennis, salle de fitness, cours de Zumba ou de salsa... Et pour les amateurs de farniente, les abords de la piscine s'avèrent un environnement idéal pour la relaxation... A noter aussi : une salle de bowling (6 pistes), une salle avec des billards américains et une salle de jeux vidéo. Il est tout à fait possible de s'y restaurer.

LE TEMPS D'UN INSTANT

580 route de Montjoly
✆ 05 94 39 88 75
Du mardi au samedi de 9h à 19h. Epilation dès 20 €, soins du visage dès 60 €. Spa/balnéo et hammam dès 40 €.

Cet établissement offre une multitude de combinaisons de soins pour le corps, le visage et les mains. Détente et sérénité assurées dans un cadre raffiné. Le personnel est aux petits soins et très professionnel. Vous pourrez combiner massage, épilation et spa pour un résultat garanti de bien-être. Nous vous invitons à essayer l'un des soins spécifiques, « l'escapade épicée » (cosmétique bio), gommage, modelage à la bougie et enveloppement corporel aux parfums de cardamome et de gingembre. L'idéal est de se déplacer pour découvrir l'étendue des possibilités.

DÉLICES DE GUYANE

18 rue de l'Industrie ✆ 05 94 35 38 69
www.delicesdeguyane.com

Boutique d'usine ouverte du lundi au vendredi de 9h à 16h. Boutique en ligne. Boutique en ligne et click & collect.

Délices de Guyane est connue au-delà des frontières guyanaises, comme fabricant de confitures, de condiments Toco, sirops, punchs et parépous. La marque a développé toute une gamme de colis gourmands joliment présentés, sucrés, salés ou pimentés, autant de superbes idées cadeaux. Les produits sont en vente dans les épiceries et les grandes surfaces, mais aussi au *showroom* attenant à leur atelier. Le site internet permet d'envoyer l'ensemble des produits ainsi qu'une sélection « *made in Guyane* ». Découvrez aussi la boutique parisienne au 83 rue des Martyrs.

ÎLET LA MÈRE ★

Les îlets de Rémire se sont formés à partir d'une roche volcanique il y a 150 millions d'années. Depuis 2005, cinq des six îlets de Rémire sont intégralement sous la protection du Conservatoire du littoral. Aujourd'hui, seul l'îlet la Mère a pour vocation l'accueil du public (uniquement en journée, la nuitée y est pour le moment interdite). Au large de Rémire-Montjoly, ce petit îlet de 56 ha se rejoint en bateau à moteur en 30 minutes. Il est également appelé « Îlet aux singes » pour la présence de nombreux singes saïmiris. Dès votre arrivée, vous les verrez nombreux, à venir jouer près de vous, vous monter dessus... Pour essayer de vous quémander un peu de nourriture !

Les chemins réaménagés sont correctement balisés, si bien que vous pouvez faire le tour de l'îlet en environ 1h30, en passant par trois beaux points de vue. Il y a également un sommet (88 m) à gravir, en passant par l'antenne TDF et l'ancien sémaphore. Une petite plage se trouve à l'est de l'île et permet la baignade.

Faune et Flore

La végétation de l'île a été modelée par les jésuites et la présence du bagne (défrichements et cultures dont il ne reste que peu de traces). Après son abandon, l'îlet a été reconquis par une forêt secondaire dense, mais peu riche. Au nord, sur la côte rocheuse, se trouve la végétation typique des rochers du littoral guyanais avec le cactus cierge et la grande agave (deux espèces protégées). Sur la côte est, les fromagers siamois imposent toute leur splendeur.

Si l'Institut Pasteur a déserté, les singes saïmiris eux sont restés. Curieux et gourmands, ils viendront vous accueillir dès votre arrivée. C'est la véritable attraction de l'îlet ! Bien qu'il soit normalement interdit de leur donner à manger, ils passent leur temps à vous charmer en vous montant sur les épaules, mais aussi en essayant d'ouvrir vos sacs à dos pour y chercher de la nourriture ! Très amusants au début, le seul moyen que vous aurez de pique-niquer en paix sera d'aller sur la plage, car ils ont peur de l'eau et restent donc à distance.

Histoire

Une légende est liée à l'îlet la Mère, plus grand des six îlets qui composent le petit archipel au large de la commune de Rémire-Montjoly. On dit en effet que cet archipel était une famille : le Père, la Mère, les deux Filles (nommées les deux Mamelles) et le Serviteur (dit le Malingre). Tous furent séparés à la suite d'un terrible raz de marée, éloignant plus encore le dernier membre de la famille : l'Enfant Perdu, qui dériva si loin qu'il est aujourd'hui rattaché à la commune de Macouria... Plus historiquement, on sait que l'îlet la Mère fut le seul de l'archipel à avoir été habité par les Amérindiens, comme en témoignent les polissoirs (imposantes pierres servant à affûter les outils).

RUINES DU BAGNE DE L'ÎLET LA MÈRE

A partir de 1643, alors que la France organise des expéditions pour tenter de coloniser la Guyane, les jésuites s'installent sur l'îlet la Mère. Puis, dès 1776, l'îlet en vient à accueillir les lépreux de Cayenne, avant de devenir une ferme puis un pénitencier qui fit partie des premiers bagnes de la Guyane : une quinzaine de bâtiments pouvaient alors accueillir jusqu'à 600 détenus. 20 ans après son ouverture toutefois, une épidémie de fièvre jaune ravage l'île qui est abandonnée. Bien plus tard, en 1981, l'Institut Pasteur construit une annexe sur l'îlet en même temps qu'un élevage de saïmiris (ou singes-écureuils) est implanté : ces singes sont utilisés pour le prélèvement de sérum servant à l'élaboration d'un traitement antipaludique. En 2001, l'Institut Pasteur se retire, les îlets sont alors affectés au Conservatoire du Littoral, qui s'est occupé d'installer des panneaux d'information et de découverte permettant de mieux saisir l'histoire de l'îlet la Mère.

Aujourd'hui, si l'îlet est retourné à l'état sauvage, il a conservé un certain nombre de vestiges de constructions, datant pour la majorité d'entre-elles de l'époque du bagne. Ainsi, on pourra observer, en empruntant un circuit de 3,5 km (1h30), les restes d'un hôpital, ceux d'une église, mais aussi les ruines des bâtisses où étaient enfermés les condamnés. Signalons également un ancien sémaphore au pied duquel a été installé un carbet couvert permettant de pique-niquer à l'ombre.

TROPIC ALIZÉS - YATOUTATOU

✆ +594 694 40 20 20

www.tropicalizes.fr

39 €/adulte ; 19 €/-12 ans. 3 rotations par jour 8h-12h30 / 10h-16h30 / 14h-18h20.

Tropic Alizés (by Yatoutatou) propose de s'aventurer à la découverte de l'Ilet La Mère, aussi surnommée « l'île aux Singes ». Au départ de la Marina de Dégrad des Cannes, 3 rotations sont proposées pour 3 formules sur la journée. Vous aurez au programme : balade en mer, promenade sur l'îlet, photos des petits saïmiris, des arbres majestueux, baignade à la petite plage, et, sur la traversée du retour, un Punch en musique pour finir la journée en beauté !

MATOURY ★

Commune accolée à l'aéroport, Matoury est limitée au nord par Cayenne et Rémire, et au sud par Montsinéry. Malgré la présence de marécages, ces terres fertiles ont favorisé autrefois la culture de la canne à sucre, du coton, du café, du roucou et du giroflier. La ville de 30 000 habitants est aujourd'hui l'une des plus prospères de Guyane. L'intérêt principal est le sentier de la Mirande, qui permet de découvrir les 166 ha de la réserve du mont Grand-Matoury (circuit botanique et randonnée sportive). L'office de tourisme se situe dans une belle maison créole jaune, 2 rue Victor Céide. Marché jeudi et dimanche matin (parking de l'Eco Max).

© SANDRA DAVEAU

Gigantisme de la végétation guyanaise.

JEUNE GUEULE - BRASSERIE GUYANAISE

1749 chemin de l'Egyptienne
✆ 06 94 38 01 74
jeunegueule.com
Visite guidée samedi 10h (réservation en ligne).
Tarif : 8 € ; gratuit pour les moins de 12 ans.

Cette toute jeune brasserie locale est née en 2011 et propose 4 types de bières : la Guyanaise blonde, la blanche Weïty (médaille de bronze au Salon de l'agriculture 2015 et médaille d'argent 2016), l'Orpailleuse ambrée et la Blaka (médaille de bronze 2018 et médaille d'argent 2020), une *stout* brune. Tous les samedis, le matin et sur réservation, il est possible de suivre une visite guidée de la brasserie, avec dégustation de produits locaux à la clé !

MONT GRAND MATOURY - SENTIER DE LA MIRANDE ★★

Rue Frédéric Martyr ✆ 05 94 35 60 05
mont-grand-matoury.blogspot.com
Visites guidées gratuites le deuxième dimanche de chaque mois. Se renseigner au bureau ou par téléphone.

▸ **Le Mont Grand-Matoury :** avec ses 234 m d'altitude, c'est la plus élevée des collines de l'île de Cayenne. Le massif boisé, d'une superficie de 2 700 hectares, a été régulièrement exploité depuis le XVIIe siècle. Le bois de la forêt alimentait les chaudières de la distillerie de la Mirande (les ruines sur la route de Matoury), et les pentes, une fois déboisées, étaient plantées de cannes à sucre, destinées à l'usine de la Mirande, puis à celle de Rémire jusqu'en 1984.

▸ **La forêt de la Mirande :** dès 1942, elle a été classée réserve forestière par un arrêté de l'administration coloniale de l'époque. Un arrêté de conservation de biotope a été signé le 11 avril 1994 concernant tout le mont, lequel est également classé en Znieff (zone naturelle d'intérêt écologique, faunistique et floristique).

▸ **Le sentier naturaliste de la Mirande** est probablement l'une des plus belles balades que l'on puisse faire autour de Cayenne en 3 heures. Un sentier serpente au milieu du mont Grand-Matoury, réserve naturelle peuplée essentiellement d'oiseaux. Les rencontres avec la faune y sont fréquentes, mais c'est au lever et au coucher du soleil que les chances d'observer aras, toucans ou paresseux sont les plus grandes. Vous pourrez emprunter un premier sentier « Paypayo » (boucle de 2,5 km) qui permet de découvrir une forêt primaire riche en biodiversité. Le sentier « Cascades » (boucle de 2,8 km) permet de longer les petites cascades de la crique Mancelière. Compter 2 à 3 heures pour les deux sentiers.

COULEURS AMAZONE

Route de l'Est
✆ 05 94 28 70 00
www.takari-amazonie.com
Ouvert du lundi au samedi de 9h30 à 20h.

Passionnée par la Guyane, la sympathique équipe de l'agence Couleurs Amazone propose la découverte magique de nombreuses facettes du département tout en étant spécialisée sur l'Approuague, le Maroni, les treks et circuits à Saül, et le Suriname. Voici quelques intitulés de la liste (non exhaustive) des activités et excursions proposées par cette agence de voyages locale : *Marais de Kaw en pirogue*, *Crique Gabriel*, *Remontée de la Comté*, *Art Amérindien*, *Maroni* et *Approuague*. N'hésitez pas à les contacter pour organiser votre aventure.

© LASERWEST

© LASERWEST

© LASERWEST

L'ÎLE AUX TRÉSORS - LASER WEST

Rue du Bois-de-Fer ✆ 05 94 38 59 29
ileauxtresors973.com

Ouvert du mercredi au dimanche de 10h à 19h et tlj des vacances scolaires. 12 € et 8 € (-3ans). Laser West 9,50 €.

Laser game, toboggans, château gonflable, piscine à balles, etc. Un endroit parfait où passer un moment en famille, que ce soit pour un après-midi détente ou fêter un anniversaire. L'île aux Trésors propose en effet des packs anniversaire (à partir de 8 enfants) incluant l'entrée au parc, un jeton pour les karts enfants, eau/sirop à volonté, gâteau et bougies d'anniversaires, bol de pop corn, photographies et cartons d'invitation. Parfait pour les enfants… et pour les parents !

© LASERWEST

L'ÉBÈNE VERTE €€

364 allée du Grand-Mont-Matoury
✆ 05 94 30 77 66
Chambre simple 70-90 €, double 80-100 €, studio simple à partir de 110 €, double de 120 €. Petit déjeuner 10 €. Wifi.

M. et Mme Arbit, propriétaires de L'Ebène verte, vous accueillent dans une très belle propriété sur un grand terrain boisé à proximité de Cayenne. Les 15 chambres et 2 suites T2 sont équipées de salles de bains avec toilettes privatives et TV. Il y a aussi 5 très beaux studios avec terrasses et équipés d'une cuisine. La piscine et le nouveau bains à remous sont à disposition des clients. Il faut réserver le plus tôt possible car cet hébergement est très prisé. L'établissement propose également un spa. Restauration sur place uniquement le soir du lundi au vendredi.

© EBEN VERTE

© EBEN VERTE

AÉROPORT INTERNATIONAL FÉLIX ÉBOUÉ

✆ 05 94 29 97 00
www.guyane.cci.fr/fr/aeroport
Accessible par la route. Transfert de/vers Cayenne (20 min) : 45 € en taxi. Pas de transports en commun. Parking payant.

Inauguré en 1943 à environ 17 km de Cayenne et d'abord baptisé Rochambeau (héros de la guerre d'indépendance américaine), il porte depuis 2012 le nom de l'illustre humaniste guyanais Félix Eboué. Il dessert Saint-Georges, Saül, Saint-Laurent, Grand Santi et Maripasoula, mais des vols réguliers relient également les Antilles françaises, la République dominicaine et le Brésil ainsi que la métropole. Points d'information, presse, cafétéria, boutiques et bureaux de location de véhicules.

HÔTEL LA CHAUMIÈRE €€

Chemin de la Chaumière
✆ 05 94 25 57 01
www.lachaumierecayenne.com
Chambre standard dès 80 €, chambre confort à 94 €, bungalow confort à 105 €. Parking privé. Wifi. Salle de séminaire.

Idéalement situé entre Cayenne et Kourou, dans un cadre calme et verdoyant, cet établissement propose 32 chambres climatisées et spacieuses dont certaines disposent d'une terrasse privative (TV, mini bar, téléphone). La piscine et le restaurant Le Buffle sont à la disposition des clients. Le restau, ouvert midi et soir, propose quelques incontournables de la gastronomie guyanaise, mais aussi et surtout de la viande de buffle biologique de Guyane à toutes les sauces : en tartare ou en brochettes, mijotée ou fricassée, en burger ou en carpaccio !

HÔTEL LA MARMOTTE €€

PK 6 route de Rochambeau
✆ 05 94 35 63 90
www.hotel-lamarmotte.com
Chambre standard dès 69 € (double 74 €), 89 € pour un plus grand confort. Petit déjeuner inclus.

A 5 minutes de l'aéroport, l'hôtel La Marmotte vous accueille tous les jours 24h/24 avec 25 chambres et 5 studios. Les infrastructures offrent un confort plus que raisonnable au regard du prix demandé : climatisation, wifi et TV, terrasse, parking, piscine, le tout au sein d'une imposante demeure entourée d'un grand parc arboré. Le restaurant de l'hôtel, ouvert tous les jours midi et soir, propose des plats créoles, mais aussi des assiettes françaises et italiennes : carpaccio de bœuf, magret de canard, une vingtaine de pizzas, crevettes sauvages de Guyane...

DOMAINE DE LA MATOURIENNE €€

Crique Fouillée ✆ 05 94 25 00 38
www.domaine-matourienne.fr

Bungalow T2 de 45 m², wifi et CanalSat, 1 seule nuit : 100 €, à partir de deux nuits : 75 €/nuit. Le mois : 2 000 €.

Magnifiques bungalows décorés « à la créole », dans un écrin de verdure qui permet une première découverte de la faune et de la flore locales. Chaque bungalow possède une chambre climatisée, un salon avec canapé-lit, une cuisine américaine, une TV, le wifi et un parking. Pour vous reposer, des hamacs vous attendent sur la terrasse. Calme et reposante, voici une très bonne adresse. Et pour couronner le tout, le restaurant de la résidence, Le Ranch, est un excellent établissement.

LE KIOSQUE €

RN 2
✆ 05 94 35 64 12

Lundi et mardi de 11h à 14h30, de mercredi à samedi jusqu'à 22h30. Plats autour de 20 €.

Le Kiosque de Matoury offre une pause sympathique en bord de route, sous son vaste carbet fleuri d'une capacité d'environ 80 couverts. À la carte : des plats bistrot-brasserie type « recette de grand-mère » avec quelques influences laotiennes, préparés à partir de produits locaux et frais : poisson du marché de Cayenne, viande de Macouria... Les délicieux desserts sont également à signaler. Le restaurant possède un billard, un baby-foot ainsi qu'un espace « événements » pour des soirées (karaoké, club), des concerts et la retransmission d'événements sportifs.

AUBERGE DU MAHURY €€

Chemin de la Levée
✆ 06 94 45 23 10
www.mahury.fr

Du mercredi au jeudi midi et soir, et le dimanche midi. Sur réservation uniquement. Espèces uniquement.

Un établissement sympathique, avec une déco locale et très accueillant, qui propose hébergement, repas et plusieurs activités (ping-pong, pêche...). Face au fleuve éponyme, vous y serez au calme et au plus près de la nature, sur le grand ponton. On y mange très bien, et vous avez la possibilité de combiner les formules afin de goûter plusieurs plats locaux. Attention, les paiements se font ici en espèces et pour y aller il vous faudra prendre un bateau depuis le débarcadère. Il est possible également de louer des pirogues, ou encore mieux, un carbet flottant !

FISH STYLE €€

11 rue de la Boulangère
✆ 06 94 45 93 49

Cuisine de la mer. Ouvert du mercredi au vendredi midi et soir, samedi et mardi le soir. Compter 25-35 €.

Le Fish Style : voici une adresse qui fleure bon la cuisine guyanaise et les délices de la mer ! À la carte, on succombera sans aucun doute aux brochettes de poisson, ou peut-être aux succulents beignets de crevettes de Guyane, l'une des spécialités de la maison, ou encore au fameux Sharky Burger, autre institution du lieu. Le tout accompagné d'irrésistibles frites maison de patates douces, de fruits à pain et de manioc, ainsi que de bons jus pressés à siroter dans un décor de paillote caribéenne. Une très bonne adresse à découvrir !

LE RANCH €€

Crique Fouillée
✆ 05 94 28 60 63
www.restaurantleranch.sitew.com

Cuisine française et pizzeria. Du mardi au samedi midi et soir, et le dimanche soir. Compter 40-50 € le repas complet.

Cuisine proposant des spécialités créoles « épicées à la française », et vice versa. Parmi les entrées qui ont retenu notre attention : la terrine de lapin et le gratin de papaye au poulet boucané. Pour les plats : colombo de porc ou onglet à l'échalote. Les gros appétits opteront pour le grill de viande mixte : poulet, bœuf, agneau et porc ! Avec ça, vous aurez le loisir de choisir votre sauce d'accompagnement : maracuja, basilic ou piment doux. Également un grand choix de pizzas. Les desserts maison : charlotte au maracuja, fondant au chocolat, et bien d'autres.

JO LE GLACIER

1 lotissement Jardin de Matoury
✆ 05 94 35 63 72

Ouvert tous les jours, de 8h à 20h. Glaces à emporter et sur place et vente au poids.

On ne présente plus Jo le Glacier en Guyane. Jo propose un large choix de glaces et de sorbets dans une gamme inédite de saveurs locales conçue à base de fruits frais du pays : corossol, cerise, carambole, wassaï, maïs au lait de coco, patawa, sapotille, mombin, patate douce, citronnelle... On trouve également toute une gamme de savoureuses douceurs sucrées, que ce soit les churros servis avec du chocolat fondu, les gaufres, gâteaux et autres tartes... Attention, gourmands, voici un léger avant-goût du paradis... Et un véritable délice !

BELLO PASSO

Centre Commercial Carrefour Matoury
✆ 05 94 20 14 98
www.bello-passo.com
Ouvert du lundi au samedi de 9h30 à 19h.

Bello Passo est une marque guyanaise et une boutique dédiée à la chaussure originale et de belle qualité. Savoir-faire local et inspiration internationale sont les atouts de son créateur, ancien bijoutier aux mille astuces, très attentif au détail et désireux de rendre le haut de gamme abordable. En plus d'un site d'achats *online*, la collection de Bello Passo (mais aussi quelques griffes brésiliennes, type Jorge Bischoff et Schutz) se retrouve dans le grand centre commercial guyanais Family plaza. Une étape de choix pour les *shoes addict* !

DIDD METEZO

627 Copaya 1
✆ 05 94 35 68 08
Artisanat d'art. Généralement ouvert en semaine de 14h à 18h. Il est préférable de téléphoner avant de se déplacer.

Didd Metezo (de son vrai nom Métézeau) est un artiste, descendant de constructeurs et architectes de renom, qui a choisi de représenter l'habitat guyanais en miniature. Le travail du plasticien est proprement bluffant : les matériaux – essentiellement du bois – sont sélectionnés avec soin et assemblés avec une éblouissante minutie. C'est la manière qu'a choisi Didd pour mettre en valeur le patrimoine architectural du plateau des Guyanes, influencé au cours des siècles par de nombreuses colonisations. Une très belle idée de cadeau. Expo-vente à domicile.

FAMILY PLAZA

ZI Terca
✆ 05 94 30 26 08
Centre commercial. Ouvert du lundi au samedi de 9h30 à 20h.

Très apprécié des locaux, le Family Plaza est un centre commercial de 30 000 m² qui a ouvert ses portes à l'automne 2013. On y trouve une bonne quarantaine d'enseignes variées : ameublement, mode, téléphonie, optique... Autant de boutiques qui permettront aux visiteurs de faire leurs achats dans un espace entièrement climatisé et somme toute plutôt agréable. Plusieurs restaurants d'assez bonne qualité se trouvent dans la galerie commerciale. Une salle de fitness ainsi qu'un cinéma (l'Agora) sont aussi à disposition du public.

AÉROCLUB DE CAYENNE-MATOURY

Aéroport Félix Éboué
✆ 05 94 35 61 28
aeroclubcayenne-matoury.e-monsite.com
Baptême de l'air 100 €, 3 personnes max. (30 min). Vols d'initiation et de pilotage libre.

Quoi de plus beau que d'admirer l'immensité guyanaise depuis le ciel ? Que vous vouliez apprendre à piloter, que vous pilotiez déjà ou non, l'Aéroclub de Cayenne-Matoury se propose de vous faire découvrir les inselbergs et l'immensité de l'Amazonie depuis le ciel grâce aux quatre avions du club. Les instructeurs vous proposeront vols d'initiation, de perfectionnement et baptêmes de l'air. Plusieurs circuits sont envisageables. Une sortie mémorable !

AQUAZONIA

Centre nautique de Matoury
✆ 05 94 31 08 08
Vacances scolaires : 7j/7 11h-18h30 (20h mardi et vendredi). Reste de l'année : consulter le web ou tél. Adulte 4,50 €.

Aquazonia est un vaste espace de loisirs équipé de toute une armada de bassins ludiques, incluant bains bouillonnants, circuits aquatiques à contre-courant et canons à eau, mais aussi un bassin de 25 mètres divisé en 6 couloirs pour la natation, un toboggan de 80 m de longueur (qui n'est malheureusement pas toujours ouvert...), des aménagements destinés aux enfants. A noter également qu'il est possible de participer à des cours d'aquagym, de natation et séances d'aquabike. Le site manque toutefois d'un grand coup de fraîcheur...

ÉCURIES DE FORT DIAMANT

Route des Plages
✆ 06 94 45 76 00
www.fort-diamant.ffe.com
Ouvert tous les jours, sauf le lundi et le dimanche après-midi. 35 € de l'heure de balade.

Les écuries de Fort Diamant compte parmi les écuries les plus importantes du département. Vous pourrez profiter au choix, et en fonction de votre niveau, d'une balade sur la plage, d'un cours particulier, d'un peu de voltige et saut d'obstacles tout en confiant vos enfants au Baby club. Également, des activités ouvertes aux personnes handicapées et groupes scolaires sont au programme. Établissement est très bien tenu. Boutique avec matériel d'équitation. Possibilité de se loger et de se restaurer juste à côté au Domaine de la Matourienne.

© LOCAPIROGUE

© LOCAPIROGUE

LOCA PIROGUE

3489 RN2 ✆ +594 694 26 35 42

www.locapirogue.com

Ouvert tous les jours. Sur reservation : paddle et canoë kayak 25 €, canoës motorisés 50 €, coques aluminium 80€

Vous trouverez ici un large choix d'embarcations et de matériel de qualité pour réussir votre sortie en rivière en toute sécurité. Pour louer il vous faudra : une carte d'identité, un dépôt de garantie CB, un permis côtier ou intérieur et le règlement de la prestation à la réservation. Tout le matériel nécessaire pour votre journée d'aventure est également disponible à la location : groupes électrogènes, bouées à tracter, glacières.... Les embarcations peuvent être livrées sur site si vous n'avez pas de crochet d'attelage, c'est une prestation complémentaire.

© LOCAPIROGUE

FITNESS PLAZA

Centre commercial FAMILY PLAZA Z.I
Terca
✆ +594 594 30 39 83
Accès illimités 7J/7 de 6h30 à 22h du lundi au vendredi, de 6h30 à 20h le samedi, de 8h à 17h le dimanche.

Le concept Fitness Plaza se constitue de 2 complexes à Matoury et Cayenne. Dans chacune des salles, vous y trouverez d'excellents équipements sportifs, un choix de 25 cours avec coach et plus de 50 cours vidéo en libre-service, des coachs formés et compétents. Pour vous aider à partir dans la bonne direction, un bilan-conseil est offert à votre arrivée. Plusieurs espaces sont accessibles, musculation, cardio et sauna. Et pour ceux qui ne veulent pas se muscler tout seul, des cours collectifs sont régulièrement proposés, ainsi que des coachings personnalisés.

© FITNESS PLAZA

© FITNESS PLAZA

LASER WEST

48 rue du Bois de Fer
✆ 05 94 38 59 29
www.laserwest.fr
Ouvert du mercredi au dimanche de 10h à 19h et tous les jours des vacances scolaires. Laser West 9,50 € (20 min).

Voici le premier Laser Game en Guyane ! Néons, brume et musique vous mettront tout de suite dans l'ambiance et feront monter l'adrénaline dans un labyrinthe futuriste et climatisé de 400 m² pouvant accueillir jusqu'à 24 guerriers pendant une partie de 20 minutes. Le principe est aujourd'hui bien connu de tous : deux équipes armées de pistolets laser livrés à elles-mêmes (ou chacun pour soi) sont censées accumuler le plus de points en tirant sur l'adversaire. Possibilité de réserver l'espace pour des événements privés. Réservation conseillée.

PRACTICE DE GOLF DE MATOURY

26 avenue de la Liberté
✆ 05 94 35 17 86
Du jeudi au dimanche de 8h à 16h30. Cours dimanche matin.

Amateur de *swing* et de *green*, vous trouverez ici votre bonheur. Si le Practice Golf de Matoury ne dispose que d'un parcours de 9 trous (on trouvera un 18-trous au Golf de l'Anse, à Kourou), il constitue néanmoins un très bon terrain d'entraînement pour les débutants. Proposant de belles infrastructures, ce joli *practice* est géré par une équipe dynamique et passionnée qui saura s'adapter à votre niveau et à vous attentes, prodiguant conseils et astuces avisés.

CHEZ POLINA

RN 1
✆ 05 94 29 62 87
www.karfourpolina.com
Le week-end et pendant la période du carnaval.

Tout comme le Soleil Levant (également nommé « Chez Nana ») à Cayenne, Chez Polina est l'autre véritable temple du carnaval guyanais ! Tout au long de la saison carnavalesque, qui peut s'étendre sur deux mois, le club-discothèque organise chaque samedi, de 22h jusqu'au petit matin, des bals masqués bien connus des amateurs. La salle peut alors accueillir de 1 500 à 3 000 personnes savamment déguisées, dansant jusqu'à épuisement ! On pourra aller jeter un œil à l'arrivée des touloulous, les costumes préparés tout au long de l'année valent le détour.

LES ÎLES DU SALUT

Nombreuses sont les îles autour de la Guyane, mais pour ce qui est de leur accessibilité, on n'en regroupe plus que trois principales : les îles du Salut (avec l'île Royale et Saint-Joseph, l'île du Diable n'est accessible que si les conditions météo le permettent) ainsi que l'îlet la Mère. Rattachées à la ville de Cayenne et non à Kourou, le climat et la végétation de ces îles tranchent complètement avec ce que l'on trouve sur le continent. Plus ventilées et avec un climat plus sec, elles offrent une parenthèse de paix au visiteur, heureux de retrouver une eau bien plus bleue.Mais sous leurs faux airs de paradis terrestres, les îles du Salut traînent une sinistre réputation. C'est ici qu'étaient enfermés une majorité des bagnards expédiés en Guyane à partir de la seconde moitié du XIXe siècle.

LES ÎLES DE RÉMIRE
500 M

ILES DU SALUT
ÎLE DU DIABLE
Océan
Atlantique
ÎLE ROYALE
ÎLE SAINT-
JOSEPH

Les îles du Salut

PAGES

● ● LES ÎLES DU SALUT

157

Comment peut-on imaginer, en découvrant ce site paradisiaque, qu'en ces lieux Seznec, Dreyfus et des milliers d'autres vécurent les pires heures de leur existence ? Face à Kourou, on distingue par temps clair une île luxuriante qui semble défier le continent. Il faut s'en approcher pour réaliser qu'il s'agit en réalité de trois îles qui se regardent, formant un triangle presque parfait. Les îles du Salut – Royale, Saint-Joseph et l'île du Diable – constituent une zone géographique très différente du continent qui, pourtant, n'est éloignée que de 14 km. Ici, un climat plus venteux et beaucoup plus sec offre aux visiteurs un paysage, sinon aride, en tout cas moins luxuriant que sur la côte. Ici aussi, l'Atlantique se pare de couleurs caribéennes, abandonnant brusquement la teinte brune qui le caractérise le long de la Guyane. Mer bleue, cocotiers et climat sec et ensoleillé feront sans doute oublier un instant le sinistre passé de ces lieux. C'est Albert Londres qui qualifia les îles « d'enfer au paradis ». Entre culture et détente, les îles du Salut sont une étape obligée lors d'un séjour dans le département.

ÎLE ROYALE ★★★★

157

Haut lieu du bagne guyanais, l'Île Royale est à la fois un paradis naturel et un enfer pour les hommes qui y furent déportés dès 1852. Bien des légendes habitent ses bâtisses très bien conservées, à l'image de son église. Un passage obligé pour qui découvre la Guyane pour la première fois.

ÎLE SAINT-JOSEPH ★★★

162

Visite complémentaire à celle de l'Île Royale, Saint-Joseph était le lieu où étaient emmenés les bagnards les plus récalcitrants. Les vestiges de « l'île du Silence » sont mangés par la végétation opulente : partout, branches et racines étouffent ces cachots qui racontent encore la souffrance des hommes qui y vécurent.

ÎLE DU DIABLE ★

162

L'extrême difficulté d'atteindre les rivages de l'Île du Diable, peut-être la plus célèbre des îles du Salut, est telle que les indiens Galibi en firent le logis d'Iroucan, l'esprit du mal. Entre les nouveaux arrivants, ceux qui furent amnistié, ceux qui s'en échappèrent et ceux qui y moururent, l'île du Diable a vu passer du beau monde.

ÎLE ROYALE ★★★★

Après 1h de traversée depuis Kourou, la baie, large et splendide, se dévoile aux matelots. Fraîchement débarqués, tels les premiers bagnards en 1852, on prendra à gauche au bout du ponton pour longer la baie des Cocotiers puis passer devant le poste de police. Il conviendra ensuite de délaisser le chemin côtier pour emprunter une voie pavée très raide qui conduit au sommet de l'île. Là, on découvre une vaste clairière autour de laquelle sont disposés différents bâtiments. Longeant par la gauche, on peut voir tout d'abord le logement du médecin-chef avant d'atteindre l'église, qui constitue sans doute le plus beau bâtiment de cette île de 28 hectares.

Se restaurer

On vous conseille d'apporter votre repas si vous souhaitez pique-niquer sur la plage. Mais l'île Royale dispose aussi d'une bel hôtel-restaurant.

Transports

Navette et catamarans : pour la navette principale, l'accès est limité à l'île Royale, contrairement aux catamarans (qui eux sont autorisés à accoster sur les deux autres îles à condition que la météo le permette). Aujourd'hui, quelques prestataires se partagent les visites et les liaisons avec les îles du Salut. En ce qui concerne la navette régulière, l'exploitation commerciale est assurée par la société SOTEL. Cette navette assure une fois par jour la liaison avec l'île Royale (départ à 8h30 depuis le Vieux Port de Kourou et retour à 16h30). Il faut compter une bonne heure de traversée et 45 euros par adulte (moitié prix pour les moins de 12 ans) le billet aller-retour.

Agences : il existe également des agences qui proposent une visite des îles sous forme de forfait (transport, hébergement et restauration), en voilier ou en catamaran. Vous pourrez également vous adresser à certains réceptifs, qui proposent, avec la traversée en navette, une visite guidée de l'île. Cette visite peut aussi être payée directement auprès de l'Auberge des Îles. Les mêmes prestations vous sont proposées avec des variations de prix minuscules.

Il convient de noter que depuis 1971, les îles, étant situées sur la trajectoire du lanceur en cas de lancement vers l'est, sont devenues propriété du CNES. Pour la sécurité des personnes, l'agence spatiale française fait évacuer les îles avant un lancement.

PROMARITIME / NAVETTES DES ÎLES DU SALUT

16 Centre Katoury (Rocade Zéphir)
✆ 05 94 28 42 36
www.promaritimeguyane.fr

Aller-retour : 47 € par adulte et 26 € pour les enfants de moins de 12 ans. Gratuit pour les moins d'1 an.

La navette régulière assure une fois par jour la liaison entre l'île Royale et Kourou avec un catamaran à moteur d'une capacité de 100 personnes. Le départ se fait tous les jours à 8h30 (arrivée à Royale vers 9h30). Pour le retour, le départ de l'île se fait à 16h30. il est nécessaire de se présenter à l'embarquement 45 minutes avant le départ et 15 minutes avant le retour. L'achat des billets peut se faire dans la majorité des agences de tourisme et de voyages, à Cayenne et à Kourou.

© PTOMARITIME

© PROMARITIME

LES ÎLES DU SALUT

BAGNE DES ÎLES DU SALUT - ÎLE ROYALE ★★★★

✆ 05 94 32 11 00

L'Auberge des Îles propose de visites. L'asso AGAMIS organise également des visites guidées (contact.agamis@gmail.com).

Plus grande des trois îles de l'archipel, c'est par l'île Royale que démarre la visite des îles du Salut en raison des nombreuses bâtisses qu'on y apprécie. Une fois débarqué, vous longerez le chemin côtier vers la gauche pour emprunter une voie pavée qui vous mènera au sommet de l'île. C'est au creux de cette vaste clairière qu'est concentré l'essentiel du patrimoine carcéral de l'île.

Inaugurée en 1855, la chapelle a connu une activité très importante dans les premières années du bagne. Les murs de la chapelle sont décorés de fresques que l'on doit au bagnard Lagrange. En sortant de l'église, on peut voir la maison des sœurs et la maternité où, pendant des années, des religieuses se vouèrent à l'allègement des souffrances des bagnards. Comme en témoigne l'hôpital militaire, Royale constituait un centre de soins important de la Guyane. Son climat, plus sain, facilitait en effet certaines guérisons. Cet hôpital accueillait exclusivement le personnel de l'administration pénitentiaire, les bagnards n'ayant que très exceptionnellement le privilège d'y être admis, sinon pour y mourir.

Faisant face à l'hôpital et au phare situé juste à côté, on trouve un héliport et un étrange bâtiment très moderne qui se singularise dans un tel environnement : le cinéthéodolite. Cet appareil ultra-sophistiqué permet à la fois de localiser avec une extrême précision la position du lanceur en vol et de recueillir des images d'Ariane, même de nuit, grâce aux infrarouges. En laissant la piste d'hélicoptère sur la droite, on poursuit la visite par un petit sentier qui descend. L'île étant une réserve entièrement protégée, vous y croiserez de nombreux animaux peu farouches. En contrebas, on parvient au cimetière des enfants où sont enterrés les fils et les filles des familles des gardiens qui furent emportés par la maladie dans leur plus tendre enfance. À quelques mètres de là, sur la gauche, se trouve une sinistre construction : la morgue. Les corps des bagnards décédés y étaient entreposés avant d'être jetés en mer.

À partir de la morgue, il faut revenir sur ses pas et suivre le chemin qui surplombe l'océan et offre par endroits de superbes points de vue sur la côte. On prendra le temps d'admirer au passage de magnifiques hibiscus et bougainvillées. Sur la gauche, en contrebas, quelques cochons des bois semblent parfaitement à l'aise dans une vaste mare de boue peu engageante. Au bout du sentier, on se trouve face au quartier des surveillants et aux cellules. Les surveillants restaient au minimum deux ans sur les îles, où ils pouvaient séjourner avec leur famille. Une école y était d'ailleurs installée, permettant aux enfants de suivre leur scolarité.

Le quartier cellulaire, formé de trois ensembles de bâtiments, constitue sans doute la partie la plus sinistre de l'île. Dans ces cachots, certains détenus purgeaient leur peine alors que d'autres, condamnés à mort, attendaient l'exécution de la sentence. Quittant le quartier cellulaire, on découvre une vaste fosse d'eau douce qui permet de recueillir l'eau de pluie. Cette fosse est en fait une ancienne carrière d'où l'on extrayait la roche à ravets, principal matériau de construction utilisé sur l'île.

Derrière cette fosse se trouve l'hôtel-restaurant des Îles du Salut, installé dans les anciens bâtiments du pénitencier. Une large terrasse couverte servant de salle de restaurant extérieure offre un splendide panorama sur l'île du Diable. Dans la grande salle qui abrite à la fois le bar et la réception de l'hôtel, des photos témoignent de la vocation du site pour la pêche au gros.

Derrière l'auberge, on découvre les ruines du sémaphore. Ce système, qui s'apparente à un télégraphe visuel, permettait de communiquer avec le continent. À Kourou, à proximité de l'hôtel des Roches, la tour Dreyfus abritait un dispositif similaire. Sur le mur du sémaphore, une plaque vient rappeler qu'ici Seznec purgea injustement une peine de vingt ans de travaux forcés. Tout près de là, légèrement en contrebas, la maison du directeur surplombe magnifiquement la baie des Cocotiers. Elle abrite un musée qui retrace l'histoire pénitentiaire des îles du Salut et fait office de centre d'accueil. À partir de la maison du directeur, un chemin permet de redescendre vers l'océan, du côté du large. On atteint alors l'anse Legoff, seule partie de l'île où l'on peut se baigner sans danger : c'est la « piscine des bagnards ». À l'époque du bagne, les eaux étaient infestées de requins qui n'hésitaient pas à s'approcher du rivage. Pour se protéger de ces prédateurs, les bagnards disposèrent d'énormes rochers suivant un plan carré, créant ainsi une piscine d'eau de mer. Celle-ci était utilisée principalement pour les soins corporels, moment qui constituait le seul loisir des prisonniers.

En reprenant le chemin du tour de l'île en direction de l'île du Diable, on rencontre, quelques dizaines de mètres plus loin, le transbordeur. Ce petit téléphérique permettait autrefois de ravitailler en vivres l'île du Diable et d'assurer la relève des surveillants. De là, on distingue la case de Dreyfus, sur l'île du Diable. En suivant ce même chemin, on rejoint finalement la jetée sud qui marque l'entrée de la baie des Cocotiers et la fin de la visite. Peu avant, le sentier offre un magnifique panorama sur l'île Saint-Joseph et mérite quelques instants de flânerie avant le départ.

Bagne des îles du Salut.

LA HULOTTE

13 rue J. Auprat - **KOUROU**
✆ 05 94 32 33 81
www.lahulotte-guyane.fr
Sortie journée : 54 €/adulte, 38 €/enfant. Sur réservation. Sortie sur 2 jours ou doubles rotations selon les périodes.

© LA HULOTTE

On pourra, à bord de *La Hulotte* – un catamaran de 15 m d'une capacité de 28 passagers – visiter les îles du Salut. Un petit tour des trois îles, avec un débarquement sur l'île Royale le matin et sur l'île Saint-Joseph dans l'après-midi. L'équipage vous présentera les îles pendant le voyage, accompagné des dauphins peut-être... L'ambiance est très conviviale, le ti'punch, planteur et boissons fraîches à volonté ! On plonge depuis le voilier, et les baignades en eau claire sont très agréables. Retour, à la voile si possible, pour une arrivée vers 17h30 à Kourou

CHAPELLE DE L'ÎLE ROYALE ✝ ★★

Rénovée, la chapelle est désormais accessible aux visiteurs participant à une visite guidée (ou en en demandant les clés). On y admire des fresques du faussaire Francis Lagrange, qui effectua un séjour de 18 ans au bagne. A la demande de l'évêque de Cayenne, il effectua entre 1940 et 1948 ces peintures satiriques dans la chapelle, alors même qu'il est fermement athée. Tout au long de sa détention, il peindra quelque 250 toiles, toutes signées du même et unique nom : Flag. Ne manquez pas la fresque de ce même homme, sur la place des Palmistes à Cayenne.

L'ALBATROS ☛

Départ du ponton des pêcheurs à Kourou.
✆ 06 94 26 39 54
albatros973.wixsite.com
Sortie d'une journée : 48 € par personne (la taxe littorale est incluse), 35 € pour les moins de 12 ans.

L'*Albatros*, c'est un catamaran d'une capacité de douze personnes maximum, ce qui assure une certaine intimité lors d'un voyage en direction des îles du Salut. Le départ se fait au niveau du ponton des pêcheurs à Kourou à 7h30, pour un retour prévu vers 18h. La traversée dure une heure, et planteur et eau fraîche sont offerts à bord. Vous pourrez profiter pleinement de votre journée entre la visite de l'île Royale et le pique-nique sur la plage de l'île Saint-Joseph (prévoyez votre repas). Un petit tour des îles est au programme dans la journée.

ROYAL TI-PUNCH ☛

16 Centre Katoury (Rocade Zéphir)
✆ 05 94 28 42 36
www.promaritimeguyane.fr
Ouvert du lundi au vendredi de 9h à 16h. Départ depuis le Ponton Balourou à Kourou. Traversée 47 € pour un adulte.

Le catamaran Royal Ti-Punch est l'un des bateaux sur lesquels il est possible de s'embarquer au départ de Kourou pour effectuer la visite des îles du Salut. Les départs se font à 8h30, avec retour en fin d'après-midi. Les skippers à bord, aidés de leurs équipages, sont très pros et sympathiques, proposant des rafraîchissements aux passagers, dont le nombre maximum ne peut excéder les 28 personnes. Il est également possible de privatiser le catamaran pour des événements particuliers. Sur demande, réalisation de prestations sur mesure (restauration, soirée...).

AUBERGE ET RESTAURANT DES ÎLES DU SALUT €€

Port des Balourous
✆ 05 94 32 11 00
www.aubergedesiles.fr
Place pour hamac 14 € ; chambre de 60 à 300 €. Menu 29 €, petit déjeuner 10 €.

L'auberge des Iles du Salut offre un point de vue exceptionnel sur l'ensemble des îles. Elle possède une cinquantaine de chambres climatisées, certaines dans d'anciens bâtiments du bagne, d'autres plus récentes. Le restaurant propose quant à lui un menu allèchant à prix intéressant : tartare de poisson façon tahitienne, salade de Kalawang à la mangue, accras, de féroce d'avocat et crabe farci... Somptueuse vue sur l'île du Diable. Réservation conseillée.

MAISON DU BAGNE ★★

Ouvert tous les jours 10h-midi et 14h30-16h. Gratuit.

Cette ancienne demeure du directeur du bagne est à présent la propriété du Conservatoire du littoral. Aujourd'hui restaurée, elle a été transformée en un centre d'information historique et culturelle et un centre d'accueil du public. A l'intérieur, on tombera à coup sûr sur une des expositions temporaires généralement très bien faites du centre (en plus de l'expo permanente), mais aussi des cartes postales, quelques souvenirs et des ouvrages historiques... Aux murs, les panneaux chronologiques s'avèrent fort instructifs. Halte recommandée.

ÎLE SAINT-JOSEPH ★★★

Pas de liaison maritime régulière pour Saint-Joseph, mais la plupart des prestataires proposant l'excursion aux Îles du Salut vous y amèneront. À l'époque du bagne, l'île abritait un asile, des cellules pour les condamnés les plus coriaces et un cimetière pour les surveillants. Les vestiges de celle que l'on nommait « l'île du Silence » sont en mauvais état et la visite a des airs d'expédition, mais c'est précisément ce qui confère son charme à ce lieu désolé. Opulente, la nature efface à son rythme la mémoire d'un épisode peu glorieux. Partout, branches et racines étouffent ces cachots qui racontent encore la souffrance des hommes qui y vécurent.

Couloirs et cellules du bagne.

BAGNE DES ÎLES DU SALUT - ÎLE SAINT-JOSEPH ★★

L'île Saint-Joseph fut choisie comme site de réclusion cellulaire : là où les fortes têtes étaient envoyées pour purger leur peine. La « mangeuse d'hommes » ou la « guillotine sèche » comptaient parmi les sinistres sobriquets de l'île. Aujourd'hui, la végétation tropicale a envahi les ruines de pierres : racines et lianes s'entremêlent entre les barreaux des cachots à l'abandon. Une promenade qui peut avoir quelque chose de glaçant, mais ne manquant pas d'onirisme.

Depuis le débarcadère, deux chemins. L'un fait le tour de l'île, l'autre la scinde en deux par son sommet, sur lequel se trouve le camp de la Réclusion. Une fois au camp, on découvre le dortoir, puis les cellules. Celles-ci n'avaient une ouverture qu'au plafond, permettant aux gardiens de surveiller les prisonniers d'en haut. Les condamnés étaient soumis aux travaux forcés 10 heures par jour et une promenade quotidienne leur étant permise dans l'enceinte du camp. Ils n'avaient pas le droit de communiquer entre eux, d'où le surnom d'« île du Silence ». On trouve également quelques cellules totalement obscures : les condamnés les plus difficiles y étaient enfermés dans le noir absolu, parfois pendant plusieurs années.

En ralliant le rivage, on atteint les logements des familles des surveillants, puis le cimetière du personnel, dominant la petite plage de pierres volcaniques où une baignade s'impose. Un chemin mène au ponton où se trouvent des maisons de gardiens réhabilitées en poste de repos pour la Légion étrangère.

ÎLE DU DIABLE ★

Si elle n'est pas la plus attrayante, l'île du Diable est probablement la plus connue des trois îles. Depuis que le téléphérique qui la reliait à Royale est hors d'usage, il est devenu très difficile, voire périlleux de l'atteindre : ses rivages n'offrent aucun lieu de mouillage sécurisant qui permettrait de s'abriter des vagues souvent violentes. Pour les Indiens Galibi, l'îlet était le logis d'Iroucan, esprit du mal. Quoiqu'il en soit, l'îlot rocheux fut affecté aux prisonniers politiques. Entre les nouveaux arrivants, ceux qui furent amnistié, ceux qui s'en échappèrent et ceux qui y moururent, l'île du Diable a vu passer du beau monde.

Transports

Autant prévenir les explorateurs en herbe tout de suite : leurs chances de pouvoir fouler le sol de l'île du Diable sont fort minces. Les catamarans affectés à la visite des îles du Salut ne s'y rendent jamais, ou quasiment jamais. Les raisons sont simples : les courants marins qui sévissent ici sont extrêmement dangereux et plutôt imprévisibles, ne permettant que très rarement un accostage en toute sécurité. Si le capitaine de votre embarcation considère que la mer est suffisamment calme pour pouvoir s'en approcher, alors c'est votre jour de chance !

Sinon, il faudra vous contenter de la très belle vue sur cette île hostile lors de votre tour pédestre de l'île Royale.

TROPIC ALIZÉS

Pointe des Roches - **KOUROU**
✆ +594 6 94 40 20 20
www.tropicalizes.fr
53 €/adulte (80 € les 2 jours) ; 37 € -12 ans (50 € les 2 jours). Privatisation sur demande. Embarquement à 7h30.

Le programme de la journée s'annonce chargé à bord de ce beau catamaran de 18 m. Cap sur l'île Royale, avec thé café biscuits durant la traversée. Après un tour en bateau afin d'approcher la mythique île du Diable, vous serez débarqué sur Royale pour une visite libre de ce site historique. Possibilité de baignade et pique-nique à bord (à prévoir) au très joli mouillage de l'île Saint-Joseph. Après ce moment convivial, débarquement sur Saint-Joseph, plus sauvage avec sa fameuse plage de coquillage. Retour à Kourou avec un Punch en musique dans la bonne humeur !

BAGNE DES ÎLES DU SALUT - ÎLE DU DIABLE ★★

Dans l'organisation pénitentiaire, l'île du Diable était un lieu de déportation, un traitement réservé aux prisonniers politiques que l'on cherchait à isoler du reste du monde. L'un des premiers de ces hommes fut Charles Delescluze, dirigeant de la Commune de Paris condamné pour complot en 1849. C'est sur ce caillou de 14 hectares que le capitaine Dreyfus débarqua le 13 avril 1895. Pendant quatre longues années, il occupa l'île, seul avec quelques surveillants qui se chargeaient de veiller scrupuleusement à son isolement. Durant son séjour, rien ne fut épargné à Dreyfus, qui se trouva mis aux fers dans sa case sans sortir pendant plusieurs semaines. En proie à un profond désespoir, il restait des heures à scruter silencieusement l'océan, assis sur un banc de pierre que l'on peut encore voir à l'extrémité de l'île, près de la pointe des Caraïbes.

Sans le charisme et le courage de ses partisans, dont le plus célèbre fut Zola, Dreyfus aurait pu finir ses jours sur l'île du Diable comme le souhaitaient à l'époque certains de ses détracteurs. Après le départ de Dreyfus, en juin 1899, d'autres prisonniers politiques furent déportés sur l'île, dont bon nombre d'entre eux étaient des anarchistes. Les conditions de détention s'étaient alors nettement adoucies, et ces hommes purgeaient leur peine en bénéficiant d'un régime de semi-liberté sans travail obligatoire. Classée monument historique, la maison de Dreyfus a bénéficié d'un programme de restauration financé par le CNES.

LE LITTORAL

À la sortie de Cayenne, la RN 1 longe un littoral parsemé de villes et villages. Les plantations fleuries de Macouria sont magnifiques, prétexte parfait pour une halte. Plus loin, Kourou est d'abord visité pour son pas de tir de la fusée (Ariane, entre autres), tandis que les exotiques îles du Salut sont l'occasion d'un prenant cours d'histoire autant que d'une baignade en eau turquoise.À proximité, on pourra naviguer sur le lac artificiel Petit Saut et sa forêt inondée, et passer la nuit dans un carbet arboricole. L'embouchure du Sinnamary est témoin chaque soir de l'envol splendide des ibis rouges, tandis qu'à Iracoubo on s'arrête pour son église étonnante, dont l'intérieur fut entièrement peint par un bagnard inspiré.Enfin, au bout de la N1, le village hmong de Jahouvey étale ses délices au marché, le dimanche, alors que chez les Amérindiens Kali'na d'Awala-Yalimapo, on assiste à la ponte des tortues luth sur les plus belles plages de Guyane, avant de trouver le sommeil en hamac... Tout un programme !

Le littoral
LITTORAL
Cayenne
20 KM
OCEAN ATLANTIQUE
SURINAME
La plage des Hattes
AWALA-YALIMAPO
MANA
JAVOUHEY
Saint-Antoine
Godebert
SAINT-LAURENT-DU-MARONI
Saint-Louis
MARONI
Village Saramaka
Mana
Laussat
RN1
IRACOUBO
SINNAMARY
ÎLES DU SALUT
ÎLE ROYALE
ÎLE DU DIABLE
ÎLE SAINT-JOSEPH
Fermes de St-Elie
CENTRE SPATIAL GUYANAIS
KOUROU
Montagne de Fer
Crique Eau Blanche
L'Iracoubo
Counamama
Sinnamary
Montagne Chapeau
Barrage de Petit-Saut
Crique Portal
Kokioko
Camp Maïpouri
Gaillot
Eau Claire
Montagne des singes
La Césarée
Tonate (Macouria)
Dégrad Saramaka
Zoo
CAYENNE
MACOURIA
RÉMIRE
MONTSINÉRY-TONNEGRANDE
le Larivot
Tonnegrande
MATOURY
RN2
Montagne Plomb 355 m
Roche Léodate
Kourou
Montagne Saint-Michel
Îlet Lézard
Montagne des Trois Roros 406 m
Kokioko
Montagne République
Saint-Elie
Montagne Devis 275 m
Massif Lucifer
Polémie

PAGES

168 **LE LITTORAL**

Au-delà des immanquables que sont le Centre spatial de Kourou et les îles du Salut, le littoral guyanais, de Cayenne à la frontière surinamaise, gagne à être connu, des pépinières de Macouria aux ibis rouges de Sinnamary, de Petit Saut et sa forêt inondée aux carbets arboricoles au cœur de la jungle, sans parler du village d'Awala-Yalimapo, où chaque année viennent pondre les tortues luth.

MACOURIA ★

168 Non loin de la capitale guyanaise, la région de Macouria, en raison de ses terres fertiles, fut il y a trois siècles un lieu de culture si prospère qu'il prit le surnom de « grenier de Cayenne ». C'est aujourd'hui une cité-dortoir dotée d'une belle église et où l'on pourra effectuer quelques jolies balades à cheval.

MONTSINÉRY-TONNEGRANDE ★

170 Jadis agricoles, ces deux communes, distantes de 20 km, sont désormais des bourgades tranquilles, nommées toutes deux d'après les rivières qui les bordent et qui se jettent dans l'estuaire de Cayenne. On croise fréquemment en fin de semaine sur ces cours d'eau des plaisanciers faisant route vers la rivière de Cascades.

KOUROU ★★

172 Bien connu des métropolitains pour ses fusées, Kourou vaut bien une escale de deux ou trois jours. Pour en visiter le Centre Spatial bien sûr, mais aussi son centre ville, le Vieux-Bourg, garni de maisons créoles anciennes, et les villages amérindiens Saramaca et Galibi.

SINNAMARY ★

183 Sinnamary est une bourgade tranquille traversée de longues avenues jalonnées de maisons créoles au charme suranné. L'ambiance intemporelle du lieu vaut qu'on s'y aventure, ne serait-ce qu'une paire d'heures. C'est ici aussi que l'on assiste à l'envol des fameux ibis rouges !

IRACOUBO ★

186 Epargné tant par l'administration pénitentiaire que par la fièvre aurifère, Iracoubo a, depuis sa création au début du XIXe siècle, vécu paisiblement de la pêche et de l'agriculture. L'intérieur de son église, intégralement peint par un bagnard talentueux, vaut bien une escale.

MANA ★★

187 Unique commune située sur le fleuve éponyme, Mana abrite une ambiance de vieux village sans artifice, avec ses maisons en bois grinçantes. Marquée par la congrégation de Saint-Joseph-de-Cluny et par la ruée vers l'or, on y vient pour goûter à son charme pittoresque et pour assister à l'émouvante ponte des tortues luth.

AWALA-YALIMAPO ★★

191 Awala-Yalimapo, situé à l'extrême nord du littoral guyanais, est habité par une vaste communauté d'Amérindiens Galibi. Zone naturelle d'intérêt écologique, faunistique et floristique, c'est ici que se tiennent en décembre les fameux Jeux Kali'na. En venant de Mana, on découvre tout d'abord Awala, puis Yalimapo tout au bout de la route.

192 JAVOUHEY

MACOURIA ★

Cultivée depuis 1716 et longtemps surnommée le « grenier de Cayenne » pour ses terres fertiles, la zone a pour chef-lieu Tonate, du nom d'un colon qui y installa alors un moulin à coton. Puis Macouria s'orienta vers l'élevage bovin et porcin, dont Carapa est aujourd'hui l'épicentre. Plutôt cité-dortoir pour ses 10 000 habitants qu'étape touristique, son église vaut bien une escale, mais ses alentours également : plantations fleuries et ranchs sont ici nombreux. On aura en effet le loisir de parcourir quelques agréables sentiers à cheval. Sans véhicule, on s'y rend depuis Cayenne en bus (5 € TIG ou Agglo'bus - cacl-transport.fr) ou en taxi.

CRIQUE PATATE ★

RN1

Accès libre. Une dizaine de minute de marche depuis le stationnement en bord de route.

La saison des pluies rend ce lieu souvent peu praticable, à moins de faire preuve de témérité ! A l'orée du bois, face au zoo de Montsinéry, il vous faudra abandonner votre véhicule pour parcourir à pied les 400 m qui vous séparent de la crique Patate (il suffit d'emprunter une piste de sable blanc pour y parvenir). L'endroit est idéal pour profiter d'un après-midi ensoleillé, se baigner et pique-niquer. La crique patate est très apprécié par la population résidente à l'entour, le site a donc tendance à être très fréquenté les week-ends.

JARDIN BOTANIQUE DE GUYANE

2805 savane Césarée

✆ 05 94 28 17 56

www.jardinbotaniquedeguyane.com

Ouvert de mercredi à dimanche de 9h à 12h et de 14h à 17h. Adulte : 10 €. Visite guidée 9h30 et 15h (2h, 15 €).

La Guyane méritait bien un vrai jardin botanique. Eh bien c'est chose faite : plus de 250 espèces d'orchidées guyanaises et 4 000 espèces végétales composent ce jardin enchanté d'un hectare. Pour profiter pleinement des lieux, il est indispensable d'en suivre le maître, Aurélien, afin d'écouter ses précieuses explications et histoires qui font des deux heures passées sur place un moment unique. Le parcours est accessible aux personnes à mobilité réduite. Possibilité de logement.

ZOO DE GUYANE ★★

Route du Galion ✆ 05 94 31 73 06

www.zoodeguyane.com

Ouvert tous les jours de l'année de 9h30 à 17h30 (dernière admission à 16h30). Adulte : 16,50 €.

Au cœur de la Guyane, le refuge idéal de la faune sauvage vous attend pour des instants inoubliables : émerveillement et plaisir garantis ! 450 animaux répartis sur 80 espèces vous attendent. Des espaces à large champ de vision et une grande serre d'immersion vous permettent d'être au plus près des animaux : de redoutables serpents en imposants reptiles, de puissants fauves en singes facétieux, d'oiseaux paradisiaques en rapaces bruyants, tous formidables représentants de la biodiversité guyanaise et du Nouveau Monde. Chaque mercredi et samedi à 15h, soigneurs et éthologue du zoo vous emmènent au cœur de leur métier pour partager leur quotidien auprès des animaux.

Sans oublier l'attraction exclusive du zoo : une balade en forêt tropicale sur des ponts suspendus, une aventure en toute sécurité pour admirer la faune et la flore de façon unique ! Le Zoo de Guyane est membre de l'EAZA, véritable label de qualité. Une distinction dont l'équipe est très fière et un gage de qualité et de respect du bien-être animal.

Actualités : baladez-vous à la cime des arbres tropicaux. Découvrez les joies d'une agréable promenade à plusieurs mètres au-dessus des marais, baladez-vous en toute confiance et profitez d'un point de vue unique sur la forêt. Passez d'arbre en arbre à l'aide de passerelles suspendues... Ecoutez les chants de la forêt, observez les plantes comme vous ne les verrez jamais, vanille sauvage, palmiers et épiphytes, découvrez les oiseaux... Avec un peu de chance, vous rencontrerez peut-être un groupe de singes arboricoles !

MATITI PARADISE €

PK 44

✆ 06 94 42 52 64

Nuit en hamac : 25 €/adulte et 12 €/enfant. Pass journée : 10 €/adulte et 5 €/enfant (jusqu'à 10 ans). Wifi.

Les carbets de Matiti Paradise vous attendent pour la nuit ou la journée, autant de paillotes surplombant la crique des Pères pour pique-niquer à l'ombre. Le lieu compte un carbet cuisine équipé d'un barbecue et de frigos et à l'entrée du site, des jeux pour enfants sont disponibles. On trouve aussi ici des animaux (volailles, chevaux...) et la zone de baignade a été aménagée : escaliers pour accéder à la crique, piscines naturelles qui se remplissent à marée haute, cordes et bouées. Location de kayaks. Réservation conseillée.

GITES BEAU-SITE €€

193 RD 51
✆ 06 94 26 04 89
Logement double de 50 € à 90 € selon la taille. Tarifs dégressifs à la semaine. 2 nuits minimum. Parking, wifi.

Martine et Noam vous réservent un accueil chaleureux, pour ne pas dire familial, dans ce gîte bien tenu. Disséminés sur plusieurs hectares d'un terrain paisible et bucolique à souhait, les chambres meublées, studios et appartements équipés avec terrasse (jusqu'à F3) sont autant d'options de logements confortables autorisant l'autonomie. Petite piscine et carbets dans le jardin. Parking et wifi. Une adresse centrale, à 20 minutes de l'aéroport, 10 minutes de Cayenne et 30 minutes de Kourou, donc du Centre Spatial et de l'embarcadère des Îles du Salut.

LE KIKINON €

Route de Montsinéry
✆ 05 94 38 88 96
www.equitation-kikinon.com
Restaurant ouvert sur réservation uniquement. Compter environ 30 € par personne pour un repas complet.

Ce modeste restaurant a participé à la réputation du ranch. Des grillades en toute simplicité dans un cadre magnifique, à deux pas des chevaux, et des plats plus élaborés comme les crottins de chèvre au miel, des tajines marocains ou encore des *ceviche* à la péruvienne. Pas de véritable menu défini, c'est en fonction de la saison et des envies du chef, n'hésitez pas à appeler avant afin de connaître le menu du jour. Les cavaliers en herbe ou confirmés pourront d'ailleurs en profiter pour faire un tour à cheval ou participer à l'une des activités ici proposées !

BAAKABOTO

15 rue du Bois-de-Rose ✆ 06 94 22 70 75
baakaboto.simplesite.com
Sortie (5 personnes min) à partir de 15 €/pers (1h). Location de kayak à partir de 10 €/demi-journée.

Gilles vous propose la location de canoës et kayaks insubmersibles de 1, 2 ou 3 places (livrés à domicile, dans la mesure du possible pour les résidents de Macouria, Cayenne et Matoury, avec des frites et mousses pour protéger le toit de la voiture ainsi que des sangles adaptées et une petite touque pour mettre ses affaires sensibles). Des initiations au canoë et au kayak pour tous les niveaux sont également au programme (groupes de 5 personnes minimum) : découverte des îles et criques, observation des animaux, notamment des ibis rouges et des marsouins.

ROYAL RANCH

Route du lycée agricole – 1955
✆ 06 94 26 21 04
royalranch-equitation-guyane.ffe.com
Balades à cheval à 25 € pour une heure. Stages à la demi-journée, la journée ou sur plusieurs jours.

Azalée, monitrice diplômée d'État, a repris les rênes du ranch et 2011 et propose depuis des cours particuliers ou collectifs, d'initiation ou de perfectionnement. Ce centre équestre vous ravira avec ses cours, mais aussi ses balades à cheval, autour du ranch en forêt, en savane ou encore sur des exploitations agricoles. Des stages allant de 2 à 5 jours sont aussi organisés durant les vacances scolaires, avec possibilité de passage de Galops. Organisation d'anniversaires pour enfants. Une belle manière de découvrir les environs sauvages de Macouria.

LE GRAND BLANC

Malmaison
✆ +594 594 38 75 85
Séminaires, soirées à thèmes autour de 30 € (25 en prévente). Se renseigner pour les soirées carnavalesques.

Depuis plus de 20 ans, le Grand Blanc met à votre disposition plus de 1 000 m² d'espace pour l'organisation de vos soirées ! Le décor est une invitation à la détente et propose des prestations en location seule de la salle ou organisation complète, pour vos banquets, mariages, bals, séminaires, journées familiales, arbre de Noël… Mais pour les amateurs de fêtes déguisées, l'espace prend toute son ampleur pendant quelques jours de l'année, avec en programmation des soirées carnavalesques mémorables où l'on s'y retrouve à plus de 1 500 personnes.

THÉÂTRE DE MACOURIA

Avenue Justin Catayée
✆ 06 94 22 95 04
theatre-de-macouria.com
Tarifs adulte 10 € ; 5 € pour les moins de 25 ans. Réservation possible en ligne, par e-mail ou par téléphone.

Une scène conventionnée par le Ministère de la Culture depuis le 1er septembre 2007, alors que le lieu organisait les Jeudis du Théâtre de Macouria. Riche programmation de spectacles et de concerts, dont plus d'une quinzaine de spectacles professionnels chaque année. A signaler également de nombreux ateliers et *happenings* gratuits, mais aussi des stages de théâtre pour professionnels ou amateurs. Consultez le programme sur le site web ou sur la page Facebook du théâtre. Préventes en ligne et à la librairie La Cas'A Bulles (Cayenne et Rémire-Montjoly).

MONTSINÉRY-TONNEGRANDE ★

Les deux bourgs qui constituent cette commune de 2 500 habitants, Montsinéry et Tonnegrande (distants de 20 km), avec une économie jadis essentiellement agricole et forestière, semblent être entrés dans le modernité brusquement. Ils portent les noms des rivières qui se rejoignent dans l'estuaire de la rivière de Cayenne. Le premier est un village paisible et plein de caractère, le second est plus modeste et non moins charmant. Ici, on est surpris par l'immensité du domaine fluvial et en fin de semaine, les plaisanciers qui remontent la rivière de Cayenne en directions des nombreuses criques - dont la rivière des Cascades - sont légions.

IONOPSIS - LE JARDIN BOIS DE ROSE ★

38 lotissement Quesnel Est
✆ 05 94 37 95 42
Ouvert tous les jours de 8h à 18h. Entrée : 2,50 €, gratuit pour les enfants. Possibilité d'y passer la nuit pour 10 €.

Le jardin botanique « Bois de Rose » de Madame Louison est un site unique en son genre où l'on peut venir admirer près de 600 espèces de plantes, telles que l'arbre du voyageur (*ravenala*), le bananier d'ornement (*musa*), la calebasse, le croton, les 150 orchidées ou encore les palmiers. Pensez à apporter votre pique-nique pour, après une promenade au bord du lac, vous détendre sous le kiosque, véritable havre de paix. Depuis peu, un carbet est aussi à disposition pour y passer la nuit !

PIROGUE TOURS

Tonnegrande bourg
✆ 06 94 24 72 71
Formule unique : 50 € pour 2 jours, transport compris. Prévoir sa nourriture et son hamac (BBQ à disposition).

Zico Joseph vous accueille dans son carbet situé à 1 heure 30 de Cayenne, dans un endroit sympa pour un dépaysement total. Sur 2 niveaux, on peut y accrocher plus de 35 hamacs, autour d'un jardin fleuri avec coin cuisine, d'un espace détente pour lire et un ponton pour profiter des eaux claires de la crique. Des promenades en forêt sont aussi possibles, de manière autonome au travers des layons. A environ 200 mètres à la nage ou en canoë, les « cascades » offrent une pause agréable pour la pêche, la baignade ou tout simplement une petite sieste au bord de l'eau.

BAGNE DES ANNAMITES - CAMP CRIQUE ANGUILLE ★★

Par la RN 1, en direction de Kourou. Juste au niveau de la station-service à Tonate-Macouria, prenez sur la gauche, en direction du zoo de Macouria. Vous tomberez sur la route de Montsinéry qui vous mène au sentier du bagne.

Sentier balisé en état moyen mais accessible et jalonné de panneaux explicatifs. A éviter après de fortes pluies.

L'histoire de ce pénitencier est relativement mal décrite dans la littérature guyanaise, avec de fréquentes contradictions. L'établissement fut installé en 1931 dans le but d'y déporter des ressortissants indochinois coupables de crimes ou ayant manifesté trop vivement leurs intentions indépendantistes. La majorité de ces prisonniers étaient originaires de la région d'Annam, située dans le centre du Vietnam actuel, ce qui explique le nom donné à ce camp de détention.

Le bagne fonctionna jusqu'en 1938 mais, pour la plupart des déportés, le voyage vers la Guyane devait être sans retour. Constamment à la recherche de main-d'œuvre, les autorités coloniales espéraient que les prisonniers libérés resteraient sur place pour mettre en valeur les terrains. Lorsque ce dessein prit la forme d'une règle obligatoire, ces derniers se révoltèrent violemment, mais leur insurrection fut matée sans aucune pitié. Les conditions de détention étaient extrêmement difficiles au camp des Annamites. L'austérité des cachots, un travail usant et une discipline de fer s'ajoutaient à un climat propice au développement de nombreuses maladies, dont le paludisme, qui fit des ravages dans le secteur.

Dispersés çà et là, les vestiges du bagne sont aujourd'hui abandonnés. Rongés par la rouille et envahis par la végétation, ils offrent une vision à la fois surprenante et lugubre. À l'entrée du sentier, véritable tunnel forestier, un panneau fournit quelques repères historiques sur l'établissement pénitentiaire. La visite s'effectue en deux itinéraires successifs. Il faut prévoir environ 40 minutes pour parcourir le premier tronçon. Après cette agréable marche, on parvient à une clairière où est regroupé l'essentiel des restes du bagne. Vous y découvrirez des wagons, des cellules... Vous pourrez aussi emprunter la deuxième partie du sentier qui suit un moment une ancienne voie ferrée installée par les bagnards (environ 30 à 40 minutes de marche). Ce sentier se termine par la petite crique Anguille où il est possible de se baigner et de pique-niquer. Si vous vous laissez tenter par le bain, restez prudent, car des raies et des anguilles peuvent se cacher sous les bancs de sable ! Bien que le sentier ne soit pas très bien balisé, il est difficile de se perdre si vous restez sur le caillebotis (lattes en bois au sol) qui montre très bien le chemin à suivre. La balade est facile mais, comme pour toute marche, il faut être confortablement chaussé car le tour complet fait 7 km.

CAMPING LA MANGROVE €

Route du Galion
✆ 06 94 25 51 12
www.campinglamangrove.com

Pendant les vacances scolaires, ouvert du mercredi au dimanche (sinon, le week-end seulement). 20 €/adulte, 10 €/enfant.

Ce camping touristique est un centre de détente et de loisirs au cœur d'une nature verdoyante et en bordure de crique, où les balades en canoë ou en paddles sont de mise. Air de baignade, carbets collectifs (privatisables) et bungalow. Des petits et grands carbets vous sont proposés à la journée (dernière admission à 17h30, demi-tarif par rapport au prix de la nuit), à la nuit ou au week-end. Location de hamacs et de barbecues, et possibilité de restauration pour des groupes de plus de 30 personnes. Une adresse à découvrir d'urgence, en famille ou entre amis.

KRIK KOKO VILLAGE €

Route du Galion
✆ 06 94 22 49 44

Nuitée en hamac à partir de 30 € par adulte. Canoë-kayak à 25 € la journée.

Non loin de Cayenne, ce site accueille familles et groupes à la journée ou pour dormir. Krik Koko Village met à disposition de ses clients six petits carbets pendant la journée, pour 15 personnes maximum. Pour passer la nuit, il faut réserver le grand carbet, qui accueille jusqu'à 40 personnes (à partir de 20 personnes) et est équipé de tables, d'une gazinière, d'un congélateur, d'un frigo, d'un barbecue. Possibilité de se baigner dans les eaux claires de la crique Coco et d'y faire du canoë. Pensez à ramener votre pique-nique.

TIKILILI €

CD 5 Pont des Cascades
✆ 05 94 37 87 15

2 gîtes pour une capacité totale de 8 personnes. A partir de 335 € la semaine. Location de kayaks.

Tikilili est un gîte composé de deux maisons en bois installées au cœur d'un jardin magnifiquement arboré et fleuri, toutes deux très bien aménagées et tenues par les charmants Yves et Ludmilla Bowen. Chaque hébergement comprend 1 chambre fermée avec 1 lit double, 1 autre avec 2 ou 3 lits simples, une salle de bains et des toilettes privatives. La terrasse est elle aussi aménagée : cuisine équipée, coins repas et coin salon. Une adresse pleine de charme qui plaira aux familles et aux groupes souhaitant disposer de la totalité des lieux.

KARBÉ KRÉOL €€

1 rue L'Abbé Fabre
✆ 05 94 37 92 41
Ouvert du mercredi au dimanche de midi à 16h. A partir de 30 €.

Voici un restaurant bénéficiant d'un cadre magnifique, avec sa terrasse surplombant la rivière. Bonne cuisine créole au rendez-vous, avec parmi les spécialités généralement au menu, les croquettes de cramanioc au poisson salé ou encore la délicieuse pimentade de bœuf. Tout dépendra ensuite des prises faites par les chasseurs ce matin-là, la « viande bois » (gibier) comptant également au nombre des spécialités du Karbet Kréol. Le service et la cuisine sont assurés par le couple de propriétaires, très sympathiques. Une agréable parenthèse culinaire en bord de lac.

LES AILES HYDRO

Bourg de Montsinéry
✆ 06 94 23 23 51
www.les-ailes-hydro-de-montsinery.com
Sur réservation uniquement. Baptême de 50 € à 150 €, vol d'initiation 110 € (aux commandes 30 min). Film de vol 20 €.

Découvrez Montsinéry, Cayenne et ses environs vus du ciel grâce à l'hydro-ULM jaune de l'école Les Ailes Hydro. Le centre de vol propose une fabuleuse balade dans les airs avec les pilotes instructeurs Pascal et Bastien Legère, et l'expérience inoubliable d'un amerrissage sur le fleuve. La vue est spectaculaire ! Vous aurez le privilège de voir également les îles de Cayenne et peut-être même les îles du Salut si le temps le permet. Pour les mordus, l'école propose des initiations et des formations complètes au brevet de pilote dès l'âge de 15 ans.

KOUROU ★★

L'évocation de Kourou est indissociable du centre spatial et d'Ariane. Quatrième ville par le nombre d'habitants (environ 26 000), elle présente de saisissants contrastes entre le moderne et l'ancien. Dans la zone la plus en retrait du littoral, le Vieux-Bourg a gardé son architecture créole, son ambiance authentique et son air mélancolique. Kourou-la-Nouvelle s'est développée rapidement avec l'installation du centre spatial : grands hôtels, centres commerciaux...

Deux populations se côtoient dans cette ville aux multiples facettes ; deux villages se distinguent : le village Saramaca (« Noir marron »), avec ses nombreux artisans dont vous pourrez admirer l'art de la sculpture du bois, et le village amérindien Galibi au bout de la plage de la Cocoteraie. Kourou mérite qu'on y fasse une étape d'au moins deux jours, pour découvrir aussi bien les sites touristiques qui font sa réputation (le centre spatial guyanais) que les endroits moins visités, car peu connus (Vieux-Bourg, Roches gravées...). C'est par ailleurs à l'embouchure du fleuve Kourou, où se trouve le port de plaisance, que l'on se rendra pour prendre le bateau afin de rejoindre les Îles du Salut.

Une installation dans le sillage du CSG

Au moment de l'installation du CSG, dans les années 1960, les Saramaca déplacés trouvent dans un premier temps des emplacements à louer dans le bourg de Kourou pour y construire leurs demeures. Leur nombre allant croissant et pour éviter l'émergence d'un bidonville, le CSG leur concède en 1968 une langue de terre de 3 hectares non loin du fleuve. Un équipement très sommaire leur est fourni (blocs sanitaires et lavoirs-bornes fontaines), mais ne recevant aucune

© PHILIPPE GUERSAN - AUTHOR'S IMAGE

La Tour Dreyfus sur la pointe des Roches.

aide pour la construction des logements, les habitants utilisent des matériaux de récupération des chantiers sur lesquels ils travaillent. Ce terrain est situé en plein cœur de la zone marécageuse, rendant difficile l'extension de ce que l'on nomme aujourd'hui le village Saramaca.
Depuis 1987, le CSG et la commune ont réalisé divers travaux, qui restent toujours très insuffisants. Les habitants du village représentent de nos jours 15 % de la population de Kourou et près de 3 000 personnes y vivent. La ville tente pourtant de réhabiliter peu à peu ce quartier insalubre en construisant des maisons individuelles à loyer modéré. Le village regroupe des Saramaca, des Djuka, des Paramaca, des Boni, ainsi que quelques Haïtiens, Brésiliens et Créoles, autant de populations fréquemment confrontées à des difficultés d'intégration au tissu social et économique.

BARRAGE DE PETIT-SAUT ★★

Route de Petit-Saut ✆ 05 94 32 66 91
www.petitsaut.com
Accès nécessitant (théoriquement) une autorisation préfectorale. Pour tout renseignement, contacter l'ADSPS à Kourou.

La mise en route de cet ensemble industriel a plus ou moins défrayé la chronique au printemps 1994. L'événement a même été rapporté dans les journaux métropolitains. Dès son origine, le projet a déclenché des confrontations entre responsables d'EDF d'un côté, défenseurs de la nature et habitants du bourg de Sinnamary de l'autre. La construction a duré six ans (1989-1995), mobilisant 1 000 personnes pour un coût total de 442 millions d'euros. La mise en eau du barrage a entraîné l'inondation d'environ 360 km² de forêt amazonienne où vivait une faune très abondante.

Les écologistes se sont donc émus de cette situation. D'un autre côté, les habitants de Sinnamary ont fait part de leur inquiétude concernant la qualité des eaux du fleuve qui alimentent le bourg. L'inondation de la forêt a en effet provoqué une décomposition des matières végétales, entraînant une forme de pollution naturelle pour un temps indéterminé. Les responsables d'EDF ont réagi en mettant en place un système d'oxygénation de l'eau, censé limiter la pollution, et en organisant une vaste opération scientifique destinée à sauver un maximum d'animaux menacés de noyade.

La production du barrage couvre aujourd'hui la moitié de la consommation du littoral. Si depuis les esprits semblent s'être quelque peu apaisés, l'histoire retiendra que c'est le manque de communication entre les différents acteurs impliqués qui ont déclenché des heurts. Aujourd'hui, quand vient la saison des pluies et celle des inondations, on jette un regard inquiet en direction du barrage...

CENTRE NATIONAL D'ÉTUDES SPATIALES (CNES)

www.cnes-csg.fr
Consultez l'agenda en ligne pour découvrir les expositions et événements proposés ponctuellement.

Le Centre National d'Etudes Spatiales est un établissement public à caractère industriel et commercial créé en 1961 : c'est l'agence spatiale française. A ce titre, il conduit la politique spatiale de la France : analyser les enjeux, gérer les grands programmes, animer l'industrie, exploiter les systèmes nationaux, et soutenir la recherche sont ses principales missions. Ses centres sont situés à Paris, Toulouse et Guyane au Centre Spatial Guyanais, que l'on peut visiter.

MUSÉE DE L'ESPACE

À l'entrée du Centre Spatial Guyanais
✆ 05 94 33 53 84
www.cnes-csg.fr
Ouvert du lundi au samedi de 8h à 18h. Adulte 7 €, enfant 4 € (-10 ans). Tarif réduit pour les visiteurs du CSG.

Le musée de l'espace est une visite complémentaire à celui du CSG que les fans d'aéronautiques et autres cosmo-curieux ne se priveront pas de faire : parcours thématique, animations interactives, maquettes réelles, choix de films scientifiques et techniques, espace multimédia éducatif et interactif où les enfants pourront s'attarder longtemps, expositions temporaires... Il y a de quoi faire ! Il comprend également une petite boutique où vous pourrez trouver quelques ouvrages sur l'histoire du site et des souvenirs (affiches, maquettes, gadgets, casquettes...).

CENTRE SPATIAL GUYANAIS [CSG] ★★★★

Route nationale 1
✆ 05 94 33 77 77
www.cnes-csg.fr

Réservation obligatoire au minimum 48h à l'avance pour les visites guidées (3h30). Pièce d'identité obligatoire.

Cet établissement du CNES, chargé de réaliser les lancements d'engins spatiaux, installé à Kourou, dispose d'un site de 69 000 hectares. On s'y rendra soit pour la visite guidée, soit pour assister à un lancement.

▸ **Visite du Centre Spatial Guyanais.** Les autorités du CSG organisent des visites guidées qui sont gratuites et ouvertes toute l'année, du lundi au vendredi, à toute personne âgée de plus de 8 ans. Présentation obligatoire d'une pièce d'identité en cours de validité. Les visites sont interrompues la veille, le jour et le lendemain d'un lancement. L'accès aux installations reste soumis aux opérations : les circuits peuvent donc être modifiés pour garantir la sécurité des visiteurs. Les visites ont lieu deux fois par jour du lundi au jeudi et le vendredi matin (durée moyenne : 3h30 à 4h). Rendez-vous à 8h et 13h pour les formalités d'enregistrement, puis départ en bus pour une visite de 3h autour des zones de lancement Ariane 5, Soyouz et Vega et du centre de lancement Ariane 5. Enfin, visite de la salle Jupiter jusqu'à environ 11h30-12h ou 16h30-17h.

▸ **Assister à un lancement.** Le rythme des lancements est passé à une moyenne de 10 à 12 par an, tous lanceurs confondus. Si votre séjour coïncide avec un lancement, essayez d'assister à ce spectacle. Les demandes d'invitation à un lancement sont gratuites. Les invitations sont limitées aux places disponibles et les sites activés en fonction des contraintes liées à la protection des personnes. S'y prendre à l'avance et réserver en ligne : cnes-csg.fr - ✆ 05 94 33 44 53 - Mail : csg-accueil@cnes.fr. Pour être admis sur le site Agami (7,5 km du lanceur), il faut être âgé de plus de 16 ans. Pour Ibis, Vénus et la salle VIP Jupiter, l'âge limite est de 14 ans. Cependant, le site Carapa (à 12,5 km de la zone de lancement) reste ouvert au public sans invitation et sans restriction d'âge. Il se trouve sur la montagne du même nom, juste à l'entrée de Kourou. Ce site peut accueillir environ 1 450 personnes. Bien que son accès soit libre, une fois ce chiffre atteint, il ne vous sera plus possible d'y accéder. Nous vous conseillons donc d'y arriver suffisamment à l'avance, en sachant que le site est ouvert 2h avant le lancement. Emporter une paire de jumelles et un appareil photo. Les autres sites fréquentés à Kourou les jours de lancement sont la plage et le sommet de la montagne des Singes. A Cayenne, direction place des Amandiers : animations et écran géant au rendez-vous !

© PHILIPPE GUERSAN - AUTHOR'S IMAGE

SAVANES DU CSG ★★

Centre Spatial Guyanais ✆ 05 94 33 77 77
www.cnes-csg.fr
Réservation minimum 48h à l'avance par mail ou téléphone. Une visite gratuite par mois. Pièce d'identité obligatoire.

À ne pas manquer : une fois par mois (généralement le samedi) à 6h30 et 7h30, le CNES dévoile la richesse faunistique et floristique des savanes du CSG. Un agent de l'Office national des forêts vous fera découvrir cet échantillon encore bien préservé du littoral guyanais, où il n'est pas rare de croiser des animaux : jaguars, ibis rouges, paresseux et tatous comptent parmi les hôtes de ces bois. Le calendrier est disponible sur Internet et les départs se font généralement à 6h30 et 7h30 du Musée de l'Espace. Des sorties nocturnes (19h) sont également proposées.

PLAGES : LA COCOTERAIE, PIM-POUM, LES ROCHES ★★

Avenue Félix-Éboué et Avenue des Roches
Ouvert au public.

Les plages de Kourou sont les rares plages aménagées en Guyane : paillotes pour pique-niquer, parcours de santé pour joggeurs, jeux pour enfants... Avec vue sur les îles du Salut lorsque l'horizon est dégagé et observation des oiseaux en période de migrations. Prenez votre hamac, ici c'est de rigueur pour faire la sieste à l'ombre des palmiers. La petite plage Pim-Poum est la plus attrayante, mais il y a aussi la Cocoteraie, plus animée avec ses bars de plage et son skatepark.

MONTAGNE DES SINGES ★★

Route du Dégrad Saramaka
Sentier bien balisé et entretenu. Point de vue sur Kourou.

Le site, situé sur le domaine du Centre Spatial (CSG) et entretenu par l'ONF, est magnifique. Vous avez la possibilité de faire un parcours de 650 m environ en boucle, le sentier botanique, ou un plus ardu, de 3,3 km, en passant par le sommet de la montagne des Singes : le sentier de la Montagne. De là, vous avez un magnifique point de vue, sans oublier la diversité des milieux traversés. Il y a un carbet sous lequel on peut pique-niquer et tendre son hamac. Les sentiers sont faciles à suivre, mais mieux vaut ne pas en sortir. Restez prudent !

ROCHES GRAVÉES DE LA CARAPA ★★

25 Rue des Roches gravées
✆ 05 94 32 58 81
Lundi et jeudi 15h-18h, mercredi 9h-13h et 15h-18h. Visite gratuite en 2 temps : musée puis visite guidée de 30 min.

Situé dans la zone industrielle Pariacabo à Kourou, le Centre d'Archéologie Amérindienne de Kourou propose de découvrir la culture précolombienne en Guyane. Ce centre d'interprétation archéologique est installé aux abords immédiats du site « les Roches gravées de la Carapa », classé monument historique depuis le 18 novembre 1993. Plus de 200 polissoirs et gravures rupestres sont réunies sur ces roches, appelées « Hippopotame de savane ». Mystères en perspective.

La rivière Kourou.

TOUR DREYFUS ★

Plages des Roches

Au bout de la Pointe des Roches, la Tour Dreyfus est l'un des rares vestiges de l'ancien pénitencier de Kourou. Inaugurée en 1856 et destinée à la production agricole, cette petite tour face à la mer servait de sémaphore à l'époque du bagne, et permettait de communiquer avec l'autre centre pénitencier des environs : celui des îles du Salut. Depuis, les bâtiments ont été détruits pour faire place à l'Hôtel des Roches, toujours en activité aujourd'hui. La tour a pris le nom du plus célèbre pensionnaire du bagne de Guyane : Alfred Dreyfus.

VIEUX-BOURG ★

Avenue du Général-de-Gaulle

Diverses activités : bars, restaurants, marché... Débarcadère.

C'est un quartier que l'on traverse uniquement pour se rendre au débarcadère (navettes et catamarans pour les îles du Salut), or il serait dommage de ne pas en faire le tour. Le Vieux-Bourg mérite, par son histoire et ses coutumes, encore bien vivantes, qu'on lui accorde un tant soit peu d'intérêt, ne serait-ce que pour son ambiance des plus pittoresques. C'est également ici que se trouvent bars, discothèques et restaurants, soit l'ensemble des activités nocturnes. Au bout de l'avenue se trouvent le marché aux poissons et le fameux débarcadère.

COMITÉ CARNAVALESQUE ET FESTIVAL DE KOUROU

Rue des Palikas

✆ 05 94 47 05 65

Cet organisme a pour objectif de fédérer les différents acteurs du carnaval, LE grand événement culturel guyanais ! L'association fonctionne essentiellement en période de carnaval : regroupant les différents groupes carnavalesques, elle s'avère de bon conseil pour en savoir davantage sur les parades, le déroulement du festival, et éventuellement pour vous aider à trouver un costume. N'hésitez pas à les contacter lors d'un séjour en période de carnaval.

OFFICE DE TOURISME DE KOUROU

1 avenue de l'Anse

✆ 05 94 32 98 33

Ouvert lundi, mardi et jeudi de 9h à 14h et de 15h à 16h30 ; mercredi et vendredi de 9h à 14h.

L'office de tourisme de Kourou vous informe de toutes les offres touristiques sur la ville. Distribution de brochures et de cartes de la ville. Malheureusement les horaires d'ouverture ne sont pas toujours respectés. Équipe sympathique et à l'écoute.

▶ **En plus du bureau principal**, on trouve un autre point information au niveau du ponton des Balourous (avenue du Général-de-Gaulle), ouvert à l'occasion des départs, du lundi au samedi de 7h30 à 8h45 et de 16h45 à 18h.

ATMOSPHÈRE D'AMAZONIE

38 rue Marcel Dassault ✆ 05 94 22 39 87

www.atmosphere-amazonie.fr

Circuit « Les ibis rouges » (3h) 35 € par personne, « Découverte du lac de Petit Saut » (1/2 journée) dès 90 €. Pêche.

Patrick Fresquet, membre actif de la Compagnie des guides de Guyane, propose des séjours thématiques sur mesure au plus près de la nature sauvage amazonienne, des expéditions de pêche sportive ou de loisirs, des randonnées fluviales ou pédestres dans des milieux naturels exceptionnels, peu fréquentés par les visiteurs et donc plutôt sauvages. Au menu : pêche à l'aïmara, au koumarou, aux siluriformes, au baby-tarpon ou au peacock-bass, exploration sur le haut Sinnamary, les ibis rouges, le fleuve Iracoubo et la Counamama, ou encore la réserve naturelle de Kaw.

COMPAGNIE DES GUIDES DE GUYANE (CGG)

✆ 06 94 43 41 61

www.guides-guyane.com

Toutes sortes d'activités nature, de Saint-Georges de l'oyapock à Saint-Laurent du Maroni. Sortie rando, pirogue carbet…

Des spécialistes expérimentés se mettent à votre service pour vous aiguiller lors de vos excursions en forêt. Ils vous accompagnent durant votre randonnée et vous conseillent avant votre départ. La plupart d'entre eux travaillent dans des structures locales. Vous trouverez toutes leurs coordonnées sur le site internet. N'hésitez pas à les contacter même si vous n'êtes pas à Kourou, la CGG s'occupe (entre autres) de référencer des guides professionnels sur l'ensemble du territoire.

HAVAS VOYAGES

10 avenue de France

✆ 05 87 31 91 85

agences.havas-voyages.fr

Ouvert du lundi au vendredi de 9h à 13h et de 14h à 17h.

Le géant du voyage Havas possède une antenne à Kourou. Depuis le bureau de l'avenue de France, on pourra réserver des excursions en direction des îles du Salut incluant la visite guidée de l'île Royale, mais aussi des sorties de pêche en rivière et la descente ou remontée des fleuves du département. L'agence s'occupe également des réservations de billets d'avion à partir de la Guyane en direction de toutes les destinations possibles. Très sympathique et très arrangeant, le personnel de Havas Voyages fait preuve d'une grande écoute.

LA HULOTTE

13 rue J. Auprat

✆ 05 94 32 33 81

www.lahulotte-guyane.fr

Sortie journée : 54 €/adulte, 38 €/enfant. Sur réservation. Sortie sur 2 jours ou doubles rotations selon les périodes.

On pourra, à bord de *La Hulotte* – un catamaran de 15 m d'une capacité de 28 passagers – visiter les îles du Salut. Un petit tour des trois îles, avec un débarquement sur l'île Royale le matin et sur l'île Saint-Joseph dans l'après-midi. L'équipage vous présentera les îles pendant le voyage, accompagné des dauphins peut-être… L'ambiance est très conviviale, le ti'punch, planteur et boissons fraîches à volonté ! On plonge depuis le voilier, et les baignades en eau claire sont très agréables. Retour, à la voile si possible, pour une arrivée vers 17h30 à Kourou

CAMP CANOPÉE ★★

10 rue Pasteur ✆ 05 94 32 53 59

www.canopee-guyane.com

246 € pour 2 jours/1 nuit, enfant (-12 ans) 125 €. Réserver en avance, site très prisé. Parking 5 € pour 2 jours.

Lionel et sa sympathique équipe vous invitent à découvrir la canopée en douceur et à votre rythme… L'ascension jusqu'à la cime, sur l'observatoire de 36 m de haut (et un perchoir de 42 m maintenant !), est un moment inoubliable. Depuis le carbet arboricole à 10 m du sol, où l'on dort en hamac : tyrolienne, descentes en rappel, balades à pied sur les layons de la montagne Saint-Michel. On pourra aussi partir à la découverte du fleuve en kayak. Des moments fort mémorables et une expérience originale en pleine forêt (comptez 2h de pirogue pour arriver au camp) !

CAMP CARIACOU

Crique Balata

✆ 05 94 22 14 97

www.facebook.com/campcariacou

Séjour 2 jours-1 nuit à 158 €, 1 jour-1 nuit 130 €, 1 jour à 81 € (moitié-prix pour les -12 ans). Sur réservation.

Thomas, guide expérimenté, vous propose différents circuits à partir de la crique Balata où les activités sont nombreuses : canoë-kayak, randonnées pédestres, balades diurnes et nocturnes en pirogue, tir à l'arc, pêche, découverte d'un sentier botanique, de la flore, le tout dans un milieu naturel très agréable et fleuri. Le couchage se fait en hamac (campement d'une capacité de 20 personnes) ainsi qu'en lit (2 lits doubles) dans des carbets traditionnels magnifiques. Repas, hamac, moustiquaire et couverture sont compris dans le tarif.

CAMP SAUT LÉODATE - ASSOCIATION PAPAKAÏ

2 rue Cali

✆ 05 94 32 10 67

www.asso-papakai.com

Réservations lundi-jeudi 8h-12h et 14h-17h, vendredi 8h-12h. Hébergement seul : 15 € la nuit.

Le Camp Saut Léodate se situe sur le fleuve Kourou à 2h de pirogue depuis le PK 21 du Dégrad Saramaca. L'association Papakai qui s'occupe du camp est soucieuse de préserver les traditions de la communauté Saramaca. Elle propose plusieurs activités dans son camp d'écotourisme : baignade, pirogue, pêche, promenades en forêt, activités sportives. Le camp est composé de 2 carbets de couchage ouverts, de 5 carbets individuels fermés et d'un carbet restauration avec cuisine et sanitaires.

TROPIC ALIZÉS

Pointe des Roches ✆ +594 6 94 40 20 20

www.tropicalizes.fr

53 €/adulte (80 € les 2 jours) ; 37 € -12 ans (50 € les 2 jours). Privatisation sur demande. Embarquement à 7h30.

Le programme de la journée s'annonce chargé à bord de ce beau catamaran de 18 m. Cap sur l'île Royale, avec thé café biscuits durant la traversée. Après un tour en bateau afin d'approcher la mythique île du Diable, vous serez débarqué sur Royale pour une visite libre de ce site historique. Possibilité de baignade et pique-nique à bord (à prévoir) au très joli mouillage de l'île Saint-Joseph. Après ce moment convivial, débarquement sur Saint-Joseph, plus sauvage avec sa fameuse plage de coquillage. Retour à Kourou avec un Punch en musique dans la bonne humeur !

BALLAHOU €

1-3 rue Amet-Martial
✆ 05 94 22 00 22
hotel-ballahou.com

Chambre standard à partir de 70 €, studio avec cuisine équipée à partir de 95 €.

Certes, ce n'est pas le grand luxe et les prix sont élevés pour la prestation proposée, mais le Ballahou offre un confort correct et se situe à une centaine de mètres de la plage, entre le 3e Régiment étranger d'Infanterie et le village Amérindien. On y trouve 2 chambres standards, 5 chambres avec kitchenette, et 11 studios. Tous sont équipés de wifi, climatisation, écran LCD et salle de bains. De plus, on vous y réserve un accueil sympathique. Un parking permet de se garer en face de l'hôtel. Service de massage sur demande.

BITASSION PATAWA €

Route du Dégrad Saramaca
✆ 06 94 45 32 36
www.bitassion-patawa.com

55 € la nuit en lit, 300 € la semaine et 90 € le week-end (de vendredi à dimanche). 15 € la nuit avec son propre hamac.

Au cœur d'une exploitation agricole, Bernadette et Christian vous accueillent dans un carbet magnifiquement aménagé, construit dans la plus grande tradition Saramaca. Plusieurs activités sont proposées : pêche, équitation, baignade à la crique, randonnées dans la réserve, le chemin botanique de la Montagne des Singes, ou encore une promenade à bicyclette et en canoë. Pour les gourmands, vous aurez l'occasion de goûter les produits de l'exploitation : fruits (bananes, ananas, etc.), volailles (poulets, canards, oies, pintades et dindes) et légumes de saison.

GÎTE AMARANTE €

48 rue Madame Payée
✆ 05 94 22 89 40

Studio (double) à partir de 70 €. 15 € par adulte supplémentaire et 10 € par enfant. Parking sécurisé. Wifi gratuit.

Proche du lac du Bois Chaudat, cette charmante maison propose 3 studios impeccablement meublés et climatisés. Tous sont dotés d'une TV, d'un réfrigérateur et d'une cuisine entièrement équipée. Les deux premiers duplex donnent sur une jolie piscine et jouissent d'une cuisine extérieure commune. Le troisième studio, flambant neuf, se trouve à l'extérieur de l'édifice et offre plus d'indépendance encore avec sa terrasse privative. Confort, propreté et sécurité sont au rendez-vous. Les propriétaires vous réservent par ailleurs un accueil chaleureux et personnalisé.

KAZ BAOBAB €

10 rue Duchesne
✆ 06 59 67 60 13
www.kazbaobab.fr

3 studios indépendants à partir de 40 €/nuit. Arrivée à partir de 16h. Piscine, TV, wifi.

A la Kaz Baobab, on trouve une jolie piscine faisant face à 3 studios. Les studios Toucan et Toco, dits studios « premium », installés au cœur du jardin, sont indépendants et disposent tous deux d'une terrasse privative, tandis que le studio Kaz est attenant à la maison principale, où vivent vos hôtes. Tous sont climatisés et dotés d'une cuisine équipée, d'une salle de bains et d'une TV. L'espace commun est agréable à vivre. Parking à l'entrée. La propriétaire est très attentive à la propreté des lieux. Bon rapport qualité-prix.

LE GROS BEC €€

56 rue du Docteur-Floch
✆ 05 94 32 91 91

Studio à partir de 89,50 € (pour 1 personne). Appartements 115,50 €. Petit déjeuner en option. Parking gratuit. Wifi.

Cette résidence hôtelière propose des duplex à deux pas du débarcadère pour aller aux îles du Salut. La décoration est certes un peu vieillotte, mais cela n'enlève absolument rien au confort des lieux. Chaque unité de logement est conçue selon le même plan : la chambre est à l'étage tandis que le rez-de-chaussée fait office de pièce à vivre avec son canapé-lit et sa kitchenette. On compte en tout et pour tout une bonne vingtaine de studios et d'appartements équipés répartis autour d'un patio central. Parfait pour une nuit avant ou après la visite des îles.

HÔTEL ATLANTIS €€

Lieu-dit Bois Diable
✆ 05 94 32 13 00
www.atlantiskourou.com

Chambre double standard à partir de 135 €, 145 € avec terrasse, 165 € avec vue sur le lac. Wifi. Parking.

Ce grand hôtel, édifié en 1992 et entièrement rénové en 2013, se dédie principalement à une clientèle d'affaires. On y trouve 103 chambres de 24 m² réparties sur quatre bâtiments de trois étages chacun, toutes confortables, climatisées et équipées d'une salle d'eau, d'un réfrigérateur et d'une télévision satellite. L'hôtel Atlantis se trouve à l'entrée de Kourou, en bordure du lac Bois-Diable, et dispose d'accès pour les personnes handicapées. Piscine, court de tennis, zones vertes et aires de jeux pour les enfants sont à signaler. Agréable vue sur le lac.

HÔTEL DES ROCHES €€

Avenue des Roches
✆ 05 94 32 00 66
www.hoteldesroches.com
Chambre double à partir de 190 €. Petit déjeuner inclus. Lit supplémentaire à 24 €. Wifi. Restaurant.

L'Hôtel des Roches compte 99 chambres climatisées, dont deux suites, quatre adaptées aux personnes à mobilité réduite et plusieurs chambres communicantes, idéales pour les groupes ou les familles. Certaines ont vue sur la plage et les îles du Salut ou la fameuse tour Dreyfus, ce qui compense un peu l'aspect défraîchi du bâtiment. Les prestations annexes sont multiples : piscine, navette aéroport, snack... Le restaurant de l'hôtel, Le Paradisier, installé au premier étage, offre une cuisine bistronomique aux saveurs caribéennes ainsi qu'un bar à vins et spiritueux.

HÔTEL MERCURE KOUROU ARIATEL €€

Avenue Saint Exupéry
✆ 05 94 32 89 00
Chambres-suites doubles à partir de 240 €. Petit déjeuner en supplément. Wifi. Parking. Offres sur Internet.

Dans un cadre agréable, au bord du lac, le Mercure Ariatel propose 80 suites et bungalows spacieux et climatisés, récemment rénovés. Chambre lit king size, salon avec lit banquette, plateau de courtoisie, terrasse extérieure couverte, kitchenette, coffre et wifi. Chambre privilège côté lac. La piscine, les courts de tennis, la salle de fitness et le ping-pong sont à votre disposition. Restaurant climatisé – Le Bistrot du Lac –, avec snack au bord de la piscine et bar à cocktail.

LODGE TAKINI 4 GÎTE €€

4 rue Jean-Paul-Sartre
✆ 06 94 42 22 81
www.monstudioakourou.com
A partir de 57 € la nuitée pour une personne (promotions pour plusieurs nuits). Parking gratuit.

Jean-Luc et son épouse vous réservent un bel accueil dans ce gîte tout équipé nommé « Habana Vieja », installé dans leur propre jardin, mais sans aucun vis-à-vis... sinon celui de la fontaine dans le jardin tropical où viennent s'abreuver une belle variété d'oiseaux : kikiwis, tangaras bleus, colibris, bataras huppés... Le T2, bien tenu et assez vaste, est entièrement équipé d'un mobilier de bois tropical (manil, angélique ou encore courbaril) très fonctionnel : cuisine équipée, séjour, chambre à coucher avec lit double, salle de bains, climatisation et terrasse.

LA MARINA €€

RN 1
✆ 05 94 32 33 41
www.hotel-restaurant-lamarina.com
Chambre double à partir de 95 €. Wifi. Restaurant 7j/7 midi et soir.

Un établissement qui a ouvert ses portes en août 2016, à la fois marina, hôtel et restaurant. Les 13 chambres (10 chambres doubles, 2 twins et 1 twin adaptée aux personnes à mobilité réduite) sont plutôt spacieuses (24 m²) et bien équipées (climatisation, grand écran plat, bureau, placard, salle d'eau et réfrigérateur). Toutes possèdent une terrasse privative où il fait bon se relaxer et une piscine ouverte aux clients permet de se rafraîchir. L'hôtel met également à la disposition un fer à repasser et une table de repassage. Très bon restaurant.

WAPA LODGE €€

Route du Dégrad Saramaca
✆ 06 94 28 18 28
Formule pension complète en hamac 93 € la nuit, en lit simple 113 € et lit double 123 €.

Un accueil chaleureux pour un des plus beaux *lodges* de la région : confort, modernité et nature. Idéal pour une escapade en amoureux, entre amis ou en famille. On y accède en 20 minutes de pirogue (le guide n'hésite pas à s'arrêter pour commenter les surprises en chemin). Massages chinois, promenades en forêt, balades autonomes en kayak, *paddles* et canoës et menus gastronomiques sont au programme d'un séjour zen dans un cadre d'inspiration balinaise. Un vrai moment magique de détente pour se relaxer au cœur de la puissante jungle.

L'AIGRETTE BLEUE €

1 avenue Boudinot
✆ 05 94 22 04 55
Mar et dim 11h-14h30, mer-jeu 11h-14h30 et 19h-22h30, ven-sam 11h-22h30. Plats autour de 20 €.

Cadre sympa pour ce restaurant en front de mer sur la plage des Cocotiers. Au menu ? Poulet au curry, colombo de porc, pimentade de mérou, fricassée de gibier (pac ou cochon bois)... Une cuisine créole généreuse et savoureuse et un service rapide. A noter que chaque dimanche midi, l'Aigrette Bleue propose un menu grillade incluant cocktails de bienvenue, viandes grillées servies en copieuses portions, vin et café. Une très bonne manière d'user de son dimanche lors d'un passage par Kourou : avec des spécialités locales et un super point de vue !

LE FLAMINGO €

42 avenue du Général de Gaulle
✆ 05 94 32 00 34
Cuisine créole. Tous les jours, sauf le jeudi. Menu à 20 €.

Ce restaurant du Vieux Bourg ne paie pas de mine, mais l'accueil est très sympathique. On y déguste dans une ambiance « comme à la maison » très appréciable une bonne cuisine créole (colombo de poulet ou de porc, acoupa, mérou) ainsi que du gibier (autorisé, en fonction de la chasse) comme le cochon bois ou le tatou. Les plats sont préparés avec soin, en revanche ils ne sont pas très copieux. C'est aussi l'occasion de goûter au boudin créole en entrée, une petite merveille ! Pour les amateurs, sachez que la caïpirinha est ici très réussie.

LE WOOD KOUROU €

Front de mer, Avenue de l'Anse
✆ 05 94 32 55 09
lewoodkourou.com
Du mardi au samedi de 12h à 15h et de 18h à 22h30, et le dimanche midi. Repas de 15 à 30 €.

Après avoir ouvert un restaurant dans le nouveau quartier de Cayenne (Hibiscus), le Wood réitère en front de mer, à Kourou. Espace écoresponsable, le Wood privilégie le recyclage pour le mobilier (tout est en bois) et les entreprises locales pour la nourriture. Côté nourriture, citons les brochettes de crevettes ou de poisson frais, l'excellent *fish burger* maison (250 g de filet d'acoupa rouge émietté), tartare de poisson ou encore le plat signature : le Wood Fish, composé de galettes de bananes mûres, filet d'acoupa et petite salade fraîche !

L'INSTANT CAFÉ €

Rue Guynemer
✆ 05 94 22 37 83
Ouvert du mardi au samedi. Menu à 15 € le midi et le soir. Compter environ 30 € à la carte.

L'Instant Café ne paie pas de mine. On y mange pourtant une très bonne cuisine française mâtinée de saveurs créoles dans une atmosphère calme, la vue sur lac aidant (dont on profitera mieux le midi). Le soir, on aura tout le loisir d'apprécier le décor soigné du restaurant, avant de se pencher sur la carte. Si le menu laisse le choix entre deux entrées, trois plats et deux desserts pour un somme modique, la carte recèle quelques joyaux : véritable chèvre chaud au miel, Saint-Jacques sur lit de papayes, foie de veau et frites maison... Service impeccable.

LE P'TIT CAFÉ €

11 avenue Gaston-Monnerville
✆ 05 94 32 68 56
Ouvert en semaine seulement, midi et soir. Mieux vaut appeler avec de se rendre au restaurant. A partir de 20-25 €.

Situé en face du bar Le 13, ce restaurant propose des spécialités bien françaises comme les escargots au beurre persillé, les noix de Saint-Jacques, les moules farcies, le poisson en papillote, l'entrecôte, mais aussi quelques suggestions plus exotiques comme le filet de kangourou ! Des spécialités locales sont également au menu tel le filet d'acoupa sauce chien. Tout est servi en portion généreuse et la présentation est soignée. Belle ambiance, service agréable. Conseil gourmand : le tiramisu au spéculos-cannelle est un vrai délice !

LE KIKIWI €

4 rue Raymond-Cresson
✆ 05 94 32 83 04
Ouvert du lundi au samedi de midi à 18h et de 19h à 22h30. A partir de 15 €.

Dans une zone calme, le restaurant Kikiwi propose un impressionnant éventail de plats en copieuses portions. On trouve en effet à la carte des pizzas (immenses, mais à pâte très fine et bien garnies), des galettes de blé que l'on agrémente selon son goût, mais aussi une belle sélection de viandes, de poissons, de pâtes et de salades. Pour couper la poire en deux, le Kikiwi propose une formule demi-pizza/demi-salade ! Le service est chaleureux, la caïpirinha excellente et la terrasse agréable. Un très bon rapport qualité-prix pour Kourou.

LA GRILLADE €€

39 avenue Hector-Berlioz
✆ 05 94 32 46 72
Ouvert midi et soir, sauf le dimanche et lundi. A partir de 30 €.

Un restaurant de cuisine française et internationale, spécialisé dans les viandes grillées qui est très réputé à Kourou. Dans un décor à l'ambiance far-west, on déguste une gamme variée de préparations grillées (tout est dans le nom) venues des quatre coins du monde aussi copieuses que bien réalisées. La viande passée au feu de bois est ici reine. Au menu : entrecôte, onglet, faux-filet, coquelet entier, filet de canard ou d'acoupa, tajine d'agneau, paella, tartare de bœuf... De quoi satisfaire les fines bouches donc. Service chaleureux, une valeur sûre !

LE BAR 13

60 avenue Gaston-Monnerville

✆ 06 94 00 94 37

Ouvert tous les jours de 7h30 à 23h30.

Institution à Kourou, le Bar 13 dispose d'une grande terrasse bien ombragée où prendre un petit déjeuner, un simple café ou un jus local bien frais au petit matin tout en observant la ville s'ébrouer... C'est également une parfaite adresse pour une halte snack à n'importe quelle heure de la journée (la connexion internet est gratuite) mais aussi pour l'apéro : le zinc comme la terrasse, à la faveur du crépuscule, se peuplent. Une bonne bière bien fraîche ou un cocktail, tout y est. Un endroit sympa pour regarder les matchs de football, rugby, tennis...

LE BAR DES SPORTS

4 avenue des Frères-Kennedy

✆ 05 94 32 64 08

Ouvert du lundi au vendredi de 7h à 1h, le samedi de 8h à 1h et le dimanche de 15h à minuit.

Installé juste en face du centre postal, le Bar des Sports est un haut lieu de rencontre pour les amateurs de sport en tout genre et les militaires. On y vient pour un simple café, pour lire le journal, pour reprendre des forces avec un jus frais et pour manger aussi ! Le bar propose quelques simples préparations pour le déjeuner : salades variées, omelettes, assiettes de pâtes, viandes, sandwichs, etc. Naturellement, les jours d'événements sportifs, les retransmissions sont assurées, et de nombreuses soirées à thème sont prévues (poker, karaoké, concerts, etc.).

GLACIER DES DEUX LACS

68 avenue des Deux-Lacs

✆ 05 94 32 12 10

Ouvert du mercredi au dimanche de 10h à 21h. Autour de 3 € la boule (avec cornet).

C'est certainement l'une des références en matière de glaces guyanaises, ou tout du moins à Kourou, même si les tarifs ont tendance à être un peu élevés. En vitrine, on retrouve plus d'une trentaine de parfums – de la mangue au maracuja en passant par la poire, mais aussi la noix de pécan, la goyave, la cacahuète, ou encore saveur cappuccino – tous plus irrésistibles les uns que les autres. La crème glacée est artisanale, tout comme les délicieux gâteaux. On ne saurait d'ailleurs que trop recommander le petit déjeuner ici : les viennoiseries sont succulentes !

LA MAISON PERUVIENNE - KOUROU €

1 Avenue Auguste Boudinot

✆ 05 94 22 17 22

www.maison-peruvienne.com

Ouvert du mardi au samedi de 12h à 15h et de 18h à 23h. Cocktails à partir de 10 €. Ceviches autour de 22 €.

Mariana qui régalait les passants dans les rues de Lima a installé son restaurant sur le front de mer de Kourou et ravit les amateurs de *ceviches*. La Maison Péruvienne est un incontournable du coin. En plus des déclinaisons de poissons frais, vous y dégusterez également de bonnes viandes, ainsi que des burgers. On apprécie l'endroit pour la beauté de son cadre... Autant que pour ses bons cocktails ! L'établissement a également ouvert à Cayenne, alors ne manquez pas d'y faire un tour.

© MAISON PERUVIENNE

© MAISON PERUVIENNE

LE LITTORAL

GUYANE OCCASIONS

ZI de Pariacabo

✆ 05 94 32 45 81

www.guyaneoccasions.com

Des experts pour vous aider à trouver le véhicule de vos rêves. Avec des agences de Cayenne à Saint Laurent en passant par Kourou, depuis plus de 10 ans l'équipe de Guyane Occasions se donne pour mission de vous accompagner dans la recherche du véhicule d'occasion qui vous correspond. La marque, le prix, le modèle, les équipements sont d'autant de questions que l'on se pose lorsqu'on cherche un véhicule. Leurs experts vous aideront à choisir celui qu'il vous faut, de la petite citadine au solide SUV, ou de la berline à la voiture familiale.

LIBI NA WAN

2 rue de Cali

✆ 05 94 22 37 48

www.association-libi-na-wan-kourou.fr

Ouvert du mardi au vendredi de 8h à 12h et de 14h à 18h, le lundi de 8h à 12h, le samedi de 10h à 13h et de 15h à 18h.

Association promouvant l'art bushinengé, Libi Na Wan a été créée en 1994 dans le but de soutenir la culture de ces descendants d'esclaves africains jadis enfuis dans la forêt amazonienne pour échapper à l'oppression des colons. On trouve dans le local de l'association une belle collection d'objets d'artisanat. L'art tembé – ces fameux entrelacements de lignes et rubans colorés aussi complexes qu'harmonieux typiques des cultures saramaca, djuka et boni – s'y décline sous toutes ses formes : sculptures sur bois et calebasses, peintures et broderies.

LIBRAIRIE DU VIEUX BOURG

7 Bd du Général De Gaulle

www.kazabul.com

Ouvert du mardi au samedi de 9h à 13 et de 16h à 19h.

Située tout près de l'embarcadère pour les îles du Salut, la librairie du Vieux Bourg est LA librairie généraliste de Kourou. Associée à Kazabul (qui regroupe les deux librairies de Cayenne – La Cas'a Bulles et Légende du Colibri – et celle de Rémire-Montjoly Lettres d'Amazonie), cet établissement dispose d'une vaste collection d'ouvrages touchant à toutes les thématiques (livres sur la Guyane et les Antilles notamment) ainsi que d'un rayon proposant une belle sélection de bandes dessinées. Accueil agréable et professionnel. La halte parfaite pour faire le plein de culture.

CAMP MARIPAS

Route du Dégrad Saramaca

✆ 05 94 32 08 37

www.campmaripas.com

Location de canoës dès 12 €. Séjour 1 jour + 1 nuit (hamac non fourni) à 20 €. Formules restauration de 36 à 49,50 €.

Bien que la vocation première du gigantesque carbet de Camp Maripa soit d'accueillir des soirées privées (des repas de réception – jusqu'à 120 convives – peuvent être assurés ici, à partir de 45 € par personne), son emplacement fait de ce lieu un endroit de prédilection pour la détente. Au bord de l'eau, vous pourrez choisir de louer un canoë (à la journée ou demi-journée), de poser votre hamac pour perfectionner l'art de la sieste ou encore de vous baigner avant de vous rafraîchir au bar. Un petit coin de paradis pour qui cherche la détente au cœur de la nature.

CHEVAL POUR TOUS

Route du Dégrad Saramaca

✆ 06 94 45 91 81

Nuit en hamac 15 €, demi-journée à cheval à 35 €, journée à 65 € (pique-nique compris) et balade de nuit à 40 €.

Le ferme équestre Cheval pour Tour propose une gamme variée d'activités pour petits et grands, débutants et confirmés, du baptême d'équitation à la balade, de la véritable randonnée à l'excursion sur plusieurs jours avec camps... Mais la grande originalité du lieu, c'est le grand carbet – avec vue sur la forêt – installé au-dessus d'un ranch abritant une dizaine de chevaux, dans lequel il est possible d'accrocher une trentaine de hamacs ! Parfait pour les groupes : pendant que certains font une balade, les autres se prélassent. Réservation obligatoire.

CHK - CLUB HIPPIQUE KOUROU

4 avenue Rosilvine

✆ 05 94 32 24 54

www.facebook.com/CHKclubhippiquekourou

Mardi à vendredi 15h30-19h, samedi 9h-19h. Balade 1h à 25 € (poney) et 30 € (cheval). Réservation conseillée.

C'est une équipe de moniteurs aussi passionnés qu'expérimentés qui vous attend au CHK, club jouissant d'une belle réputation alentour. Dans une atmosphère familiale et détendue, ce centre équestre propose un baptême d'équitation aux nouveaux venus dans le monde du cheval, mais aussi des cours de perfectionnement pour les adeptes au niveau plus avancé. A prévoir aussi : des balades d'environ une heure, le long de la plage, jusqu'à la pointe des Roches.

GOLF DE L'ANSE

Base de loisirs CSG
✆ 05 94 32 63 02
golfdelanse.e-monsite.com
Ouvert de vendredi à dimanche 9h-midi, mardi à dimanche 14h-18h. Licence annuelle FFG 53 €. Green fee à partir de 40 €.

Inauguré en 1995, le Golf de l'Anse a été la première structure en Guyane française à accueillir des golfeurs. Il abrite aujourd'hui 18 trous éparpillés sur un terrain d'environ 5 000 m² s'étirant dans un cadre verdoyant à souhait, entre la savane et la forêt tropicale de la base de loisirs du Centre Spatial Guyanais. De nombreuses compétitions sont régulièrement organisées, dont le championnat de Guyane et le championnat des Trois Guyanes (avec le Suriname et le Guyana). Petite singularité : c'est le seul golf au monde qui se trouve en forêt amazonienne.

GUYAVOILE

126 boulevard Bellony
✆ 05 94 32 11 32
www.facebook.com/Guyavoile
Sortie d'une journée ou plus, en mer ou sur les fleuves. Circuit 1 journée îles du Salut : 50 € par adulte.

Pour découvrir la Guyane à bord d'un catamaran ! En plus de proposer régulièrement des sortie sur les Iles du Salut et sur les Ilets de Cayenne, Guyavoile peut vous emmener au Brésil, remonter l'Oyapock ou bien vers les Antilles. Consultez le calendrier sur le site Internet afin de savoir où et quand est prévu la sortie qui vous intéresse. Pour les traversées de plusieurs jours, cabine équipée et équipage attentionné feront de votre croisière un magnifique souvenir. Tout à bord est prévu pour les enfants, donc n'hésitez pas à embarquer vos bambins !

KOUROU BOWLING LOISIRS

11 avenue Préfontaine
✆ 05 94 32 46 27
www.kourou-bowling-loisirs.com
Ouvert mercredi et jeudi 18h-minuit, jusqu'à 1h vendredi, samedi 14h-1h et dimanche 14h-22h30. Partie dès 5,50 €.

Ouvert depuis presque 15 ans maintenant (2007 pour être précis), le bowling de Kourou propose 6 pistes, dont la plupart sont adaptées aux enfants (équipées de bumpers). En plus de l'activité bowling, on trouve ici d'autres activités annexes : tables de billard, baby-foot, jeu du palet et quelques jeux d'arcade. Notons enfin que le restaurant de la chaîne Mille Pâtes, doté d'un bar et d'une grande terrasse, sert pizzas, burgers, moules et plats de pâtes jusque tard le soir. Une adresse idéale pour décompresser et pour s'amuser entre amis ou en famille.

SINNAMARY ★

Sinnamary est occupée par des groupements d'Indiens Galibi, mais ce n'est qu'en 1624 que commence l'histoire écrite de Sinnamary, avec l'arrivée d'un groupe de colons, parmi lesquels se trouvait la femme de Constant d'Aubigné, fils du célèbre Agrippa, qui mit au monde celle qui devait plus tard devenir l'épouse secrète de Louis XIV, Madame de Maintenon.

Ce sont les Hollandais qui, dès 1657, après avoir investi la Guyane, construisirent des canaux et des tranchées pour rendre les terres plus salubres et fertiles. En 1664, l'arrivée des colons français mit fin à cette occupation. En mai 1676, les Hollandais entament une seconde occupation, mais la Guyane est vite reprise par une escadre française conduite par l'amiral d'Estrées, en décembre de la même année. Un siècle plus tard, en 1763, une soixantaine de familles de colons alsaciens et lorrains rescapés de la désastreuse expédition de Kourou y furent installées : six grandes cases et un hôpital furent construits pour les accueillir. On s'accorde à dire que certains noms des grandes familles de Sinnamary, tels que Horth, Clet ou Beneth, doivent leur origine à ces familles déplacées. En 1766, l'élevage de vaches venues d'Amérique du Nord devint l'activité principale de Sinnamary : soutenue par la main-d'œuvre que représentent les esclaves, en 25 ans le cheptel atteignit 14 000 têtes.

La première abolition de l'esclavage de 1792, puis la seconde, définitive, en 1848, mirent un solide coup de frein à l'économie de la commune : les esclaves, affranchis, désertèrent les terres de culture. Par la suite, ce sont les bagnards qui prendront la place des anciens esclaves, s'éreintant dans les exploitations agricoles pénitentiaires ou exécutant les travaux publics. La ruée vers l'or de la fin du XVIIIe siècle et du début du XIXe vers les bassins aurifères de Sinnamary (parmi les plus riches de la Guyane) créa un puissant mouvement migratoire : Guyanais et Antillais principalement vinrent tenter leur chance. Puis, à partir de 1955, Roland Verderosa, maire de la commune, favorisa l'implantation d'un village indonésien à Sinnamary, afin que ceux-ci puissent user de leur savoir-faire en termes de riziculture. La communauté indonésienne en vint avec le temps à se consacrer à la polyculture sur des abattis, puis à la vannerie.

De nos jours, Sinnamary est une bourgade de 3 000 habitants plutôt tranquille avec ses longues avenues jalonnées de maisons créoles au charme suranné. L'ambiance intemporelle et la tranquillité de Sinnamary valent qu'on s'y aventure, même un moment. Si vous disposez de plus de temps, privilégiez l'hébergement chez l'habitant pour apprécier ce village authentique.

Un Point Info Tourisme (28, rue Constantin-Verderosa) pourra notamment vous orienter vers le sentier de Saint-Elie, une balade de 2,5 km traversant forêt, savane et marais. Une autre raison de s'arrêter à Sinnamary est la qualité de son artisanat : sculptures, vanneries, colliers et bracelets en graines et meubles en bois précieux sont les articles les plus caractéristiques du coin. Pour l'artisanat, on se rendra plutôt au Corossol (20, rue Constantin-Verderosa), pour le mobilier cap sur L'Or Vert (45, avenue Constantin-Verderosa).

FLEUVE SINNAMARY ★

Ce magnifique fleuve, l'un des plus puissants de Guyane, est coupé depuis 1993 par un important ouvrage hydroélectrique : le très controversé barrage de Petit Saut. La remontée s'effectue à partir de ce dernier, entre Kourou et Sinnamary, par la RN 1. De beaux sauts ont été noyés par cet immense lac artificiel, rendant sa navigabilité bien plus aisée (pour les orpailleurs clandestins également). Certains professionnels du tourisme proposent des activités de découverte du haut Sinnamary qui reste un endroit magnifique et peu visité, à la faune abondante.

CRIQUE CANCELER ★

Prenez la RN 1. Continuez sur environ 2 km et tournez à droite en direction de Corossony.

Prenant sa source dans les Pripris du Yiji, la crique Canceler est un calme cours d'eau où il fait bon barboter pour se rafraîchir aux heures les plus chaudes de la journée. Dans un cadre exceptionnellement verdoyant, on vient ici pour se détendre, bien à l'abri de la pluie et du soleil sous les deux carbets (qui manquent peut-être un peu d'entretien), assis sur les rochers qui bordent la crique, ou bien au calme dans le hamac que vous aurez tendu à l'ombre, entre deux arbres. Un petit coin de paradis, qui se retrouve souvent très peuplé les week-ends.

ÎLOT CAÏMANS

Route de l'Anse

✆ 06 94 28 09 70

www.ilotcaimans.com

Nuit en hamac 25 €. Excursion caïmans : 15 € par personne, excursion en hydroglisseur 15 € (15 minutes). Repas : 29 €.

Que ce soit pour profiter des marais et de ses caïmans ou pour passer une nuit en carbet en pleine jungle et profiter de ses bancs de sable et son coucher de soleil, l'îlot caïmans propose une expérience dans les marais de Sinnamary. Voici l'occasion d'approcher ces bêtes sauvages dans leur environnement naturel. En une journée, vous pourrez observer les caïmans qui viennent facilement sur la plage, mais aussi découvrir l'envolée des ibis rouges en pirogue et faire de l'hydroglisseur jusqu'à un îlot. L'accueil n'est en revanche pas toujours au rendez-vous.

CRIQUE TOUSSAINT ★

Au PK 2,5 sur la piste de Saint-Élie (première piste sur la gauche), après le pont.

Non loin de la crique Canceler, on trouve la crique Toussaint, très facilement accessible puisqu'elle se trouve à 3 km du bourg de Sinnamary. Ses abords sablonneux et le grand carbet qui est installé aux abords du cours d'eau invitent à une petite pause réparatrice ou même à une halte pique-nique (tables et bancs sont au rendez-vous). Les pêcheurs seront ravis également, en raison des eaux poissonneuses de la crique, tout comme les baigneurs : le lit de la rivière, peu profonde, y est assez large et un peu plus profond à proximité du pont.

PRIPRI DE YIYI ★★

RN1

✆ 06 94 43 11 72

Horaires d'ouverture de la Maison de la nature variables. Consultez l'actualité du lieu sur le site internet.

En 1996, le Conservatoire du littoral fait l'acquisition de ce marais pour assurer sa protection et sa valorisation. Depuis le mirador haut de 10 m, la vue est exceptionnelle. Un parcours aménagé de 2,5 km permet de découvrir les différents milieux (prairies humides, forêt de sable, savane inondable) et des observatoires permettent de se familiariser avec l'avifaune locale. A l'entrée du marais, la Maison de la nature propose des expositions temporaires, des ouvrages naturalistes et un aquarium permettant d'observer les poissons du marais, ainsi qu'un vivarium.

ATMOSPHÈRE D'AMAZONIE

38 rue Marcel Dassault
✆ 06 94 23 74 42
www.atmosphere-amazonie.fr
Activités variées, à partir de 35 €. Pêche, découverte de la nature et aventure sur le lac de Petit Saut dès 90 €.

Patrick Fresquet, spécialiste de la pêche de l'aïmara sur le Sinnamary, propose aussi toute une gamme de randonnées, treks, sorties en pirogues... Il est également possible de dormir sur le carbet Takari tanté, en amont du barrage de Petit-Saut, avec 20 places en hamac, cuisine au feu de bois et baignade. Il y a des activités pour tous les budgets et toutes les expériences, n'hésitez pas à jeter un coup d'œil sur leur site Internet : Patrick, personnage haut en couleur, connaît parfaitement la Guyane et partage avec passion les secrets du territoire.

JOSEPH PRINTEMPS ★★

✆ 06 94 14 72 49
Pour une balade fluviale à la rencontre des ibis, contactez Joseph Printemps par téléphone.

Quel merveilleux spectacle que celui du vol des ibis rouges dans la lumière du crépuscule ! C'est dans l'estuaire du fleuve Sinnamary que ces majestueux bipèdes ont élu domicile : quand vient la nuit, des centaines d'ibis se réunissent pour faire bombance. C'est Joseph, guide passionné, qui vous mènera avec sa pirogue jusqu'aux premières loges de cet émouvant moment : l'envol de groupes de ces magnifiques oiseaux est un enchantement. Pensez à vous vêtir de manière appropriée et à prendre votre répulsif : entre chien et loup, les moustiques attaquent !

BRUNO ET JOSEFA GAUCHER €

6 Route de Pointe-Combi
✆ 06 94 28 42 26
Gîtes et miellerie. Compter 50 € par jour, 10 € par personne supplémentaire, 250 € par semaine.

Dans une petite maison équipée de deux chambres, d'une cuisine, d'un salon, d'une salle de bains et d'une agréable terrasse, Bruno et Josefa, apiculteurs, proposent un hébergement sympathique et des produits locaux en souvenir (un des miels les plus réputés du département, absolument délicieux). Une deuxième maison vous est également proposée, au même tarif, équipée sur le même modèle que la première maison. Vous pourrez aussi visiter la miellerie et y acheter entre autres choses pain d'épices, brioches au miel et bougies en cire d'abeille.

CARBET COMMUNAL €

Piste de Saint-Élie
✆ 05 94 34 68 83
www.ville-sinnamary.fr
Carbet communal d'une capacité de 15 personnes, très bien entretenu et gratuit.

Il s'agit d'un carbet municipal situé en milieu forestier (réservation auprès du Point Info Tourisme de Sinnamary). S'il n'y a pas d'électricité sur place, on trouve tout de même des toilettes sèches à proximité. Rappelons que vous serez sur ce site en autonomie totale : il n'y a personne sur place, ni aucun service. Pensez à ne rien oublier d'important ! Une petite crique passe en bas du sentier, à trois minutes de marche du carbet. Autre activité possible : emprunter un sentier qui traverse la forêt sur quelques kilomètres via un ancien verger.

L'église de Sinnamary.

DOMAINE DE COMBI €€

8 route de la Pointe-Combi

✆ 05 94 34 54 34

A partir de 90 € (petit déjeuner inclus) la nuitée pour 2 personnes. Table d'hôte sur réservation.

Martine et Gérard vous proposent leurs jolies chambres d'hôtes pour un séjour gastronomique à la campagne, avec des produits issus de la ferme. 3 gîtes aux ambiances différentes (logis City, logis Créole ou logis Oriental) avec terrasse privée, frigo, TV, wifi, climatisation. La table de Combi est tout aussi originale et riche en bons produits de la ferme. Les propriétaires, originaires du Gers, font de l'élevage de canards et produisent de délicieux foies gras ! Pour un moment bien relaxant agrémenté de quelques douceurs pour la bouche.

L'OISEAU DE PARADIS €€

RN1 -PK111 Degrad Fontine

✆ 05 94 34 56 53

www.ecolodgeoiseauparadis.com

A partir de 97 € la chambre double. Autour de 35 € le repas complet. Espace bien-être.

Ce superbe écolodge situé au bord de la rivière porte bien son nom ! Il propose 16 chambres (6 chambres standards, 10 autres « standards plus ») dans un cadre enchanteur, ainsi qu'un restaurant et un espace bien-être (avec bain à remous, hammam, sauna, baignoire balnéo et soins). Les chambres, spacieuses et impeccables, sont toutes équipées de climatisation, d'un réfrigérateur et d'un téléviseur. L'accueil est chaleureux et au restaurant, le chef met à l'honneur des produits de saison issus de petits producteurs locaux. Très bonne adresse.

CHEZ MYA €

9, rue du Calvaire

✆ 05 94 34 51 71

www.restaurant-chez-mya.jimdo.com

Ouvert du lundi au mercredi 8h-15h et 19h-21h30, et du jeudi au samedi 8h-15h. A partir de 15 €. CB acceptée.

A droite, juste avant la poste, la table de Mya propose une cuisine créole succulente, simple, parfumée, épicée ! Citons ici quelques-uns des plats à la carte, histoire de se mettre en appétit : pimentade de bœuf, pimentade machoiran jaune, fricassée de pakira (mais aussi de pac ou de cochon bois), poulet au lait de coco, nassi, bami... Pour les petits creux, Mya prépare aussi des sandwichs et des plus petites portions. A accompagner de bons jus de fruits tropicaux bien frais ! Tout est délicieusement fait maison, « comme chez maman ».

DOMAINE DE COMBI €€

8 route de la Pointe-Combi

✆ 05 94 34 54 34

Table d'hôtes ouverte du vendredi soir au dimanche midi. Menu de 35 à 45 €. Uniquement sur réservation.

Martine et Gérard vous proposent leurs chambres d'hôtes pour un séjour gastronomique à la campagne, avec des produits issus de la ferme. La table de Combi est très originale, un plaisir pour les papilles, le tout dans un décor *cosy* et soigné et un accueil chaleureux. Le menu, renouvelé toutes les semaines, est décliné en trois entrées, trois plats et trois desserts au choix, et en partie composé de produits issus de la ferme des propriétaires ; originaires du Gers : foie gras, plancha de charcuteries, cassoulet… Un vrai régal !

IRACOUBO ★

Sa devise : « Aux propos enflammant, les bœufs restent sourds ». La commune n'ayant jamais accueilli d'établissement pénitentiaire ni de ruées aurifères, ses habitants y vivent paisiblement depuis deux siècles de l'agriculture et de la pêche. Vers 1912 pourtant, le quotidien d'Iracoubo est chamboulé par l'arrivée de l'industrie du balata et du bois de rose. La région passe alors sous l'emprise de quelques évadés du bagne qui sèment la terreur, jusqu'à l'intervention d'une section de tirailleurs sénégalais. À partir des années 1930, la commune retrouve le rythme de ses occupations traditionnelles. L'église Saint-Joseph justifie une halte ici.

CRIQUE MORPIO

N1, PK 158

En raison de son emplacement, la crique Morpio est certainement l'une des criques les plus connues de Guyane. On la trouve en effet en bordure de nationale 1, aménagée à la manière d'une aire de repos. Plusieurs carbets, dont certains sont équipés de crochets permettant d'accrocher vos hamacs, invitent en effet au repos, tandis que les tables et bancs se prêtent merveilleusement à une halte pique-nique. Le site est bien entretenu et permet la baignade : si la couleur de l'eau – rouge doré – est surprenante, elle n'en demeure pas moins propre.

ÉGLISE D'IRACOUBO ★★

Route de l'Espace

Ouverte tous les jours de 6h à 18h. Messe le dimanche à 7h30. Visite guidée possible (rdv à l'office de tourisme).

Les murs intérieurs de cette église (dédiée à saint Joseph) de la fin du XIXe siècle ont été recouverts de fresques originales justifiant son classement comme monument historique depuis le 8 juin 1978. Ces peintures, œuvre du bagnard Pierre Huguet, évadé récidiviste assigné à résidence chez le père Raffray, recouvrent les quelque 600 m² de surface intérieure du temple. Un travail réalisé en 1892 et 1898. Un jour, Huguet, qui vivait au presbytère, s'évada. On devait par la suite apprendre qu'il avait péri dans des conditions tragiques. Une halte recommandée !

VILLAGE DE BELLEVUE

N1

Village amérindien. Artisanat.

Si vous effectuez la route entre Iracoubo et Saint-Laurent-du-Maroni, sachez qu'à une dizaine de kilomètres du bourg se trouve le village de Bellevue. C'est l'occasion d'une halte pour découvrir l'artisanat et le mode de vie traditionnel des Amérindiens. En 2018, le village s'est vu concéder 1 000 hectares de terrain pour y développer des abattis et assurer l'avenir de la communauté. Cécile Kouyouri, cheffe coutumière du village, est la première femme guyanaise à avoir accédé à ce statut en 1997. N'hésitez pas à vous arrêter !

OFFICE DU TOURISME D'IRACOUBO

Route de l'Espace

✆ 05 94 34 67 61

www.iracoubo.fr/tourisme

Octobre à mai : lundi au vendredi 8h-14h. Juin à septembre : lundi au samedi 9h-15h.

L'office du tourisme se fera un plaisir de vous guider dans ce petit village : visite guidée de l'église et de la commune, mais aussi des hameaux de Bellevue et de Dégrad-Savane, de la crique Morpio, randonnées en forêt au départ d'Organabo avec un guide expérimenté... On trouve également sur place des pièces d'artisanat local et des produits du terroir en vente. Le programme des différentes manifestations de la localité se trouve sur le site Internet de la ville.

MANA ★★

Cette commune de 9 500 habitants est située sur l'ancienne route reliant Cayenne à Saint-Laurent-du-Maroni. Le bourg offre l'aspect d'un vieux village avec ses maisons en bois et son ambiance sans artifice. Mana est une commune au passé original, marquée successivement par l'influence de la congrégation de Saint-Joseph-de-Cluny et par la ruée vers l'or. C'est presque un passage obligé pour venir assister à l'émouvant spectacle de la ponte des tortues luth sur la plage des Hattes à Yalimapo. Nous sommes ici en pays Galibi. Aujourd'hui, ces Galibis se sont principalement regroupés au sein du village d'Awa-la-Yalimapo (à 20 km de Mana).

Histoire

Le premier essai de colonisation sur les rives de la Mana fut un échec. Les colons jurassiens furent en effet rapidement anéantis par la fièvre et l'alcoolisme. Néanmoins, l'Etat, ayant engagé de fortes sommes dans cette opération, n'entendait pas en rester là. C'est alors que le ministre de la Marine et des Colonies, prenant comme exemple ce qui avait été accompli au Sénégal, décida, en 1828, de confier la colonisation de Mana à la mère Anne-Marie Javouhey, supérieure et fondatrice de la congrégation de l'ordre de Cluny. Le 16 août 1828, Anne-Marie Javouhey débarque à Cayenne. Peu de temps après arrive également le premier convoi de colons, à savoir trente-quatre paysans et paysannes, onze orphelins et seize ouvriers. Avec les trente-six sœurs accompagnant la mère supérieure et vingt-cinq esclaves noirs pris dans les ateliers du roi et mis à la disposition de la congrégation, c'est un groupe d'une bonne centaine de personnes qui gagne Mana.

Dans le même temps, les derniers survivants de la colonie précédente sont progressivement rapatriés, selon le désir d'Anne-Marie Javouhey. Dès lors, elle pose comme principe à toute tentative de colonisation celui de la « table rase », c'est-à-dire l'exigence du départ des colons précédents qui, ayant pris de mauvaises habitudes, sont susceptibles de corrompre les nouveaux arrivants. Anne-Marie Javouhey s'active pour installer sa petite colonie, veillant de près à l'avancement des travaux. Quinze bâtiments sont construits sous la direction de son neveu Louis : une petite maison pour elle, une grande à deux étages pour les religieuses, une chapelle, trois écoles, un hôpital et des ateliers. C'est dans ce cadre que débutera, quelques années plus tard, l'expérience de libération des Noirs. Pierre Javouhey, frère de la mère supérieure, se voit confier la responsabilité des cultures : riz, manioc et bananes commencent alors à assurer la subsistance de la population.

Mère Javouhey nourrit également le projet d'étendre les cultures au ricin, au café, au tabac et à l'indigo. Le développement de l'élevage est également envisagé. Elle veut assécher les vastes savanes inondées qui, selon elle, peuvent nourrir 2 000 à 3 000 têtes de bétail. Pour accomplir ces grands travaux, elle demande au gouvernement de la colonie cinquante esclaves de plus.
Son idée est radicalement différente de celle du gouvernement royal : dans l'esprit de celui-ci, il s'agit bel et bien de mettre à profit les qualités d'organisation et l'expérience agricole de la religieuse dans un pays similaire à celui où elle a déjà fait ses preuves, mais dans le but d'y installer une colonie blanche. Pour Anne-Marie Javouhey, en revanche, il s'agit, dès 1828, d'œuvrer en faveur de la population noire. Nous sommes huit ans avant le début de l'expérience de libération progressive des esclaves et vingt ans avant l'abolition totale de l'esclavage. La mère supérieure met déjà en pratique ces idées. Une vingtaine d'esclaves s'étant réfugiés sur les terres de la congrégation, elle demande et obtient de l'administration l'autorisation de les racheter à leurs propriétaires. Une telle politique risque de porter atteinte au système esclavagiste que les colons de Guyane veulent maintenir, en dépit du courant abolitionniste qui progresse depuis quelques années en France, et provoque chez eux des inquiétudes. De plus, la prospérité rapide de Mana commence à faire des jaloux.
Profitant du changement de régime survenu en métropole à la suite de la révolution de 1830, un groupe de pression obtient la suppression des subventions allouées jusqu'alors par l'Etat à l'établissement de Mana. La mère Javouhey se voit aussi retirer les esclaves du domaine mis à sa disposition et, ne pouvant assurer leur rémunération, assiste au départ de plusieurs colons blancs. Pourtant, en 1833, quand le gouverneur Jubelin vient visiter Mana, il peut mesurer l'ampleur du travail accompli malgré les difficultés. Il intervient auprès du ministre pour que des orphelins soient envoyés sur place. Il autorise aussi la mère Javouhey à installer sur le domaine de l'Acarouany des lépreux, mal soignés jusqu'alors sur les îles du Salut. C'est surtout la législation sur la répression de la traite qui va relancer l'entreprise en permettant un apport massif de main-d'œuvre. La prospérité et la réussite de la colonisation de Mana dépendent de l'extension des grandes cultures, principalement en riz et en canne à sucre, sur les terres poldérisées.
Jusqu'à la libération du premier contingent de Noirs, elles ont pu être entretenues et même étendues. Mais à partir de 1838 se pose un problème de main-d'œuvre qui pourrait être résolu en réunissant, comme le souhaite la mère Javouhey, les quelque 3 000 enfants des esclaves de la Guyane. Mais avant qu'ils ne se mettent au travail, il faudrait pourvoir à leur éducation et à leur instruction, ce qui impliquerait de nouvelles subventions du gouvernement. Le refus de ce dernier entraîne dès lors la stagnation de la colonie de Mana et le départ, en 1843, de la mère Javouhey.

Rue de Mana.

CENTRE D'ART ET DE RECHERCHE DE MANA [CARMA] ★

235 avenue Myrella Jean-Elie (PK1 RD22)
✆ 05 94 27 60 53
chercheursdart-carma.fr
Ouvert du mardi au samedi de 9h à 12h30, le dimanche de 11h à 17h. Entrée 3,50 €. Gratuit pour les moins de 18 ans.

Salle d'exposition de près de 350 mètres carrés riche de plus de 2 000 œuvres réalisées par des artistes de l'Ouest guyanais, le CARMA est l'initiative de Patrick Lacaisse, artiste français qui a ouvert ce centre d'art et résidence d'artistes en 2014. L'association Chercheurs d'Art (artistes contemporains et traditionnels, enseignants et chercheurs) peut ainsi accomplir sa mission de promotion de la création artistique guyanaise. Belle exposition d'artisanat d'hier et d'aujourd'hui.

ÉGLISE SAINT-JOSEPH DE MANA ★

Construite en 1938 par des bagnards, l'église de Mana se démarque par sa couverture en bardeaux de bois Wapa flanquée d'un haut clocher. Un bijou hors du temps implanté au cœur du bourg, immanquable avec sa façade bleue ciel. En 1945, le bagnard Bourgeois y peint le Christ de la voûte étoilée. Sur le parvis, le buste d'Anne-Marie Javouhey, Supérieure générale de la Congrégation des sœurs de Saint Joseph de Cluny et fondatrice du bourg de Mana, rend hommage à la Révérende Mère.

FLEUVE MANA ★

© TEEKEVPHOTOGRAPHY - SHUTTERSTOCK.COM

Le fleuve Mana, le plus sauvage des fleuves guyanais, ne s'apprivoise pas. Il se mérite, et sa découverte est sans nul doute une expérience singulière, qui exige une bonne condition physique, un certain esprit d'aventure et qui exclut l'amateurisme. Il existe heureusement des moyens peu contraignants et peu onéreux qui permettent, le temps d'une journée ou d'un week-end, de profiter de l'ambiance mystérieuse de cette région. Hélas, le fleuve est de plus en plus abîmé par l'orpaillage et de moins en moins de prestataires le proposent à leur programme.

FLEUVES D'ORGANABO ET D'IRACOUBO

Ces deux fleuves ne sont pas souvent explorés par les visiteurs. Il est pourtant possible par exemple d'y pêcher le piranha noir, dont la crique Grand-Laussat ne manque pas ! Ici, un village Saramaca, qui vit au rythme du soleil et de la forêt, offre par sa simplicité et son authenticité un véritable voyage dans le temps. Vous pourrez partir en excursion guidée en forêt pour en découvrir les richesses, remonter la crique en pirogue et découvrir l'artisanat saramaca.

BALADE SONORE : KOUTÉMANA ★

Angle des rues Bastié et Javouhey
✆ 05 94 27 84 09
www.mairie-mana.fr/koutemana
Visite guidée sonore. Gratuit. Durée : 1 heure. Rendez-vous au service tourisme pour retirer le baladeur et le plan.

Casque sur les oreilles, branchez-vous sur la fréquence mananaise et arpentez la ville au rythme des voix des habitants : anecdotes, vie quotidienne, cuisine, loisir, mémoire, identité... un concentré de vies guyanaises ! La balade sonore proposée est une boucle qui s'effectue au départ du service tourisme et qui sillonne la ville d'est en ouest. Pour en faire l'expérience, rendez-vous à l'angle des rues Bastié et Javouhey où vous sera gratuitement prêté un plan et un baladeur.

ULM GUYANE

11 rue Bruno-Aubert ✆ 06 94 42 79 18
www.ulm-guyane.com
Baptême de l'air 50 €/15 min et 90 €/30 min. Découverte 130 €/45 min et 160 €/1h. Sur réservation. Fermé dimanche lundi.

© ULM GUYANE

L'U.L.M. est un moyen original de découvrir Mana et ses alentours. Marc Dabrigeon, ancien guide écotourisme et pilote passionné, vous guidera à travers les paysages de la région dans laquelle vous découvrirez une grande richesse culturelle et naturelle. Vivez une expérience captivante dans laquelle vous survolerez la réserve naturelle de l'Amana, les rizières, le bord de mer, les estuaires des fleuves Maroni et Mana et les bourgs de l'ouest guyanais. ULM Guyane est aussi école de pilotage. Conditions de sécurité garanties et assurances comprises. En vol !

AUBERGE DU BOIS DIABLE €

8 avenue Ya-Siong
✆ 05 94 34 19 35
tourismeguyane.pagesperso-orange.fr
7 € la nuit en hamac (16 € avec matériel), bungalow à 40 €. Petit déjeuner 5 €, repas complet sur demande à 20 €.

C'est le propriétaire, Alain Dewevre, qui vous accueillera dans son campement équipé d'un grand carbet (25 places en hamac) et de 8 bungalows autonomes. Surnommé Tarzan, l'homme est très certainement l'un des meilleurs spécialistes de la rivière Mana. En plus de l'hébergement, il propose en effet différentes formules de découverte du fleuve. Toutes les expéditions se font en pirogue motorisée et/ou en canoë (mais aussi treks hors layon et visite de l'ancienne léproserie). Possibilité de manger au restaurant de l'auberge, dans un cadre des plus fleuris.

HÔTEL LE SAMANA €€

18 rue Bruno Aubert
✆ 05 94 27 86 67
Chambre double à 55 €, studio à 75 € (double) et 85 € (familial). 10 € le petit déjeuner. Parking. Wifi.

Cet hôtel de construction récente se situe à l'entrée du village en arrivant par le pont. S'il ne possède pas de charme particulier, il a l'avantage d'être bien tenu et situé face à un cours d'eau plutôt calme. On y trouve en tout 17 chambres (réparties selon plusieurs catégories : simple, double et twin) et 8 studios (pour deux personnes ou en configuration familiale : deux adultes et deux enfants). Toutes les unités de logement sont simples, confortables et bien équipées (climatisation, TV, réfrigérateur). Parfait pour une étape d'une nuit.

RANCH TERRE ROUGE €€

Avenue Paul-Berthelot
✆ 06 94 20 66 41
Gîte de France 2 épis. A partir de 80 € par nuit.

A 5 minutes de Mana et dans une exploitation agricole, le Ranch Terre rouge vous propose des chalets en bois confortables et équipés, le tout avec vue sur le fleuve. Le ranch, dont l'activité est l'élevage de bovins (zébus et buffles), propose deux gîtes avec chacun deux chambres. Les deux bungalows sont protégés par des moustiquaires et proposent toutes les commodités nécessaires à un séjour confortable : salon, cuisine entièrement équipée, salle de bains et toilettes. Les logements du ranch peuvent accueillir un maximum de six personnes.

LE BUFFALO €€

36 rue Javouhey
✆ 05 94 34 42 80
Ouvert mardi soir, mercredi-samedi midi et soir, dimanche midi. Repas complet 35-40 €, plat autour de 20 €.

Dans un cadre à la déco rustique d'inspiration far-west (des bustes d'Indiens d'Amérique du Nord ornent les murs), on déguste une bonne cuisine française réalisée avec soin. Une fois bien installé en terrasse ou dans la salle de service, le long du bar, il ne reste qu'à choisir entre les suggestions du jour et la carte...Tout est délicieux et plutôt original, à commencer par LA spécialité de Buffalo : l'entrecôte de buffle (zébu) de Mana, élevé dans les alentours, en pleine nature. Service rapide et ambiance « comme à la maison ». Réservation conseillée.

AWALA-YALIMAPO ★★

Nous sommes ici au cœur de la plus importante communauté amérindienne de Guyane. Luttant pour être intégrés, mais pas assimilés, les Galibi ou Kali'na ont obtenu le 24 décembre 1988 que ces deux villages forment ensemble une commune, entièrement administrée par leurs soins. Elle est formée par détachement d'une partie de la commune de Mana, dans un espace d'implantation classique des villages kali'na, institué depuis quelques années en réserve foncière destinée aux Amérindiens. Zone naturelle d'intérêt écologique, faunistique et floristique, elle est protégée par un arrêté préfectoral. En décembre, les Jeux Kali'na méritent le détour.

AUBERGE DE JEUNESSE SIMILI €

Zone de Simili

✆ 05 94 34 16 25

7 € la nuit en hamac (+ 8 € matériel), 15 € en chambre. Appeler avant de se présenter. Petit déjeuner sur demande (6 €).

Etablissement correct à l'ambiance sympathique. Le lieu est muni des casiers pour ranger ses affaires et il est possible de louer hamac et moustiquaire. L'auberge est par ailleurs située juste à côté de la plage où pondent les tortues en saison, et juste avant la réserve naturelle de l'Amana. Pour les repas (assez basiques, mais pas mauvais), il faut réserver à l'avance. Vous pouvez également louer la cuisine à la journée. Le meilleur rapport qualité-prix dans la zone d'Awala-Yalimapo.

RÉSERVE NATURELLE DE L'AMANA ★★

270 avenue Paul Henri ✆ 05 94 34 84 04

www.reserves-naturelles.org/amana

Maison de la réserve naturelle ouverte lundi, mardi et jeudi 8h-13h et 14h-17h, mercredi et vendredi 8h-14h30.

La réserve naturelle de l'Amana se trouve entre le village d'Awala et de Yalimapo, couvrant une superficie d'environ 14 800 hectares, du Maroni jusqu'à l'embouchure de l'Organabo. Plages, mangroves, lagunes, marais et vasières constituent cette zone humide dont l'état en a confié la gestion au Syndicat intercommunal à vocation unique (SIVU) de l'Amana depuis 1998. L'objectif est de mieux connaître la biologie et le comportement des tortues marines et d'assurer la protection d'un des plus importants sites mondiaux de ponte de la tortue luth. Accueil des visiteurs, information du public, respect des réglementations et suivi scientifique sont les missions du SIVU. Un musée sur les tortues marines complète le tout.

Si vous êtes en Guyane entre juillet et septembre, vous pourrez assister à l'éclosion des œufs : de minuscules tortues sortent alors de terre pour gagner l'océan. Vous les sauverez en éloignant les prédateurs, comme les oiseaux ou les chiens qui voient dans ce spectacle l'occasion d'un bon festin. Aujourd'hui, la plage des Hattes est victime de son succès : dans la mesure du possible, évitez de venir assister à la ponte le week-end, la foule, peu scrupuleuse de l'intimité de la ponte, gêne les tortues.

Par ailleurs, la mangrove abrite des hérons et des aigrettes tandis que des iguanes se rassemblent le long des côtes chaque année au moment de la ponte. Plus au sud s'étend le marais de la rivière Coswine, où l'on trouve la seule tourbière à sphaignes de Guyane.

LE LITTORAL

Littoral guyanais.

KUDAWYADA €

260 avenue du 31 Décembre 1988

✆ 05 94 34 20 60

Place de hamac en carbet collectif à 15 € par nuit. Location hamac et moustiquaire à 5 €.

Une solution d'hébergement très pratique où l'on vous réserve un accueil des plus chaleureux. La plage où l'on peut observer les tortues Luth durant la période de ponte se situe juste en face, de l'autre côté de la route. Possibilité de s'adonner à la pêche ou encore à l'observation des oiseaux. Service de restauration tous les soirs ainsi que le dimanche midi, sur réservation : cuisine amérindienne issue des produits de l'abattis. Occasionnellement, le carbet organise des week-ends à thème principalement autour de la culture amérindienne. Bonne adresse

CHEZ RITA €

84 avenue 31-Décembre-1988

✆ 05 94 34 18 09

Logement en chambre double à partir de 50 € pour une personne. Nuitée en hamac 17,50 € (avec petit déjeuner).

Vous êtes chez Rita, la chef du village ! Dans ce gîte de France (3 épis) situé en plein cœur du village d'Awala, on aura le choix entre les deux chambres (d'une capacité maximale totale de 5 personnes) et le grand carbet traditionnel pouvant accueillir jusqu'à 10 hamacs. Le petit déjeuner – continental mâtiné de quelques produits locaux traditionnels – est inclus dans le tarif. Possibilité de déjeuner et/ou dîner sur place également, sur réservation. Pour une véritable immersion dans la culture amérindienne, sans minauderie aucune.

YALIMALE €

Pointe des Hattes

✆ 05 94 34 71 05

15 € la nuit en carbet collectif, 20 € en lit, 80 € pour un carbet 5 places. Petit déjeuner à 7 €.

Marguerite et sa chaleureuse équipe vous accueillent dans un gîte traditionnel amérindien (Gîte de France 1 épi) au cœur du village et à deux pas de la plage. Il est composé de 4 carbets protégés par une moustiquaire et recouverts d'une toiture en feuilles de palmier. Sanitaires. Capacité d'accueil totale : 50 personnes. Les repas sont excellents, les produits frais et bio, en partenariat avec les producteurs locaux. Venez déguster des plats traditionnels comme le *cachiripo*, poisson cuit dans le jus de manioc et de cassave. Repas préparés sur demande préalable.

JAVOUHEY

Javouhey tire son nom de celui de la Mère Anne-Marie Javouhey, religieuse qui au XIXe siècle développa cette région du littoral et œuvra avant l'heure à l'émancipation des Noirs. Elle fonda ici une commune agricole en 1822, abandonnée par la suite. Ce sont les réfugiés laotiens de l'ethnie hmong qui reprendront en main ces terres lors de leur arrivée en 1978. Créé le 11 novembre 1979, Jahouvey est aujourd'hui le 2e village hmong du département après Cacao. Il recense 2 000 habitants, majoritairement agriculteurs, abreuvant les marchés de Cayenne, Kourou et de Saint-Laurent en fruits, légumes et artisanat. Le marché de Javouhey a lieu le dimanche.

CARBET DU BOIS BANDÉ ★

Embarcadère du village de Javouhey

✆ 06 94 20 14 74

www.facebook.com/javouhey.randonnee

35 € par personne et par nuit (25 €/enfant). Inclut nuit en hamac, transport et randonnée. 25 € en journée seule.

Après 20 minutes de pirogue sur l'Acarouany, découvrez les carbets de l'association Javouhey Randonnées, situés sur le site « Bois Bandé ». Le très sympathique M. Li ou l'un de ses fils vous proposera une randonnée (2h environ) sur un layon à la découverte des essences et plantes de Guyane. A l'issue de la balade, les techniques de piégeage hmong n'auront plus de secrets pour vous. Si vous passez la nuit, ce qui est fortement recommandé, prévoyez votre nourriture, un barbecue est mis à votre disposition. Un très agréable séjour pour les amoureux de la nature.

MARCHÉ

Le dimanche de 7h à 13h. Soupes à partir de 3 €.

Tous les dimanches, le marché de Javouhey étale ses échoppes pour le plus grand plaisir des habitants de la région qui s'y rendent en nombre pour faire leurs courses, mais aussi pour manger un morceau directement sur place. On y sert de délicieuses soupes de crevettes, des nems, des tartes en tout genre ainsi que toutes les spécialités hmong. Une belle manière de se mêler à la population tout en faisant le plein de marchandise. Notons tout de même que les pièces d'artisanat hmong ont tendance à être légèrement plus onéreuses que sur le fameux marché de Cacao.

LE MARONI

La région du Maroni est une étape incontournable. Ethnologiquement, l'Ouest est la région où se concentrent les différentes ethnies des Noirs Marrons, descendants des esclaves qui se sont révoltés et enfuis des plantations avant l'abolition de l'esclavage. La découverte du Maroni, fleuve habité de 520 km, permet de naviguer en pirogue de village en village jusqu'à Maripasoula, à la frontière des territoires amérindiens. L'expérience est unique et très peu de visiteurs en repartent déçus. C'est l'occasion de dormir en hamac, sous les carbets de passage, et de pénétrer en douceur dans la forêt primaire. Saint-Laurent, l'ancien « Petit Paris » d'Albert Londres, émerveille par son architecture ancienne (la visite du camp de la Transportation est immanquable). Après une escale dans les villages amérindiens d'Espérance et de Terre-Rouge, on pourra prolonger l'aventure au Suriname en remontant le fleuve Tapanahony.

20 KM
La plage des Hattes
AWALA-YALIMAPO
OCÉAN ATLANTIQUE
MARONI
MANA
JAVOUHEY
Montagne Sable
Mana
ALBINA
SAINT-LAURENT-DU-MARONI
Laussat
IRACOUBO
SURINAME
Saint-Louis
Île Portal
Village Saramaka
RN1
SAINT-JEAN-DU-MARONI
Saut Sabbat
Cariacou
Île Bastien
Crique Tatou
Montagne de Fer
Plateau des mines
Eau Blanche
Iracoubo
LE MARONI
APATOU
Gaillot
Sparouine
Camp Maïpouri
Kokioko
Île la Moitié
Chutes Voltaire
Bossou
Deux Fromages
Kwassié
Citron
Kokioko
Petit Fouet
Montagne de la Sparouine
Montagne des Trois Roros 406 m
Pouga Tabiki
Nasson
Massif Lucifer
Saint-El
Paul Isnard
Santonia
Florida
Mana
Pina Tabiki
Massif Dékou-Dékou 500 m
ESPÉRANCE
Providence
Montagne de la Trinité 636 m
Crique Beïman
Montagnes Française 552 m
Roche Cabrit
Kondé
Le Maroni
GRAND-SANTI
Ville
Sommet
Route nationale
Route départementale
Route permanente
Piste
Grand Abounami
Petit Abounami
Rapides Abattis Kotika
LE MARONI
Mana
Montagne Kotika 730 m
Cayenne
LE MARONI
Gaan Tabiki
Valide
Boniville
PAPAÏCHTON
Pop
Inini
Monts Belvédère
Wakapou
Florida
MARIPASOULA
Aloïké

PAGES

● ● LE MARONI
196

SAINT-LAURENT-DU-MARONI ★★★

196

Située à plus de 250 km de Cayenne, Saint-Laurent-du-Maroni est la deuxième ville de Guyane. De son passé colonial, la ville a hérité de monuments magnifiques – à l'image du Camp de la Transportation – qui parsèment un réseau de ruelles que l'on parcourt d'un pas paraissant réveiller une histoire endormie.

ALBINA

204

Point d'entrée du Suriname, vous pourrez depuis la petite ville d'Albina vous diriger vers la capitale Paramaribo (environ 2h en taxi) afin de rayonner vers toute l'Amérique du Sud (cet aéroport est bien plus desservi que celui de Cayenne).

ESPÉRANCE ★

205

Le petit village amérindien d'Espérance se trouve en pleine nature sur les bords du fleuve Maroni. Le site de Palambala ravira les passionnés d'insectes. En 2022, le village fêtera ses 40 ans d'existence, l'occasion d'aller y faire un tour pour participer à la fête.

SAINT-JEAN-DU-MARONI ★

206

Saint-Jean-du-Maroni accueillit en son temps le camp de la Relégation, l'un des sièges du bagne guyanais où étaient enfermés les fameux « pieds-de-biche », des forçats au statut particulier qui leur permettait de s'adonner à diverses activités pour leur propre compte une fois le travail du jour accompli. L'ancien pénitencier est l'attraction du village.

APATOU ★★

208

Apatou s'étend du village Sparouine au village Providence, en territoire paramaca. Créé en 1882, ce bourg fluvial porte le nom de son fondateur, le capitaine Apatou, de l'ethnie des Alukus, artisan du regroupement des divers peuples du fleuve. C'est entre Apatou et Papaïchton que se trouvent les plus grands sauts du Maroni.

GRAND-SANTI ★

209

Séparé de Papaïcthon en 1992, Grand-Santi est un village de 6 000 habitants, essentiellement de l'ethnie N'Djuka. Bourgade arborée alanguie au bord du fleuve, Grand-Santi est une étape à envisager lors de la descente ou de la remontée du Maroni.

PAPAÏCHTON ★

209

Résidence du Gran Man, le bourg se repère de loin. Papaïchton, capitale historique du pays Boni fondée en 1969, est réputé pour ses artistes pratiquant le traditionnel art Tembé. Bien qu'uniquement accessible par pirogue, son rapprochement avec Maripasoula (45 minutes de trajet) a permis à Papaïchton de se développer plus rapidement que Grand-Santi.

MARIPASOULA ★

209

Plus grande commune de France par sa superficie, Maripasoula (« saut du maripa » en aluku) marque la limite territoriale entre les populations de Noirs marrons et les populations amérindiennes. Elle prit de l'ampleur à la fin du XIXe siècle lors de l'arrivée de chercheurs d'or. Son isolement lui a permis de conserver son authenticité et son ambiance de bout du monde.

SAINT-LAURENT-DU-MARONI ★★★

Saint-Laurent-du-Maroni, deuxième plus grande ville de Guyane (avec environ 45 000 habitants), est située à environ 260 km de Cayenne, au bout de la splendide route de l'Ouest ou du littoral. Bienvenue à Kamalakuli, le nom amérindien du lieu avant l'édification de la ville actuelle. De son passé colonial et d'administration pénitentiaire, Saint-Laurent a hérité de monuments magnifiques qui parsèment un réseau de ruelles et rappellent que la ville a connu jadis une certaine prospérité. Ici, chaque pas semble réveiller une histoire endormie. L'architecture et l'ambiance exceptionnelles de Saint-Laurent en font une ville exquise, une ville d'art et d'histoire. La guerre civile qui a ravagé le Suriname voisin entre 1986 et 1992 a également beaucoup modifié le paysage démographique de la ville. Fuyant leur pays, de très nombreux Noirs Marrons et Surinamais ont trouvé refuge dans la région de Saint-Laurent-du-Maroni et y sont restés. Cette population vit principalement dans le village de La Charbonnière, à côté du bac. Depuis quelques années, un gros effort de restauration des bâtiments anciens a été effectué et il continue de nos jours. Il faut savoir que les vestiges du bagne de Saint-Laurent sont probablement parmi les mieux conservés du département. Mais Saint-Laurent, c'est aussi une ville avec ses habitants, ses odeurs, ses traditions. Avec le Maroni, le fleuve roi de la Guyane, elle jouit d'une douceur de vivre qui lui est propre. Son centre-ville de damier est composé de trois avenues parallèles, avec le marché au centre. Le quartier de la Charbonnière, au sud, est un village Bushinengé à part, à l'ambiance festive. À visiter en restant sur ses gardes.

Parade du carnaval à Saint-Laurent-du-Maroni.

CENTRE CULTUREL MAMA BOBI

1 rue Simon
✆ 05 94 34 39 17
graineguyane.org/annuaire/mama-bobi
Ouvert du lundi au vendredi de 8h à midi. Fermé le week-end.

Au local de l'ONG, rue Simon dans le village chinois, vous découvrirez un musée du Tembé (art traditionnel des populations du Maroni), regroupant une centaine d'œuvres d'artistes locaux ainsi qu'une phytothèque pour reconnaître plus de 100 plantes traditionnelles. Fondé il y a plus de 20 ans, ce centre culturel œuvre aussi à la transmission des cultures issues du marronnage : arts et traditions populaires, pharmacopées et thérapies traditionnelles, coutumes et développement durable.

ÎLE AUX LÉPREUX

En face de la pointe Balaté
Entrée libre (5 minutes en pirogue).

A l'époque du bagne, en raison de conditions sanitaires plus que douteuses et de la promiscuité des prisonniers, les épidémies étaient monnaie courante. Afin de freiner la propagation de celles comme la lèpre, dont la vitesse était décuplée par le climat tropical, il fut décidé que les bagnards l'ayant contracté seraient mis en quarantaine sur cet îlot, immortalisé dans le film *Papillon* (1973). De nos jours, il ne subsiste aucune installation à visiter, mais c'est un lieu agréable pour pique-niquer, un carbet a été installé à cette intention.

MAISON DU RECEVEUR DES DOUANES

11 Boulevard Malouet
En attente de rénovation. En 2018, la bâtisse est sélectionnée pour bénéficier du coup de pouce du loto du patrimoine.

Au bord du fleuve, entourée d'un jardin à la française, la maison du receveur des douanes est un édifice historique classé depuis 2016. Il y a plus de 150 ans, ce bâtiment fait de bois et de briques hébergeait le médecin-chef du bagne de Saint-Laurent. Stratégiquement placé face au débarcadère des navires pénitentiaires et à proximité de la résidence du gouverneur, on suppose que la maison fut cédée à l'administration des douanes en 1946 lorsque le bagne ferma ses portes.

BAGNE DE SAINT-LAURENT - CAMP DE LA TRANSPORTATION ★★★

rue du Lt Colonel Chandon ✆ 05 94 34 23 98
hellosaintlau.fr

Accès libre. Visites guidées : Adultes 6 €, ados (12 à 16 ans) 3 € et enfants de 6 à 11 ans 2 €.

C'est le lieu mythique de Saint-Laurent où tous les bagnards, à leur arrivée de métropole, étaient débarqués. Après une visite médicale, on les répartissait dans les différents centres pénitentiaires de Guyane. À l'entrée du camp, en attendant de faire la visite, on peut profiter d'une exposition photos permanente retraçant l'historique du bagne. Ensuite, le guide, maître des clés, ouvre les portes d'un autre monde et les visiteurs sont littéralement transportés dans ce lieu troublant. Les plus courageux s'imagineront à la place des prisonniers les plus célèbres tels Papillon, Seznec ou Dreyfus. Un endroit émouvant qui fut le lieu de tournage de *L'Affaire Seznec* (1993) d'Yves Boisset.

Les prémices. En 1644 – année de l'arrivée à Cayenne de messire Charles Poncet – vivent sur le bord du Maroni quelques Français survivants d'une petite colonie installée un an plus tôt. Une première exploration du fleuve a lieu dans les années 1820-1821, sous le gouvernement du baron de Laussat. Elle est suivie de la mission du lieutenant de vaisseau Carpentier, en 1852. Ce dernier écrit dans son rapport du 30 août 1855 : « Quant au Maroni qui limite les Guyanes française et hollandaise, il est de beaucoup supérieur aux autres rivières des Guyanes. L'Amazone et l'Orénoque, seuls, dans cette partie nord de l'Amérique du Sud, l'emportent sur lui. »

Le lieutenant est enchanté par cette région et fait une remarque élogieuse sur l'établissement du sieur Kappler : « Un fait qui se passe à cet établissement doit attirer au plus haut point l'attention des personnes qui s'intéressent à la colonisation de ces belles contrées. Une quarantaine de familles de la Frise se sont établies à Kappler et se livrent à la culture et aux travaux des bois depuis plus de trois ans. Quand je quittai la Guyane, il y a un an, on n'avait pas encore compté un seul malade parmi eux, et pourtant ils travaillaient pendant les heures les plus chaudes de la journée, sans user d'aucune précaution contre l'ardeur du soleil. »

En 1852, le commissaire général Sarda-Garriga a pour mission de rechercher un lieu plus salubre pour installer un établissement pénitentiaire en Guyane. Son choix se fixe sur la rive droite du Maroni, sur les lieux d'un ancien village galibi où s'étaient installés les Boni. Entre juillet 1852 et avril 1853 commencent des travaux devant servir à l'établissement pénitentiaire. Mais le départ de Sarda-Garriga y met fin. Son successeur ne s'intéresse pas au projet et il faudra attendre le gouverneur Baudin pour les terminer. Ce dernier arrive en Guyane en novembre 1855 et prend ses fonctions de gouverneur en février 1856. Pendant ces trois mois, il fait une tournée sur les rivières du Maroni, Mana, Sinnamary et Kourou. Il visite l'établissement de Kappler. Voici la conclusion de son rapport rendu en août 1856 : « J'ai trouvé quelques Européens parfaitement nourris, logés proprement et à l'aise, en aussi bon air qu'il est possible entre les tropiques, et cependant ils n'ont pas été à l'abri de la fièvre. » Le travail de colonisation commence véritablement en 1858, juste après l'inauguration de la cité pénitentiaire. Saint-Laurent devient alors pénitencier agricole. L'idée de coloniser et de développer l'économie de la Guyane à la manière des Anglais en Australie se concrétise. La région de Saint-Laurent devient un exemple et plusieurs chantiers forestiers sont ouverts, dont ceux de Saint-Jean et de Sparouine. Fier de ce succès, le gouvernement français décide de sédentariser les transportés et, en 1859, arrive à Saint-Laurent un premier convoi de femmes condamnées. Toutes sont volontaires et choisies parmi celles qui ont le plus de chances de retrouver une vie normale. Mais bientôt, la situation sanitaire des bagnes de Guyane étant devenue catastrophique, Napoléon III en décide la suspension et, en 1867, son choix se porte sur la Nouvelle-Calédonie. Pendant vingt ans, Saint-Laurent-du-Maroni ne recevra plus aucun Européen. En 1859, le manque d'ouvriers spécialisés provoque la fermeture de quatre chantiers. Seuls restent ouverts ceux de Saint-Louis et de Saint-Maurice. En 1878, Saint-Laurent-du-Maroni abrite le siège de l'administration pénitentiaire avant de devenir « commune pénitentiaire spéciale » en 1880.

L'installation du bagne, naissance d'une commune. Le pénitencier de Saint-Laurent est fondé en 1857. Dès 1852, M. Mélinon, l'un des premiers commandants de l'établissement, rêve de faire de cette région une grande exploitation agricole et forestière. La localité, appelée alors Pointe-Bonaparte, abrite quelques indigènes. En 1852, aidé d'une quarantaine d'anciens esclaves de la région de Mana, Mélinon commence à défricher la forêt et obtient par la suite que quelques dizaines de transportés viennent grossir les rangs de ses ouvriers. Venu en tournée d'inspection, le gouverneur de la Guyane, l'amiral Laurent Baudin, décide que la future ville prendra le nom de son patron, Saint-Laurent, ainsi que celui du fleuve auprès duquel elle était construite, Maroni. L'inauguration du centre pénitentiaire, en activité depuis un an déjà, a lieu quelques années plus tard, le 21 février 1858. La même année sont installés tous les services de l'administration pénitentiaire, les bureaux, les hôtels pour le personnel supérieur, les maisons des employés subalternes et des gardiens, ainsi qu'un hôpital de douze bâtiments.

Le 16 mars 1880, un décret fait de Saint-Laurent une commune autonome. Par ce décret, le président de la République, Jules Grévy, décide de l'organisation de la commune pénitentiaire de Saint-Laurent-du-Maroni. L'arrêté est promulgué à Cayenne le 7 mai par le gouverneur Marie-Alfred-Armand Huart, et un directeur de l'administration pénitentiaire est chargé de son exécution. Le territoire pénitentiaire du Maroni prend le nom de « commune pénitentiaire du Maroni ».

Les châtiments. Le tribunal maritime spécial à Saint-Laurent juge seulement les forçats. Il est présidé par un capitaine d'infanterie coloniale qui a pour assesseurs le président du tribunal civil de Saint-Laurent et un sous-chef du bureau de l'administration pénitentiaire. Un autre fonctionnaire du même grade occupe le siège du commissaire-rapporteur, et un surveillant militaire fait office de greffier. C'est lui qui, le moment venu, lit au prévenu l'acte d'accusation. La défense des transportés, bien maigre, est assurée d'une part par les surveillants et d'autre part par toute personne libre qui veut bien remplir ce rôle. La salle des séances est celle du prétoire de la commission disciplinaire : le jour de la session, la porte est ouverte car les audiences sont publiques.

La bastonnade : le nombre de coups est fixé par décret à Paris. Les fouettards, qui sont aussi bagnards, ne font pas de difficultés pour rendre encore plus terribles les supplices, selon l'humeur des gardiens. Le bagnard Maynard parle ainsi du fouettard Ambarrek : « Quand il frappait les condamnés liés au banc fatal, il se hissait sur la pointe des pieds afin que le fouet tombât de plus haut et se pelotonnant tout à coup comme un fauve, il abaissait le fouet à nœuds et le tirait horizontalement. Cet Arabe était le seul correcteur qui du premier coup arrachait avec son fouet à sept lanières des lambeaux de chair écarlate. Sa figure se contractait, ses yeux étincelaient. Il montrait toutes ses dents. Il était épouvantable. » L'arrivée de Jules Grévy à la présidence de la République met fin, au début des années 1880, aux châtiments corporels. On assiste alors à la création du tribunal maritime spécial et à l'institution des camps disciplinaires.

La guillotine : lors de l'abolition des peines corporelles, les deux machines furent placées dans un local du quartier disciplinaire de Saint-Laurent. En accueillant ces deux bascules à mort, Saint-Laurent gagna en importance et sa réputation de capitale du bagne prit son sens. Pour une exécution, les préparatifs commençaient dans la nuit. Bourreaux et aides-bourreaux procédaient à l'érection de la machine. Ils accomplissaient cette tâche dans le silence pour ne pas réveiller les occupants des deux rangées de bat-flanc. À l'aube, le groupe de « porte-clés » venait prendre le condamné. On lui remettait un dernier repas, du rhum, un litre de vin et un paquet de cigarettes. Après cette ultime collation, il était amené au greffe où il retrouvait le directeur, le procureur, le médecin et l'aumônier. Il signait le registre de levée d'écrou, puis était conduit vers la guillotine pour y être exécuté. La Guillotine utilisée pour les condamnations à mort était en permanence à la vue des autres bagnards. Le bourreau était un bagnard volontaire et lui conférait une situation « privilégiée » (primes, repas différents).

Organisation du camp. Les deux bâtiments de l'Administration pénitentiaire. Sur la droite, l'infirmerie, et sur la gauche, le logement des surveillants et des « porte-clés », chargés de surveiller les condamnés et séparés des autres bagnards pour des raisons évidentes de sécurité. Ce bâtiment abrite aujourd'hui une bibliothèque.

Un autre ensemble regroupe la cuisine, la petite chapelle et la salle anthropométrique dans laquelle les médecins étaient chargés de dresser le profil des condamnés pour ensuite leur assigner des tâches correspondant à leur niveau de compétences. On peut apercevoir un peu plus loin les vestiges de latrines, un bassin, un puits et une pompe. Au milieu de la cour se dresse fièrement un grand manguier.

On repérait également les cases doubles et simples réservées aux bagnards condamnés aux travaux forcés ; le Quartier des Relégués (généralement des petits délinquants condamnés pour vol) composé d'un bâtiment collectif pouvant accueillir jusqu'à 40 condamnés et 19 cellules individuelles ; le Quartier des Libérés, détenus dans les mêmes conditions que les relégués ; le Tribunal Maritime Spécial, chargé de juger les délits et crimes commis dans l'enceinte du Camp ; les Blockhaus avec une capacité de 40 bagnards, mais qui en accueillait parfois le double dans des conditions particulièrement pénibles : entrave pour les plus récalcitrants, promiscuité, manque d'air, de lumière et conditions sanitaires spartiates.

Le reste des édifices est réparti ainsi : le Quartier Spécial, regroupant 12 cellules réservées aux condamnés à mort (une fois la sentence tombée, les condamnés attendaient jusqu'à 4 mois avant qu'elle soit exécutée) ; le Premier Quartier, composé d'une vingtaine de cellules pour les bagnards en partance pour les Îles du Salut : le Deuxième, Troisième et Quatrième Quartier étaient quant à eux réservés aux condamnés « difficiles » et isolés des autres par des grilles. Enfin, la cellule 47 est célèbre pour avoir accueilli Henri Charrière dit « Papillon ».

© ANTON_IVANOV - SHUTTERSTOCK.COM

Bagne de Saint-Laurent - Camp de la transportation.

MUSÉE DU BAGNE (CIAP) ★

Rue du Lieutenant-Colonel-Chandon
✆ 05 94 27 85 96
Ouvert du mardi au samedi 9h-midi et 14h30-17h30, dimanche le matin uniquement. Entrée adulte 8 €.

Ce centre d'interprétation de l'architecture et du patrimoine ouvert depuis 2015 dans le camp de la Transportation met en exergue l'histoire du bagne et de Saint-Laurent-du-Maroni. Dans les différentes cellules, des interviews des habitants de Saint-Laurent sont affichées, donnant à voir un monde révolu : celui de l'administration pénitentiaire. Un voyage historique émouvant à travers les yeux des descendants de transportés et de commerçants qui voyaient passer chaque matin ces groupes de bagnards en « pyjama rayé ». Un complément recommandé à la visite du camp.

OFFICE DE TOURISME DE SAINT-LAURENT-DU-MARONI

1 esplanade Laurent-Baudin
✆ 05 94 34 23 98
Lundi 14h30-18h, mardi-samedi 8h-12h30/14h30-18h, dimanche et jours fériés 8h30-12h30. Horaires plus larges en été.

Situé sur l'Esplanade, à côté du ponton, dans un joli bâtiment rose et bleu, l'office répondra à vos demandes. Professionnalisme et sourire sont ici la devise ! Renseignements sur l'hébergement, la restauration, les activités de loisirs ainsi que des infos administratives, culturelles et historiques, à propos de Saint-Laurent et de la région. Expo temporaires, originales et de qualité et boutique (objets artisanaux, ouvrages variés et cartes postales). Location de vélos.

RELAIS BARCAREL

A l'angle des rues Montravel et Félix Eboué
En attente de restauration.

Cette vieille bâtisse édifiée entre 1883 et 1885 par un bagnard au cœur de la ville fut magasin de cartes postales, puis de matériel d'orpaillage, et enfin hôtel. Deux anciens bagnards y fondèrent la maison Pérez & Lévy à la fin du XIXe siècle – une quincaillerie où l'on vendait tissu, timbres et armes à feu –, puis la famille Barcarel fit l'acquisition de la bâtisse en 1953, pour y inaugurer un petit établissement hôtelier très populaire. Fermé, le relais Barcarel présente une architecture remarquable conjuguant ossature bois et remplissage en briques apparentes.

CHUITY LIBA

Rue Hector-Riviérez
✆ 06 94 96 99 81
chuity-liba.e-monsite.com
Plusieurs sorties : circuit demi-journée sur le Maroni à 35 €, journée entière jusqu'à Apatou à 60 €.

Chuity Liba propose, au départ de l'office de tourisme de Saint-Laurent-du-Maroni, des excursions de durées variées, allant de la découverte des alentours de la ville à pied en 3 heures jusqu'à la journée vers Apatou (en amont de la rivière Maroni) en passant par la demi-journée classique sur le Maroni, comprenant plusieurs escales dans les villages amérindiens et noirs marrons bordant les rives. N'hésitez pas à les appeler pour plus de renseignements et pour connaître l'agenda des prochaines sorties prévues. Equipe sympa et sérieuse.

MARONI TOURS

Village de Saint-Jean

✆ 06 94 40 80 40

www.maronitours.com

Excursions de 40 € la demi-journée à 110 € les 2 jours (minimum 3 personnes). Circuits de 4 à 10 jours également.

John Dimpaï, guide authentique, connaît très bien la région. Si bien qu'il propose, via l'agence Maroni Tours, des aventures sur le Maroni en demi-journée incluant la visite du village amérindien, la découverte des polissoires, de l'île Portal et du village noir marron (avec activité construction de pirogues). Mais l'homme propose également des séjours aventure au long cours, s'étalant sur plusieurs jours. Autant dire qu'un voyage avec John Dimpaï est l'assurance d'un grand dépaysement. Prenez contact avec lui pour voir ce qu'il est possible d'organiser.

NATURE DE GUYANE

85 Résidence les rivages

✆ 05 94 27 97 16

www.naturedeguyane.com

Randonnées naturalistes, pédestres et en pirogue. A la journée, ou plusieurs jours sur demande.

Pierre, guide reconnu en milieu amazonien et titulaire d'un diplôme en biologie et en géologie, se fera un plaisir de vous faire découvrir la forêt amazonienne. Randonnées à pied ou en pirogue, observation de la faune et de la flore sur le lac de Petit Saut et l'estuaire de Mana, découverte des chutes et de l'inselberg Voltaire, sortie « apéro-pêche »... et bien d'autres activités encore, et toujours dans la bonne humeur ! Vous trouverez les descriptifs, les tarifs ainsi que le calendrier des sorties sur le site internet, très exhaustif.

SABI ALIBA

3872 avenue Christophe Colomb

✆ 06 94 47 29 54

wesabialiba.overblog.com

Sorties à la journée ou sur plusieurs jours (minimum 8 personnes, exceptée la sortie d'une demi-journée).

Sabi aliba signifie « connaître le fleuve » en bushiningué. Vous l'aurez compris, on parle ici du Maroni. Martin Fania dit « Séké », accompagné de son équipe, vous emmènera à la découverte d'une partie du Maroni, qu'il connait sur le bout des doigts pour y avoir grandi. Découverte du Maroni et du Tapanahony jusqu'à la Montagne Sacrée. Il pourra ainsi vous emmener jusqu'à Maripasoula. Vous aurez alors le privilège de faire escale dans son campou (petit village), où les chants et danses traditionnelles ainsi que l'accueil des enfants en feront un voyage inoubliable.

AMAZONIE ACCUEIL €

3 rue Rolland Barrat

✆ 05 94 34 36 12

10 € la nuit en hamac (matériel : 15 €). Petit déjeuner à 6,50 € sur demande. Circuit fleuve : 40 € la demi journée.

La meilleure adresse pour les petits budgets, et d'ailleurs la seule du centre-ville ! Le carbet de 8 places est installé dans la cour, et des sanitaires immaculés sont à votre disposition juste à côté. Un autre carbet 6 places, équipé comme le premier de frigidaire et micro-ondes, complète l'offre logement d'Amazonie Accueil. On peut vous fournir divers ustensiles pratiques (notamment des plaques chauffantes), et un service de restauration sur demande est assuré. Possibilité de laisser sa voiture lors des excursions proposées (en ville et en forêt). Wifi.

CARBET TOUBO €

Pk 248 ✆ 06 94 25 58 04

carbettoubo.e-monsite.com

Lit à 25 €/adulte (10 €/enfant), place hamac à 15 €, location hamac 5 €. Carbet entier dès 150 €. Repas sur commande.

Situé au cœur de la forêt, le carbet Toubo est composé de deux gîtes d'une capacité d'accueil de 10 personnes pour le premier et 11 personnes pour le second. Construits en matériaux locaux et non traités, fonctionnant à l'énergie solaire et dépendant de la récolte de l'eau de pluie, les deux unités de logement (équipés de toilettes sèches) sont merveilleusement intégrées à leur environnement. Le jardin, très bien entretenu, est un enchantement. Parfait pour une escapade au plus près de la nature, dans une ambiance zen. Repas traditionnel amérindien sur demande.

GÎTE MOUTOUCHI €

Route du Plateau des Mines

✆ 06 94 92 87 48

www.moutouchi-guyane.fr

En semaine, 50 € la chambre (1 ou 2 personnes). Personne extra : 18 €. 300 € la semaine complète (2 personnes).

Le Gîte Amarante est composé de 2 chambres (1 lit double et 1 lit simple), d'un séjour ouvert, d'une salle de bains et d'une cuisine équipée. Le Gîte Waï (carbet traditionnel) est aussi mis à disposition, avec 7 à 8 places en lit (2 lits doubles, 3 lits simples). Le jardin, ses arbres fruitiers et autres insectes plairont aux entomologistes en herbes (ou confirmés !) et raviront les enfants. Solaine et Stéphane, les nouveaux propriétaires, vous réservent un accueil sympathique et personnalisé. N'hésitez pas à tester la bonne cuisine de Solaine ! Repas sur demande.

HÔTEL AMAZONIA DU FLEUVE €€€

20 rue Thiers ✆ 05 94 34 10 10
www.hotel-lepetitroyalguyane.com
Chambre simple ou double à partir de 120 €. Petit déjeuner inclus.

Etablissement et confortable, situé en plein cœur du « Petit Paris ». Les chambres sont claires et très bien équipées (TV, petit réfrigérateur, sèche-cheveux, air climatisé), tandis que le petit déjeuner propose de nombreux produits à disposition (viennoiseries, œufs, fromage, charcuterie, jus, céréales, yaourts…). Pas de service de restauration : il faudra compter sur les différents restaurants proches de l'hôtel. Salle de réunion et wifi. Possibilité de réserver excursions et visites guidées. Accueil sympathique. Une bonne adresse !

LE RELAIS DES TROIS LACS €€

19-21 allée des Toucans
✆ 05 94 34 05 05
Chambre double à partir de 95 €. Parking. Wifi.

Un peu à l'écart du centre de Saint-Laurent (comptez 5 minutes en voiture), le Relais des Trois Lacs propose, dans un bel espace vert et bien au calme, une quinzaine de chambres confortables (dont deux suites, l'une étant équipée d'un bain à remous) et une vingtaine de bungalows bien équipés, le tout rénové courant 2018. La grande piscine ravira les amateurs, qui pourront faire trempette au petit matin avant de se diriger vers le copieux buffet du petit déjeuner. Une adresse très agréable pour une escale de quelques jours, en famille ou entre amis.

LA TENTIAIRE €€

12 avenue Franklin Roosevelt
✆ 05 94 34 26 00
www.latentiaire.fr
Chambres à partir de 65 €. Petit déjeuner-buffet à 8 €. Parking surveillé. Wifi gratuit. Piscine.

La Tentiaire est un petit hôtel tout simple d'une vingtaine de chambres situé dans l'ancien quartier pénitentiaire de Saint-Laurent-du-Maroni, juste à côté de l'église. Les chambres affichent une grande sobriété dans la décoration et sont toutes climatisées, plutôt spacieuses, confortables et bien tenues (nous recommandons, pour quelques euros en plus, de demander la chambre supérieure, plus vaste et à l'écart). Le petit déjeuner copieux est composé de fruits locaux. Service aimable et souriant. Wifi et piscine à disposition des clients.

CHEZ LOÉ €

24 avenue du Général-de-Gaulle
✆ 05 94 34 12 24
Ouvert du lundi au samedi de 12h à 15h. Sur place ou à emporter, à partir de 9,50 € le plat. CB non acceptée.

Cet établissement, dont le succès perdure, vous propose tous les jours deux plats créoles composés de viandes ou poissons locaux, ainsi que des fruits et légumes frais du marché. Il n'est pas rare de devoir faire la queue pour y manger... C'est en effet la cantine de nombreux travailleurs de Saint-Laurent-du-Maroni, la réservation est donc fortement conseillée ! L'ambiance y est des plus conviviales et les bananes flambées au rhum sont un petit trésor de saveurs tropicales ! Un déjeuner de qualité à un prix défiant toute concurrence.

POINT COULEUR €

Esplanade Laurent-Baudin
www.facebook.com/lepointcouleur
Tous les jours de 16h à 20h. Compter moins de 10 €.

Ce petit carbet en bois peinturluré aux couleurs de l'arc-en-ciel offre une halte sympa en bordure de fleuve dans un coin calme de la ville, entre l'office de tourisme et la piscine municipale de Saint-Laurent-du-Maroni. Les jus naturels, concoctés avec amour par Benji sont un vrai délice. Quelques tables et chaises longues installées de manière éparse sur la pelouse invitent à croquer beignets et brochettes en admirant la vue dégagée sur le fleuve. Une petite escale tropicale tout en simplicité pour recharger les batteries dans un joli cadre.

CHEZ FELICIA €

23 boulevard du Général-de-Gaulle

✆ 05 94 34 30 87

Ouvert du lundi au jeudi midi et soir, ainsi que vendredi midi. A emporter également. Compter autour de 20 €.

Ce restaurant, en face de l'hôpital, possède un cachet local tout à fait particulier, même s'il ne paie pas de mine de l'extérieur. Les plats sont copieux, parfumés et épicés : colombo de porc, crevettes, steaks, mais aussi du gibier selon la chasse (pac, tatou, cochon bois, agouti). Tout est savoureux et on peut l'accompagner d'un ti-punch (ici on vous apporte la bouteille de rhum afin que vous évaluiez la dose adéquate). L'accueil est sympathique et familial. Une très bonne adresse à Saint-Laurent pour une expérience culinaire créole authentique.

MARCHÉ DE SAINT-LAURENT-DU-MARONI €

Avenue Félix Eboué

Le mercredi et samedi matin, de 7h à 14h.

Après vous être frayé un chemin entre les étals colorés des agriculteurs et commerçants de Saint-Laurent-du-Maroni, vous parvenez, porté par l'agréable effervescence populaire, aux halles centrales du marché. Ici, vous trouverez de nombreux plats savoureux : soupes hmongs, rôtis surinamais, plats créoles, rouleaux de printemps, nems, ainsi que des jus de fruits très exotiques (maracuja, acérola, gingembre, prune de Cythère, etc.). A essayer absolument !

CHEZ NEMAN €

2 allée Violacées

✆ 05 94 34 20 92

Ouvert du mardi au samedi de 9h à 15h et de 18h à 2h. Plats autour de 10 €. CB non acceptée.

Chez Neman, c'est une adresse populaire proposant une cuisine sans prétention, à déguster en terrasse, installé en bordure de fleuve, dans le quartier de la Charbonnière (pas forcément conseillé le soir). On vient pour dévorer un poulet frites ou quelques spécialités créoles, siroter un verre ou s'encanailler entre amis au son d'une musique au volume parfois démesuré, tout en observant avec curiosité le ballet des pirogues venues des rives du Suriname. Une escale locale où tout le monde se mélange dans une ambiance chaleureusement animée, à tarifs très honnêtes.

L'ACOUSTIK LOUNGE €€

25 Chemin de Paddock

✆ 06 94 42 88 18

Ouvert mardi soir, et du mercredi au samedi midi et soir. A partir de 25-30 €.

Une carte française courte et un cadre *lounge* vous attendent dans cet établissement qui se veut un brin plus branché que les adresses du coin (tenue correcte exigée !). Au menu : porc braisé, magret de canard rôti, filet de poisson, foie de bœuf au rognon poêlé... Les amateurs de saveurs sucrées ne seront pas en reste non plus, avec notamment les incroyables sablés de pomme et caramel au beurre salé (conseil : le café gourmand est vraiment gourmand !). Des concerts et autres soirées thématiques y sont régulièrement programmés. Bonne ambiance.

LA GOÉLETTE €€

17 rue des Amazones

✆ 05 94 34 28 97

www.facebook.com/lagoelette.slm

Du mardi au dimanche midi-14h et 19h-23h (fermeture de la cuisine à 21h). Environ 30 €. Réservation conseillée.

Cet ancien voilier, le *Golden Harvest*, transportait jadis une cargaison de livres, mais n'arriva hélas jamais à bon port. Après de multiples aventures, il s'est échoué sur les berges du Maroni. Rénové et aménagé, le bateau-restaurant est unique en son genre. Exceptionnel même. En entrée, il faut déguster le *ceviche* ou les *empanada*. Les plats font honneur aux poissons locaux : filet de jamais-goûté, portefeuille de loubine, *mouqueca d'acoupa*... Parfait pour un simple verre aussi. Le dimanche, c'est bœuf musical autour de tapas jusqu'à minuit !

TI PIC KRÉOL'S €€

24 rue Thiers

✆ 05 94 34 09 83

www.tipickreols.com

Ouvert tous les jours, midi-14h30 et 19h-22h, sauf le dimanche. Plats autour de 15 €.

L'équipe du Ti Pic Kreol's vous accueille dans un cadre... typique ! Sous le carbet de la terrasse ou dans la salle climatisée, on goûte à une bonne cuisine française et créole traditionnelle : jamais-goûté (spécialité de l'Ouest guyanais), filet d'acoupa, fricassées de gibier de cochon bois, cabiai, tatou... Ne manquez pas d'essayer leurs jus frais (concombre, maracuja, pastèque, gingembre, cerise acérola, etc.) mais aussi leurs glaces en coupe ! A disposition de la clientèle : billard, jeu de fléchettes, baby-foot. L'un des endroits les plus animés de la ville.

LE CAFÉ DES AMIS DU NEREID'S RALLY

1 esplanade Laurent Baudin
✆ 05 94 27 84 30
www.marinaslm.com
Snack. Ouverture tous les jours de 11h à 20h30. Sandwiches à partir de 4,50 €.

Un café tout simple et très agréable situé à côté de l'Office de tourisme. La carte propose de nombreuses boissons (cafés, thés, sodas, vins et bières) ainsi que des snacks et tapas (paninis, burger, assiette gourmande) à déguster sur la terrasse qui donne sur le Maroni. L'association organise, chaque année, un rallye nautique reliant Tobago & Trinidad à Saint-Laurent-du-Maroni en passant par le Guyana et le Suriname. Parfait pour une halte à n'importe quelle heure de la journée !

LA MAISON DU CAFÉ

15 avenue Félix Eboué ✆ 05 94 27 98 99
www.distrimatik.com
Ouvert du lundi au samedi de 7h30 à 12h30 et de 16h30 à 18h30 (mercredi et samedi que jusqu'à 12h30). Boutique.

Mieux connue sous le nom de Distrimatik (la vocation première du lieu est en effet d'équiper les professionnels de l'hôtellerie-restauration en produits alimentaires et machines automatiques), la Maison du Café est peu à peu devenue un véritable centre de sociabilité de Saint-Laurent-du-Maroni. Installée en plein centre-ville, la boutique est en effet venue à ouvrir une cafétéria-salon de thé. On y vient aussi bien pour un jus de fruits local bien frais que pour un petit déjeuner ou une frugale collation, à prendre en terrasse. Vente de produits fins sur place.

GUYANE OCCASIONS

Parc d'activités de la Charbonnière
✆ 05 94 27 64 65
www.guyaneoccasions.com
Ouvert du lundi au vendredi de 7h30 à 12h et de 14h à 16h30.

Des experts pour vous aider à trouver le véhicule de vos rêves. Avec des agences de Cayenne à Saint-Laurent en passant par Kourou, depuis plus de 10 ans l'équipe de Guyane Occasions se donne pour mission de vous accompagner dans la recherche du véhicule d'occasion qui vous correspond. La marque, le prix, le modèle, les équipements sont d'autant de questions que l'on se pose lorsqu'on cherche un véhicule. Leurs experts vous aideront à choisir celui qu'il vous faut, de la petite citadine au solide SUV, de la berline à la voiture familiale.

ADNG (ASSOCIATION DÉCOUVERTE NATURE GUYANE)

8500 avenue Gaston-Monnerville
✆ 06 94 91 14 34
www.adng.org
A contacter par téléphone, ou découvrez leur site internet.

Si le temps vous manque pour une découverte du fleuve sur plusieurs jours, il vous sera possible d'en apprécier quelques aspects en une journée ou en seulement quelques heures. Si les activités proposées par l'ADNG (Association pour la découverte de la nature en Guyane) sont plutôt orientées vers les enfants, la plupart conviendront également à un public adulte. Consultez le programme des activités en ligne : les actualités de l'association sont par exemple partagées sur Facebook.

LE MARONI

© MARTIN FOUQUET

Rue de Saint-Laurent-du-Maroni.

CCKM [COSMA CANOË KAYAK DU MARONI]

15 rue des Amazones
✆ 06 94 38 98 37
www.kayakmaroni.fr
Location de canoë-kayak pour les non-adhérents 15 € la journée et 10 € la demi-journée.

Le club, installé dans le village Balaté, juste à côté du fameux restaurant La Goélette, est géré par une équipe de sportifs aussi sympathiques que passionnés et propose des stages d'initiation, des sorties en eaux vives [passage de sauts] ainsi que des sorties découverte aux alentours de Saint-Laurent. Tous les guides disposent d'un brevet d'État et tout le matériel est fourni pour les excursions. Possibilité de location de canoë-kayak. Se renseigner sur place.

ÉCOLE DE VOILE VENT D'OUEST

24 boulevard Malouet
✆ 05 94 27 89 57
ventdouestslm.canalblog.com
Forfait trimestre 70 € par enfant [hors licence FFV et cotisation] et 115 € par adulte.

L'école de voile Vent d'Ouest, bien que travaillant essentiellement avec un public périscolaire, propose des cours privés et collectifs [à l'occasion d'événements particuliers, pour les comités d'entreprise par exemple] aussi bien aux enfants qu'aux adultes, et ce quel que soit leur niveau, initiation ou perfectionnement. Les sorties et cours sont encadrés par un moniteur titulaire d'un diplôme d'état et la structure porte le label Fédération Française, affiliée à DDJS.

ULM HYDRO GIRO

BP 37
✆ 06 94 26 77 64
www.ulm-hydro-giro.com
Baptême 50 € [15 minutes de vol]. Réservation par téléphone [consultez le planning en ligne avant d'appeler].

Pour découvrir le patrimoine et l'environnement verdoyant de Saint-Laurent en prenant de la hauteur, rien de tel que de s'offrir un vol en ULM [planeur ultra-léger motorisé]. On se régalera des superbes points de vue sur le fleuve et la dense forêt amazonienne, encadré par des pilotes aussi sympathiques que passionnés. Possibilité d'acheter son billet pour un baptême de l'air directement sur le site Internet. En prime, on pourra repartir avec la vidéo du vol ! Pour les amateurs, il est également possible de sauter en parachute.

ALBINA

De ce côté-ci de la Guyane, la frontière est beaucoup moins animée que la brésilienne. Il s'agit donc d'une toute petite ville surinamaise qui se situe sur la rive du Maroni, porte d'entrée du Suriname depuis Saint-Laurent. Non loin de là, vous pourrez visiter la réserve naturelle de Galibi. Albina est une ville de transit, où les Guyanais font leurs courses mais n'y restent pas. Si vous le souhaitez, prévoyez donc d'y aller en pirogue depuis la Charbonnière à Saint-Laurent, mais nul besoin d'y rester plus d'une journée pour vos emplettes... A moins que vous ne choisissiez de visiter plus en profondeur le Suriname et sa capitale Paramaribo.

Pratique

- **Formalités à Albina.** Attention, avant de vous rendre au Suriname, il vous faudra acheter une « carte touristique » au consulat du Suriname à Saint-Laurent. Elle est valable 90 jours et coûte environ 32 €. Votre passeport doit être valide au moins 6 mois après votre date d'arrivée sur le territoire. Vous devrez faire tamponner votre visa au poste de police des frontières d'où part le bac. Aucun visa ne sera délivré à la frontière. Le trajet Saint-Laurent - Albina est d'environ 15 minutes par le bac ou de 5 minutes en pirogue. Vous devrez aussi faire tamponner votre visa et remplir un formulaire d'immigration dès l'arrivée au Suriname. Demandez aux taxis de vous y déposer avant de partir pour la destination choisie, car si vous ne le faites pas, les autorités surinamiennes ne seront pas complaisantes du tout.
- **Pour le retour,** rebelote, il faut faire tamponner son passeport des deux côtés. A l'arrivée en Guyane, le poste ferme à 19h. Mais vous pouvez revenir le lendemain, ou le faire tamponner au commissariat de La Charbonnière.

Transports

Le seul bac en fonctionnement en Guyane est celui de Saint-Laurent, La Gabrielle, qui permet de traverser le Maroni pour se rendre à Albina, au Suriname. Ce bac est assez ancien et souvent en réparation. Aussi, nous vous conseillons de contacter l'office de tourisme de Saint-Laurent pour confirmation. Sinon, de nombreux canotiers indépendants assurent la liaison [à négocier entre 5 € et 8 € l'aller simple].

- **Au départ d'Albina.** Les lundis et mardis à 8h, 10h, 15h et 17h30 ; le mercredi à 7h30, 8h30 et 9h30 ; le jeudi à 7h30, 10h, 15h et 17h30 ; le vendredi à 7h30, 8h30, 9h30, 15h30, 16h30 et 17h30 ; le samedi à 8h30, 9h30, 15h30 et 16h30 ; et le dimanche à 15h30, 16h30 et 17h30.

Au départ de Saint-Laurent. Les lundis, mardis et jeudis à 7h, 9h, 14h et 17h ; le mercredi à 7h, 8h et 9h ; le vendredi à 7h, 8h, 9h, 15h, 16h et 17h ; le samedi à 8h, 9h, 15h et 16h ; et le dimanche à 15h, 16h et 17h.

Vers Paramaribo. Une fois débarqué à Albina, ne soyez pas surpris si les chauffeurs de taxi se ruent vers vous, bien que vous n'ayez pas encore accosté. C'est au plus rapide ! C'est aussi le meilleur moyen pour vous de marchander votre moyen de transport. Selon votre bourse et votre souci du confort, vous aurez le choix entre le taxi collectif (15 € environ, il ne part qu'une fois rempli) ou le taxi individuel (80 € le taxi pour 4 personnes au maximum) pour Paramaribo. Le trajet dure environ 2 heures 30 (avec les haltes). Dans les bus, la musique est très appréciée, et le plus souvent à plein volume. Prévoyez des bouchons d'oreille si vous pensez que vous ne supporterez pas. Une bonne façon de se mettre déjà dans le bain ! Vous pouvez payer en euros. Demandez à votre chauffeur, et ce quel que soit le moyen de transport choisi, de vous arrêter à la douane et de vous arrêter au bureau de change avant le pont du fleuve Suriname.

CARBET POSTOU €

Village d'Espérance

✆ 05 94 27 85 27

Nuit en hamac 10 €, en lit double 30 €. Location hamac + moustiquaire 5 €. Petit déjeuner 5 €. Repas 12 €.

L'un des logements les plus insolites de Guyane : ici on accroche son hamac sous une yourte nichée dans un joli jardin fleuri, légèrement en retrait du village. Jean-Michel et Claire vous réservent un bon accueil dans ce petit coin de paradis qu'ils ont aménagé. Sur place, pour plus de confort, on pourra dormir dans un lit double (électricité, douches et toilettes sont à disposition). Balade entre arbres fruitiers et abattis, petite crique pour se rafraîchir en contrebas, et sorties en pirogue sur demande. Une adresse à retenir !

PALAMBALA €

6A route de Saint-Jean

✆ 06 94 01 77 98

Nuit en hamac 12 €. Nuit pour 2 personnes en bungalow 45 €. Petit déjeuner 6 €.

Thibault et sa femme vous réservent un grand carbet (couchage en hamac). 2 bungalows en bois ont récemment été construits en gardant les caractéristiques traditionnelles locales, agréablement aménagés, chacun possède une petite terrasse en hauteur, bénéficiant ainsi d'une magnifique vue sur la forêt. Les toilettes et les douches sont néanmoins à l'extérieur. Les passionnés d'insectes se feront plaisir au musée d'entomologie : une collection de 1 600 insectes et papillons de Guyane (morphos, longicornes) est à observer sur place.

ESPÉRANCE ★

Installé en bordure du fleuve Maroni, le petit village amérindien d'Espérance est une étape recommandée le temps d'un après-midi, d'une nuit, voire même de plusieurs, pour prendre le temps de se ressourcer pleinement. Situé à égale distance de Saint-Laurent-du-Maroni et Maripasoula, les pirogues faisant l'aller-retour entre ces deux villes passent nécessairement par Espérance, vous devriez pouvoir vous y rendre relativement facilement. On trouve là-bas deux carbets très agréables : la carbet Postou, dont les hamacs sont tendus sous l'abri d'une yourte, et le Palambala, plus rustique mais disposant d'un musée des insectes endémiques de la zone.

RESTAURANT AGAMI €

PK 10 avenue Christophe-Colomb

✆ 05 94 34 74 03

Cuisine amérindienne locale. Menu à 23 €.

Carmen, toujours souriante, vous accueille tous les jours, sauf le dimanche pour vous servir sa cuisine traditionnelle amérindienne. Les produits viennent du jardin, les repas sont originaux, copieux et savoureux. Les grandes spécialités du restaurant de l'Agami : la viande de bois avec sa galette de manioc et le *jamais-goûté* grillé dans la feuille de banane. Il faut y goûter absolument ! Réservation recommandée. Son mari Geronimo organise également des balades en pirogue de 4h à la découverte du Maroni. Carbet disponible pour accrocher son hamac.

SAINT-JEAN-DU-MARONI ★

En 1860 est créé le territoire pénitentiaire du Maroni, séparé de la commune de Mana et centré sur Saint-Laurent-du-Maroni. Les annexes se multiplient : Saint-Pierre, Saint-Louis, Les Hattes… et aussi Saint-Jean. Pour ce qui est de Saint-Jean-du-Maroni, le territoire de la commune accueillit en son temps le camp de la Relégation, l'un des sièges du bagne guyanais où étaient enfermés les fameux « pieds-de-biche », des forçats semi-libres de leurs activités une fois le travail du jour accompli. On estime qu'en une cinquantaine d'années, environ 17 000 relégués séjournèrent au camp de Saint-Jean. L'ancien pénitencier est l'attraction du village.

CHUTES DU VIEUX BROUSSARD

En amont des chutes Voltaire, un layon permet d'accéder aux chutes du Vieux Broussard, également appelées deuxièmes chutes Voltaires, pour environ 2h30 de marche. Le layon, peu sécurisé, exige une bonne condition physique et de savoir s'orienter en forêt. Les chutes sont belles et s'élèvent à 41 m d'altitude. Si le lieu est magnifique, les vasques du site du Vieux Broussard peuvent être dangereuses : restez vigilant et surveillez les plus jeunes lors de la baignade !

CRIQUE TATOU ★

À 30 km de Saint-Laurent sur la piste Paul-Isnard.

La crique Tatou est un lieu de détente et de baignade en pleine forêt, équipé de trois carbets permettant de faire un pique-nique ou des jeux de société. A proximité directe du site, on trouve un layon de 2,5 km qui ravira les marcheurs. Ceux qui souhaitent passer la nuit doivent prévoir une bâche en cas de pluie, car il n'y a pas de carbet couchage. En saison des pluies, la piste est inaccessible (si vous n'êtes pas certain de l'état de la piste, renseignez-vous auprès de l'office de tourisme de Saint-Laurent). Une bonne étape avant les chutes Voltaire !

CAMP DE LA RELÉGATION ★

✆ 05 94 22 37 48

Visites guidées de 2 heures sur rendez-vous uniquement organisées par l'association Meki Wi Libi Na Wan. Expositions.

De 1887 à 1938, plus de 17 000 relégués débarquèrent dans le camp de la relégation situé à Saint-Jean, à 17 km de Saint-Laurent-du-Maroni. Le 27 mai 1885, le vote de la loi sur la relégation des récidivistes entraîna l'internement à perpétuité des récidivistes dans les colonies. On distingue alors deux types de régimes : la relégation individuelle, applicable aux condamnés bénéficiant de moyens financiers leur permettant de subvenir à leur besoin et ayant fait preuve d'une conduite exemplaire lors de leur détention, qui autorise les relégués à travailler et à bénéficier d'une concession tout en les assignant à la colonie ; et la relégation collective qui contraint les relégués au travail forcé encadré par des membres de l'administration pénitentiaire, tout en leur permettant à terme de bénéficier de la relégation individuelle.

La distinction entre les relégués et les transportés ne permettait pas qu'ils soient internés dans le même camp, c'est pourquoi on décida de créer des camps spécifiques pour les relégués. En 1885, à l'emplacement d'un ancien camp de transportés, abandonné pour insalubrité, le ministère d'alors fit édifier un village de colons. Les relégués installés dans quatre camps bénéficiaient d'une concession agricole et pouvaient vendre leur production sur le marché. Mais les premières cases construites en bois par les relégués sur le camp se détériorent rapidement sous le climat guyanais. L'insalubrité du camp entraîna la fuite de nombreux relégués. Les autorités décidèrent alors de renforcer le contrôle et la salubrité du camp en construisant 20 cases en dur, ce qui conféra par la même occasion au camp son aspect pénitencier. L'important besoin de main-d'œuvre pour reconstruire le camp mit fin au régime de relégation individuelle. La grande majorité des relégués furent alors assignés aux travaux forcés dans des conditions proches des camps de transportés. Le camp de la relégation fut abandonné en 1943 et c'est l'armée française qui s'y installa en 1961.

L'association de bénévoles Meki Wi Libi Na Wan propose des visites guidées de ce site exceptionnel, situé à 17 km de Saint-Laurent-du-Maroni, mais aussi du village alentour. Guides passionnés et réactifs, ils vous expliqueront comment le village de Saint-Jean fut créé et devint la capitale de la Relégation. L'organisation du camp, le régime de la relégation et la vie quotidienne de ces « indésirables » n'auront plus de secrets pour vous. Afin d'organiser votre visite avec l'association, rendez-vous à l'Office de tourisme de Saint-Laurent-du-Maroni.

CHUTES VOLTAIRE ★

Vérifier l'état de la piste avant d'y aller.

Les chutes Voltaire – avec un dénivelé de 45 m réparti sur 200 m de longueur – ont un débit qui varie en fonction de la saison et constituent un site particulièrement apprécié en Guyane : mieux vaut se renseigner à l'avance auprès de l'Auberge sur les places disponibles.

Accès. À partir de Saint-Laurent-du-Maroni, au rond-point longez la route qui se trouve entre le stade et le cimetière en direction de Saint-Jean (D 11). À environ 2,5 km sur la route de Saint-Jean, prenez à gauche dans le grand virage : vous arriverez au Lac Bleu. Tournez à droite au panneau. Poursuivez sur la route Paul-Isnard. Vous passerez devant la distillerie de rhum (sur votre droite). La route sera bitumée sur 10 km puis fera place à la latérite, la piste s'enfonce dans la forêt. Si vous souhaitez pique-niquer, vous pourrez faire une halte à PK 27,5 à la crique Tatou. Passez les abattis qui bordent les premiers kilomètres, la scierie du PK 32. Vous passerez également un poste de contrôle. Vers PK 46, vous serez face à deux pistes. Empruntez celle de droite. Au PK 67 vous passerez le carrefour d'Apatou où vous traverserez un campement (toujours tout droit). Au PK 70 vous arriverez au parking (une aire dégagée) de l'auberge Voltaire où vous pourrez laisser votre voiture. 300 m plus loin, vous trouverez un panneau d'information à l'entrée du sentier balisé par l'ONF. Le sentier est à gauche après le passage de la crique, où un pont s'est écroulé. Celui qui mène aux chutes serpente sur 3,3 km environ (environ 1h30 de marche) le long de la crique Voltaire.

AUBERGE DES CHUTES VOLTAIRE €

route Paul-Isnard

www.aubergechutesvoltaire.com

Réservations par mail. Formule demi-pension : hamac adulte à 80 €, chambre double avec douche à 100 €. Matériel fourni.

L'auberge est accessible à tous les véhicules, mais il faudra parfois s'armer de patience lorsque la piste est encombrée ou inondée. Le site est enchanteur et très bien entretenu : deux carbets pour les hamacs (30 places), et des chambres spacieuses et aménagées avec soin. Le lieu compte également un restaurant (viandes de bois et recettes typiques guyanaises) et un bloc sanitaire alimenté à l'énergie solaire. Comptez 1h-1h30 de marche pour rejoindre les chutes depuis le site.

GÎTE LE SAINT JEAN €

3 chemin du Parc ✆ 05 94 34 14 22

www.lesaintjean-maroni.fr

Chambre 30 €, nuit en hamac (non fourni) 12 €. Repas à partir de 20 €. Wifi. Restaurant avec terrasse.

Le Saint Jean propose deux options de logement : en chambre ou en hamac. On trouve ici trois chambres doubles toutes simples – dans lesquelles s'infiltre la lumière du petit matin à travers les persiennes de bois – avec sanitaires communs, et un gîte ventilé d'une capacité de six hamacs. Le Saint-Jean est aussi un restaurant (fermé dimanche soir et lundi) de spécialités locales – le réputé cochon-bois ou autres poissons locaux comme le jamais-goûté ou l'acoupa), très apprécié des locaux. Une adresse authentique avec en prime une belle vue sur le fleuve !

GUYANE EXCURSION

✆ 06 96 27 09 94

www.guyane-excursion.com

À partir de 250 €/personne pour 3 jours et 2 nuits. Randonnées avec guide aux chutes Voltaire et du vieux broussard.

Partir à la découverte des chutes Voltaire, en plein cœur de la jungle primaire, avec l'agence Guyane Excursion est l'assurance d'un séjour optimal. Votre guide organisera votre sortie en forêt sur plusieurs jours et assurera votre logistique et votre sécurité. Randonnées et campement aux chutes Voltaire et leur inselberg, détente dans des bains bouillonnants naturels, baignade dans une eau cristalline et plage de sable blanc, rencontre avec les singes hurleurs, ateliers d'initiation de vie et de survie en forêt équatoriale, sorties nocturnes...

BAR RESTAURANT DU SAINT JEAN €

3 chemin du Parc

✆ 05 94 34 14 22

www.lesaintjean-maroni.fr

Cuisine locale. Fermé le lundi et le dimanche soir. Repas complet à partir de 20 €. Wifi.

Juste à côté du dégrad on trouve le Saint-Jean, le seul bar-restaurant du village. Mais ne vous y trompez pas : déjeuner ici n'est pas un choix par défaut, on vient même de Saint-Laurent pour profiter de la terrasse en bord de fleuve. Le cadre est des plus agréables, le patron d'une gentillesse exemplaire, et les grillades et plats traditionnels sont succulents. Une très bonne adresse pour ceux qui veulent manger des poissons et gibiers locaux. Délicieuses coupes glacées en dessert.

APATOU ★★

Appelé à l'origine Moutende, le petit village, créé en 1882, porte à présent le nom de son fondateur, le capitaine Apatou, d'origine aluku. Il était considéré comme le médiateur entre les deux rives, a servi d'accompagnateur à de nombreux explorateurs et a joué un rôle important dans le regroupement des ethnies sur cette partie du fleuve. La population (Aluku, Paramaca, Djuka et Saramaca), estimée à environ 8 500 habitants répartis sur 250 000 ha, occupe principalement trois communes : Patience, Maïman et Apatou. Les voies de communication sont fluviales. C'est entre Apatou et Papaïchton que se trouvent les plus grands sauts du Maroni.

CARBET MUNICIPAL €

20 rue Gran Man Difou
✆ 05 94 34 98 64
8 € la nuit en hamac (non fourni), 4 € pour un lit picot en location.

Un beau carbet municipal qui se trouve en plein dans le centre du bourg d'Apatou, juste en face du Maroni, et à un lancer de pierre du dégrad principal où vont et viennent les pirogues. La capacité d'accueil de ce carbet communal est de 15 hamacs, toilettes et douches sont mises à disposition. Le lieu est sécurisé et pour en obtenir les clefs, il faudra vous rendre à l'office de tourisme (juste à côté du carbet). La connexion internet de la municipalité n'étant pas toujours au beau fixe, il est conseillé de réserver par téléphone.

MAWINA CHOUTI €

Lieu-dit La Glace
✆ 06 94 12 93 94
Chambre de 30 à 50 €, nuit en hamac pour 10 € (5 € pour la location du hamac), 6 € le petit déjeuner, 15 € le repas.

Le Mawina Chouti propose 9 chambres doubles plutôt exiguës, mais propres, un grand carbet de 20 places et trois carbets de 6 places, le tout au bord du fleuve. Le Mawina fait aussi restaurant (gibier sur réservation) et se transforme parfois en lieu de soirée pour les habitants d'Apatou, notamment les soirs de match ! A marée basse une petite plage de sable autorise la baignade. Harold, l'adorable gérant des lieux, propose également des balades en pirogue. Allez-y doucement sur la piste qui mène au carbet, surtout si vous disposez d'un petit véhicule.

TOOY ET VACANCES €

7 km environ avant Apatou, une pancarte sur la droite indique l'établissement.
✆ 06 94 92 36 99
Nuit en hamac 10 € (location matériel 5 €), nuit en bungalow 30 €, petit déjeuner 5 €, repas à 15 €.

Tooy propose un joli site sur les berges du Maroni, idéal pour les groupes ou les grands comités : le carbet-dortoir peut accueillir une dizaine de hamacs quand le carbet de vie peut en supporter jusqu'à 50 ! On y trouve aussi quatre bungalows (avec lit double et lit simple) flanqués de terrasses privatives, et le bloc sanitaire est commun pour les carbets et bungalows. A marée basse, une plage se dévoile, idéale pour baignade et sieste. Superbes balades à pied et en pirogue à prévoir, vers le saut Hermina notamment. Une adresse authentique et sauvage !

La plage d'Apatou.

GRAND-SANTI ★

La scission entre Papaïchton et Grand-Santi remonte à 1992. L'ensemble couvrait une superficie de 474 000 ha, dont 212 000 pour Grand-Santi. Village d'environ 6 000 habitants, vous aurez facilement l'occasion de les côtoyer. Ce sont principalement des N'Djukas ainsi que quelques réfugiés surinamais. Difficile d'accès, car éloigné d'au moins une demi-journée de pirogue des aéroports ou villes plus importantes, Air Guyane a ouvert une ligne Cayenne-Grand-Santi (1h45), qui devrait permettre au village de se développer. Bourgade arborée alanguie au bord du fleuve, Grand-Santi est une étape à envisager lors de la descente ou de la remontée du Maroni.

CARBET ELOI €

En face du dégrad

✆ 05 94 37 41 15

Nuit en hamac à 8 € (location de hamac 7 €) et chambres à 40 €.

Le carbet Eloi est le carbet municipal de Grand-Santi. Construit en dur, juste en face du fleuve, il est bien aéré et composé de deux salles pour les hamacs se trouvant de part et d'autre de la cuisine et du bloc sanitaire commun. Il est également possible de louer une (ou des) chambre(s) du grand appartement attenant, doté lui de cinq chambres (dont trois climatisées), d'une cuisine et d'un salon commun. En récupérer les clefs peut toutefois avoir des airs de jeu de piste : si elles ne sont pas à la mairie, cherchez Pauline, elle tient un bar dans le village.

PAPAÏCHTON ★

Papaïchton, capitale historique du pays Boni fondée en 1969, compte environ 6 500 habitants. Bien qu'uniquement accessible par pirogue, son rapprochement avec Maripasoula a permis à Papaïchton de se développer plus rapidement que Grand-Santi. La ville connaît actuellement une forte croissance démographique. Elle renferme de nombreux lieux symboliques pour la communauté aluku, ainsi que les villages Cottica et Boniville. Ses habitants pratiquent encore le traditionnel art Tembé. Plusieurs compagnies de taxis-pirogues assurent les liaisons Papaïchton - Maripasoula. Il faut compter 45 minutes et environ 20 € pour l'aller (uniquement en espèces).

MARIPASOULA ★

Maripasoula marque la limite territoriale entre les populations de Noirs marrons (Ndjuka et Boni) et les populations amérindiennes, en particulier des Wayana. Cette commune a vu le jour dans le cadre de la départementalisation en 1969. Le bourg de Maripasoula s'est développé à la fin du XIXe siècle avec l'arrivée des chercheurs d'or, essentiellement de créoles saint-luciens. Aujourd'hui, 12 000 habitants noirs marrons, créoles, amérindiens, métropolitains et brésiliens y sont recensés. La commune reste relativement isolée, puisque l'accès se fait uniquement par pirogue ou par avion. Elle conserve ainsi son authenticité et son ambiance du bout du monde.

OFFICE DE TOURISME DE MARIPASOULA

Passage Vignon

✆ 05 94 37 15 09

www.maripasoula.fr

Ouvert le lundi de 8h à 13h et du mardi au samedi et les jours fériés de 8h à 13h et de 15h à 17h.

L'un des offices de tourisme les plus dynamiques de Guyane. A pied, en pirogue, en kayak ou à vélo, accédez à des lieux magiques comme Sunset Beach ou les cascades de Gobaya Soula (20 minutes en pirogue et une heure de marche). Marchez sur les pistes des abattis, des sables de New Wacapou, vivez un coucher de soleil sur le magnifique fleuve du Maroni... A organiser avec des interlocuteurs efficaces et chaleureux. Vente d'artisanat local, location de vélos, tour de la ville guidé.

CHEZ DÉDÉE €

18 rue Léonard Domerger

✆ 06 94 26 10 60

Compter 50 € la nuit. Possibilité de prendre les repas sur place. Menu du jour 15 €.

Situé au cœur du village, passer un moment chez Madame Dédée, personnalité emblématique de Maripasoula, permet de faire des rencontres facilement et dans un cadre agréable. Si le restaurant se défend bien, et même très bien (la cuisine de Madame Dédée est considérée comme l'une des meilleures de Maripasoula !), côté logement en revanche, les chambres offrent un confort spartiate et minimal, tout en étant propres et bien tenues. L'adresse reste à citer, car il n'y a que très peu de possibilités de logement pour séjourner dans la commune.

O BUNGAL'EAU €

5 impasse Maripou
✆ 06 94 20 24 65

Nuit en hamac 20 € (location matériel 5 €). Chambre double à partir de 55 €.

Une adresse nichée dans la verdure non loin du bourg proposant quatre chambres équipées d'un ventilateur (possibilité d'avoir la climatisation, en supplément) et d'une salle d'eau privative (avec toilette et douche), mais aussi un espace carbet collectif pouvant accueillir jusqu'à 9 personnes. Un espace détente, une cuisine tout équipée et un espace de travail privatisable (avec kitchenette, bureau et matériel informatique) constituent le reste des infrastructures. Le plus : petit déjeuner offert tôt le matin en semaine ! Un paisible coin de nature.

AUBERGE DE LA MONTAGNE €€

1 rue Angélique
✆ 05 94 37 26 11

A partir de 55 € la chambre double. Petit déjeuner et restaurant (sur réservation uniquement). Wifi.

L'Auberge de la montagne est un petit hôtel tenu par la sympathique Coline N'Guyen, qui propose six chambres doubles et climatisées aux voyageurs de passage. Chacune affiche une décoration qui lui est propre – aux accents ethniques et tonalités colorées – sans oublier d'être bien tenue et confortable. Notons qu'il est possible de se restaurer sur place d'une bonne cuisine aux inspirations asiatiques (le porc au caramel est un vrai délice !). Un moment très agréable à l'ombre sur la terrasse... Parfait pour une escale en ville.

HÔTEL CÉLIA €€

Quartier Poti Soula
✆ 05 94 37 12 01

Chambres dès 60 €, studio à 100 €. Petit déjeuner : 6 €. Wifi. Cuisine maison sur demande.

Un peu à l'écart du centre-ville, Marie-Paule propose neuf chambres récemment rénovées (dont sept sont équipées de climatisation), idéales pour une escale relaxante et calme hors du brouhaha citadin. Bien tenu, l'hôtel Célia dispose en outre d'un studio, autorisant un séjour en toute autonomie, qui a été aménagé de manière à pouvoir recevoir des personnes à mobilité réduite. Les fins gourmets et amateurs de saveurs créoles seront aux anges : lorsque la tenancière enfile son tablier, les visiteurs attablés sont rarement déçus !

CHEZ LULU €

13 passage de l'Infini
✆ 06 94 38 08 69

Ouvert du lundi au samedi de 18h30 à 23h. Plats à emporter ou sur place à partir de 6 €. Jus locaux à partir de 2,50 €.

Vous remarquerez facilement ce carbet sur la place principale, juste en face du château d'eau : il ne paye certes pas de mine, mais on y mange très bien, dans une ambiance des plus locales. La cuisinière Colette propose ici d'excellentes grillades, saucisses et autres brochettes accompagnées de frites ou bien de légumes locaux, mais aussi de copieuses salades et des jus de fruits locaux. Le vendredi soir, on peut déguster l'*afiingui*, une soupe de manioc et de poissons préparée dans la plus grande tradition bushinengé. A découvrir !

CHEZ DÉDÉE €

18 rue Léonard Domerger
✆ 06 94 26 10 60

Ouvert tous les jours, uniquement le midi. Menu du jour 15 €. Autour de 20 € à la carte.

Un lieu aux nombreux visages, puisqu'il fait à la fois office de bar, de restaurant, mais aussi d'épicerie et d'hôtel ! Niché au cœur de la commune de Maripasoula et tenu par l'emblématique Madame Dédée, on s'y rend aussi bien pour se restaurer que pour prendre la température de la ville : rien de mieux pour avoir un aperçu de la vie quotidienne du bourg que de s'attabler ici ! Qui plus est, la cuisine créole mâtinée d'influences françaises (à moins que ce ne soit la réciproque ?) est un vrai délice. A déguster sur place ou à emporter.

CLUB DE KAYAK

Promenade de Lawa
✆ 06 94 45 22 12

Ouvert du mardi au samedi de 15h30 à 17h30. Compter 30 € par jour et par personne pour louer un kayak. Sur réservation.

Location de kayak ou de canoë de 2 à 3 places. Un excellent moyen de découvrir les berges du Maroni du côté français et surinamais entre amis ! Parcours possibles (sous réservation 24h avant) : Wacapou (avec retour possible en pirogue, à vélo ou à pied), Saut Sonnelle (aller de 45 minutes en pirogue et retour en kayak), les cascades de Gobaya Soula (aller de 20 minutes en pirogue + 40 minutes de marche puis retour en kayak), la crique Daouda (aller d'une heure – 3km – en canoë et retour en pirogue). Une expérience des plus dépaysantes.

ROUTE DE L'EST

Cette route est le résultat de la conquête et de la domestication d'une infime partie de la forêt amazonienne. Construite par des militaires, la RN 2 s'enfonce vers l'intérieur sur 180 km. Un très ambitieux projet, qui a débuté il y a plusieurs années, vise à intégrer la route de l'Est dans un vaste ensemble routier liant l'Amazonie guyanaise et brésilienne.

On peut donc dorénavant se rendre à Saint-Georges par la route et rejoindre le Brésil. Parmi les immanquables de cette région, citons la crique Gabriel et le magnifique lac Pali, l'emblématique marché du dimanche de Cacao (village Hmong), les richesses naturelles dans la réserve des marais de Kaw (découverte nocturne des caïmans), les balades sur les sentiers (Molokoï notamment) avec baignades dans les criques, la remontée en pirogue jusqu'au Grand-Canori (plus haut saut de Guyane) ou encore la visite du camp Cisame, l'un des plus agréables sites guyanais.

La route de l'est
Cayenne
ROUTE DE L'EST
Ville
Piton
Route nationale
Route départementale
Route permanente
Piste
10 KM
OCEAN ATLANTIQUE
Tonate (Macouria)
Carapa
MONTSINÉRY
Le Larivot
CAYENNE
MONTJOLY
RÉMIRE
MATOURY
Patawa
Tonnégrande
RN2
STOUPAN
ROURA
Réserve naturelle des marais de Kaw
Riv. des Cascades
Montagne des serpents
Kaw
Montagne Gabrielle
Comté
Fourgassié
CACAO
Camp Caïman
Montagne Favard
KAW
Orapu
Montagne Maripa
Mont Inéri 364 m
Approuague
Montagne d'Argent
RÉGINA
Montagne Tortue
OUANARY
Kourouaï
Montagne des Trois Pitons 341 m
Ouanary
Dégrad Limarola
Coco
L'approuague
TROIS PALÉTUVIERS
Mataroni
L'OYAPOK
Crique Gabaret
TAMPAK
SAINT-GEORGES DE L'OYAPOK
BRESIL
OIAPOQUE
Maripa
Saut Maripa

PAGES

ROURA ★★

Roura est une ville qui respire le calme en même temps qu'elle constitue une base arrière idéale pour découvrir la Guyane : la crique Gabriel et le lac Pali, les cascades de Fourgassié, Cacao, les ibis et le fleuve Mahury notamment.

KAW ★★★

Kaw, parfois surnommé « les Everglades de Guyane », est célèbre pour son splendide marais et sa savane flottante. On y flâne en pirogue, à la rencontre des hérons, des grands échassiers, des babounes (singes hurleurs) et des caïmans noirs.

CACAO ★★

Malgré sa petite taille et sa tranquillité, le village de Cacao mérite le détour. Déjà, parce qu'il est très reposant, en bord de la Comté. Puis, parce que son marché gourmand permet de déguster la fameuse soupe Hmong. Et enfin, pour visiter le musée des insectes.

RÉGINA ★★

Regina fut, à partir de 1870, un haut lieu de la ruée vers l'or guyanais, voyant fleurir dans une ambiance euphorique des saloons et même un casino. La fièvre s'est depuis apaisée, cédant la place à l'exploitation du bois de rose.

ROURA ★★

Pour les courts séjours en pleine nature, Roura est un point de chute très judicieux. Non loin de l'aéroport, cette petite commune est un havre de paix qui permet de découvrir de nombreuses facettes de la Guyane : la crique Gabriel et le lac Pali, les cascades de Fourgassié, le village de Cacao, les ibis, le fleuve Mahury... La ville respire le calme et la tranquillité, s'étirant entre les bassins de la rivière Comté et ceux du fleuve Mahury. La paroisse de Roura fut fondée par des jésuites en 1675. La rivière Oyack servit de refuge, au début du XVIIIe siècle, à un célèbre chef marron, Gabriel, qui, à son tour, a laissé son nom à l'habitation Gabrielle.

Balade

A partir de Roura, on peut effectuer diverses excursions en canot ou à pied, mais le site en lui-même est déjà un ravissement avec son église en bois, construite au XIXe siècle par les jésuites et qui surplombe magnifiquement le fleuve. La Fayette y possédait une propriété, la fameuse habitation Gabrielle, qui fut ensuite occupée par un groupe d'esclaves affranchis.

Aujourd'hui, Roura continue d'assurer son rôle de terre d'asile puisque, depuis 1977, elle accueille une communauté Hmong sur le territoire de Cacao. Notons que désormais, ce n'est plus le Transport Interurbain de la Guyane (TIG) qui dessert Roura, mais le transport périurbain Agglo'bus : la ligne D permet notamment de relier Cayenne à Roura.

Église de Roura.

LA COMTÉ ★

Rivière en accès libre (depuis le degrad). Divers logements possibles.

Ce cours d'eau a connu des heures de gloire du temps de l'orpaillage. Aujourd'hui, ce sont les habitants de l'île de Cayenne qui y ont construit leurs carbets de week-end. Malgré le bruit des moteurs de hors-bord, le calme de la forêt est vite retrouvé passé le village de Cacao et le saut Bief. Peu après, la crique Bagot peut se remonter sur quelques kilomètres. Le niveau souvent bas de la rivière vous obligera à la prudence et à tirer votre canot sur les fonds sableux de la crique. Plusieurs emplacements de bivouac sont possibles.

CRIQUE GABRIEL ★★

Cette crique est souvent présentée comme la plus belle du pays et comme la plus proche de Cayenne. La crique Gabriel se jette dans le Mahury à la hauteur du pont de Roura à Stoupan. Préférez la semaine, vous y serez seul ou presque.

Après quelques centaines de mètres, vous rejoignez l'embarcadère du village de Dacca. Un peu plus loin, la végétation change, la crique devient plus étroite et l'eau prend une couleur ambrée. Si la saison et l'heure s'y prêtent, de nombreux morphos (grands papillons de couleur bleu métallique, symboles de la Guyane) viendront vous saluer. Un conseil, veillez à ne pas faire de bruit et scrutez bien les arbres, il vous sera alors possible de voir singes et moutons paresseux.

Plus loin, après un passage sous le vieux pont de bois de Dégrad-Eskol, la crique quitte la forêt pour la savane marécageuse, où le paysage est superbe. Ensuite, elle deviendra plus étroite et il sera temps de faire demi-tour. La seule précaution à observer lors de cette jolie promenade en pirogue est de vérifier la marée. A marée basse, le niveau de la crique ne vous permettra pas d'aller loin, le franchissement de Dégrad-Eskol devenant alors impossible.

Pour atteindre les rives de la crique Gabriel, vous avez deux possibilités : vous pouvez choisir de mettre votre bateau à l'eau juste après le pont du Mahury, à gauche du débarcadère. Ainsi, vous pourrez remonter toute la crique. Sinon, continuez jusqu'au bourg de Roura en direction du village de Dacca (il vous faudra prendre à gauche une fois dépassée la mairie).

JAL VOYAGES

9 Rue Edgard Yago
✆ 05 94 31 68 20
www.jal-voyages.com

Formule jour ou soirée dès 80 €, formule nuit dès 108 € et jour + nuit dès 180 €. Transfert depuis Cayenne à 35 €.

L'écolodge flottant de JAL vous propose une immersion totale au cœur de la réserve. Les guides sont aux petits soins, ils vous feront partager leur connaissance de cet environnement exceptionnel. Les repas, bons et copieux, préparés sur le carbet, sont des moments conviviaux et l'heure du ti-punch au coucher du soleil restera dans vos souvenirs ! Plusieurs formules sont au menu : jour, soirée, nuit et la formule jour + nuit, largement conseillée. L'éveil de la nature dans la brume du petit matin est magique. Des canoës sont à votre disposition.

AMAZONE LODGE OYACK €€

Rue Edgar-Yago
✆ 05 94 31 68 20
jal-voyages.com

A partir de 170 € la nuit en villa 4-6 pers. Adapté aux personnes à mobilité réduite. Wifi.

Sur la route des marais de Kaw, voilà une oasis de tranquillité composée d'une dizaine de villas climatisées. Outre la grande piscine et le terrain multisport, le ponton sur le fleuve Oyack autorise les sorties canoë et paddle, et en 20 m de pirogue on rejoint le village amérindien Favard. Depuis l'écolodge, VTT et voitures électriques sont mis à disposition par la fameuse agence JAL, permettant de sillonner les collines de Kaw et son biotope du Pléistocène. Excursions vers Cacao, Crique Gabriel, Fourgassié, l'Ilet la Mère et la réserve du Connétable sur demande.

CARBET FLOTTANT L'OXYGÈN

✆ 06 94 20 51 03

Route vers Wayam : 35 € (4-12 ans 18 €). Route des cascades de Fourgassier : 55 € (4-12 ans 28 €). Pique-nique inclus.

Tout nouveau dans le paysage de Roura : le carbet flottant nommé L'Oxygène. Embarcation hybride, à mi-chemin entre le carbet et la pirogue, elle permet de sillonner la région tranquillement allongé dans un hamac. L'embarquement se fait au niveau du dégrad de la Comté. De là, deux routes se présentent : la première dure un peu plus d'une heure et mène au village amérindien de Wayam, que l'on visite pendant une heure ; la seconde mène aux cascades de Fourgassier en un peu plus de 2h30. Sandwichs et boissons (ti'punch et jus frais) à bord.

ROUR'ATTITUDE €€

6 rue Edgard Yago ✆ 06 94 27 46 17
www.location-guyane.fr

Nuit en hamac 22 € (matériel fourni), Ecolodge en occupation double à 225 € le week-end. Petit déjeuner : 9 €.

Joëlle et Philippe vous accueillent dans leurs magnifiques bungalows en bois, sur les rives de l'Oyak. Superbement agencés, ces habitations rentrent dans le concept de l'écotourisme : récupération des eaux de pluie, toilettes sèches. 3 bungalows sont proposés. Si vous êtes en couple, préférez « l'Oyack », qui surplombe le fleuve du même nom. Une cuisine équipée sur la terrasse vous permet de prendre vos repas en toute intimité. Des canoës-kayaks, SUP ou embarcation à pédales sont proposés à la location au départ de l'habitation. Une adresse coup de cœur !

GÎTE L'ÎLOT €

PK 35
✆ 06 94 40 74 43
www.gitedeguyane.fr

Chambre double 63 €, bungalow double 90 €, nuit en hamac à 24 € (réduction pour les groupes). Petit déjeuner à 6 €.

L'Ilot propose un hébergement tout confort en forêt. On y trouve trois bungalows indépendants (chacun peut accueillir jusqu'à six personnes en lit et deux personnes en hamac), et un gîte principal doté de quatre chambres et de deux suites à l'étage. A disposition des clients, une belle piscine et, dans le jardin, une crique qui permet de rejoindre le fleuve La Comté en canoë. Location de canoës, table de ping-pong, jeux de société. Un point de chute recommandé pour qui souhaite faire la route Cayenne-Saint Georges en prenant son temps.

PAPADILO €€

PK 35 RN2
✆ 06 94 21 51 40

Ouvert seulement samedi et dimanche midi et jours fériés. Réservation conseillée. Autour de 30 €. CB non acceptée.

Le Papadilo est un restaurant de 100 m² à l'ambiance exceptionnelle dominant la Comté et proposant une délicieuse cuisine typique et roborative : parépou, mafé d'agneau, colombo de porc, pour citer quelques plats, préparés selon le marché et l'inspiration du chef ! Un petit ponton permet de garer son bateau ou Jet-Ski et de descendre pour une baignade rafraîchissante dans la Comté. Pour s'y rendre le week-end et le midi (unique créneau d'ouverture) : en venant de Cayenne (direction Régina), tourner à gauche avant le pont de la station des eaux de la Comté.

KAW ★★★

Au bout de la route en terre qui aura joué avec nos vertèbres comme avec des dominos, un dégrad invite à s'embarquer pour un univers où la nature réserve mystères et surprises. Kaw est une commune entièrement entourée d'un marais, appelé ici « pripri », et d'une savane flottante. C'est le royaume de la faune batracienne et ornithologique. Ici, hérons, aigrettes et grands échassiers côtoient les caïmans noirs et les babounes (singes hurleurs). Ce site grandiose est aujourd'hui une réserve naturelle protégée, surnommée parfois « les Everglades de Guyane ». Pour visiter la réserve naturelle, rapprochez-vous des différentes agences spécialisées.

Histoire

Des populations amérindiennes habitaient ce territoire bien avant l'arrivée des Européens. Les gravures rupestres de la montagne Favard, mais aussi des débris de poterie et d'outillage lithique retrouvés en de nombreux endroits témoignent de leur présence ancienne. Au moment où les premiers Européens arrivaient en Guyane, la région de Kaw marquait la frontière entre les groupes Arawak et Karib, ancien nom donné aux Galibi. Dès le début du XVIIe siècle, le nom de Kaw apparaît sur les cartes anciennes sous les formes de Cô, Caubonne et Caux. L'orthographe « Kaw » finira par s'imposer au siècle suivant. De hauts-fonds vaseux et surtout une barre, très dangereuse à marée haute, ont opposé des obstacles naturels au développement de cette zone pourtant relativement proche de Cayenne. La préservation des espaces naturels de la région, véritable sanctuaire écologique, s'explique en grande partie par ces difficultés d'accès.
Pendant les débuts de la colonisation, la région de Kaw était encore peuplée d'Amérindiens, visitée épisodiquement par des pêcheurs et des traiteurs de lamantins. La viande de cet animal était revendue à Cayenne pour nourrir les esclaves des îles antillaises. La colonisation européenne des terres de Kaw commença timidement au cours de la première moitié du XVIIIe siècle. Seules les collines dominant les marécages étaient cultivées en cacao, café, et surtout en produits vivriers. Pendant le reste du siècle, on attendra en vain la mise en valeur de cette région liée au quartier de l'Approuague. En 1765, le baron Besser tenta d'y implanter des colons acadiens, mais le projet échoua. En 1783, sous l'impulsion de l'ingénieur Guisan, les rives de l'Approuague se couvrirent de polders. Le plan d'un canal bordé d'habitations fut alors tracé avec l'ambition d'étendre les polders aux terres marécageuses de Kaw. L'habitation royale du Collège, importante sucrerie établie sur la rive gauche de l'Approuague, communiquait avec Kaw par un canal et un chemin terrestre qui se prolongeait ensuite jusqu'à Roura. Alors que le canal de Kaw venait à peine d'être creusé, la Révolution, en provoquant l'exil des colons nobles et la libération des esclaves, ruina cette région.
Dans la première moitié du XIXe siècle, les habitations renaissent tandis que s'établissent de nombreuses nouvelles plantations. En 1819, le baron de Laussat tenta d'installer une colonie de 200 ressortissants chinois, qui devaient y cultiver du thé. Mais l'entreprise échoua totalement en moins d'une année. En 1832, il y avait trente-neuf habitations dans la région de Kaw, dont onze roucouries et quatre sucreries. La population atteignait alors presque 1 000 personnes. On trouve aujourd'hui encore des vestiges de cette importante phase agricole, et notamment ceux de l'habitation Favard, avec ses rouleaux de moulins et chaudières à sucre ou à roucou dispersés çà et là.
Vues d'avion, les traces de poldérisation sont encore très nettes. L'abolition de l'esclavage en 1848 et la découverte de l'or sur le haut Approuague, au cours de la décennie suivante, allaient amorcer le déclin de ce quartier où l'on ne pratiquait plus que de l'agriculture de subsistance. Le bourg, établi sur un ancien cordon littoral de terres sablonneuses, relié à la rivière par un canal de 300 mètres de longueur, regroupe quelques cases autour d'une église. Kaw est administrativement rattaché à la commune de Régina, mieux située au bord de l'Approuague, proche des zones aurifères et des plantations de bois de rose.
En 1914, on compte 150 habitants dans le bourg, ils seront 200 en 1950, bénéficiant désormais d'une école et d'un dispensaire. L'élevage des bovins, la pêche à l'attipa et les cultures vivrières constituent désormais les ressources principales des habitants de Kaw, dont le nombre décroît tandis que la moyenne d'âge est en hausse sensible. Il semble toutefois que ce bourg ne soit pas menacé de disparition. L'arrivée de la route, la construction du pont sur le Mahury ont représenté des données nouvelles pour la région de Kaw. Elle se tourne lentement vers le tourisme, profitant de la beauté de ses paysages et de la richesse de sa faune.

CHUTES DE FOURGASSIÉ

À 15 km de Roura.

Accès libre.

Si elles ne sont pas spectaculaires, ces chutes sont l'occasion de tremper ses pieds dans une eau vive et pure. Prenez garde en vous déplaçant, car l'humidité rend les rochers très glissants. L'endroit est agréable, mais manque d'entretien. Les installations en bois sont détériorées et certains visiteurs sans scrupules oublient de ramasser leurs déchets. Dommage ! Pour s'y rendre : un chemin en latérite difficile et pentu à droite abandonne la route sur la gauche. 3 km plus loin, une clairière invite à laisser son véhicule pour rallier les cascades en contrebas.

SENTIER BOTANIQUE DE LA RÉSERVE NATURELLE TRÉSOR ★

PK 27,3 route de Kaw ✆ 05 94 38 12 94

www.tresorrainforest.org

Sur votre droite après les chutes de Fourgassié. L'entrée du sentier est signalée.

Le sentier Trésor traverse une forêt primaire plutôt bien conservée et tire son nom du Placer Trésor, qui fut exploité pendant plusieurs années pour ses gisements d'or, puis abandonné (les vestiges se trouvent hors de la réserve). S'agissant d'une réserve naturelle régionale, les espèces végétales que vous trouverez sont clairement décrites. Il faut compter environ 1 heure 30 pour arpenter le sentier botanique (1,7 km, en boucle). Autre possibilité : suivre le sentier Carbone (1,4 km).

RÉSERVE NATURELLE DES MARAIS DE KAW-ROURA ★★★

www.marais-kaw.com

Les marais de Kaw font partie de la réserve naturelle de Kaw-Roura, qui s'étend sur 94 700 ha entre les communes de Régina (dont dépend le village de Kaw) et Roura. La gestion en a d'abord été confiée à l'association Arataï (décret ministériel du 13 mars 1998), puis en février 2008, à l'Association de gestion des espaces protégés (AGEP). Aujourd'hui, la gestion de la réserve a été confiée au Parc Naturel Régional de Guyane (PNRG) depuis le 27 février 2014.

Dans un décor grandiose, la rivière de Kaw serpente à travers des savanes inondées magnifiques, au milieu des moucou-moucou, ces arums aux larges feuilles en forme de cœur. Les zébus, sorte de bœufs à bosse, se déplacent lourdement dans l'eau. Dans les airs ou sous l'eau, la vie est partout, grouillante et mystérieuse. Alors que l'embarcation glisse doucement sur la surface des eaux, vos yeux et vos oreilles, en alerte, surprennent la diversité d'une faune encore riche, à la fois tellement protégée et si menacée… Canards musqués, piprites, vous jettent un regard en coin, immobiles, perchés sur les herbes, tandis que de nombreux jacanas vous ravissent par le jaune inattendu qui se déploie dans leur envol vif et malicieux.

Autrefois, des lamantins accompagnaient les pirogues, mais ils sont aujourd'hui plutôt rares. Parfois, le regard surprend un hoazin, reconnaissable à la crête qu'il arbore glorieusement sur la tête. Autant dire un spectacle plein de surprises pour le visiteur attentif et curieux.

Lodge flottant sur le marais de Kaw.

SENTIER COQ-DE-ROCHE ★★

Sur la route de Kaw, un peu avant la scierie sur la gauche

1,2 km. Facile. Compter environ une heure aller-retour.

Ce sentier a été inauguré par l'ONF en 2014. Un panneau caché derrière les feuillages indique l'entrée d'un layon étroit qui suit le cours d'un ruisseau avant de se jeter dans une grotte, zone de nidification de l'oiseau dit « coq-de-roche ». Après moins de 30 minutes de marche, on arrive au site de l'observatoire. De mars à avril s'y trouvent de magnifiques oiseaux au plumage orange vif (pour les mâles) surmonté d'une crête arrondie, cherchant à s'accoupler avec les femelles, discrètes et au plumage marron. N'oubliez pas vos jumelles... et de faire silence !

TIG DI LO

✆ 06 94 90 27 28

www.tigdilo.fr

Circuit caïmans 60 € et 30 € pour les enfants de moins de 12 ans.

Pour une découverte complète des marais de Kaw, de la réserve naturelle et de la forêt qui l'entoure, profitez de l'expertise de cette très bonne agence. Pour l'anecdote, « Tigdilo » signifie « tigre de l'eau », prêt à chasser les environs avec vous ! Les guides connaissent sur le bout des doigts la zone et vous emmènent plus loin que les autres prestataires. Le circuits proposé est le suivant : Caïmans (14h30-21h30) : visite du village et des marais, rencontre avec les caïmans à la nuit tombée. Arrêt Ti-punch en bord de crique. Pique-nique à prévoir !

AVENTURES AMAZONIENNES - JACQUES RICHÉ

62 rue Félix-Éboué

✆ 05 94 27 00 50

www.guyane-tourisme973.com

Circuit journée : 55-75 € par adulte ; Circuit 24h : 110-130 € ; Circuit 3 jour : 230-250 €.

Le circuit « Les marais et le village de Kaw » inclut visite du village, remontée des marais et rencontre avec les caïmans... « Ibis rouges et caïmans » propose une descente de la rivière et observation de la faune. L'« Immersion de 24h au cœur des marais » combine l'un des deux premiers circuits avec une nuit en carbet et pêche aux piranhas, alors que « Kaw et sa montagne » condense en 3 jours randonnée, crique Wapou, cascades de Fourgassié et initiation à l'orpaillage traditionnel.

AMAZONE NATURE LODGE €€

PR 40

✆ 06 94 44 24 18

www.amazonenature.com

Nuit en hamac à 45 €. Chalet à partir de 80 €. Petit déjeuner 11 €, repas 28 €. Forfait pour 2 personnes à 138 €.

Sur les hauteurs de la montagne de Kaw, vous choisirez votre séjour en fonction de vos envies ! Le Kouali, l'Angélique et le Grignon (accessible aux personnes à mobilité réduite) sont des chalets en bois, à la décoration simple, mais confortables (TV satellite, cuisine équipée, frigo et congélateur, eau chaude). Plusieurs balades guidées au choix : découverte de la faune et de la flore, entomologie, sorties de nuit et excursions adaptées aux handicapés. En bordure des lodges fleurissent orchidées et plantes épiphytes où batifolent morphos et grenouilles.

CAMP PATAWA €

PK 36 route de Kaw

✆ 05 94 28 03 95

Nuit en hamac à 12 € (matériel : 17 €), chambre double 40 €, bungalow à partir de 60 €. Repas 19 €, petit déj 5 €.

Ultime étape avant le débarcadère de Kaw, ce campement plein de charme tenu par un couple discret et sympathique dispose de plusieurs carbets-hamac et de 3 bungalows pour ceux qui préfèrent un lit. Il est à préciser que, pour dormir, il faut prendre le (très bon) repas au camp. Les passionnés d'entomologie trouveront le matériel nécessaire en location et toutes les informations possibles. Non loin du camp, si vous avez le temps, suivez le sentier qui mène aux chutes Patawa (30 à 40 minutes de marche environ) : un spectacle magnifique !

AUBERGE DE CAMP-CAÏMAN €€

PK 36 lieu-dit « Camp-Caïman »

✆ 06 94 21 31 82

Nuit en hamac 15 €, chambre double 45 €. Petit déjeuner 9 €. Plat du jour 18 €, menu complet 26 €. Pas de wifi.

Un grand carbet permet d'accrocher vingt hamacs. A disposition : barbecue, réchaud à gaz, électricité solaire, sanitaires ainsi qu'un point d'eau pour laver la vaisselle. On trouve également un carbet de six places donnant sur la forêt, ainsi qu'un petit carbet pour deux hamacs, installé au bord de l'eau. Cette auberge propose également un très bon service de restauration (attention, le restaurant est fermé le mercredi !). Plusieurs promenades sont accessibles à partir du camp : cascade, grotte (Coq-de-roche) et circuit botanique.

LE MORPHO

13 bis avenue du 10 Août 1985
✆ 05 94 28 06 52
www.lemorpho.com
Circuit Découverte 78 €, circuit Caïmans & Oiseaux 108 €, circuit Immersion 154 €. Repas inclus.

Toute l'équipe du Morpho vous accueille sur les marais de Kaw, à bord de ce bateau avec lits amovibles et d'une capacité de 12 personnes maximum la nuit et 16 en journée. Le Morpho possède un toit qui permet de s'abriter et d'observer la faune et la flore. 3 circuits vous permettront de découvrir les marais. *Découverte* (9h30-15h) : remontée la rivière de Kaw et déjeuner. *Caïmans et Oiseaux* (15h30-9h) : coucher du soleil et ti'punch, repas au restaurant du village de kaw, recherche des caïmans, nuit sur le bateau et petit déj. La formule *Immersion* combine les deux précédentes, en 24h.

© LE MORPHO

© LE MORPHO

MALOU ET SON VERGER €€

Carrefour route de Kaw et chemin d'Eskol
✆ 06 94 21 07 12
www.malou-et-son-verger.fr
Nuit en hamac 15 € (location hamac 5 €). Chambre double 50 €. Triple 75 €. Petit déjeuner 7 €, Repas 25 €.

Sur la route de Kaw, Malou et Alain vous reçoivent avec sympathie dans leur jardin bucolique. Surplombant le verger : un carbet pour étendre 4 hamacs et deux chambres d'hôtes impeccablement tenues pouvant accueillir jusqu'à 8 personnes. Attenant à la forêt, un deuxième carbet (8 personnes) a été installé dans le verger. Toilettes, douches et électricité pour un peu de confort. En plus du petit déjeuner, un restaurant ouvert sur réservation invite à goûter la délicieuse cuisine de Malou. On n'oubliera pas non plus de tester les glaces maison !

GINGEMBRE NOUVEAU €

Marais de Kaw
✆ 05 94 27 04 65
Ouvert tous les jours midi et soir. Plats autour de 15 €, 25 € le repas complet. Navette gratuite pour les clients.

L'ancien Gingembre Sirop a fait peau neuve : Le Gingembre Nouveau vous attend ! Ici on déguste de la cuisine créole traditionnelle. Les viandes et poissons utilisés sont issus de la chasse et de la pêche autour du marais : de la viande de bois, du pakira, du cochon bois, de l'atipa et du coulan fumé ou boucané. On peut aussi se renseigner sur les bons plans pour l'hébergement privé et le restaurant assure un service de navette en pirogue du débarcadère vers le village de Kaw et propose également des balades diurnes et nocturnes dans les marais.

SENTIER DE LA MONTAGNE FAVARD

Randonnée facile ; durée : 1h30.

Située à l'extrémité Sud de la chaîne de montagne de Kaw, la montagne Favard est un lieu exceptionnel, à la végétation dense. Juste après le pont qui traverse une crique, faites un détour sur le layon qui se trouve à votre droite. Là, vous découvrirez quelques vestiges de la sucrerie Favard qui témoigne du travail des esclaves dans ces zones de plantation. Ce site a également été habité par les Amérindiens ; vous pourrez en effet admirer une superbe roche gravée. Monument historique.

ROUTE DE L'EST

CACAO ★★

Village de la commune de Roura, Cacao est situé sur un plateau au bord du fleuve la Comté. S'il hébergea un pénitencier au XIXe siècle, le village de Cacao est réellement devenu ce qu'il est à partir de 1977, lorsque s'y installèrent les Hmongs, réfugiés politiques originaires du Haut-Laos. C'est aujourd'hui un bourg tranquille vivant de l'agriculture où l'on se rend généralement le dimanche pour une halte au marché obligatoire : riche en couleurs, il abonde en fruits et légumes, plats cuisinés, jus locaux, broderies et souvenirs en tous genres. Ne manquez pas non plus le fameux musée des insectes, ainsi que les randonnées aux alentours.

Histoire

La Comté a un passé amérindien qui nous a laissé peu de traces, excepté les polissoirs trouvés à saut Bief et saut Brodel, au-dessus de Bélizon. Le nom de Cacao date probablement du XVIIe siècle, époque où les jésuites entretenaient des plantations de café et de cacao sur les montagnes avoisinantes. De ces cacaoyers, il ne reste aujourd'hui que quelques arbustes.

De 1850 à 1855, trois bagnes ont été construits sur ce qui deviendra le Sainte-Marie, puis le Saint-Augustin, et leurs ruines, bien qu'à l'abandon, sont encore visibles.

A la fin du XIXe siècle, on y découvrit la mine d'or Boulanger, toujours en activité. Cette mine, américaine à l'origine, passa ensuite successivement sous contrôle allemand, brésilien et français. C'est dans cette même mine, en 1982, qu'on découvrit une pépite de 1,5 kg. En raison de ces différentes activités, les rives de la Comté étaient plus peuplées au siècle dernier qu'à l'heure actuelle.

Abandonné, le village renaît en 1977, avec l'arrivée des Hmong, réfugiés politiques originaires du Haut-Laos (dans le Sud-Est asiatique). Ces réfugiés, qui ont combattu aux côtés des Français durant la guerre d'Indochine qui s'est prolongée par la guerre du Viêt Nam, et qui donc étaient menacés de persécution dans leurs pays d'origine, se sont vu attribuer cette terre qui n'était alors qu'une vaste étendue de forêt dense. Au prix de nombreux efforts et assistés par des prêtres et un ingénieur laotien, les Hmong ont commencé à construire ce village et ont mis en place de petites exploitations agricoles. Ils sont aujourd'hui devenus les plus importants producteurs de fruits et de légumes de Guyane, comme en témoigne la place prédominante qu'ils occupent au marché de Cayenne.

MARCHÉ DE CACAO ★★

Dimanche matin. Restauration sur place et à emporter.

Le dimanche matin, le petit marché occasionne dans le village une animation plus importante que de coutume, il s'agit en effet de l'attraction principale du bourg ! Productions agricoles et objets d'artisanat – telles ces broderies d'une extrême finesse aux couleurs chatoyantes, mais aussi des papillons et des mygales sous verre – sont exposés dans un festival de couleurs. Tout près de là, des femmes préparent salades, bamis, nems et soupes asiatiques dont les senteurs subtiles flottent dans l'air et excitent, voire même force l'appétit !

MUSÉE LE PLANEUR BLEU ★★

Le Bourg ✆ 05 94 27 00 34

Ouvert le dimanche 9h-13h et 14h-16h. Sur rendez-vous en semaine. Visites guidées à 9h, 11h et 14h. Entrée 5 €

Le musée présente une collection, toujours en expansion, de spécimens vivants de mygales, matoutous et autres beautés. L'impressionnante collection de papillons comprend des spécimens rares. En plus des insectes endémiques à la Guyane, on peut y voir des poteries amérindiennes, des briques estampillées venant des quatre coins de la Guyane et, enfin, des bouteilles soufflées trouvées sur des sites d'orpaillage (la plus ancienne date du XVIIe siècle). Un conseil : arrivez tôt, les visites sont vite complètes. Une visite étonnante à ne surtout pas manquer !

SENTIER MOLOKOÏ ★★

✆ 05 94 25 53 90

www.onf.fr/guyane

Sentier géré par l'ONF uniquement. Futé : Quimbé Kio se propose de vous ramener à votre véhicule (tarifs sur demande).

Molokoï, qui signifie « tortue de terre » en créole, est le plus long sentier balisé de Guyane : vous parcourrez une vingtaine de kilomètres du Sentier Molokoï en environ 9h de marche, sur 2 jours. Le départ de l'ex-Auberge des Orpailleurs est préférable, car vous terminerez le second jour par une douce et longue descente. À 8,5 km de l'Auberge, vous trouverez un camp composé de 3 carbets de passage au bord de la crique Boulanger. Avec une capacité de 15 hamacs, tout le monde trouve une place à condition d'avoir pris soin de réserver (et payé à l'avance).

QUIMBÉ KIO

Le Bourg

✆ 06 94 20 07 59

Promenade 40 € de l'heure (1 à 6 personnes). Location de kayak à partir de 18 €. Sorties en forêt et transfert minibus.

Bruno, spécialiste de la forêt et membre de la Compagnie des Guides de Guyane, est le guide parfait pour vous faire découvrir la région. Différents circuits vous sont proposés sur 1 jour ou plus : découverte d'un sentier botanique, marche nocturne en forêt, baignade, pêche, randonnée pédestre (10 km) sur la piste Bélizon-Saül, randonnées en kayak, ainsi que la possibilité d'établir des circuits à la carte incluant bivouac. Tchia, également guide officiel, propose lui des animations autour de la culture hmong : visite des champs et de la forge, cuisine et danse.

QUIMBÉ KIO €

Le Bourg

✆ 06 94 20 07 59

Hébergement en demi-pension. Nuit en hamac (fourni) 45 €. Chambre simple à 75 €, double à 100 €, triple à 135 €.

Gîte de France 3 épis situé sur une colline boisée non loin de Cacao, on y trouve deux carbets abritant un total de 3 chambres charmantes, en plus d'un autre pour les hamacs. Vous prendrez vos repas dans le grand carbet, où l'ambiance est bon enfant. Pour agrémenter votre séjour, louez un VTT, un canoë ou un kayak ou faites une promenade en pirogue. Bruno, de la Compagnie des guides de Guyane, propose également des excursions de toutes sortes et des circuits originaux. Le gite se situe à l'une des extrémités du sentier Molokoi.

ÉLEVAGE LA CHAUMIÈRE €€

PK 48 route de l'Est

✆ 06 94 43 33 06

Chambres d'hôtes à 30 € pour 2 personnes. Repas entre 12 € et 15 €. Réservation obligatoire.

Pour trouver la ferme d'élevage La Chaumière de Cacao, rien de plus simple ! Elle se trouve au niveau de la borne kilométrique 48 de la RN2 (direction Régina), sur la gauche, 4 km avant le carrefour de Cacao. Sur plus d'une vingtaine d'hectares, on élève ici toutes sortes de volailles, d'ailleurs proposées à la vente : pintadeaux, coquelets, pintades, poulets, poulardes, canards, coqs et foie gras sont en magasin ! Restaurant sur réservation, spécialisé dans les produits de la ferme. Un hébergement original et agréable où l'on est bien accueilli.

RESTAURANT LA BELLEVUE €

Route de Cacao

✆ 06 94 21 75 61

Ouvert samedi 11h-15h et dimanche 9h-15h. Compter 25 € le menu. CB non acceptées.

Impossible de manquer le bien nommé restaurant La Belle Vue, il se trouve dans un virage à gauche de la route (en direction de Cacao) et surplombe le village. Vous retrouvez les joies simples de la nature, du grand air. L'accueil est simple et chaleureux, les plats aussi : nems, brochettes de poisson, beignets de banane et d'ananas. La vue depuis la terrasse est magnifique, dominant superbement la vallée. Une escale hautement recommandée, même si vous n'avez pas faim et n'y mangez pas : un simple jus ou un café fera office de prétexte suffisant !

RESTAURANT DEGRAD CACAO €€

Bourg de Cacao

✆ 05 94 27 08 30

Ouvert du samedi au jeudi midi de 11h à 15h. Compter environ 25 € par personne à la carte.

Sobrement, mais bien nommé Degrad Cacao, ce restaurant se trouve tout au bout du village de Cacao, non loin du dégrad, en surplomb de la Comté sur laquelle il offre une vue magnifique, dominée par un immense et fantasmatique saule pleureur garni de plantes épiphytes. Pour jouir au mieux des attraits du lieu, n'hésitez pas à choisir l'une des tables surplombant le plan d'eau. Un rendez-vous avec la cuisine traditionnelle indochinoise (nems, beignets, préparations viandes et riz). Une bonne adresse et un bon rapport qualité-prix.

RÉGINA ★★

Située de part et d'autre du fleuve Approuague, à 70 km à l'est de Cayenne à vol d'oiseau (130 km par la route de l'est), la commune de Régina couvre 12 000 km² et compte environ 900 habitants. Aujourd'hui, la commune a retrouvé son calme, mais le passé enfiévré par l'or est bien présent, comme en témoignent les épaves industrielles dispersées çà et là.

Histoire

Le bourg de Régina lui-même est de création récente. En fait, le bourg le plus ancien est Guisanbourg, fondé vers 1788. Il est le fruit de la politique de Malouet qui, chargé d'examiner le projet de colonisation du baron de Bessner, rencontra au Suriname l'ingénieur agronome suisse Guisan et le chargea de polderiser les terres basses.

Marché à Cacao.

C'est en 1855 que les Amérindiens Oyampi apportèrent à Guisanbourg de la poudre d'or en provenance du Haut-Approuague, sans susciter un réel enthousiasme. Mais à partir de 1870, des découvertes d'or plus conséquentes déclenchent une véritable ruée. Plusieurs milliers d'habitants vivaient alors à Régina (du nom du premier commerçant qui s'installa sur le site) dans une ambiance presque euphorique, qui comptait alors plusieurs *saloons* et même un casino. Dès 1920, Régina avait détrôné sa rivale et ses habitants obtinrent en 1924 le transfert du centre administratif. Durant cette décennie, la fièvre de l'or s'essouffla et, sous l'impulsion de Jean Galmot, une autre richesse, le bois de rose, allait être exploitée.

ÉCOMUSÉE MUNICIPAL D'APPROUAGUE-KAW ★

Rue Gaston Monnerville
✆ 05 94 37 09 44
www.emak-regina.fr
Du mercredi au samedi 9h à 12h et de 14h à 17h. Mieux vaut téléphoner avant. Entrée 3 €.

Cet Ecomusée retrace l'histoire de l'Approuague, des Amérindiens aux enjeux actuels de la région. La vaste maison créole Aubin-Laigné dévoile l'histoire locale ainsi que les milieux naturels qui composent l'ensemble du territoire de l'Approuague-Kaw. A l'extérieur de la maison, l'ancienne scierie permet de découvrir le travail du bois, à côté d'un parc de machines liées à l'industrie du sucre, du rhum et du cacao. Une halte idéale pour se familiariser avec le patrimoine de Régina.

FABRIQUE DE CACAO : CACAO D'AMAZONIE

Piste Inéry
✆ 06 94 42 29 22
Producteur de cacao et artisan chocolatier. Visite guidée sur rendez-vous.

Récolté en Guyane sur les terres noyées du fleuve Approuague de plantations du XVIIIe siècle laissées à l'abandon, associant le savoir-faire ancestral amérindien avec une torréfaction au feu de bois et celui de la chocolaterie européenne, le Cacao d'Amazonie est unique. Sur place, fabrication de bâtons de pure pâte de cacao bio, tablettes aux multiples saveurs et bonbons au chocolat fourrés à la praline de touka, saveur coco-cannelle, palmier bâche, ganache ou wassaï. A découvrir !

CAMP CISAME ★

Sur l'Approuague
✆ 06 94 22 42 49
www.facebook.com/campcisameguyane
Séjour 2 jours/1 nuit 199 €. Remontée en pirogue jusqu'au saut du Grand Machicou (3 jours/2 nuits) 349 €.

Ce gîte grandiose se trouve à 1h30/2h de Régina en pirogue. Plusieurs carbets hamacs, un carbet sanitaire (douche, WC, lavabo), un carbet restaurant et un carbet à palabres pour prendre l'apéritif le soir. Une crique borde le camp et offre la possibilité de s'initier à l'orpaillage. Les guides amérindiens ou saramaka vous proposeront la descente d'une partie du fleuve à la nage et un layon botanique à été aménagé. L'accueil est familial, le site permet de découvrir l'Approuague en toute sécurité et de remonter vers les sauts de Grand-Machicou ou de Grand-Canori.

CARBET SAUT ATHANASE ★

Sur l'Approuague ✆ 06 94 40 69 10
www.campathanase.com
Réservation impérative. 2 jours/1 nuit 196 €, 3 jours/2 nuits (avec découverte de la crique Angèle) 248 €. Tout inclus.

Dans ce petit coin de paradis, avec vue sur le saut, vous aurez l'occasion de vous baigner dans l'Approuague, de faire des balades en pirogue, de pêcher et de vous essayer à l'orpaillage traditionnel à la battée. Les 5 bungalows, récemment rénovés, sont très confortables ! Plusieurs activités ludiques sont proposées, ainsi qu'une découverte de la forêt. A partir du camp, vous pourrez partir à la cascade de la crique Angèle en suivant un layon durant 3 heures environ. Accueil très sympa et professionnalisme au rendez-vous, sans oublier les repas, exceptionnels !

AUBERGE DE L'APPROUAGUE €

Lieu-dit « Corossony » ✆ 06 94 44 69 79
Nuit en hamac 12 € (location hamac 6 €). Chambre double à partir de 45 €. Petit déjeuner 10 €, repas autour de 28 €.

Accessible par la route ou par le fleuve, cet établissement propose un hébergement en carbet hamac ou en chambre ainsi qu'un service de restauration (produits de la ferme) dans un cadre idyllique, avec une magnifique vue sur le fleuve. Goûtez donc au riesling ou à la terrine d'acoupa safranée, le resto de l'auberge fait fureur dans tout le département. Bruno, installé ici depuis une bonne décade, accueille ses clients comme des amis, et s'il n'effectue pas lui-même des excursions, il saura vous indiquer à qui vous adresser. Une très bonne adresse !

APPROUAGUE ★★★

L'intérêt de Régina réside principalement dans la découverte de l'Approuague, fleuve désert et sauvage, le quatrième de Guyane par sa taille (270 km de longueur). Il prend sa source dans le massif central au sud de Saül. Parmi ses magnifiques sauts, les plus célèbres sont le Grand-Machicou et le Grand-Canori, le plus spectaculaire de la région avec ses 19 m de dénivelé. Cette route, ou plutôt cette piste liquide, fut empruntée au siècle dernier par les aventuriers de l'Eldorado. Aujourd'hui, seuls les noms d'Impératrice, Titine, Bœuf-Mort, Dardanelles… chantent encore l'épopée de ces aventuriers des temps passés. La remontée peut être très difficile lors de la saison sèche. L'Approuague a la triste réputation de causer pas mal de casse au matériel. Les rochers cachés à quelques centimètres sous l'eau sont bien plus durs que l'hélice du moteur. La remontée au départ de Régina se fera en tenant compte de la marée : poussé par celle-ci, vous gagnerez pas mal de temps et d'essence.

▶ **À quelques kilomètres de Régina**, sur la rive droite de l'Approuague, se trouve le hameau de Saint-Esprit. Surprenante sera la découverte de ce minuscule village hors du temps et peuplé de quelques âmes seulement. Chaque année, le 24 juin, des adeptes de la Colombe d'Or se livrent à différentes pratiques rituelles qui les conduisent notamment à traverser pieds nus un lit de braises : ambiance mystique et sensations assurées !

▶ **Toujours sur la rive droite de l'Approuague,** on rencontre la rivière Mataroni. La faune et la flore y sont assez riches, à l'exception des premiers kilomètres où la Légion a installé un camp. Après avoir franchi les sauts Yapoura, Bois, Dagomelle, saut Magasin et enfin saut Lavillette, une marche importante oblige à tirer la pirogue sur les rochers. Il y a là, au pied du saut, un endroit de bivouac très sympathique, avec baignade.

▶ **Toujours en remontant l'Approuague,** on arrive à saut Tourépé, le premier et, pour certains, le dernier, car la « vague de Tourépé » peut être difficile. Après avoir franchi le saut Mapaou, où s'arrête enfin la marée, on atteint le magnifique site de saut Athanase, dominé par le village du même nom, installé sur les hauteurs de la rive droite, puis celui de Cisame.

▶ **Après saut Colonis**, le fleuve devient plus étroit, plus beau, plus sauvage. Le saut Aïkoupaï vous offre une possibilité de bivouac sur l'îlot de la rive gauche. Vous laissez sur votre droite la rivière Arataï.

▶ **Après avoir franchi le saut Kalawéli,** vous arrivez à Grand-Machicou. Le lieu est équipé de plusieurs carbets, dont certains sont bâchés. Le site est vraiment très beau. Compter 3 jours pour l'aller-retour de Régina. Franchir Machicou est une autre paire de manches… Machicou comporte cinq marches, il faut trouver les passes, et c'est surtout là que réside le problème. La meilleure solution sera d'attendre qu'un canot de ravitaillement d'orpailleurs se présente. Vous le suivrez, mais attention… il vous faudra dans un premier temps franchir au moteur les quatre premières marches. La cinquième, infranchissable, se fera par portage de la pirogue sur 250 m à travers la forêt. Bon nombre de canots qui, trop chargés ou trop hésitants, ou encore manquant de suffisamment de puissance, se retrouvent au fond du fleuve. Une véritable caverne d'Ali Baba se trouve ainsi par 7 m à 8 m de fond : canots, moteurs, fusils, et même, paraît-il, de l'or. Après tous ces efforts, un punch sera le bienvenu pour savourer sa victoire sur le Grand-Machicou. La remontée se poursuit en franchissant facilement le saut Petit-Machicou, puis les sauts Ménado, à peine perceptibles, le saut Bois-Blanc, Bouchard et Petit-Canori.

▶ **Le Petit-Canori** peut se passer au moteur en empruntant un petit bistouri sur la rive gauche. Attention, le courant est assez important et il y a pas mal de pierres au ras de l'eau. Il est donc conseillé, si vous êtes en coque alu, de franchir directement le saut en son milieu en tirant le bateau à la cordelle, moyen assez facile et plus sûr. L'obstacle une fois franchi, il ne vous restera plus que 5 minutes avant de vous trouver face au splendide saut Grand-Canori, qui engendre les chutes les plus hautes de la Guyane, hautes de 19 m et longues de 400 m. Au pied du saut, vous trouverez un superbe emplacement de bivouac. Pour protéger le site, le layon ne va pas jusqu'aux chutes.

▶ **Le Grand-Canori** représente souvent la fin de la remontée de l'Approuague. La suite tient plus d'une véritable expédition : d'abord, il vous faudra porter le bateau au-dessus du saut. Un large layon de 2 km sur la rive droite vous y conduit. Il faut compter une bonne journée pour effectuer ce portage. Sachez que les orpailleurs tirent sur les pentes de ce layon des fûts de 200 litres d'essence, portent des moteurs de plus de 80 kg, et surtout tirent, poussent et portent de longs et lourds canots en bois de plusieurs centaines de kilos. Le parcours de l'Approuague au-dessus de Grand-Canori est plus sauvage, et les sauts sont plus dangereux à cause du courant qui y est plus fort. Si avant le Grand-Canori, vous n'avez aperçu que peu d'oiseaux et de gibier, à présent vous en verrez énormément. Les sauts de Petit-Japigny et Grand-Japigny offrent de bons bivouacs. Une grotte naturelle sous Grand-Japigny donnera l'occasion de prendre quelques photos. Plusieurs sites d'orpaillage, plus ou moins licites, se trouvent dans le haut Approuague. Il faut compter 2 jours pour arriver à Grand-Machicou et une journée supplémentaire pour gagner le Grand-Canori.

Pirogues sur l'Approuague.

INTÉRIEUR DES TERRES

Ce que nous regroupons ici sous l'appellation «intérieur des terres» désigne l'immense majorité du territoire guyanais, littoral excepté, uniquement accessible en pirogue ou en avion. Soumis au climat tropical, cette zone forme un plateau forestier très dense, qui s'élève doucement pour atteindre une zone de plateaux, premiers aperçus de la Serra de Tumucumaque, qui représente une partie de la frontière avec le Brésil. Les possibilités qu'offre la région aux visiteurs sont très nombreuses. On pourra, en vrac : faire la fête à la mode brésilienne le temps d'un week-end à Oiapoque, s'émerveiller face au majestueux saut Maripa, remonter le sublime fleuve Oyapock, s'aventurer jusqu'à la montagne d'Argent pour les plus curieux. voler en coucou au-dessus de la forêt pour se rendre à Saül, randonner au cœur de la forêt primaire et se faire réveiller par les babounes (singes hurleurs). Un chapitre qui attirera l'attention des plus aventureux !

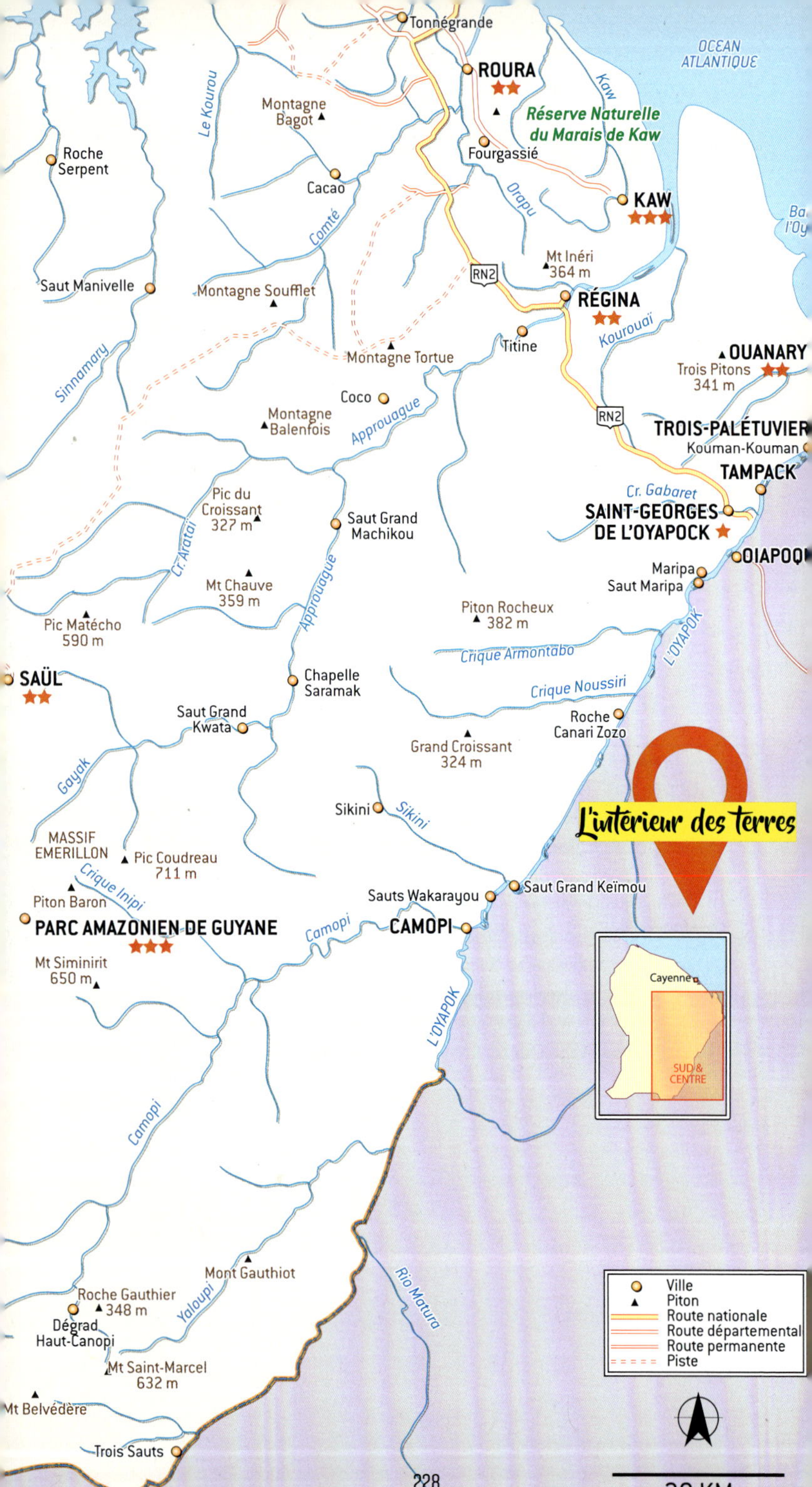
L'intérieur des terres
OCEAN ATLANTIQUE
Tonnégrande
ROURA
Réserve Naturelle du Marais de Kaw
Kaw
Fourgassié
KAW
Montagne Bagot
Cacao
Le Kourou
Roche Serpent
Comté
Orapu
Mt Inéri 364 m
RN2
RÉGINA
Kourouai
Titine
Saut Manivelle
Montagne Soufflet
Montagne Tortue
Sinnamary
OUANARY
Trois Pitons 341 m
Coco
Montagne Balenfois
Approuague
TROIS-PALÉTUVIER
Kouman-Kouman
TAMPACK
Cr. Gabaret
SAINT-GEORGES DE L'OYAPOCK
OIAPOQU
Pic du Croissant 327 m
Saut Grand Machikou
Cr. Arataï
Mt Chauve 359 m
Maripa
Saut Maripa
Piton Rocheux 382 m
Pic Matécho 590 m
L'OYAPOK
Crique Armontabo
SAÜL
Chapelle Saramak
Crique Noussiri
Saut Grand Kwata
Roche Canari Zozo
Grand Croissant 324 m
Gayak
Sikini
MASSIF EMERILLON
Pic Coudreau 711 m
Crique Inipi
Piton Baron
Sauts Wakarayou
Saut Grand Keïmou
PARC AMAZONIEN DE GUYANE
Camopi
CAMOPI
Mt Siminirit 650 m
Cayenne
SUD & CENTRE
Rio Matura
Mont Gauthiot
Roche Gauthier 348 m
Yaloupi
Dégrad Haut-Canopi
Mt Saint-Marcel 632 m
Mt Belvédère
Trois Sauts
Ville
Piton
Route nationale
Route départemental
Route permanente
Piste
30 KM

SAINT-GEORGES-DE-L'OYAPOCK ★

Créé sur les vestiges d'un ancien pénitencier abandonné en 1863 et accessible par la route, ce petit bourg vit tranquillement le jour et s'aime à la nuit tombée. On y vient surtout pour s'imprégner d'une ambiance nourrie par des traditions fortes. La population est très chaleureuse, forgée des échanges entre les gens du fleuve vivant sur les deux rives du deuxième plus important fleuve guyanais : l'Oyapock, frontière naturelle avec le Brésil. Depuis Cayenne, prendre la route vers Regina et comptez 3h. Une route qui est bonne, mais sinueuse jusqu'à Regina ; ensuite si elle devient beaucoup plus droite, elle est parsemée de nombreux trous. Prudence !

FLEUVE OYAPOCK ★★

Deuxième fleuve guyanais après le Maroni, l'Oyapock coule sur 370 km. L'aventure commence avec une centaine de sauts, dont le plus redoutable est le saut Maripa : 2 km de rapides sur 14 m de dénivelé ! Sur cette portion, le fleuve Oyapock s'emballe pour donner naissance à des rapides au cœur de la forêt amazonienne. Les amateurs de vestiges précolombiens pourront relever des polissoirs sur les roches baignées par les eaux du fleuve et de ses affluents, tandis que les autres goûteront avec joie le calme des lieux et la richesse faunistique de ce petit paradis.

CIRCUIT BOTANIQUE DU SAUT MARIPA ★

✆ 05 94 29 55 00

Le Saut Maripa se trouve dans le lit du fleuve Oyapock. Autrefois barrière infranchissable pour les pirogues marchandes, le Saut a été contourné par la construction d'une voix de chemin de fer sur la rive. Aujourd'hui transformé en un chemin de randonnée un peu vétuste, le site est accessible gratuitement au public. Un circuit botanique de 2,4 km fait également une boucle à proximité du fleuve pour découvrir la végétation luxuriante qui s'y alimente.

GÎTE ÎLET SOPHIA €

✆ 05 94 37 00 13

10 € par personne sous le carbet et 12 € pour une chambre. Petit déjeuner à 6 €. Trajet en pirogue : 14 € AR.

Site touristique situé au bord du fleuve, à 30 minutes en pirogue de Saint-Georges, le gîte de l'îlet Sophia dispose d'une dizaine de chambres pouvant accueillir chacune 4 personnes et lit simple, ainsi que de deux carbets d'une capacité de 18 personnes chacun. Les sanitaires (douches, w.c., lavabos) sont rudimentaires, mais en bon état de fonctionnement. De nombreuses activités sont à prévoir depuis le gîte : balades vers le Brésil ou le Saut Maripa, baignade, volley, foot, pétanque, TV satellite. Renseignements chez Modestine.

Pirogue sur l'Oyapock.

SAUT MARIPA ★★

En taxi, compter autour de 50 €/personne. En pirogue, jusqu'à Pied-Saut, compter 40 €. Accessible en voiture.

Le Saut Maripa garde, à juste titre, la réputation du plus beau saut de Guyane, mais aussi celle du saut le plus dangereux. Nombreuses sont les pirogues à s'être échouées, et vous remarquerez peut-être la stèle érigée en l'honneur de 3 gendarmes qui y ont laissé leur vie en 1995. En saison des pluies, le fleuve, large, est assez silencieux. Son débit impressionnant se révèle en saison sèche, grâce aux roches qui dépassent de la surface. De nombreux habitants des environs profitent du site le temps d'un week-end pour venir en famille, s'installant dans les anciennes infrastructures laissées à l'abandon, et pratiquant des sports aquatiques tels que le kayak.

Pour rejoindre le Saut Maripa en voiture, un 4x4 est quasiment indispensable, surtout en saison des pluies. Il faut compter en moyenne 40 minutes pour parcourir les 20 km de pistes (se renseigner sur place pour connaître sa praticabilité). Les pirogues quant à elles s'arrêtent à Pied-Saut, en amont du Saut Maripa. Il faut ensuite marcher sur environ 2 km le long d'une ancienne voie de chemin de fer.

Pour ceux qui préfèrent la terre ferme, 3 sentiers de découvertes : le sentier botanique : 2,5 km en boucle pour environ 1h de marche. Accessible à tous les niveaux, il faudra vous renseigner pour savoir s'il a été récemment entretenu. Le Layon Coumouri (2 km aller/retour pour environ 1h de marche) et le layon Saut Maripa (30 minutes aller/retour sur 1,5 km) partent tous deux du sentier botanique. Ils permettent d'avoir différents points de vue sur le Saut.

HÔTEL - RESTAURANT CHEZ MODESTINE €

Rue Elie Elfort

✆ 05 94 37 00 13

Chambre double à partir de 60 €. Wifi. Repas autour de 20 €.

Cet hôtel (la taulière, Modestine, est une légende en ville) est le plus ancien de Saint-Georges et donne sur la place des Fêtes, le cœur du bourg. Il dispose d'une dizaine de chambres au confort certes modeste, mais l'ambiance y est authentique (quoiqu'un peu bruyant en fin de semaine, lorsque le bar-disco d'en face s'anime). Chez Modestine, c'est aussi un très bon restaurant créole et un bar. Menu le midi, à la carte pour le soir, plats traditionnels guyanais et brésiliens. Typique !

AU RELAIS DE LA FRONTIÈRE €

2 rue Maurice-Souarce

✆ 05 49 27 04 12

Du lundi au samedi. Environ 15 € le menu.

Le petit restaurant Au Relais de la Frontière est l'une des deux adresses avec terrasse qui se trouvent sur la place principale du village, la plus proche du fleuve. Si la carte est des plus simples (on mangera ici de solides pizzas, des assiettes de pâtes ou encore des grillades de viande et de poisson), les assiettes sont très copieuses. Un endroit idéal pour observer les allées et venues des piroguiers et se restaurer avant de traverser la frontière.

MARCHÉ COMMUNAL

Chaque lundi et samedi matin.

Le marché de Saint-Georges-de-l'Oyapock jouit d'une excellente réputation dans la région. Installé en bordure de fleuve, à un jet de pierre de la place principale du village, l'ambiance est à la fois populaire et cosmopolite. Vous y trouverez aussi bien du gibier que des poissons frais à des prix largement moins chers qu'à Cayenne. Notons aussi que quelques Amérindiens viennent y vendre leur artisanat. Un rendez-vous à ne pas rater lors de votre passage à Saint-Georges. Les jours de marché sont le lundi matin et le samedi matin.

TUKUS KAYAK CLUB

4 rue Jean Cédia

✆ 06 94 25 51 51

www.tukus.e-monsite.com

Sur réservation.

Créée en 2003, Tukus est une association qui fait la promotion du canoë-kayak sur les rives de l'Oyapock. Elle organise régulièrement des stages d'initiation ou de perfectionnement du kayak en eaux vives, pour des adultes ou des enfants à partir de 10 ans, en groupe ou seul, en compagnie d'un guide aussi passionné par la pratique du canoë-kayak que par la faune et la flore qui peuple les rives et les eaux du fleuve Oyapock. Avec le rafting, voici un des meilleurs moyens de découvrir le saut Maripa. N'hésitez pas à leur passer un coup de téléphone.

TROIS-PALÉTUVIERS

Trois-Palétuviers est un village amérindien. À égale distance de Saint-Georges et de l'embouchure de l'Oyapock, la population, composée d'une cinquantaine de personnes lors du dernier recensement, diminue au profit de celle de Saint-Georges, où bon nombre des habitants du bourg viennent chercher des conditions de vie plus confortables. Le village fonctionne en grande partie grâce à l'électricité solaire, et obtient de l'eau potable courante par le biais d'un puits muni d'une éolienne. On pourra prévoir une escale à la rencontre de ses habitant lorsqu'on passera non loin, lors d'une remontée ou d'une descente en pirogue le long de l'Oyapoque.

OIAPOQUE ★

« Ici commence le Brésil ! », dit-on à Oiapoque. Ville frontalière avec la Guyane, à 10 minutes en *catraia* (petite barque) de Saint-Georges, le bourg est à 600 km de Macapá. La petite Martinique, comme on l'appelait, a toujours été le lieu de passage des aventuriers, notamment des *garimpeiros* (orpailleurs). Aujourd'hui, on y vient pour faire son shopping à bas prix et se laisser porter par son ambiance festive. La traversée Saint-Georges - Oiapoque coûte environ 10 €. Si vous passez la nuit sur place, pensez à faire tamponner votre passeport au poste de police situé sur le pont (comptez quelques R$ la course en moto-taxi), ou dans la ville.

Oiapoque.

MUSEU KUAHÍ

160 Avenida Barão do Rio Branco
✆ +55 96 3521 3293

Ouvert lundi et du mercredi au samedi de 9h-18h, mardi dès 14h et dimanche de 9h-13h. Entrée sur donation.

Le musée Kuahí, dédié aux autochtones de l'Oiapoque, présente une intéressante collection d'objets artisanaux des peuples indigènes tels que bijoux, tamis, tissus et pirogues. Des panneaux éducatifs, malheureusement accessibles aux seules personnes pouvant lire le portugais, sont mis à disposition. Ceci étant, il est agréable d'y déambuler et de se laisser porter par les couleurs et les matières. À la sortie, une boutique à prix très raisonnables propose de nombreux colliers faits par les Amérindiens ainsi que des coupelles en calebasse.

MARRIPA TOUR

550 Rua Joaquim Caetano da Silva
✆ +55 96 35212520

L'agence Marripa Tour propose tous les services d'une agence de tourisme et de voyage. Marripa Tour assure la vente de billets de bus, de billets d'avion, de billet de bateau. L'agence peut aussi proposer des visites guidées avec un guide francophone autour d'Oiapoque. Pour ceux qui cherchent des conseils et des voyages en dehors de la région amazonienne, l'agence Marripa Tour propose également des vols internationaux, des séjours dans le sud du Brésil, à Punta Cana, des croisières en Amazonie ou dans les Caraïbes. Une valeur sûre.

CHÁCARA DU RONA €

210 Rua Getúlio Varga ✆ +55 96 3521 2334
www.chacaradurona.com

Nuit hamac (hamac inclus) et petit déjeuner 23 €, bungalow 2 personnes 45 € + 23 €/personne supplémentaire.

Rona et sa fille parlent français et savent accueillir et conseiller les clients avec le sourire. Les cinq carbets sont beaux et disposent d'une salle de bains et de sanitaires propres, les deux chambres sont spacieuses, la nourriture est excellente et copieuse. Tout au bout d'Oiapoque, c'est un endroit calme et reposant, pour venir en famille. La plage de sable aménagée permet les baignades. Les piroguiers pourront vous y conduire ainsi que les motos-taxis. Un vrai coup de cœur, très bonne adresse. De là, on vous proposera également différentes excursions.

POUSADA CENTRAL €

Av. Coaracy Nunes, 209

✆ +55 96 3521 1466

Compter 70 R$ la chambre double avec air conditionné.

Pousada, dans l'imaginaire collectif, ce nom chantant reflète plutôt un hébergement charmant et fleuri... Ici, nous avons plutôt droit à un hôtel très simple, à la décoration minimaliste et aux murs assez fins. Mais son attrait est ailleurs... Dans sa localisation et son prix très attractif pour les groupes. En plein cœur de la ville, cet établissement est très pratique pour une nuit ou deux. On repassera donc pour l'aspect romantique, mais entre amis, on apprécie les chambres triples (très économiques) et la proximité avec tous les bars de la ville.

CHALETS PARADIS (CHÁCARA DO PARAÍSO) €€

575 rua Azariaz Neto

✆ +55 96 35 21 17 61

www.chaletsparadis.com

Chalet 3 personnes autour de 300 R$. Petit déjeuner inclus.

Les chalets Paradis (*Chácara do Paraíso* en brésilien), tout de bois conçus, sont répartis sur une propriété de 4 hectares qui surplombe un joli lac. Havre de paix s'il en est, on trouve au centre de cet espace boisé verdoyant une piscine qui fait bien plaisir en fin de journée. La cuisine, locale aux saveurs guyanaises, assure le service midi et soir. Lilma propose également des excursions au saut Maripa et des visites dans les tribus amérindiennes.

HÔTEL FLORESTA €€

Rua Joaquim Caetano da Silva

✆ +33 6 9420 4021

www.floresta.fr

Compter 150 R$ la chambre double, 160 R$ avec terrasse.

Situé en bord du fleuve frontalier avec la Guyane, cet hôtel bénéficie d'une vue privilégiée sur l'Oiapoque et le ballet incessant des pirogues qui le caractérise tant. Si les chambres n'affichent pas un grand luxe, elles sont toutes très bien tenues et disposent de tout le confort nécessaire pour une escale d'une nuit dans ce coin d'Oiapoque. Situé dans le quartier des commerces, l'animation est continue tout au long de la journée, mais sitôt la nuit venue, le calme règne. Possibilité de réserver des excursions depuis la réception de l'hôtel.

HÔTEL-RESTAURANT BEIJA-FLOR €€

270 Rua Joaquim Caetano da Silva

✆ +55 96 9901 0551

www.beijaflor-br.com

Compter autour de 100 R$ la nuit. Petit déjeuner compris.

L'hôtel-restaurant Bieja-Flor est un établissement d'une dizaine de chambres à l'ambiance familiale se trouvant du côté brésilien du fleuve. Si le lieu est petit, il est très bien tenu et l'accueil y est réellement chaleureux... tant et si bien que l'on aura du mal à la quitter. Le restaurant est par ailleurs excellent à très bon prix : on s'y régale de viandes locales grillées au feu de bois. Le menu s'adapte en fonction des denrées du jour. A découvrir.

TAMPACK

À 15 minutes de pirogue de Saint-Georges, le village de Tampack est peuplé de Saramacas. Arrivés à l'époque de la ruée vers l'or, ils exerçaient alors leur talent de piroguier sur le fleuve et ses affluents. Le village de Tampack fut fondé sur les terres d'Auguste Hilaire, un exploitant du bois de rose de Saint-Georges. Après la fin des activités industrielles, la population du village diminua, les Saramacas retournant du côté du Suriname. Aujourd'hui, environ une quarantaine de personnes y vivent désormais dans un relatif isolement, entre fleuve et forêt. Un passage rapide par ici au cours d'une expédition plus longue est à envisager.

OUANARY

Cette petite commune est située à environ 1 heure de Saint-Georges en aval du fleuve, et le réseau fluvial est une voie de communication primordiale à Ouanary. Ce hameau compte environ 120 habitants. Il se caractérise par son isolement et par son passé historique et archéologique. Au XIXe siècle, les Amérindiens Palikour étaient utilisés comme main-d'œuvre sur les nombreuses habitations créées par les pères jésuites migrèrent sur l'Oyapock. Ils furent remplacés par des esclaves venus d'Afrique qui constituèrent, au bout de quelques années, la principale population. Ouanary a été pendant longtemps le pays du roucou, de l'indigo et de la canne à sucre.

MONTAGNE D'ARGENT ★

C'est ici que débuté l'histoire du bagne, sur la montagne d'Argent. Y accéder n'est pas très facile, mais l'effort sera récompensé. Le site offre au visiteur une vue imprenable sur le fleuve et sur l'estuaire de l'Oyapock. Du point de vue archéologique, Ouanary possède un site de première importance. On y trouve en effet des urnes funéraires, des poteries diverses et des fragments de faïence européenne qui témoignent des premiers contacts entre Amérindiens Palikour et Européens. Ouanary est un point de départ idéal pour une incursion en forêt profonde.

CAMOPI

Essentiellement peuplée d'Amérindiens Wayampi et Emerillon, la commune de Camopi s'étend sur plus de 10 000 km². Vers la fin de l'année 1738, une mission de Notre-Dame-de-Sainte-Foi (de l'ordre des pères jésuites) fut installée entre Camopi et le fleuve Oyapock, avec pour souci l'évangélisation des habitants de cette région. Ils apportèrent avec eux les maladies européennes et les missions commencèrent à se dépeupler. L'expulsion des jésuites fut décidée en 1763 et les populations ayant survécu se dispersèrent. Depuis 2013, Camopi ne fait plus partie de la zone d'accès réglementé (ZAR) assujettie au contrôle de la Préfecture. Le bourg s'est depuis ouvert au tourisme.

SAÜL ★★

Certains disent que Saül est comme une île, perdue au milieu d'un océan végétal. Le seul repérage sur une carte de cette commune, peuplée par environ 150 âmes, peut donner le vertige tant son isolement est total. Jadis, au temps où les hommes entretenaient en Guyane le mythe de l'Eldorado, Saül connut la richesse et une intense activité, surtout touristique et orpailleuse. Aujourd'hui, le village paraît se situer encore hors du temps, pour le plaisir de ceux qui osent s'y rendre. Les randonneurs, les entomologistes et autres passionnés seront comblés au cœur de cette immense forêt primaire.

Pratique

Avant votre départ, prévoyez donc quelques stocks de nourriture, tant les options en épicerie seront faibles. Quelques restaurants sont néanmoins ouverts : il vous faudra en revanche toujours réserver (la veille pour le lendemain) car ils n'ouvrent que sur demande, pour vous cuisiner des produits frais et locaux. À votre arrivée à l'aéroport (sur la piste en terre !), vous pouvez regagner le village par un sentier en marchant 15 minutes. Prévoyez toujours des bonnes chaussures contre la boue, mais n'oubliez pas vos tongs (ou crocs) : à l'entrée de tous les établissements, vous verrez qu'il vous faut sans cesse vous déchausser, pour ne pas salir !

Transports

- **Pour s'y rendre,** une seule solution envisageable, en raison de l'isolement de la localité : la voie des airs ! Air Guyane dessert quotidiennement (sauf le samedi) Saül au départ de l'aéroport international Félix Eboué (Cayenne). Mieux vaut réserver à l'avance. Le

Village de Saül.

billet d'avion revient à environ 140 € l'aller-retour. Trois fois par semaine, la liaison s'effectue aussi avec Maripasoula, comptez environ 150 € l'aller-retour. Ensuite, vous devrez regagner le bourg à pied ou prendre la navette (autour de 5 €).

▶ **Si vous comptez louer un véhicule** dès votre retour sur Cayenne, pensez à contacter l'agence de location, car ces agences ne sont présentes qu'aux heures d'arrivée des vols internationaux. Cela vous évitera d'avoir recours à un taxi.

▶ **Quant aux bagages,** sachez que vous serez limité à un maximum de 10 kg, cependant il peut être très judicieux, vu le prix très élevé de l'alimentation à Saül, de partir chargé de boîtes de conserve, car une boîte de petits pois coûte en général plus de 5 € sur place !

SENTIER DES GROS ARBRES ★★

✆ 05 94 29 55 00

Environ 2 heures de marche sur une boucle de 5 km. Facile.

Le sentier des gros arbres, très facile, s'enfonce dans la forêt primaire, proposant une aventure à la rencontre de ses géants. Vous y découvrirez de magnifiques arbres : fromager, ficus, sablier (sur ce sentier se trouve le plus gros sablier recensé en Guyane, avec ses 3 mètres de diamètre). Il faudra ici oublier vos repères habituels : vous serez, deux bonnes heures durant, au cœur d'une végétation aussi puissante que sauvage. Une marche ô combien agréable qui ravira toute la famille (niveau facile, tout à fait accessible aux enfants).

SENTIER DU BELVÉDÈRE ★

1,8 km et environ 1 heure aller/retour. Facile.

Le chemin balisé le plus court au départ de Saül, qui commence depuis Chez Lulu. Au sommet, à une altitude de 312 mètres, une terrasse en bois aménagée permet une vue splendide sur la forêt et le village. Cette courte randonnée révèle donc surtout son intérêt pour l'observation des oiseaux. Avant le lever et le coucher de soleil (les moments les plus propices pour l'observation), vous pourrez profiter de l'envol des aras, qui ont élu domicile dans les arbres au sommet de la colline. Les cris de ces perroquets géants sont impressionnants, autant que leur envergure.

SENTIER ROCHE BATEAU ★★

7/8h de marche pour une boucle de 14 km. Difficulté moyenne.

Certainement le sentier le plus sportif autour de Saül, grâce à son relief vallonné, mais aussi l'un des plus beaux. Vous longerez une partie de la crique Nouvelle France, passerez devant la Roche Bateau (immense rocher qui surplombe la crique). En plus de trouver un carbet de passage, vous passerez par le gîte Kanawa où il est possible de se rafraîchir ! Prévoyez donc votre pique-nique pour une belle journée de randonnée, votre hamac si vous voulez vous reposer à mi-chemin, et votre maillot de bain pour la baignade... Bonne balade !

PARC AMAZONIEN DE GUYANE - DÉLÉGATION TERRITORIALE ★

Le Bourg

✆ 06 94 16 81 48

Ouvert le lundi, mardi et jeudi de 8h à 11h30 et de 14h à 17h, le mercredi et le vendredi jusqu'à 12h30.

La délégation territoriale de Saül du parc amazonien est très active et pour cause, la forêt exprime tous ses droits ici ! L'équipe effectue un vrai travail de balisage et de maintien en bon état des chemins de randonnée. En plus de cela, des visites guidées gratuites sont régulièrement organisées, pour présenter l'histoire du village et les oiseaux de la forêt amazonienne (dates et horaires affichés à l'entrée du village). Une petite boutique est également présente dans les locaux.

GUYANE RANDONNÉES

Le bourg

www.guyane-randonnees.fr

Hébergement en gîte en hamac (non fourni). Forfait de 1 à 3 pers : 40 €. 4 Pers/50 €. Petit déjeuner : 6 €.

Près des sources de la Mana, de l'Approuague et de l'Inini, Saül, petite commune au cœur de la Guyane, vous invite à l'évasion en forêt... C'est le camp de base de Guyane Randonnées, organisme qui vous offre la possibilité de séjourner en toute simplicité dans un environnement grandiose, accompagné par Stéphane Plaine, Breton d'origine et Guyanais d'adoption depuis 1987. Stéphane est connu pour être l'un des meilleurs guides de Guyane et vous propose des excusions dans la forêt au départ de Saül. Vous apprécierez sa parfaite connaissance de la forêt et des lagons.

BAR-RESTAURANT GÎTE A KE NOU €

Le Bourg
✆ 06 94 97 00 93
www.gite-restaurantakenou-saul.com
Chambres dès 40 €. Petit déjeuner à 7 €, repas complet autour de 24 €, pique-nique à 9 €. Wifi.

Le bar-restaurant et gîtes A Ke Nou, impressionnant par la taille, est logé au sein d'une bâtisse typique et pleine de charme entièrement construite en bois de Guyane. Les chambres, confortables et équipées de moustiquaires, disposent d'une terrasse qui surplombe la place de l'église ainsi que d'un point d'accès internet. Le restaurant propose une très bonne cuisine, dans un cadre agréable et calme. Possibilité de choisir des formules incluant repas, logement et activités.

CHEZ KAMI €

Se diriger vers l'église et suivre les flèches.
chezkami-saul.jimdo.com
Nuit en hamac 15 € (location matériel 3 €). Petit déjeuner à 7 €, sandwich sur demande. Cuisine à disposition.

Situé à la lisière de la forêt primaire à seulement 300 mètres du bourg, le carbet Chez Kami est en réalité composé de deux carbets : le premier, tout simple, peut accueillir six hamacs, le second peut en recevoir quatre et est équipé d'une cuisine avec gazinière et vaisselle. Un troisième bloc abrite les sanitaires partagés (deux douches et deux toilettes). Mis à part pour le petit déjeuner et éventuellement un petit snack sur demande, il faudra vous rendre à Saül pour vous alimenter. Randonnées au départ du site. Sérénité garantie !

LES CARBETS DU BORD €

www.lescarbetsdubord-saul.net
Nuit en carbet collectif 15 € (location hamac moustiquaire 2,50 €). Bungalow privé à partir de 50 €. Petit déjeuner 7 €.

Vous êtes ici chez Dominique, accueillis dans son petit paradis, en carbet ou en chambre, avec la possibilité désormais de privatiser un petit carbet. Pas de service de restauration, mais possibilité de prendre le petit déjeuner sur place selon disponibilité. Autrement, il y a tout le nécessaire pour se préparer ses propres repas soi-même (gazinière, four et vaisselle). Le site est ouvert toute l'année et peut également recevoir des personnes à mobilité réduite. Une adresse à retenir à Saül. Réservation directement par mail ou sur internet.

LE RELAIS DU FROMAGER €

✆ 06 94 44 80 84
Nuit en hamac 12 €. Lit double 35 €. Petit déjeuner 6 €. Table d'hôte sur réservation.

Au pied du grand fromager de Saül, Stéphane et Isabelle ont ouvert ce petit nid fin 2017. Près de la maison de vos hôtes, deux carbets, l'un pour dormir, l'autre alloué aux espaces communs, salle de bains, toilettes, cuisine équipée et petit salon. Le carbet couchage propose un lit double et un espace pour trois hamacs au rez-de-chaussée, et un autre à l'étage pouvant accueillir lui aussi trois hamacs. Cadre cosy et bon petit déjeuner en prime. Stéphane, membre officiel de la Compagnie des Guides de Guyane, vous initiera aux secrets de la forêt amazonienne.

CHEZ LULU €

Le Bourg
✆ 06 94 13 80 12
Bungalow dès 40 €, nuit en hamac à 10 € (location matériel 5 €), petit déjeuner 6 €. Repas sur demande autour de 20 €.

Très connu dans le village, il est difficile de ne pas trouver Lulu. Il vous propose deux types d'hébergement : un grand carbet avec couchage en hamac (peut accueillir une quinzaines de places) et 3 bungalows pour 2 à 4 personnes (avec salle d'eau, toilettes, cuisine équipée, petite véranda), le tout dans un bel abattis. Lulu propose aussi une table d'hôte et l'endroit s'anime régulièrement le soir pour faire la fête. Le lieu est réputé pour son ambiance festive et sa chaleur humaine ! S'abstenir si vous cherchez la quiétude.

AUX 2 SAVEURS - CHEZ DAÏ €

Le Bourg
✆ 06 94 24 77 43
Repas complet à 30 €. Caïpirinhas à 6 €. Réservation obligatoire.

Comme dans tous les restaurants de Saül, on ne choisit pas vraiment ce que l'on mange : on mange ce qu'il y a ! Chez Daï, on fait les choses avec amour et dans le respect de la tradition... Et avec des produits provenant de la chasse, avec une touche d'inspiration de cuisine brésilienne. En vous y prenant un peu à l'avance, vous serez servi dans un délai acceptable : une entrée, un plat de gibier et un dessert. A déguster bien au calme, sur la terrasse éclairée juste comme il faut. Possibilité également de commander des petits déjeuners et des sandwichs.

CACAO COEUR DE SAÜL €

✆ 06 94 42 67 50

Visites guidées gratuites sur le thème du cacao tous les jours à 17h. Petit déjeuner chocolaté à 10 € sur réservation.

Didier est un passionné de cacao, installé à Saül en 2008. Et depuis ce temps-là, il a eu le temps de construire son grand carbet avec vue sur le plus bel arbre du village... Mais aussi de planter plus de 500 cacaoyers ! Sa visite guidée est très appréciée et vous permettra de mieux comprendre le processus de fabrication du cacao. Quant à son petit déjeuner, on y déguste des œufs saupoudrés d'éclats de fève de cacao, du bon chocolat créole ainsi que des jus de *cupuaçu* (une plante proche du cacaoyer). Le tout dans la joie et la bonne humeur : à ne pas rater !

CHEZ MAYA €

Menu complet à 28 €. Ouvert sur réservation, midi et soir.

Maya, sympathique villageoise Hmong installée à Saul depuis de nombreuses années, travaille au dispensaire du village, et vous propose aussi de délicieux menus ! Ses plats changent selon son inspiration quotidienne, et mêlent toujours des produits locaux avec des produits importés de Cayenne, afin de vous proposer une cuisine à la fois traditionnelle et dépaysante. Son accueil est des plus chaleureux, et en plus de très bien manger, vous risquez de vous retrouver un petit bout de la soirée à papoter avec elle autour d'une bière !

PARC AMAZONIEN DE GUYANE ★★★

Le projet de création d'un parc amazonien en Guyane française remonte au sommet de la Terre de Rio, en 1992 : un protocole d'accords entre les différentes assemblées régionales de métropole et de Guyane fut lancé puis signé à l'initiative du président français François Mitterrand. Il aura fallu attendre 15 ans pour qu'en 2007 les 3,7 millions d'hectares de forêts couvrant le territoire des communes de Camopi, Papaïchton, Saül, Saint-Elie et Maripasoula soient reconnus comme parc protégé : le plus grand d'Europe, mais aussi l'espace protégé de forêt tropicale le plus grand du monde ! L'écotourisme y est par ailleurs encouragé par les pouvoirs publics.

Tourisme

Bien que cet immense parc ne soit pas d'accès facile, en s'équipant correctement et en contractant les services de guides compétents, il est tout à fait possible d'organiser des expéditions dans la jungle. De longues heures ou journées de marche en forêt sont au programme ! La plupart de ces circuits se préparent bien à l'avance, ou depuis Cayenne ou depuis Saül, et impliquent un budget assez conséquent, ne serait-ce que pour prendre l'avion jusqu'à Saül. Sur place, veillez à bien suivre les recommandations de vos guides. Vous dormirez soit dans des carbets, soit directement en hamac selon les routes que vous emprunterez, et vous nourrirez des vivres que les guides auront prévus lors de la préparation de l'expédition... et de quelques fruits et baies rencontrés sur le chemin !

ÉPICERIE CHEZ FABY

Epicerie. Gîtes. Billard. Baby-foot... Et une surprise vous y attend !

Tenue par de sympathiques Brésiliens, l'épicerie chez Faby ne paye pas de mine mais marquera sûrement vos esprits ! Ce ne sont pourtant pas ses boissons fraîches ou son billard que vous retiendrez, car on vient surtout ici pour... rencontrer la jeune Baou !

Baou est une magnifique femelle singe hurleur, qui adore les câlins. Depuis 2 ans qu'elle est là, elle est devenue la mascotte du village, où elle s'y balade librement. C'est une véritable chance de pouvoir approcher un singe hurleur d'aussi près, alors prévoyez votre appareil pour de belles photos souvenirs !

LA PLANÈTE REVISITÉE - EXPÉDITION MITARAKA

www.laplaneterevisitee.org

En mars 2015, le programme La Planète revisitée a lancé une grande mission de découverte scientifique en Guyane afin de découvrir un maximum de nouvelles espèces. Zone ciblée ? Les 10 km² du massif du Mitaraka, en pleine forêt guyanaise, qu'une cinquantaine de scientifiques ont ratissé. Le Résultat ? La découverte de 2 730 espèces d'insectes jusqu'alors inconnues ! Un autre module s'intéresse également à la vie aquatique, au bord des rivières, et un autre au littoral.

Parc amazonien
de Guyane
Parc national

Au fil du fleuve

Découvrez les patrimoines bâtis de la commune de Papaïchton

A travers 6 cases traditionnelles restaurées
des villages businenge de Loka et Boniville

PARC AMAZONIEN DE GUYANE ★

1 rue Lederson - **RÉMIRE-MONTJOLY**
✆ 05 94 29 12 52
www.parc-amazonien-guyane.fr

Le siège du parc se trouve à Rémire-Montjoly. Le site Internet du parc est très bien fourni.

Le Parc amazonien de Guyane est le plus grand parc national de France et de l'Union européenne. Créé en 2007, il représente une surface de 3,4 millions d'hectares dans le sud de la Guyane, couvrant 40 % du territoire. Situé au sud-est du plateau des Guyanes et frontalier du *Parque Nacional Montanhas do Tumucumaque* au Brésil (3,9 millions d'hectares – État de l'Amapa), il contribue aussi à former l'un des plus grands espaces protégés au monde. À ses paysages d'une grande originalité, s'ajoute une palette de milieux rares : *inselbergs* (imposant massif rocheux) et monts forestiers dépassant les 800 mètres d'altitude.

Le parc national abrite une des zones les plus riches de la planète en termes de biodiversité ainsi qu'une diversité et une originalité culturelle qui positionnent ces territoires d'Amazonie comme des espaces de découverte d'exception. Le cœur du parc national s'étend sur 2 millions d'hectares. La zone de libre adhésion (1,4 million d'hectares) comprend les bassins de vie autour de ses frontières naturelles que sont les fleuves Oyapock à l'est et Maroni à l'ouest. Cinq communes sont incluses dans le parc national : Camopi, Maripasoula, Papaïchton, Saint-Élie et Saül, totalisant plus de 15 000 habitants. C'est le lieu de vie des populations amérindiennes (Apalaï, Tilïo, Wayana, Wayãpi et Téko-Emérillon), des Noirs Marrons (Aluku/Boni) et des Créoles ainsi que des métropolitains et de quelques Hmongs, Brésiliens et Surinamais.

▸ **Les missions du Parc :** préserver le patrimoine naturel, valoriser les cultures traditionnelles et accompagner les projets de développement local durable en concertation avec les communautés d'habitants. L'Etablissement public du parc amazonien de Guyane soutien l'émergence d'une filière d'écotourisme.

▸ **Protection du milieu naturel.** La forêt guyanaise est un phare de la biodiversité à l'échelle mondiale. Plus de 5 800 espèces végétales ont été recensées à ce jour dont plus de 1 500 espèces d'arbres. Côté faune : 192 espèces de mammifères, 260 espèces de reptiles et amphibiens, 720 espèces d'oiseaux, 400 espèces de poissons d'eau douce et des centaines de milliers d'insectes. Ce patrimoine forestier témoigne d'une forte naturalité et d'un bon état de conservation, il est un terrain idéal pour la connaissance et l'approfondissement de la recherche scientifique sur les écosystèmes amazoniens. Il existe dans le parc national des milieux remarquables : savanes-roches, *inselbergs* et monts forestiers.

▸ **Préservation du patrimoine culturel et développement durable.** Il s'agit de préserver et de valoriser les cultures matérielles et immatérielles des populations du territoire. Le Sud de la Guyane est le lieu de vie depuis plusieurs siècles des Amérindiens qui étaient nomades mais aussi des Noirs Marrons et des Créoles, depuis la seconde moitié du XIXe siècle. Ces communautés traditionnelles riches de leur héritage culturel, vivent au rythme des fleuves et de la forêt tropicale, dans une étroite relation avec la nature. Les savoirs et savoir-faire constituent un patrimoine unique où la transmission intergénérationnelle est un enjeu capital.

▸ **Écotourisme.** Le Parc amazonien de Guyane, dans une démarche de développement d'activités économiques locales et durables en concertation avec la population, soutient l'émergence d'une filière d'écotourisme à travers des actions de formation, de communication, d'aménagement et d'équipement avec un accompagnement technique et financier des porteurs de projet.

Randonnée en forêt.

ORGANISER SON SÉJOUR

Si un voyage en Guyane ne s'improvise pas, il ne requiert pas une préparation démente : aucun visa à demander, une monnaie et une langue similaires, mêmes prises électriques aux murs... Et on pourra se rendre en Guyane avec une simple carte d'identité (le passeport peut tout de même vous permettre de vous rendre au Brésil et au Suriname) ! Il faudra surtout veiller à se faire vacciner contre la fièvre jaune avant son départ : si vous n'êtes pas en mesure de présenter un certificat ou une copie de ce dernier, vous resterez sur le tarmac.

Pour le reste, mis à part les hôtels, éventuels véhicules et excursions à réserver avant le départ, il peut être bienvenu de se renseigner un peu sur ce département français d'Amazonie et sur sa « météo sociale » au moment de votre départ. Pour le reste, laissez-vous porter par les rencontres et l'atmosphère tropicale de cette région unique au monde à bien des égards. L'aventure n'attend pas !

PRATIQUE

ORGANISER SON SÉJOUR

ARGENT

En Guyane, comme partout sur le territoire français, on paie en euros (€). La majorité des villes dispose de distributeurs automatiques (banques ou poste) pour des retraits avec des cartes de crédit classiques (Visa et MasterCard). Attention ! Les bornes de retrait ne sont pas nombreuses et peu de commerçants acceptent les chèques non guyanais. Par prudence, dans certains établissements (même dans les grandes villes), prévoyez de payer en espèces car la carte bancaire n'est pas toujours acceptée. Pour ceux qui planifient de traverser les frontières, voici les taux de change avec le réal brésilien (R$) et le dollar surinamais (SRD) en juillet 2022 :

- **1 € =** 5,54 R$; 1 R$ = 0,18 €.
- **1 € =** 23,35 SRD ; 10 SRD = 0,43 €.

BUDGET / BONS PLANS

En matière de budget, tout dépend des activités envisagées, en forêt et sur les fleuves. La vie demeure chère en Guyane principalement à cause du prix du carburant et des denrées alimentaires, majoritairement importées de métropole.

- **Petit budget.** 60 € par jour et par personne, à condition de dormir en hamac (entre 10 et 15 €) sous les carbets de passage ou chez l'habitant, de manger simplement en faisant ses propres courses au marché et de ne pas trop se déplacer, ou du moins de rechercher tous les moyens de locomotion locaux tels que le fret pour descendre les fleuves, les taxis collectifs ou le stop pour rejoindre une ville donnée. Tout cela implique d'avoir du temps.
- **Budget moyen.** De 80 à 130 € par jour et par personne. Cela comprend logement en gîte (autour de 45 €), location de voiture (minimum 35 € par jour), repas au restaurant et découverte du département encadrée par des professionnels (fleuve, forêt, îles...) pour tous ceux qui disposent de quelques jours sur place et qui veulent avoir plusieurs aperçus du département.
- **Gros budget.** De 150 à 250 € par jour et par personne. Pour les voyageurs à la recherche du confort, avec logement dans les hôtels les plus chers du littoral, des déplacements en avion, la location d'un véhicule.

PASSEPORT ET VISAS

Les voyageurs français se rendant en Guyane n'ont naturellement aucune démarche administrative à faire (excepté le vaccin contre la fièvre jaune, on ne le dira jamais assez !), tandis que Belges, Suisses et Canadiens sont acceptés sans visa sur le territoire français pour 90 jours maximum, par tranche de six mois à compter de la première date d'arrivée.
Pour visiter les pays voisins : au Brésil, nul besoin de visa si vous y restez moins de 90 jours. En revanche, pour le Suriname il est obligatoire de faire une demande de visa (possible en ligne).

Vendeur de glaces à Saint-Laurent-du-Maroni.

L'ASSURANCE VOYAGE, LE MEILLEUR MOYEN POUR PROTÉGER SA SANTÉ À L'ÉTRANGER

avec le DR MICHEL NAHON, directeur médical d'Allianz Travel

En cas de souci de santé sur place, que faut-il faire ?

Si l'on se trouve dans une situation urgente (accident grave, morsure d'animaux...), il est conseillé d'appeler les numéros d'urgence locaux. Une fois à l'hôpital, appeler son assisteur pour déclencher les procédures de prise en charge.

Est-il possible d'entrer en contact avec un professionnel de santé en cas de besoin ?

Allianz Travel dispose d'un service de téléconsultation médicale accessible en visio qui permet de s'entretenir avec un médecin français 24h/24, 7 jours sur 7. La consultation se fait en français et des conseils sont donnés sur les démarches à effectuer. Une ordonnance peut également être délivrée.

S'agissant des frais médicaux, est-on forcément couvert par son assurance maladie et sa mutuelle à l'étranger ?

La sécurité sociale et la mutuelle fonctionnent en France et dans les pays de la Communauté économique européenne, à condition d'avoir fait une demande d'extension de garantie avec la carte européenne d'assurance maladie (CEAM). Il est malgré tout conseillé de souscrire une assurance voyage, car la prise en charge des frais ne sera pas la même qu'en France.

Quel est le meilleur moyen de voir ses frais médicaux pris en charge ?

Dans les pays hors Europe, il est recommandé de souscrire à un contrat d'assistance avec un bon niveau de couverture des frais médicaux. Il est également important de choisir un acteur solide, qui dispose d'un important réseau international dans le domaine médical.

L'assurance voyage prévoit-elle le rapatriement ?

Le rapatriement n'est pas systématique. Il faut un réel intérêt médical. Si le patient peut être traité sur place, l'assisteur oriente vers un médecin ou une structure médicale adaptée localement. De même qu'en cas d'accident dans une zone désertique, le patient sera d'abord orienté vers l'hôpital le plus proche pour stabiliser la situation, avant d'envisager le rapatriement.

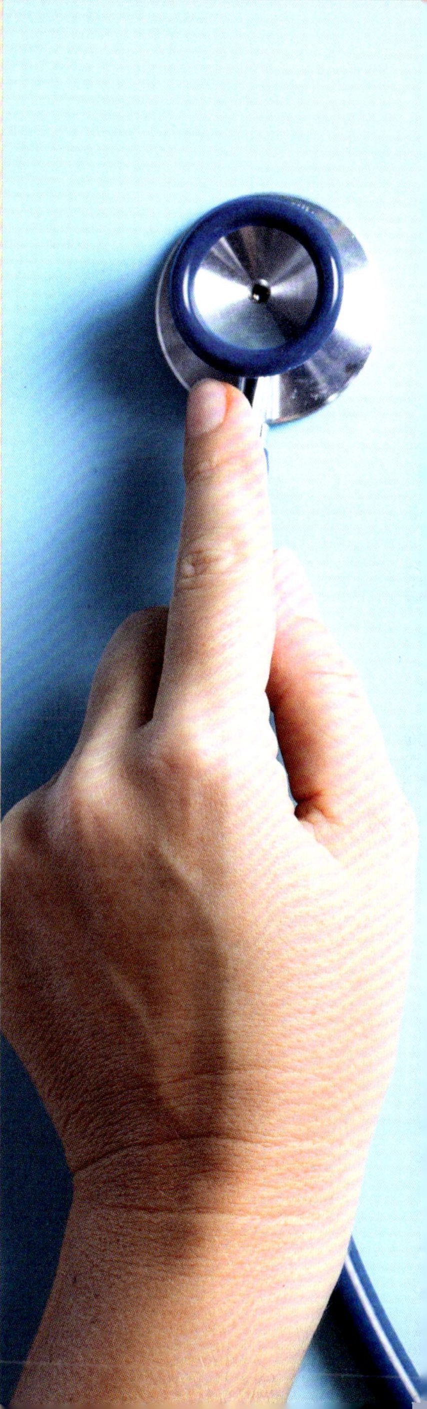

PERMIS DE CONDUIRE

Les permis de conduire belges, suisses et canadiens sont acceptés pour une période ne dépassant pas six mois ; le cas échéant, vous devrez vous munir du permis international (généralement valide de un à trois ans). Si vous désirez louer une voiture en Guyane, il faut être âgé de 21 ans avec un an de permis minimum, et être en possession d'une carte de crédit.

SANTÉ

Rien à craindre sur le plan sanitaire dans les villes guyanaises. Les piqûres par des insectes en forêt sont en revanche fréquentes, et certains spécimens peuvent transmettre des maladies de peau (leishmaniose, puce-chique...) qui peuvent se révéler après le retour. De plus, les petits bobos s'infectent plus facilement en milieu tropical, prudence donc !

Côté vaccin, celui de la fièvre jaune est obligatoire, il est recommandé d'être à jour de son vaccin DTP et de se faire vacciner contre l'hépatite A, et les plus aventureux se prémuniront également contre la B et la fièvre typhoïde ! Le paludisme (*malaria* en anglais) sévit sur les fleuves dans toute la région amazonienne et quelques cas ont été signalés sur la côte atlantique.

En cas de séjour en forêt, la moustiquaire est indispensable, même si l'on vous assure qu'il n'y a pas de moustiques. La dengue, une maladie virale transmise par un moustique femelle, est elle aussi présente et la transmission du virus est essentiellement urbaine. Sachez enfin que la rage est répandue partout. Côté hydratation, l'eau du robinet est potable sur tout le littoral.

VACCINS OBLIGATOIRES

Un vaccin contre la fièvre jaune vous sera demandé avant de monter dans l'avion pour Cayenne. Attention ! Si vous n'êtes pas en mesure de présenter une preuve de votre vaccination (carnet de vaccination ou une copie du certificat de vaccination contre la fièvre jaune), le personnel navigant ne vous laissera pas monter à bord ! Le vaccin doit être fait 10 jours minimum avant le départ.

SÉCURITÉ

En ville. L'accueil en Guyane est généralement chaleureux et agréable. Si vous n'êtes pas du coin, quelques lieux sont peut-être à éviter à la nuit tombée dans la ville de Cayenne comme La Crique (également surnommé Chicago) ou la pointe Buzaret. Dans ces quartiers laissés-pour-compte, la drogue a tendance à faire des ravages, le fléau actuel de la Guyane urbaine étant le crack. Le danger vient alors des consommateurs qui s'adonnent à toutes sortes d'agressions et vols à l'arraché. Le matin, tôt, à la gare routière de Cayenne, il faut rester vigilant également.

En forêt. L'autre danger potentiel vient de l'orpaillage clandestin. Se rendre sur un site d'orpaillage en forêt est totalement déconseillé. Peu de craintes en revanche du côté des animaux sauvages : s'ils sont nombreux, il ne faut pas oublier que la jungle est immense, si bien qu'on ne tombe pas sur un prédateur tous les quatre matins. Il y a plus de morts en métropole à cause des serpents qu'en Guyane, c'est pour dire ! Le sol amazonien étant peu compact, il faut en revanche faire très attention à la chute des arbres. Il est en effet plus fréquent d'être mis en danger par des chutes d'arbres ou de noix de coco que par des attaques animales.

DÉCALAGE HORAIRE

GMT-3 pour la Guyane, ce qui signifie 4 heures de moins en hiver et 5 heures de moins en été par rapport à Paris (GMT+1). Quand il est 11h du matin à Cayenne, il est 16h (en été) ou 15h (en hiver) à Paris. Quand vous êtes en Guyane, comptez 1 heure en moins par rapport à la Martinique et la Guadeloupe (GMT-4), idem pour le Québec en été, et 2 heures en moins en hiver.

LANGUES PARLÉES

La langue officielle et la plus parlée en Guyane est le français, mais elle est loin d'être la seule utilisée sur le territoire. Les langages créoles, pour commencer, se sont pour la plupart formés dans le contexte de l'esclavage entre les populations européennes et les esclaves arrachés à leur Afrique natale. On distingue le créole de base française, le kreol gwiyane, et le créole qui possède une base lexicale anglaise, venue du Suriname, comme le taki taki ou le saramaka. En ce qui concerne les populations amérindiennes : les Awarak parlent le palikur, les Caribes le wayana, et les Guarani le wayampi. On retrouve ces langues sur tout le continent sud-américain. Elles possèdent quelques caractéristiques communes, sans être intercompréhensibles pour autant. De nombreuses autres langues sont parlées en Guyane, comme le portugais du Brésil voisin, le créole haïtien, le hmong, les créoles antillais ou encore le sranan tongo du Suriname.

COMMUNIQUER

Aucun problème pour communiquer par téléphone mobile sur presque toute la longueur de littoral guyanais, l'accès à internet via les données mobiles est même très bon sur cette zone. Les choses se compliquent dès que l'on pénètre dans la forêt : dans ces zones reculées, seul le téléphone satellite fonctionne... a priori !
Si vous disposez d'un abonnement mobile français, suisse ou belge, il devrait parfaitement fonctionner en Guyane, et sans surcoût. La plupart des cafés, restaurants et hôtels disposent par ailleurs du wifi. Il y a toutefois fort à parier qu'une fois arrivé dans la jungle, vous déconnecterez certainement votre mobile pour laisser plus de place aux bonnes ondes de la majestueuse nature !

ELECTRICITÉ ET MESURES

Depuis 1995, le plus grand barrage hydroélectrique de France, Petit-Saut à Sinnamary, a été mis en route et couvre 80 % de la demande. Pour les communes éloignées comme Saül, la production de courant se fait par groupe électrogène ou par panneaux solaires. Concernant les prises, la Guyane dispose des mêmes configurations qu'en métropole. Idem pour le système métrique : on pèse en grammes et mesure en mètres.

BAGAGES

Constante tout au long de l'année, la température varie de 26 °C à 32 °C le jour et de 23 °C à 27 °C la nuit. En forêt, les nuits sont plus fraîches, la température pouvant descendre à 18 °C... Un vêtement chaud, tel qu'un sweat-shirt, est donc vivement recommandé, surtout pour les nuits en forêt (de même que des boules quies et un masque, pour ceux qui ont le sommeil léger). Pour la ville, choisissez des vêtements légers, souples et plutôt dans des tons clairs afin d'éloigner les moustiques... Vous trouverez sur place, en particulier chez « les chinois » (les épiciers du coin), tout le matériel du parfait randonneur guyanais, à savoir hamac, moustiquaires imprégnées, vêtements pour se protéger de la pluie, parapluie... à un prix beaucoup moins élevé qu'en métropole. N'oubliez pas le nécessaire pour vous protéger du soleil. Pensez à prendre votre carnet de vaccination prouvant que vous êtes vacciné contre la fièvre jaune et votre passeport car les frontières sont tentantes.

En pirogue sur le marais de Kaw.

S'Y RENDRE

Air France et Air Caraïbes proposent des vols Paris–Cayenne à peu près au même tarif. Il faut compter environ 9 heures de vol à l'aller, et 8 heures 30 au retour. A noter que la variation de prix (de 650 à 2 000 € !) peut dépendre de la compagnie empruntée mais, surtout, de la date de votre voyage. Pour obtenir des tarifs intéressants, abonnez-vous aux newsletters des compagnies respectives, des promos régulières sont proposées. Et réservez votre billet bien à l'avance ! Si vous avez l'intention de visiter le Suriname, il est également possible d'emprunter un vol direct Amsterdam-Paramaribo (la capitale surinamaise), et de vous rendre ensuite en Guyane par voie terrestre.

Depuis Cayenne, pour se rendre au Brésil, la compagnie brésilienne Azul (www.voeazul.com.br) propose des vols directs à destination de Belém et Fortaleza. La compagnie qui assurait la connexion entre Cayenne et Paramaribo (Suriname) a quant à elle cessé de fonctionner.

AIR CARAÏBES

✆ 0820 835 835

www.aircaraibes.com

Air Caraïbes, compagnie aérienne française régulière spécialiste des Caraïbes propose au départ d'Orly Sud jusqu'à 4 vols hebdomadaires vers la Guyane (Cayenne). La compagnie relie également la province et la Belgique à la Guyane au départ d'Orly Sud grâce à TGV AIR. Air Caraïbes propose 3 classes de services à bord de ses vols transatlantiques : Soleil (Economique), Caraïbes, (Premium Economy), Madras (Affaires). Son programme de fidélité Préférence permet de cumuler des miles et de bénéficier d'avantages. Consultez le site Internet pour les promotions en cours.

AIR FRANCE

✆ 3654

wwws.airfrance.fr

Réservations en ligne ou par téléphone, tous les jours de 8h à 20h.

Toute l'année, la compagnie nationale française propose de nombreux vols tous les jours au départ des aéroports de Paris : plusieurs destinations en France, en Europe et à l'international. La compagnie, qui existe depuis 1933, est synonyme de qualité, de service et de confort. Sa flotte est majoritairement constituée d'Airbus âgés d'environ une dizaine d'années. Nous vous conseillons de réserver très à l'avance pour obtenir des tarifs compétitifs. Air France propose un à deux vols quotidiens directs de Paris à Cayenne. Durée du vol : 9h.

EASY VOLS

✆ 08 99 19 98 79

www.easyvols.fr

Pour voyager malin, il faut faire ses recherches en toute efficacité, sans perdre trop de temps à jongler d'un site à un autre. Pour trouver le bon vol au bon prix, l'idéal est la plateforme comparatrice de vols. Easyvols permet de comparer en temps réel les prix des billets d'avion chez plus de 700 compagnies aériennes et pas seulement des compagnies low-cost. Vous pouvez économiser jusqu'à 70 % du prix si vous êtes prêts à saisir au vol les meilleures offres. Des avis avisés de clients sont aussi consultables sur le site Internet.

MISTERFLY

www.misterfly.com

Ouvert du lundi au vendredi de 9h à 21h. Le samedi de 10h à 20h.

MisterFly.com est le nouveau-né de la toile pour la réservation de billets d'avion. Son concept innovant repose sur un credo : transparence tarifaire ! Cela se concrétise par un prix affiché dès la première page de la recherche, c'est-à-dire qu'aucun frais de dossier ou frais bancaire ne viendront alourdir la facture finale. Idem pour le prix des bagages ! L'accès à cette information se fait dès l'affichage des vols correspondant à la recherche. La possibilité d'ajouter des bagages en supplément à l'aller, au retour ou aux deux... tout est flexible !

www.petitfute.com
1er site d'information touristique
GUIDES DE VOYAGE
ADRESSES ET AVIS
EXPÉRIENCES
IDÉES DE SÉJOURS
JEUX CONCOURS
BONS PLANS
PLUS D'INSPIRATION SUR
petit futé

SÉJOURS ET CIRCUITS

Si certains aiment organiser leur voyage de A à Z, d'autres préfèrent confier la logistique à une agence spécialiste. On peut choisir de partir en groupe organisé ou alors seul, en couple, entre amis ou en famille, avec un forfait clé en main ou conçu sur mesure. Les possibilités sont nombreuses en Guyane, et la plupart des agences métropolitaines et locales proposant de la simple excursion de quelques heures aux véritables expéditions sur plusieurs jours sont sérieuses et expérimentées. Quelle que soit l'orientation thématique de votre voyage, quelques visites incontournables sont à prévoir comme les Marais de Kaw, les îles du Salut, ou encore le barrage de Petit-Saut. De toute manière, quel que soit votre programme, il y a de fortes chances pour qu'il se déroule en forêt ou en rivière. Partant de là, vous serez contraint de laisser les professionnels du terrain s'occuper de la logistique et de l'organisation. Suivez le guide !

AKAÏNA

4, rue Gabriel-Péri
GRENOBLE
✆ 04 76 86 30 26
www.akaina.fr
Ouvert du lundi au vendredi de 9h30 à 12h et de 14h à 18h30. Fermé le samedi.

Le voyagiste Akaïna construit depuis plus de vingt ans des voyages sur mesure, selon vos envies, pour vous donner le temps de découvrir les choses à votre rythme. Huit voyages de 9 à 16 jours sont proposés par Akaïna pour découvrir la Guyane, des îles du Salut en catamaran à la randonnée pédestre dans l'enfer vert de la forêt amazonienne française à la rencontre des populations amérindiennes et des Noirs-Marrons, en passant par un combiné avec le Brésil voisin pour partir découvrir Belém et le plus grand marché fluvial d'Amazonie.

AMPLITUDES

60, rue Sainte-Anne - **PARIS** (2e)
✆ 01 42 86 84 98
www.amplitudes.com
Ouvert du lundi au vendredi de 10h à 19h et le samedi jusqu'à 18h. Contact clients agence de Toulouse (second numéro).

Spécialiste des voyages sur mesure, en solo, en couple ou en groupe, des voyages en famille et des circuits privatifs depuis près de 30 ans, l'agence de voyages toulousaine Amplitudes et son antenne parisienne proposent des formules adaptées avec comme ligne directrice : « hors des sentiers battus ». Le catalogue est dense. En Guyane, l'agence propose un circuit au volant à l'orée de l'Amazonie française de 9 jours / 7 nuits avec pirogue sur le fleuve Maroni. Informations pratiques et conseils d'experts avec l'équipe en agence.

ESCURSIA

2, rue Jean-Emile-Laboureur - **NANTES**
✆ 02 53 35 40 29
www.escursia.fr
Ouvert du lundi au vendredi de 9h à 12h30 et de 14h à 18h.

Escursia propose des séjours authentiques, pour découvrir la nature et les hommes, en compagnie de personnages rares et passionnants. Week-ends, courts séjours en France ou longs séjours à l'étranger, l'esprit commun à tous leurs voyages est l'immersion, hors sentiers battus, dans des sites naturels préservés, accompagnés de guides naturalistes passionnés. Le circuit de 11 jours et 9 nuits « Voyage au cœur de la forêt guyanaise » vous plongera au cœur de l'Amazonie française le long de sentiers botaniques accompagnés par des spécialistes de l'écosystème guyanais.

IMAGES DU MONDE

14, rue de Siam
PARIS (16e)
✆ 01 44 24 87 88
www.images-du-monde.com
Devis disponible sur demande via leur site internet.

A deux pas de la tour Eiffel, l'équipe d'Images du Monde vous recevra sur rendez-vous dans son Espace Voyage. Arabica de Guyane servi dans le salon de l'agence, puis projection sur grand écran des sites incontournables. Votre conseiller « construira » votre voyage selon vos envies : séjour chargé d'histoire sur l'île Royale, nuit en carbet en pleine forêt tropicale, descente de fleuve en pirogue, sensibilisation à l'écosystème avec un guide indien, circuits insolites pour une découverte authentique de cette destination Nature. Extension possible au Brésil.

GO VOYAGES

www.govoyages.com

Go Voyages propose un très grand choix de vols secs, charters et réguliers au meilleur prix au départ et à destination des plus grandes villes. 155 000 itinéraires de vols, 665 compagnies aériennes et plus de 2 millions d'hôtels dans 40 000 destinations... Possibilité également d'acheter des packages sur mesure « vol + hôtel » et des coffrets cadeaux. Sans oublier le grand choix de promotions sur tous les produits et la location de voitures. La réservation est simple et rapide, le choix multiple et les prix très compétitifs.

COMPAGNIE DES GUIDES DE GUYANE [CGG]

KOUROU ✆ 06 94 43 41 61

www.guides-guyane.com

Toutes sortes d'activités nature, de Saint-Georges de l'oyapock à Saint-Laurent du Maroni. Sortie rando, pirogue carbet…

Des spécialistes expérimentés se mettent à votre service pour vous aiguiller lors de vos excursions en forêt. Ils vous accompagnent durant votre randonnée et vous conseillent avant votre départ. La plupart d'entre eux travaillent dans des structures locales. Vous trouverez toutes leurs coordonnées sur le site internet. N'hésitez pas à les contacter même si vous n'êtes pas à Kourou, la CGG s'occupe (entre autres) de référencer des guides professionnels sur l'ensemble du territoire.

PROMOVACANCES

✆ 08 99 23 00 16

www.promovacances.com

Promovacances est une agence de voyage en ligne qui propose de nombreux séjours touristiques, des week-ends, ainsi qu'un très large choix de billets d'avion à tarifs négociés sur vols charters et réguliers, des locations, des hôtels à prix réduits. En plus de cette importante offre, n'hésitez pas à guetter en ligne des promotions de dernière minute et les bons plans du jour. Enfin, des informations pratiques sont à consulter en ligne pour préparer votre voyage : santé, formalités, aéroports, voyagistes, compagnies aériennes.

COULEURS AMAZONE

Route de l'Est

MATOURY

✆ 05 94 28 70 00

www.takari-amazonie.com

Ouvert du lundi au samedi de 9h30 à 20h.

Passionnée par la Guyane, la sympathique équipe de l'agence Couleurs Amazone propose la découverte magique de nombreuses facettes du département tout en étant spécialisée sur l'Approuague, le Maroni, les treks et circuits à Saül, et le Suriname. Voici quelques intitulés de la liste (non exhaustive) des activités et excursions proposées par cette agence de voyages locale : *Marais de Kaw en pirogue*, *Crique Gabriel*, *Remontée de la Comté*, *Art Amérindien*, *Maroni* et *Approuague*. N'hésitez pas à les contacter pour organiser votre aventure.

ATMOSPHÈRE D'AMAZONIE

38 rue Marcel Dassault - **KOUROU**

✆ 05 94 22 39 87

www.atmosphere-amazonie.fr

Circuit « Les ibis rouges » (3h) 35 € par personne, « Découverte du lac de Petit Saut » (1/2 journée) dès 90 €. Pêche.

Patrick Fresquet, membre actif de la Compagnie des guides de Guyane, propose des séjours thématiques sur mesure au plus près de la nature sauvage amazonienne, des expéditions de pêche sportive ou de loisirs, des randonnées fluviales ou pédestres dans des milieux naturels exceptionnels, peu fréquentés par les visiteurs et donc plutôt sauvages. Au menu : pêche à l'aïmara, au koumarou, aux siluriformes, au baby-tarpon ou au peacock-bass, exploration sur le haut Sinnamary, les ibis rouges, le fleuve Iracoubo et la Counamama, ou encore la réserve naturelle de Kaw.

GUYANE EVASION

RÉMIRE-MONTJOLY

✆ 05 94 29 41 64

www.guyane-evasion.com

Cette agence de voyages propose plusieurs circuits, dont certains originaux, dans toute la région et vous donne des conseils pratiques pour le séjour. N'hésitez pas à consulter leur site internet pour connaître leurs offres. Parmi elles : excursion dans la savane de Kaw, journée guidée sur le Maroni, sur l'île La Mère, les îles du Salut, la crique Gabriel, Saül... Afin d'effectuer tous les déplacements nécessaires de manière agréable, l'agence dispose d'une belle flotte de véhicules terrestres (voitures, minivans, bus) et aquatiques (bateau à moteur et voilier).

HAVAS VOYAGES

17-19 rue Lallouette
CAYENNE
✆ 05 81 94 34 28
agences.havas-voyages.fr
Ouvert du lundi au vendredi de 8h30 à 17h30, le samedi de 9h à midi.

Depuis son antenne de Cayenne, le géant du tourisme Havas Voyages s'occupe de l'organisation de séjours et croisières en Guyane ou à l'étranger, dans la sous-région. Circuits locaux, excursions en forêt, mais aussi location de voitures, réservation d'hôtels ou de croisières, séjours et voyages à la carte... L'agence travaille ici en collaboration avec l'agence locale Takari Tours, avec qui elle partage les locaux de son adresse du centre-ville. Une gamme d'offres variée qui conviendra à toutes sortes de séjours, que l'on soit seul, en famille ou entre amis.

T'AIR NATURE GUYANE

CAYENNE
✆ 05 94 30 34 57
www.t-airnatureguyane.com/
Contact en ligne et par téléphone uniquement.

T'air Nature Guyane est une agence de voyages réceptive née d'une histoire d'amour avec la Guyane. Avec plus de 10 ans d'expérience, Tina, véritable passionnée du territoire prodigue des conseils sur mesure, élaborant avec vous le circuit de vos envies. On s'occupera de vous de A à Z, en ligne uniquement : réservations de vols, hôtels, excursions et véhicule de location. Les petits plus de l'agence : les packages au Brésil, Suriname et Antilles ! Avec en partenariat la Compagnie Azul et Air Antilles. Et si vous avez besoin d'inspiration, T'air n'en manque pas !

TAKARI AMAZONIE

Centre commercial Family Plaza
CAYENNE
✆ 05 94 28 70 00
www.takari-amazonie.com
Ouvert du lundi au samedi de 9h30 à 19h.

Takari est une agence réceptive spécialiste de la Guyane proposant toutes sortes d'excursions et circuits d'un à plusieurs jours sur les fleuves ou en forêt. Quelques activités phares : balade en pirogue sur le fleuve le Maroni (circuit de 2h, demi-journée ou journée), la sortie « Ibis Rouge et Morpho sur le Sinnamary » (pirogue, observation des ibis, mais aussi de la faune et la flore), Crique Gabriel (pirogue, découverte de la crique et observation de l'environnement) ou encore les Marais de Kaw en pirogue (observation des oiseaux, des caïmans et des singes).

EASYVOYAGE

✆ 08 99 19 98 79
www.easyvoyage.com

Le concept peut se résumer en trois mots : s'informer, comparer et réserver. Des infos pratiques sur plusieurs destinations en ligne (saisonnalité, visa, agenda...) vous permettent de penser plus efficacement votre voyage. Après avoir choisi votre destination selon votre profil (famille, budget...), le site vous offre la possibilité d'interroger plusieurs sites à la fois concernant les vols, les séjours ou les circuits. Grâce à ce moteur performant, vous pouvez réserver directement sur plusieurs bases de réservation (Lastminute, Go Voyages et bien d'autres).

JETCOST

www.jetcost.com

Jetcost compare les prix des billets d'avion et trouve le vol le moins cher parmi les offres et les promotions des compagnies aériennes régulières et *low cost*. Le site est également un comparateur d'hébergements, de loueurs d'automobiles et de séjours, circuits et croisières. L'interface du site Internet est très simple d'utilisation. Après avoir lancé la recherche, on peut affiner les résultats en fonction de ses choix afin de trouver le vol le plus intéressant, la durée du trajet, les éventuelles escales ou encore l'aéroport d'arrivée.

QUOTATRIP

www.quotatrip.com
Voyages sur mesure.

QuotaTrip est une nouvelle plateforme de réservation de voyage en ligne qui met en relation des voyageurs à la recherche d'expériences authentiques et uniques et des agences de voyages locales sélectionnées pour leurs compétences et leur sérieux. Le réseau de QuotaTrip couvre près de 200 destinations dans le monde entier. Le but de ce rapprochement est simple : proposer un séjour entièrement personnalisé aux utilisateurs. QuotaTrip promet ainsi l'assurance d'un voyage serein, sur mesure, sans intermédiaires et sans frais supplémentaires.

INTERVIEW

LE VOYAGE-SUR-MESURE

AVEC STEVEN LE CHEVALIER ET MATHIEU VALLY DE QUOTATRIP

Quel est le concept de l'agence QuotaTrip ?

Quotatrip est la première plateforme de mise en relation entre voyageurs et agences locales. Grâce à elle, les voyageurs peuvent enfin échanger en direct avec des agences qui sont sur place et concevoir un voyage unique, au meilleur prix et 100% personnalisé.

Pourquoi voyager avec des agences locales ?

À l'inverse des agences traditionnelles, les agences locales sont des expertes de la destination choisie. Ce sont aussi les mieux placées pour concevoir des séjours qui sortent des sentiers battus. Elles sont ainsi en mesure de répondre à l'ensemble des envies, le voyageur rentre dans l'univers de l'equi-tourisme = le tourisme sans intermédiaire.

Quels sont les autres avantages pour les voyageurs ?

Il y a une multitude d'avantages. Cela permet notamment de ne pas voyager comme tout le monde, d'organiser de manière simple et rapide un séjour sur mesure et au meilleur prix. Fini les mauvaises surprises, les voyageurs posent toutes les questions qu'ils souhaitent et bénéficient d'un accompagnement sur mesure, de la conception du projet jusqu'à sa réalisation en toute sécurité car les agences référencées sont sélectionnées et recommandées par les journalistes des guides du Petitfute en toute impartialité.

Les démarches sont-elle simples à effectuer ?

Les sites de voyage en ligne font perdre beaucoup de temps aux internautes sans pour autant répondre entièrement à leurs désirs. QuotaTrip propose un formulaire simple et rapide qui permet de décrire les souhaits, les envies et les besoins. L'internaute reçoit aussitôt gratuitement et sans engagement les offres de trois ou quatre agences locales avec qui il peut ensuite échanger afin de personnaliser son projet grâce à la messagerie mise en place.

Quelles sont les destinations proposées ?

Notre plateforme propose plus de 21 000 projets de voyage sur plus de 100 destinations à travers le monde. De l'Amérique latine en passant par l'Asie et l'Afrique, nos mille agences partenaires sont là pour répondre à vos projets de voyage.

Décrivez votre projet de voyage. Échangez en direct avec les agences locales et partez au meilleur prix.

***Plus d'informations** : quotatrip.com*

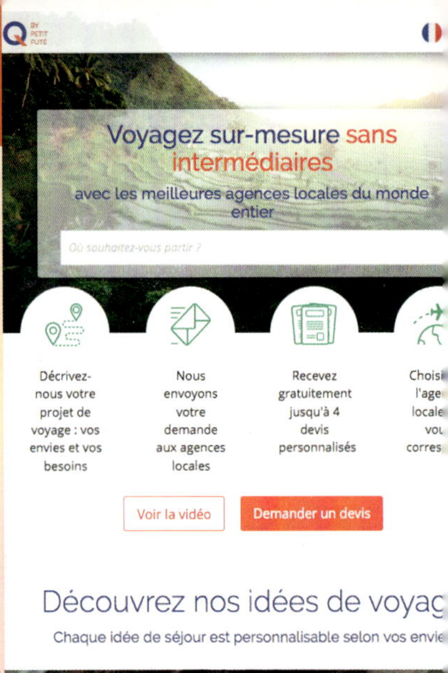

© D.R

© D.R

© D.R

SE LOGER

S'il existe une large offre hôtelière en Guyane, les offres sont de tarifs et de qualité variables : de l'hôtel de chaîne répondant aux standards internationaux au sommaire carbet (ces constructions amérindiennes typiques auxquelles on attache son hamac pour la nuit), en passant par l'appartement meublé, la chambre chez l'habitant, la maison d'hôtes de charme et autres petites pensions sans prétention, il y en a pour tous les goûts et toutes les bourses. L'intérêt d'un voyage en Guyane étant justement le voyage, le déplacement, il peut être assez bien vu d'élaborer son itinéraire à l'avance et de réserver chambres, appartements ou nuits en hamac avec de l'anticipation, non seulement pour être sûr d'avoir de la place, mais aussi pour obtenir un bon tarif. Pour les aventuriers, nous ne saurions que trop recommander la plateforme web Escapade Carbet, qui répertorie tous les carbets recommandables du département (www.escapade-carbet.com).

CLÉVACANCES GUYANE €€

CAYENNE

www.clevacances.com

Nombreuses locations de vacances. A partir de 48 € par nuit. Réservation en ligne.

Le label Clévacances est une marque de qualité nationale pour les locations de vacances. Les établissements labellisés sont sélectionnés selon les critères suivants : l'environnement, l'aménagement intérieur, l'équipement, le confort et l'accueil. Plus d'une quarantaine d'établissements sont référencés en Guyane, offrant jusqu'à 5 catégories de confort (1, 2, 3, 4 ou 5 clés). Il s'agit de chambres (pour 1 ou 2 personnes) et de studios (pour 2, 3 ou 4 personnes) dans et autour de Cayenne, Remire-Montjoly, Matoury, Macouria et Kourou.

ESCAPADE CARBET

www.escapade-carbet.com

Le site de référence pour les carbets et le tourisme durable en Guyane.

Leur slogan veut tout dire : « Parce qu'un bon hamac vaut mieux qu'un mauvais lit... ». Ce site Internet extrêmement bien conçu répertorie les différents carbets de Guyane où il fait bon accrocher son hamac. Fiches explicatives avec la capacité d'accueil, les tarifs, la présentation du site et les activités disponibles, ainsi que des conseils aux randonneurs qui voudront explorer la nature alentour. Il est régulièrement mis à jour avec son agenda de manifestations. Désormais disponible en application pour smartphone. A consulter sans modération !

COUCHSURFING €€

www.couchsurfing.com

Plateforme internet pour séjourner chez l'habitant. Tarif d'adhésion : 15€ environ.

Couchsurfing est le service d'hébergement gratuit en ligne regroupant le plus d'adhérents. Il suffit de s'inscrire pour accéder aux profils des locaux ou faire sa demande d'hébergement pour quelques jours, voire quelques semaines. En échange, vous pouvez par exemple inviter votre hôte à manger, lui offrir un cadeau ou bien l'accueillir chez vous. Le site Internet met en place des systèmes de contrôle : notation des membres, numéro de passeport exigé à l'inscription, etc. Les participants ont accès à des hébergements volontaires dans plus de 200 pays.

VAOLO

✆ +1 418 317 6466

www.vaolo.com

Plateforme internet locations.

Vaolo est une plateforme de réservation en ligne d'hébergements durables et responsables mise en place par l'ONG québécoise de tourisme durable Village Monde. Ce récent site collaboratif permet de découvrir des villages hors des sentiers battus, des communautés éloignées des circuits touristiques de masse et d'aller loger chez eux, sans aucun intermédiaire. Une bonne façon de faire des rencontres authentiques ! Quelques hébergements ainsi que des excursions sont proposés en Guyane. N'hésitez pas à jeter un coup d'œil au site pour vous donner des idées.

SE DÉPLACER

En raison de l'abondance végétale du département (rappelons-le, plus de 95 % du territoire guyanais est recouvert d'une dense végétation amazonienne), la grande majorité des lieux qui valent une visite ne sont accessibles qu'au prix de plus ou moins longs trajets en pirogue le long des fleuves, trajets qui sont de véritables spectacles en eux-mêmes ! La voie des airs, plus rapide et onéreuse, est une option à considérer pour les voyageurs auxquels le temps manque. Pour ce qui est de la circulation le long du littoral, de la frontière brésilienne à celle du Suriname, les transports en commun (bus et minibus) font très bien l'affaire et les routes sont plutôt bien goudronnées. Indéniablement, un véhicule de location présentera l'avantage de vous offrir toute la liberté de faire des escales çà et là au gré de vos envies. Evitez tout de même de conduire de longues distances la nuit, le manque d'éclairage a tendance à fatiguer.

AIR GUYANE

Aéroport international Félix Éboué
CAYENNE
✆ 05 94 29 36 30
www.airguyane.com
Pour les vols internes (Saül, Maripasoula…).

Basée à l'aéroport international Félix-Éboué, la compagnie aérienne régionale Air Guyane existe depuis 2002 et appartient à la CAIRE (Compagnie aérienne inter-régionale express), compagnie qui a pour filiale une autre compagnie aérienne régionale : Air Antilles. Air Guyane assure des vols intérieurs entre les villes de Cayenne, Maripasoula, Saül, Saint-Laurent-du-Maroni et Grand Santi. Si les liaisons avec Paramaribo (capitale du Suriname) ont cessé, il demeure possible, grâce à un partenariat avec Air France, de rallier Guadeloupe et Martinique.

ACL LOCATION DE VOITURES

44 boulevard Nelson Mandela - **CAYENNE**
✆ 05 94 30 47 56
www.acl-guyane.com/fr
Ouvert en semaine de 8h à 18h, le samedi uniquement le matin. A partir de 55 € la journée (21 ans minimum).

Depuis plus de 30 ans, ACL s'est imposée comme un loueur de confiance. Le personnel est facilement joignable et toujours prêt à trouver la meilleure solution pour vous aider. Vous pouvez par exemple leur demander de récupérer une voiture à l'aéroport : quelqu'un vous attendra au comptoir ACL de l'aéroport à l'arrivée de votre vol, et avec le sourire ! Les véhicules sont fiables et neufs, allant de la voiture de tourisme aux minibus ou autres utilitaires. En plus, les tarifs sont très intéressants, faisant d'ACL l'un des loueurs les plus plébiscités !

BSP AUTO

✆ 01 43 46 20 74
www.bsp-auto.com
Site comparatif accessible 24h/24.

Il s'agit là d'un prestataire qui vous assure les meilleurs tarifs de location aux conditions les plus avantageuses auprès des grands loueurs de véhicules dans les gares, aéroports et les centres-villes du monde entier. Le kilométrage illimité et les assurances sont souvent compris dans le prix. Avec BSP Auto, vous pouvez réserver dès maintenant et payer seulement cinq jours avant la prise de votre véhicule. Autre bonus du courtier BSP : pas de frais de dossier ni d'annulation (jusqu'à la veille). La moins chère des options zéro franchise.

EUROPCAR

Centre commercial Carrefour
RN1 ZA Terca Matoury - **CAYENNE**
✆ 05 94 35 18 27
www.europcar-guyane.com/fr
reservation@europcar-guyane.com
Ouvert du lundi au vendredi de 7h30 à 17h30. Le samedi de 8h30 à 12h.

La bien connue agence Europcar est installée en Guyane, et possède plusieurs agences. Son gros point fort est d'être présent dès votre arrivée à l'aéroport de Cayenne (ce qui n'est pas le cas de tous les loueurs), avec des horaires d'ouverture adaptées aux vols. Vous y (re) trouverez la qualité de service Europcar, avec un large choix de véhicules récents. Vous ferez des économies en réservant et payant sur le site Internet plutôt qu'à l'agence. Véhicules de tourisme, utilitaires, minibus, 4x4, sans permis, hybrides et électriques…

S'INFORMER

Avant de vous rendre en Guyane, il peut être avisé d'aller jeter un œil au site internet officiel du Comité du tourisme de la Guyane, nommé Guyane Amazonie (www.guyane-amazonie.fr). Pour tout savoir sur la Guyane avant même d'y être ! Le site est particulièrement bien renseigné, répertoriant une quantité impressionnante d'adresses : restaurants, hébergements, loueurs de voitures et agences de voyages. Des mises à jour effectuées régulièrement, vous permettant de vous tenir informé des diverses manifestations culturelles et touristiques du département. Nous vous proposons également ici quelques adresses, sites et canaux d'informations locales qui vous permettront de vous tenir informé de l'actualité économique, administrative, sanitaire et touristique de la Guyane, tout en délivrant de précieux renseignements pour ceux qui souhaiteraient s'y installer. La chaîne télévisée *Guyane Première* est la source d'infos la plus populaire.

COMITÉ CARNAVALESQUE ET FESTIVAL DE KOUROU

Rue des Palikas
KOUROU
✆ 05 94 47 05 65

Cet organisme a pour objectif de fédérer les différents acteurs du carnaval, LE grand événement culturel guyanais ! L'association fonctionne essentiellement en période de carnaval : regroupant les différents groupes carnavalesques, elle s'avère de bon conseil pour en savoir davantage sur les parades, le déroulement du festival, et éventuellement pour vous aider à trouver un costume. N'hésitez pas à les contacter lors d'un séjour en période de carnaval.

COMITÉ DU TOURISME DE LA GUYANE - BUREAU PARISIEN

5, rue de Stockholm
PARIS (8e)
✆ 01 42 94 15 16
www.guyane-amazonie.fr

Ouvert du lundi au vendredi de 10h à 16h. Accueil sur rendez-vous.

Ce site est une antenne en métropole du Comité du Tourisme de la Guyane (CTG). Les agents sur place sont particulièrement bien renseignés sur les restaurants, hébergements, loueurs de voitures, agences de voyages. Le site internet est lui aussi un mine d'informations et est mis à jour régulièrement, il vous tiendra informé des diverses manifestations du département. Pour tout savoir sur la Guyane avant même d'y avoir posé le pied !

OFFICE DE TOURISME DE CAYENNE

12 rue Louis Blanc - **CAYENNE**
✆ 05 94 39 68 83
www.ville-cayenne.fr

Ouvert au public du lundi au vendredi de 8h30 à 12h30 et de 14h à 17h, et le samedi de 9h à 13h.

L'office de tourisme est plutôt bien achalandé en brochures de toutes sortes et cartes de la ville. Le personnel, très compétent et volontaire, est à votre écoute et saura vous renseigner sur les événements à venir à Cayenne et ses environs, mais aussi dans tout le reste de la Guyane. On y propose notamment un circuit « découverte des maisons créoles » de Cayenne. Une étape on ne peut plus recommandée lors d'un passage dans le centre-ville de Cayenne, à côté de la place des Palmistes.

LETTRES D'AMAZONIE - LA CAS'A BULLES

51 rue du Lieutenant-Goinet - **CAYENNE**
✆ 05 94 28 26 05
www.kazabul.com

Ouvert du lundi au vendredi de 9h à 13h et de 15h à 19h.

La seule véritable librairie de Cayenne, installée dans une jolie maison créole, fait en sorte d'avoir en stock tous les livres sur le département. Un grand choix de littérature générale (cuisine, philosophie, voyages), bandes dessinées et de mangas. L'équipe organise régulièrement des séances de dédicaces et participe avec l'association Carbet des bulles, à l'organisation chaque année d'un festival de la bande dessinée réunissant toutes les pointures internationales.

CARNETS DE VOYAGE

36, Boulevard de la Bastille
PARIS (12e)
phoenix-publications.com
Trimestriel consacré à des destinations de voyage avec des focus dédiés à la découverte des régions.

Trimestriel consacré à des destinations de voyage avec des focus dédiés à la découverte des régions, *Carnets de Voyage*, le magazine des voyages réussis. Tous les 3 mois, la revue vous invite à découvrir à travers ses reportages le meilleur des destinations. Grande ou petite escapade à la découverte d'une ville, d'une région, en France, en Europe ou dans le monde à travers des reportages photo uniques complétés de conseils pratiques et de bonnes adresses pour nous faciliter le voyage avec enfin, un agenda des rendez-vous à ne pas manquer.

GUYANE LA PREMIÈRE (GUYANE LA 1ÈRE)

la1ere.francetvinfo.fr/guyane

Le site de la chaîne principale en Guyane (elle enregistre plus d'un tiers de part d'audience à l'échelle du département). Un journal quotidien de 30 minutes diffusé tous les jours à 19h30 orienté sur l'actualité locale, une émission sportive baptisée *973 Chrono* et une émission balayant l'actualité politique nommée *Politik. Guyane*. Les rediffusions et reprises en direct de programmes des chaînes publiques France Télévisions (infos, sports, fictions, jeux, etc.) sont fréquentes.

FRANCE 24

www.france24.com/

France 24, quatre chaînes internationales d'information en français, anglais, arabe et en espagnol. Emettant 24h/24 et 7j/7 sur les 5 continents. La rédaction de France 24 propose depuis Paris une approche française du monde et s'appuie sur un réseau de 160 bureaux de correspondants couvrant la quasi-totalité des pays du globe. Disponible en Italie sur la TNT : 241 (en français) - sur Tivu : 73 (en français), 69 (en anglais) - sur Sky : 541 (en français), 531 (en anglais). Également sur Internet (france24.com) et applications connectées.

PETIT FUTÉ MAG

www.petitfute.com

Petit Futé Mag est un complément parfait à votre guide préféré, pour vous inspirer, vous faire rêver, éveiller l'envie de voyage et d'évasion qui sommeille peut-être en vous. Vous y trouverez des articles passionnants liés à l'actualité du voyage et du tourisme, à travers des focus sur les destinations tendances, des expos à ne pas manquer, des inspirations et des respirations à travers le monde. Vous trouverez également des conseils pratiques pour vos préparatifs. A retrouver en kiosque tous les trimestres ou chez votre marchand de journaux préféré.

GUYAMAG

CAYENNE
www.ewag.fr

Magazine dédié au monde de l'entreprise et de l'économie aux Antilles et en Guyane. Lancé à l'été 2005, il est la version guyanaise des magazines *Jarrymag* guadeloupéen (*Karumag* depuis 2014) et *Mandinmag* martiniquais. On y retrouve reportages et articles de fond traitant de sujets variés allant de l'économie au droit, de l'environnement à la formation professionnelle. Avec un tirage moyen de 15 000 exemplaires et un peu moins de 90 pages par numéro, il est publié tous les deux mois et est principalement distribué à Cayenne et à Kourou.

VIÀGUYANE

CAYENNE
✆ 05 94 38 40 40
viaatv.tv

ViàGuyane, anciennement ATV Guyane (jadis ATG, pour Antenne Télévision Guyane) est une chaîne privée généraliste de proximité diffusée en Guyane par satellite. Disponible également sur la TNT. La chaîne diffuse essentiellement des programmes tournés et produits en Guyane (un peu plus de 50 h par semaine), mais également des émissions tirées des chaînes nationales privées françaises. Chaque jour, un journal télévisé de 25 minutes est assuré, ainsi qu'une émission d'informations locales. Une bonne manière de se tenir au parfum de l'actualité guyanaise.

RESTER

La Guyane est un département français et, à ce titre, quiconque disposant d'une carte d'identité française ou de n'importe quel pays de l'Union européenne peut s'installer facilement, pour y étudier, y faire un stage, ou même pour y travailler. Il y a du travail en Guyane et, si l'on veut rester, il est relativement simple de trouver un poste lorsqu'on est instituteur, professeur, infirmier ou médecin : le département en demande chaque année. Les autres professions auront peut-être moins de facilité à trouver un poste, mais rien n'est impossible en Guyane. A l'heure actuelle, il n'y a pas de production locale, hormis les produits agricoles des Hmongs et l'unique distillerie de Saint-Laurent. Et même s'il faut beaucoup de bonne volonté, investir en Guyane est un pari qui peut être pris. Le seul hic en s'installant en Guyane est de trouver un logement, ce qui n'est pas une partie de plaisir, les logements étant rares.

ACTION CONTRE LA FAIM

14, boulevard de Douaumont
PARIS (17e)
✆ 01 70 84 70 70
www.actioncontrelafaim.org/
Par téléphone de 9h à 13h et de 14h à 18h.

ONG internationale spécialisée dans la lutte contre la faim dans le monde, active dans les domaines de la nutrition, santé, sécurité alimentaire, de l'eau, de l'assainissement. L'association intervient dans des situations de crise. Le but étant de rendre les populations autonomes d'un point de vue de la nutrition, en apportant une aide concrète et en formant les intervenants locaux qui prendront le relais. Ses missions de volontariat durent de trois mois à un an en Afrique, Asie, Amérique, Europe centrale, dans le Caucase, au Moyen-Orient et dans les Caraïbes.

WEP FRANCE

95, avenue Ledru Rollin
PARIS (12e)
✆ 01 48 06 26 26
www.wep.fr

WEP propose plus de 50 projets éducatifs et séjours linguistiques dans une trentaine de pays pour une durée allant de une semaine à 18 mois. Quel que soit votre projet d'études ou de volontariat à l'étranger, vous trouverez sur le site de WEP une rubrique qui y sera consacrée : étudier au lycée, dans une université, partir en séjour linguistique, faire une expérience professionnelle dans le cadre d'un stage ou vivre en immersion dans une famille. Possibilité également de planifier des programmes combinés (études et projet humanitaire par exemple).

ÉDUCATION NATIONALE

www.education.gouv.fr
Modalités sur www.france.diplomatie.fr/mfi.

Vous êtes enseignant ou fonctionnaire d'État, vous souhaitez travailler à l'étranger ? Consultez le site du ministère de l'Éducation nationale, il informe sur les conditions de mobilité dans le monde. Cette initiative peut s'inscrire dans un parcours professionnel. Elle permet d'exercer son métier dans des conditions spécifiques, ou un autre métier et diversifier ainsi son expérience en enrichissant ses compétences. Les personnels d'encadrement peuvent aussi postuler dans des organismes internationaux ou de l'Union européenne.

BUSINESS FRANCE

77, Boulevard Saint-Jacques
PARIS (14e)
✆ 01 40 73 30 00
Ouvert en semaine de 8h30 à 18h30.

L'Agence pour le développement international des entreprises françaises travaille en étroite collaboration avec les missions économiques. Le site Internet recense toutes les actions menées, les ouvrages publiés, les événements programmés et renvoie sur la page du Volontariat International en Entreprise (VIE). Fondée en 2015, cette structure est née de la fusion entre Ubifrance et l'Agence française pour les investissements internationaux. Elle est affiliée au Ministère de l'Europe et des Affaires étrangères et au Ministère de l'Économie et des Finances.

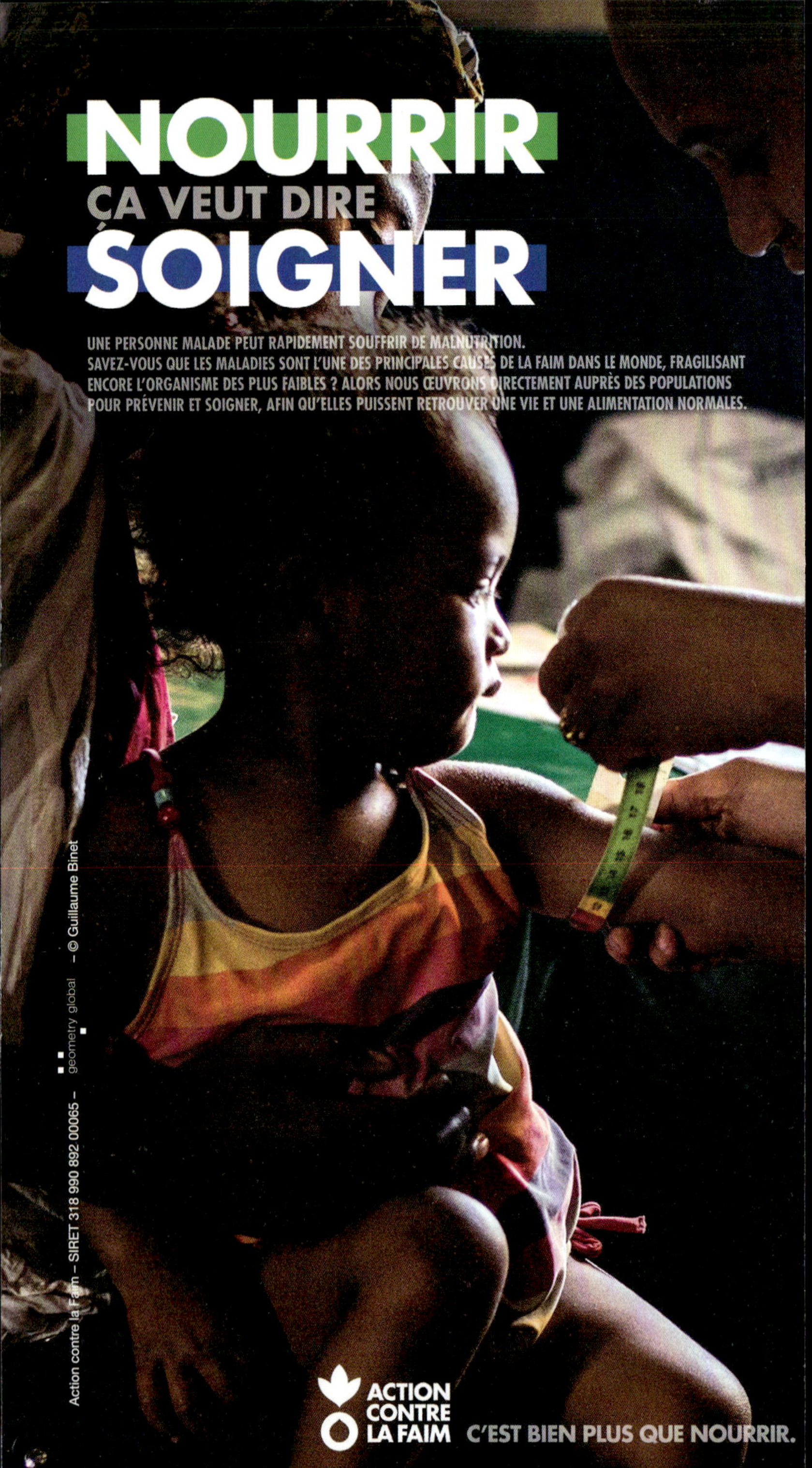
NOURRIR
ÇA VEUT DIRE
SOIGNER
UNE PERSONNE MALADE PEUT RAPIDEMENT SOUFFRIR DE MALNUTRITION.
SAVEZ-VOUS QUE LES MALADIES SONT L'UNE DES PRINCIPALES CAUSES DE LA FAIM DANS LE MONDE, FRAGILISANT ENCORE L'ORGANISME DES PLUS FAIBLES ? ALORS NOUS ŒUVRONS DIRECTEMENT AUPRÈS DES POPULATIONS POUR PRÉVENIR ET SOIGNER, AFIN QU'ELLES PUISSENT RETROUVER UNE VIE ET UNE ALIMENTATION NORMALES.
Action contre la Faim – SIRET 318 990 892 00065 – geometry global – © Guillaume Binet
ACTION CONTRE LA FAIM
C'EST BIEN PLUS QUE NOURRIR.

INDEX

D

E

F

G

H

I

J

K

L

M

N

O

P

EDITION

Directeurs de collection et auteurs : Dominique AUZIAS et Jean-Paul LABOURDETTE

Auteurs : Florent CATANZARO, Martin FOUQUET, Corentin LAPLANCHE-TSUTSUI, Baptiste THARREAU, Mathias DESHOURS, Juliette COURTOIS, Priscilla PARARD, Sylvie DEL COTTO, Romain RISSO, Amandine GLEVAREC, Anne-Sophie LAMOTTE, Talupia LOPES, Grégory ANDRE, Harold BOGROS, Jean-Paul LABOURDETTE, Dominique AUZIAS et alter

Directeur Editorial : Stéphan SZEREMETA

Rédaction Monde : Laure CHATAIGNON, Morgane VESLIN, Pierre-Yves SOUCHET, Natalia COLLIER

Rédaction France : Briséis CREAC'H-MENUT, Mélanie COTTARD, Audrey VEDOVOTTO, Nicolas WODARCZAK

FABRICATION

Maquette et Montage : Romain AUDREN, Julie BORDES, Delphine PAGANO

Iconographie et Cartographie : Anne DIOT, Julien DOUCET

WEB ET NUMERIQUE

Directeur Web : Louis GENEAU de LAMARLIERE

Développeurs : Guillaume BARBET, Adeline CAUX et Roland SPOUTIL

Intégrateur Web : Mickael LATTES, Antoine DION

Webdesigner : Caroline LAFFAITEUR

Community Traffic Manager : Alice BARBIER, Mariana BURLAMAQUI et Noémie LE SAUX

DIRECTION COMMERCIALE

Directeur commercial : Guillaume VORBURGER

Coordinatrice des Régies commerciales : Manon GUERIN assistée de Jonas HESOL

Account Manager Marketplace : Leila ROUGEOT assistée de Lola FAVRE-MOT

Responsable Régies locales : Michel GRANSEIGNE

Responsables Développement régie inter : Jean-Marc FARAGUET, Guillaume LABOUREUR et Camille ESMIEU

Chefs de Publicité Régie nationale : Caroline AUBRY, François BRIANCON-MARJOLLET, Perrine DE CARNE MARCEIN, Jonathan TOUTOUX, Amélie NOEL,

Régie GUYANE : Mathieu DELMER

DIFFUSION ET PROMOTION

Directrice des Ventes : Bénédicte MOULET assistée d'Aissatou DIOP

Responsable des ventes : Jean-Pierre GHEZ assisté de Nelly BRION

Relations Presse-Partenariats : Jean-Mary MARCHAL

ADMINISTRATION

Président : Jean-Paul LABOURDETTE

Directrice des Ressources Humaines : Dina BOURDEAU assistée de Sandra DOS REIS et Eva BAELEN

Directrice Administrative et Financière : Valérie DECOTTIGNIES

Comptabilité : Guillaume PETIT, Aminata BAGAYOKO, Jeannine DEMIRDJIAN

Recouvrement : Fabien BONNAN assisté de Sandra BRIJLALL

Responsable informatique : Elie NZUZI-LEBA

PETIT FUTÉ GUYANE

LES NOUVELLES EDITIONS DE L'UNIVERSITE
18, rue des Volontaires - 75015 Paris.
✆ 01 53 69 70 00 - Fax 01 42 73 15 24
Internet : www.petitfute.com
SAS au capital de 1 000 000 € -
RC PARIS B 309 769 966
Couverture : Singes écureuils communs
© Nick Fox - Shutterstock.com
Impression : IMPRIMERIE CHIRAT -
42540 Saint-Just-la-Pendue
Achevé d'imprimer : août 2022
Dépôt légal : 04/09/2022
ISBN : 9782305081953

Pour nous contacter par email, indiquez le nom de famille en minuscule suivi de @petitfute.com
Pour le courrier des lecteurs : info@petitfute.com

IMPRIMÉ EN FRANCE

COLLABOREZ
À LA PROCHAINE ÉDITION